西安交通大学
XI'AN JIAOTONG UNIVERSITY

研究生"十四五"规划精品系列教材

项目采购与合同管理

主编 何正文 王能民 徐沛雷

西安交通大学出版社
XI'AN JIAOTONG UNIVERSITY PRESS

内容简介

本书系统地介绍了项目采购与合同管理的相关概念、基本原理、法律法规和国际惯例等，主要包括项目采购管理概述、项目采购计划的制订、工程采购的实施、货物采购的实施、咨询服务采购的实施、项目合同的法律基础、项目合同的实施、项目索赔与合同纠纷处置等内容。在阐述相关理论知识的同时，每一部分都给出了具有代表性的实际案例，进而使得理论和实践能够有机地融合在一起。此外，各知识点及案例后面均配备有相应的思考问题，以便于读者回顾、总结和提高。

本书可面向普通高等院校项目管理、工程管理等相关专业的研究生或本科生，作为授课教材使用，也可为实践中从事项目采购与合同管理的工作人员提供具体的理论和方法支撑，还可为从事该方向研究的学者提供一定的参考借鉴。

图书在版编目(CIP)数据

项目采购与合同管理 / 何正文，王能民，徐沛雷主编
. — 西安：西安交通大学出版社，2022.3(2023.8 重印)
ISBN 978 - 7 - 5693 - 2538 - 6

Ⅰ.①项… Ⅱ.①何… ②王… ③徐… Ⅲ.①项目管理-
采购管理②经济合同-管理-中国 Ⅳ.①F224.5 ②D923.6

中国版本图书馆 CIP 数据核字(2021)第 277945 号

书　　名	项目采购与合同管理
	XIANGMU CAIGOU YU HETONG GUANLI
主　　编	何正文　王能民　徐沛雷
责任编辑	王建洪
责任校对	柳　晨
装帧设计	伍　胜
出版发行	西安交通大学出版社
	(西安市兴庆南路 1 号　邮政编码 710048)
网　　址	http://www.xjtupress.com
电　　话	(029)82668357　82667874(市场营销中心)
	(029)82668315(总编办)
传　　真	(029)82668280
印　　刷	西安日报社印务中心
开　　本	787mm×1092mm　1/16　印张 19.375　字数 486 千字
版次印次	2022 年 3 月第 1 版　2023 年 8 月第 2 次印刷
书　　号	ISBN 978 - 7 - 5693 - 2538 - 6
定　　价	59.80 元

发现印装质量问题，请与本社市场营销中心联系。
订购热线：(029)82665248　(029)82667874
投稿热线：(029)82665379　QQ:793619240
读者信箱：xj_rwjg@126.com

序言

随着我国经济的快速发展和综合国力的持续提升,各类大型项目如港珠澳大桥、青藏铁路、北京大兴国际机场等不断立项实施,从而推动了项目管理理论在现实中的普及应用。作为项目管理理论体系的核心知识模块,"项目采购与合同管理"在项目实施过程中属于基础性工作之一,与项目的费用管理、时间管理、质量管理、范围管理和风险管理等紧密相连,并从基础层面上决定了项目的成败。从某种意义上讲,在实际项目实施中出现的各类问题如进度延误、成本超支、质量下降等,都与采购与合同管理有着一定的内在关联,而很多项目变更、争议纠纷、违规违法事件,更是由采购与合同管理不到位、不规范所引发的。因此,熟悉和掌握项目采购与合同管理的理论知识、工具方法、法律法规及国际惯例等,对于现实中的项目管理者具有至关重要的意义。

鉴于"项目采购与合同"在项目管理理论体系中所处的重要地位,以及对于实际项目管理的基础性作用,众多学者对该知识模块给予了高度的关注,编写了不少高质量的教材和参考书,其中,较为优秀的有华北电力大学乌云娜教授的《项目采购与合同管理》、东南大学李启明教授的《工程项目采购与合同管理》、南开大学焦媛媛教授的《项目采购管理》、兰州交通大学莫俊文教授的《工程合同管理理论与实务》等。无疑,这些教材和参考书的出版为项目采购与合同管理专业人才的培养,以及该领域理论知识的传播做出了巨大的贡献。然而必须要指出的是,由于项目采购与合同管理知识纷繁庞杂、现实情况复杂多变,以及受项目管理实践的推动相关理论的不断丰富扩展,仍然有必要从不同的视角对该领域的有关内容进行总结梳理和更新补充,以满足读者的学习需求。

编者自 2004 年开始面向本科生及研究生讲授"项目采购与合同管理"课程,

先后获评"国家精品在线开放课程"和"国家级一流本科课程"，积累了较为丰富的教学资料和授课经验。在对已出版教材的优势和不足进行分析归纳的基础上，结合自身十余年的教学体会和积累，编者对该领域的知识进行了重新整理和组织，形成了该部教材。在教材的编写过程中，编者特别注意从学习者的视角出发，着重解决知识点庞杂、现实情况多变和理论更新完善等问题，从而使得本教材具有如下三个明显的特征：

（1）逻辑性。首先理清项目采购管理与项目合同管理之间的逻辑关系，然后再根据项目执行过程梳理两部分内容各自所包含的知识点，从而增强了本教材各章节之间的逻辑性，有利于学习者在学习中把握理论脉络和知识全貌。

（2）实操性。针对项目采购与合同管理现实情况复杂多变的特点，在介绍概念、原理、工具和方法的同时，注重面向实际需求阐述如何将理论应用于实际，通过案例说明如何有效解决现实问题，由此提高学习者的实操能力。

（3）新颖性。考虑到在现实需求的推动下，该领域的相关知识处于不断丰富扩展之中，在组织本教材内容时，注意将近年来最新的工具方法、国际惯例、操作经验等融入各知识点中，确保学习者能够了解到该领域的最新成果。

本教材共由八章内容构成，前五章聚焦项目采购管理，可视为项目合同管理的前期工作；后三章介绍项目合同管理，可视为项目采购结果的履行实施。在第一部分（即前五章）项目采购管理中，第1章"项目采购管理概述"包括项目与项目采购、项目的采购模式、项目的采购方式、项目采购的管理四个知识点，第2章"项目采购计划的制订"包括项目采购计划概述、项目采购需求及市场调查分析、项目采购计划制订的工具、项目采购计划编制四个知识点，这两章为项目采购管理的基础；第3章"工程采购的实施"包括工程采购概述、工程招标采购程序、招标文件及标底、投标人的资格预审、评标与决标五个知识点，第4章"货物采购的实施"包括货物采购概述、货物的招标采购、货物的非招标采购三个知识点，第5章"咨询服务采购的实施"包括咨询服务采购概述、咨询服务的招标采购、咨询服务的选择方法、典型的咨询服务采购四个知识点，这三章内容按采购对象的不同，论述项目采购的具体实施过程和其中的操作要点。在第二部分（即后三章）项目合同管理中，第6章"项目合同的法律基础"包括合同及项目合同、项目合同的订立、合同的效力、合同的担保、常用合同条件五个知识点，为项目合同管理的基础性内容；第7章"项目合同的实施"包括项目合同的履行、项目合同的变更与转让、项目合同的保全、项目合同的终止、项目合同的违约责任五个知识点,介绍项目合同实施中涉及的相关知识;第 8 章"项目索赔与合同纠纷处置"包括项目合同分析及交底、项目变更与合同实施控制、项目索赔、项目合同纠纷的处置四个知识点,说明项目合同的变更控制及纠纷处理的相关方法。在每一章的后面,均配备了与该章内容相对应的实际案例,以便于读者了解现实情况,实现理论与实践的紧密联系。同时,在各个知识点的后面,都给出了相应的思考问题,以帮助读者回顾总结和拔高提升,进而更为深入地理解和掌握所学内容。

在本教材的编写过程中,西安交通大学管理学院何正文教授负责全书整体思路的制定、全书内容的规划,以及第 1、2 章的编写工作,西安交通大学管理学院王能民教授编写第 3、4、5 章内容,徐沛雷编写第 6、7、8 章内容。编者团队的研究生贾梦超、唐子扬、何一丹、乔聪聪、崔晓参与了书稿的文字录入及校对工作,在此谨向他们的辛勤付出表示感谢!在本教材的编写过程中,编者直接或间接引用和参考了国内外的相关书籍和资料,并进行了一定的补充、修正和完善,在此特向有关作者及出版社致以深切的谢意!此外,西安交通大学研究生院与西安交通大学出版社对本教材的编写和出版给予了大力支持和帮助,在此一并表示感谢!

由于编者水平所限,书中一定存在不足之处,恳请各位专家及读者不吝赐教,给予批评和指正。

编 者

2021 年 9 月

目录

第1章
项目采购管理概述

本章导读

本章概述项目采购管理的基本概念。首先,介绍项目及项目管理的定义及特征,采购与项目采购概念,项目采购分类及采购对项目实施的影响。其次,论述项目常见采购模式,包括DBB、EPC、BOT、PPP等典型采购模式及其各种变化形式。进一步地,讨论项目的主要采购方式,包括无限竞争性公开招标、有限竞争性邀请招标,以及各种非招标采购方式。再次,解释项目采购涉及的利益主体,项目采购管理的目的及职能、管理过程与具体工作。最后,通过一个实际案例说明项目采购对于项目成功的重要意义。

1.1 项目与项目采购

1.1.1 项目及项目管理

1.项目的定义及特征

1)项目的定义

项目一词最早于20世纪50年代在汉语中出现,是指在一定的约束条件(主要是限定时间、限定资源)下,具有明确目标的一次性任务。美国项目管理协会(Project Management Institute,PMI)在其出版的《项目管理知识体系指南》(第五版)(*Project Management Body of Knowledge*,PMBOK)中为项目所做的定义是:项目是为创造独特的产品、服务或成果而进行的临时性工作。德国国家标准 DIN69901 认为,项目是指在总体上符合以下条件的唯一性任务:具有预定的目标,具有时间、资金、人力等限制条件,具有专门的组织。国际标准化组织(International Organization for Standardization,ISO)对项目的定义是:项目是由一系列具有开始和结束日期、相互协调和控制的活动组成的,通过实施活动而达到满足时间、费用和资源等约束条件和实现项目目标的独特过程。

关于项目的定义,有些专家也给出了自己的看法。哈罗德·科兹纳博士认为,项目是满足以下条件的活动或任务的序列:具有根据某种技术规格完成的、特定的目标,有确定的开始和结束日期,受经费限制,需要消耗资源(如资金、人员、设备等);R.J. 格雷厄姆认为,项目是为了达到特定目标而调集到一起的资源组合,它与常规任务之间关键的区别是,项目通常是一次性的,是一项独特的工作或努力,即按某种规范及应用标准导入,生产某种新产品或某项新服务,这种工作或努力应当在限定的时间、资金及人力资源等项目参数内完成;琼·克努森和艾拉·比茨认为,项目是为了达到某一目标而精心组织的某项过程。

1

综上所述,尽管不同的组织或个人对项目的定义有所不同,但这些定义均从一定程度上揭示了项目的本质特征,并具有一些共性。如都有明确的起止时间,都有一些预定目标,都受到经费和人力的限制,都要消耗资源,都要为实现目标而付出努力,而且都是临时性、一次性的活动。因此,可以认为项目是在一定的时间、资源、环境等约束条件下,为了实现特定的目标所完成的一次性任务或付出的努力。

2)项目的特征

随着人类社会的发展,有组织的活动逐渐分化为两种类型:一类是连续不断、周而复始的活动,人们称之为"运作",常见的如企业的日常生产活动;另一类是临时性、一次性的活动,人们称之为"项目",如一项新产品的开发。关于项目的特征,可以以运作为对比进行说明:项目是一项独一无二的任务,而日常运作则是连续不断、周而复始的重复活动。项目与运作的详细比较见表1-1。

表 1-1 项目和运作的比较

比较内容	项目	运作
目的	特殊的	常规的
责任人	项目经理	部门经理
时间	有限的	相对无限的
管理方法	风险型	确定型
实施过程	一次性	重复性
工作内容	独特性	普遍性
组织机构	项目组织	职能部门
考核指标	以目标为导向	效率和有效性
资源需求	多变性	稳定性

从项目的定义及与运作的对比可以看出,项目通常具有如下几个特征:

(1)一次性。这是项目与日常运作的最大区别。项目有明确的开始时间和结束时间,在此之前从来没有发生过,而且将来也不会在同样的条件下再次发生;而日常运作则是无休止的或重复性的活动,如制造企业的生产车间生产零部件的工作。

(2)独特性。每个项目都有自己的特点,每个项目都不同于其他的项目。项目所产生的产品、服务或完成的任务,与已有的相似产品、服务或任务在某些方面会有明显的差别。项目自身有具体的时间期限、费用和性能质量等方面的要求,因此,项目的执行过程具有自身的独特性。

(3)资源约束性。任何项目都会在一定程度上受到资源的制约,包括人力资源、财力资源、物力资源、时间资源、信息资源和技术资源等。如果一个项目在资源方面受到了严重的制约,则该项目成功的可能性就会很小。

(4)目标的明确性。每个项目都有自己明确的目标,为了在一定的约束条件下达到目标,项目经理在项目实施前必须进行周密的计划,项目实施过程中的各项工作都必须为实现项目的预定目标而进行。

（5）组织的临时性和开放性。项目开始时需要建立项目组织,项目组织中的成员及其职能在项目的执行过程中可能会发生变化,项目结束时项目组织将会解散,因此项目组织具有临时性。一个项目往往需要多个甚至成百上千个单位共同协作,它们通过合同、协议以及其他的社会联系组合在一起,可见项目组织没有严格的边界,即项目组织具有开放性。

（6）后果的不可挽回性。项目具有较大的不确定性,它的进程潜伏着各种风险,它不像有些事情可以试做,或失败了可以重来,即项目后果具有不可挽回性。

2.项目管理的概念、特性及要素

1）项目管理的概念

项目管理即以项目为对象的管理活动,是指项目的管理者在有限的资源约束下,运用系统的观点、方法和理论,对项目涉及的全部工作进行有效的管理。即从项目的投资决策开始到项目结束的全过程,进行计划、组织、指挥、协调、控制和评价,以实现项目的目标。项目管理的要素关系图见图1-1。

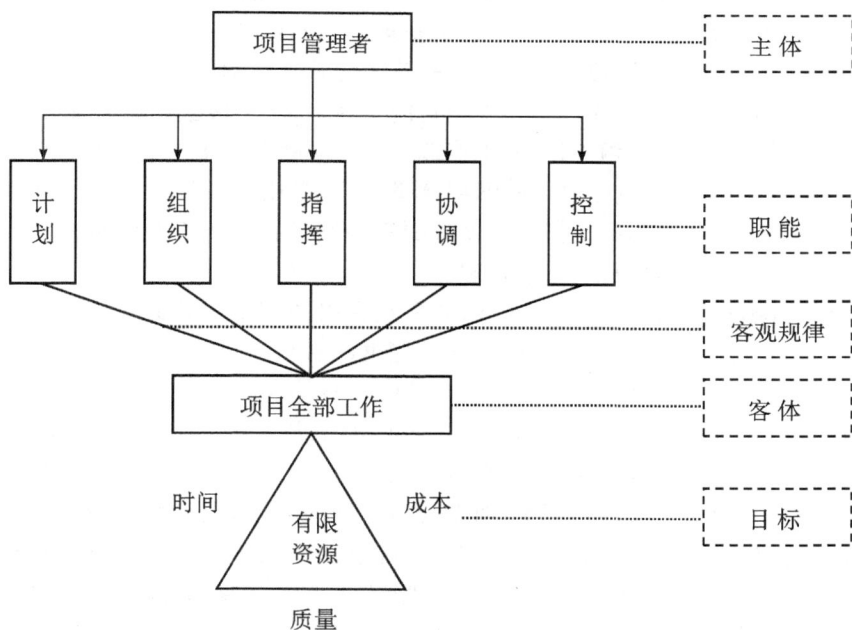

图1-1　项目管理要素关系图

项目管理是把各种知识、技能、手段和技术应用于项目活动之中,以达到项目的要求。项目管理是以项目为对象的系统管理方法,通过一个临时性的、专门的柔性组织,对项目进行高效率的计划、组织、指导和控制,以实现项目全过程的动态管理和项目目标的综合协调与优化。项目管理的内涵主要包括:

（1）识别相关利益者对项目的要求和期望。项目相关利益者对项目存在共同的要求和期望,例如,对项目范围的确定、项目工期的要求、项目造价的限制等。

（2）项目管理的目的是满足利益相关者的要求与期望。一个项目通常会涉及多个利益相关者,不同的利益相关者的要求和期望不完全相同。顾客期望以最少的投资获得最大的收益,供应商则希望获得更多的销售额和利润,承包商期望以尽可能低的成本完成符合客户要求的项目等,项目管理的目的是最大限度地满足各方的利益。

(3)项目管理的根本手段是运用各种知识、技能、方法和工具去开展各种各样的管理活动。为了最大限度地满足所有利益相关者的要求和期望,在项目的执行中就必须开展行之有效的管理活动,以较高的效率完成项目工作。项目管理活动与一般的作业管理活动的原理和方法有所不同,项目管理必须要综合运用各种知识、工具、技能和方法等,将以往成功经验与科学手段相结合,实现对项目的有效管理。

2)项目管理的基本特征

项目管理作为一项管理活动,由于其对象的特殊性,通常具有以下基本特征:

(1)普遍性。项目作为一种一次性和独特性的社会活动,普遍存在于人类社会的各项活动之中,甚至可以说,人类现有的各种物质文化成果最初都是通过项目的方式实现的,各种运营所依靠的设施与条件,最初也都是靠项目活动建设或开发而成的。

(2)目的性。项目管理的目的性要求通过开展项目管理活动,去保证满足或超越项目相关各方明确提出的项目目标或指标,以及满足项目有关各方未明确规定的潜在需求。

(3)独特性。项目管理的独特性是指,这类管理活动不同于一般的企业生产运营管理,也不同于常规的政府运作和行政管理,是一种完全不同的管理活动。

(4)集成性。项目管理的集成性是指在项目的管理中,必须根据具体项目各要素或各专业之间的配置关系做好集成和协调工作,而不能孤立地开展项目各个专业的独立管理活动。

(5)创新性。项目管理的创新性包括两层含义:其一是指项目管理是对于创新(项目所包含的创新之处)的管理;其二是指任何一个项目的管理都没有一成不变的模式和方法,都需要通过管理创新去实现对具体项目的有效管理。

(6)临时性。项目是一种临时性的任务,它要在有限的期限内完成,当项目的基本目标达到时就意味着项目正式结束,尽管项目的运行功能也许刚刚开始发挥作用。

3)项目管理的内容及要素

根据国际项目管理协会(International Project Management Association,IPMA)的定义,项目管理的主要内容可以用两个层次、四个阶段、五个流程、九个领域和多个利益相关者来描述。两个层次是指企业层次与项目层次;四个阶段包括概念阶段、规划阶段、实施阶段和收尾阶段;五个流程为启动流程、计划流程、实施流程、控制流程及收尾流程;九个知识领域则由综合管理、范围管理、时间管理、成本管理、质量管理、人力资源管理、风险管理、沟通管理和采购管理等组成;利益相关者通常有业主、各承包商(设计、施工、供应等)、监理、用户、政府等。

项目管理的核心要素包括质量、时间和成本,这三个要素也被称为项目管理的"铁三角",即项目管理的目的,就是追求进度快、质量合格和成本低的有机统一体。随着项目管理的发展,项目管理的核心要素从最初的三要素逐渐扩展为四要素、五要素,并最终形成项目管理的核心六要素。项目管理四要素除了包括质量、时间和成本三项以外,还将项目的范围添加进来,目的是使得质量、范围可以与成本、时间相互协调;项目管理五要素包括质量、时间、成本、范围和组织,因为没有组织就无法实施项目;项目管理六要素由工作范围、时间、成本、质量、组织和客户满意度构成,客户满意度是项目管理的关键核心。

3.项目的生命周期

作为一种提供独特产品和服务的一次性活动,项目是有始有终的,项目由始至终的整个过程就构成了一个项目的生命周期。美国的项目管理协会对项目生命周期的定义为:项目是分阶段完成的一项独特性任务,一个组织在完成一个项目时会将项目划分成一系列的项目阶段,以便更好地管理和控制项目,更好地将组织运作与项目管理结合在一起。项目各个阶段的叠加就构成了一个项目的生命周期,通常项目的生命周期会划分为如下四个阶段,并据此进行管理:

(1)启动阶段。项目启动阶段是确立项目并定义最终可交付成果的阶段,该阶段的主要工作包括:识别项目、组建项目团队、根据客户需求提出建议书、项目立项,形成的文字资料主要有项目建议书或可行性研究报告。

(2)计划阶段。项目计划阶段主要是界定项目目标,从各种备选方案中选择最佳方案以实现项目目标。这一阶段的主要工作包括:制定项目计划书、确定项目工作范围、进行项目工作结构分解、估算各个活动所需的时间和费用、做好进度及资源安排、建立质量保证体系等。

(3)实施阶段。项目实施阶段是合理地调配项目资源以高效地完成项目计划。该阶段的主要工作包括:执行项目计划、跟踪项目计划执行过程、采购调配项目资源、合同管理、进度控制、成本控制、质量控制等。

(4)收尾阶段。当项目的目标已经实现(或者项目的目标已不可能实现)时,项目就进入了收尾阶段。这一阶段的主要工作包括:可交付成果交接、质量验收、费用决算和审计、项目资料整理与验收、项目交接与清算等。

项目生命周期的四个阶段及其包括的主要工作汇总见表1-2。需要特别说明的是,项目生命周期的阶段划分并不唯一。根据项目性质和内容的不同,有些项目的生命周期可以划分得很笼统,而有的则可以划分得很详细。例如,建设类项目生命周期与非建设类项目生命周期的阶段划分就相差很大,有些非建设类项目的生命周期可分为五个、九个甚至更多阶段。另外,项目生命周期与产品生命周期的含义不尽相同。如某一新产品的生命周期包含研发、设计、制造、销售、使用直至报废的全过程,而该新产品的研发过程则可视为一个项目,作为研发项目它有自己的生命周期,包括了启动、计划、实施、收尾四个阶段。

表1-2　典型的项目生命周期阶段划分

名　　称	主要内容
启动阶段	确定需求目标,项目立项,可行性研究,项目批准,建立项目组织,任命项目经理等
计划阶段	初步设计,估算费用和进度,订立合同条款,详细规划和设计等
实施阶段	项目实施,项目监理,项目控制等
收尾阶段	项目收尾,文档整理,项目交接,项目后评价等

在项目生命周期中,存在一些内在的规律,依据这些规律可以对项目进行科学的管理,以高效地达成项目的目标。最为常见的规律有:

(1)资源需求的变化规律。项目在启动和计划阶段,对资源的需求逐渐增加;在实施阶段,对资源的需求达到最高峰;在收尾阶段,对资源的需求急剧下降。这一规律可以参考图1-2,该图可为项目的资源投入控制提供依据和支持。

(2)项目干系人的影响及变更代价。由于在项目的启动和准备阶段,项目的限制条件比较少,所以项目干系人对项目的影响力就比较大,项目变更的代价就比较小。随着时间的推移和

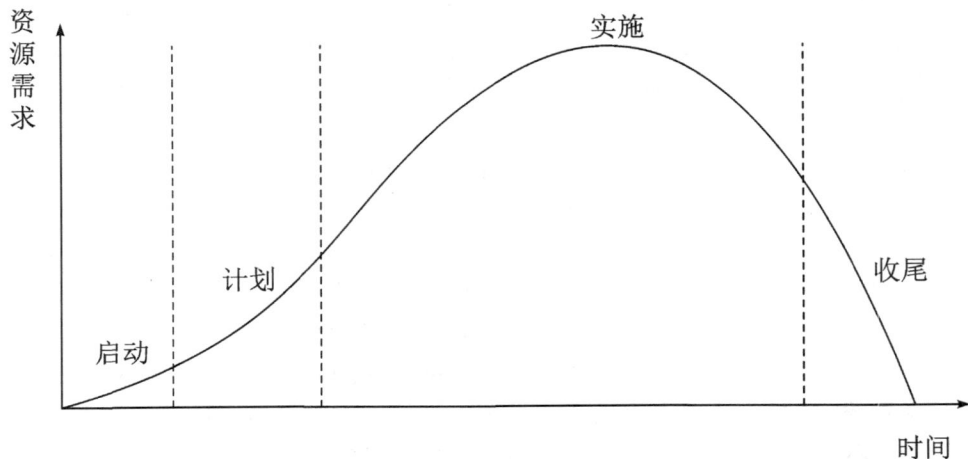

图 1-2 项目生命周期各阶段资源投入的变化

项目工作的开展,干系人的影响力会逐渐减弱,变更的代价则会逐渐增大。

(3)项目风险及其影响规律。在项目启动和准备阶段,项目不能成功完成的不确定性较大,但风险万一发生的后果较轻。随着时间的推移和项目工作的开展,项目不能成功完成的不确定性逐渐降低,但风险万一发生的后果逐渐严重。

在项目生命周期中,存在着一些重要的事件或节点,通常把它们定义为里程碑,以便于重点关注和控制。里程碑是项目进程中的一些重要标记,是在计划阶段应该重点考虑的关键节点。里程碑既不占用时间,也不消耗资源。在项目实施过程中,将会有多个里程碑,里程碑计划就是将那些对项目实施进度有重要意义的关键事件,按时间顺序加以排列的文档。关于项目里程碑计划的表示方法有多种形式,包括文字法、图表法等。

4.项目的利益相关者

项目的利益相关者就是与项目实施相关的个人或组织,或其利益因项目的实施或完成而受到积极或消极影响的个人和组织,他们对项目的目标和结果会产生影响。项目常见的利益相关者通常包括以下主体:

1)项目发起人或委托人

项目发起人首先是执行项目的命令者,有时称为业主,一般是项目的出资人。项目发起人负责保证项目得到合适的预算款项,保证项目团队拥有达到要求结果所需要的资源。在现实中的很多情形下,若不具备完成项目所需的专门技能,项目发起人会将项目委托给其他组织或个人完成,并同时向这些组织或个人支付相应的报酬,作为对方完成项目的回报。

2)被委托人或承包商

被委托人即承接项目满足客户需求的项目承建方,又叫承包商。被委托人承接项目以后,根据客户的需求和要求,按要求完成项目。从项目启动、规划到项目的实施和结束的整个管理过程中,被委托人始终处于主导地位。因此,被委托人素质和能力的高低,直接关系着项目质量的高低。选择一个好的项目承建方,是完成高质量项目的关键。目前,国际客户大多用招投标的方式来挑选最佳的承包商。

通常,为使项目能够顺利高效实施,承包商一般会委派一名项目经理并组建项目团队,对整个项目的实施过程负责。项目经理是项目团队的领导者,是对保证按工期、按照预算、按照工作范围,以及按所要求的性能水平,完成项目的全面负责的人。项目经理的作用对于项目的成功非常重要,项目经理一般要有足够的权限和调配资源的能力,以便管理整个项目团队,并向客户或业主负责,承担实现项目目标的责任。

3)供应商

供应商即为项目的承包商提供原材料、设备、工具等物资设备的企业或个人。为了确保项目的实施进度和质量,每一被委托人一般都有自己相对固定的供应商。长期的协作关系使得承包商和供应商之间建立了良好的合作关系,这使被委托人能有效地配置资源,供应商也能获得自己所期望的利润。

4)分包商

对于一些大型的、技术复杂、工程量较大、客户要求较高的项目,一般被委托人在承接项目之后,都要将总项目中的一些子项目再转包给不同的分包商。分包商的参与,将能有效地发挥各自的特长,使得项目能高质量地完成。但这同时也增加了项目管理的复杂性,使得分包商与被委托人之间,以及各分包商之间有时很难得到有效的沟通和协调。

5)项目产品的客户

每个项目都有特定的客户,是指将来使用项目产品的个人或组织。一个项目的客户可能是具有相同需求的一个或多个个人或组织。在有些情况下,客户可能就是项目的委托人,如委托建造生产厂房、住宅楼等。此时,当客户提出需求向被委托人提交需求建议书(项目发标)时,标志着项目的产生,客户既是项目结果的需求者也是项目交付成果的最终使用者。而在其他情况下,客户通常是购买由项目开发的以及后来由公司生产出产品的人,如购买由微软公司开发的计算机操作系统软件的个人和组织。

6)其他利益相关者

除了上述项目的直接参与者之外,还有一些个人和组织与项目之间或多或少存在着利益关联。例如,政府的有关部门、社区公众、项目用户、新闻媒体、市场中潜在的竞争对手和合作伙伴等,甚至项目班子成员的家属也应视为项目的利益相关者。

项目的不同利益相关者,由于各自的目标不同,因此对项目有不同的期望和需求。例如,项目的业主可能十分关注项目推进的时间进度;项目设计与施工人员则注重技术的先进与可行性等要求;政府部门则关心项目可能带来多少税收及对周边环境的影响程度。充分了解项目利益相关者各自的需求与期望,有利于调动各方的积极性,形成项目推进的动力,从而确保项目能够按计划完成。

1.1.2　采购及项目采购

从经济学的角度上讲,人们只有集中资源生产自己比较优势较大的产品,并通过商品交换获得自己所需的产品,才能够达到整个社会效益的最大化。因此,人们所消耗的东西大都是通过交换从别人手中获得的,而不是自己生产的东西,这就产生了采购。从日常生活到企业运作,采购已经成为当今经济社会一种很常见的活动。事实上对于个人或企业而言,生活或生产所需的各种物资,已经不能"自给自足",必须依靠"采购"来获得满足,"采购"变成一项不可或缺的经济活动。

1.采购的定义

所谓采购,是指采购人员或者采购单位基于某种目的和要求,购买商品或劳务的一种商业性行为。从狭义上讲,采购就是买东西;具体而言就是企业根据需求提出采购计划,确定供应商,经过商务谈判确定价格、交货及相关条件,最终签订合同并按要求收货付款的过程。从广义上讲,采购是指除了以购买的方式占有物品之外,还可以用租赁、借贷、交换等各种途径取得物品的使用权,来达到满足需求的目的。

在社会分工日益细化的今天,采购是一个普遍而又重要的概念。从字面上理解,采购包括两层含义:"采"——选择,"购"——取得,即从多个物品中进行选择并取得某物品。从原始意义上讲,无论是生活还是生产采购都是获取资源的过程,是社会资源进行分配和再分配的渠道之一。这些资源既包括生产资料,也包括生活资料;既包括有形资源(机器、厂房、生产原料等),也包括无形资源(信息、服务等)。从这个角度讲,采购的功能就是帮助人们从资源市场上获取他们所需要的各种资源。

从流通过程上讲,采购是商流、物流与信息流相结合的过程。采购通过物品交易、等价交换将可用的资源从供应者手中转移到使用者手中,实现商品使用权和所有权的转移,实现了商品的使用价值和价值,这是一个商流过程。同时,采购又是一个物流过程,通过包装、运输、装卸、配送等手段来实现商品的时间和空间位置上的转移。

从经济效益的角度来讲,采购也是一个经济活动,要讲求经济效益。企业进行采购活动,在整个过程中就会有各种各样的费用发生,这就是采购的成本。从经济的角度讲,任何一种经济行为都要遵循经济规律,讲求整个经济行为的效益最大化,以最小的成本获取最大的经济效益。因此,降低采购成本也是整个采购活动的关键方面。

采购的目标就是选择企业物料供应的资源,跟踪、评估所选供应商,监督实物供给与运输活动,避免由于供给中断或质量不稳定给企业生产、运作带来灾难性的影响。具体来说,采购包括以下几个目标:

(1)采购要为整个企业的生产提供一个连续不断的原材料供给、产品供给和服务供给。

(2)在企业内部与其他部门协同工作,使得企业的投资和成本最小化。

(3)将采购物品标准化,维持企业所必需的质量标准。

(4)寻找或培养可靠的供应商,在最低价格上购买所需产品和服务。

(5)以最低的管理成本达到采购的目的,为整个企业创造竞争优势,提高整个企业的竞争地位。

2.项目采购

项目采购是指为确保项目的正常实施和预期目标的顺利实现,项目组织以各种方式从外部获得货物、工程和服务的过程。项目采购贯穿于项目的整个生命周期,是项目管理中的一个关键环节和重要内容,关系到项目的最终成败。如果项目采购不当或管理不善,所采购的产品达不到项目要求,则不仅会影响项目的顺利实施,还会降低项目的预期效益,甚至导致项目的失败。

项目采购的工作内容通常包括以下几个方面:

(1)确定所需采购产品的规模、类别、规格、性能、数量和合同或标段划分。

(2)市场供求现状的调查分析,确定所需产品的采购方式,形成项目采购计划。

（3）组织项目采购的招标、评标、合同谈判和签订合同。

（4）合同的执行与监督，合同变更调整，合同支付等。

（5）合同执行中对存在问题的处理，合同纠纷处置等。

上述的工作质量和效果会对项目的管理控制产生重要影响。例如，从项目控制的三目标，即进度、费用和质量看，项目采购会对其产生如下影响：

1）项目采购对进度控制的影响

以往的项目管理经验表明，在项目执行中，进度滞后绝大部分是由于采购的延误造成的。正因为如此，对采购进度的监测、跟踪越来越为人们重视。项目能否按进度计划顺利执行，很大程度上取决于项目采购工作的进度，采购产品交货的延误将直接影响项目的进度。当设计部门向采购部门按时提出合格请购单后，采购必须按采购进度计划执行采购程序的各个环节，使之完全符合项目进度控制的要求。以建设项目为例，项目采购部门必须密切配合项目施工部门，有计划地安排设备、材料及时供货到现场，以保证施工的顺利实施，既不能使工程因设备、散材供应不及时而造成窝工损失，也不能盲目采购，造成积压和占用较多资金。

2）项目采购对费用控制的影响

采购费用的控制将直接影响到项目成本和预期效益。因此，不仅要对货物本身的价格进行控制，还要综合分析一系列与价格有关的其他问题。例如，根据产品的特点和技术要求的不同，应选择最适合制造该产品且信誉好的合格供货厂商，因为不同等级的供货厂商的产品价格水平是有一定差距的。在项目采购过程中，应根据市场价格浮动的趋势和项目进度计划，选择合适的进货时间和批量；根据项目的实际需要决定是否必须进行国外采购；选择合理的付款方式和支付条件，以便于减少或转移采购风险；对所选择的支付货币种类，要根据利率、汇率变化趋势作综合判断；做出切合实际的用款计划，以便于有效地进行资金运作；订单中附有必要的、合理的制约条款；等等。总之，要尽可能地减小、转移、化解采购风险，减少损失，增加效益，以降低整个项目的费用。

3）项目采购对质量控制的影响

采购工作必须兼顾经济性和有效性这两个方面，要使两者完美地结合起来，既要价格合理、经济，又要做到产品的质量完全符合设计要求。质量是项目建设的根本，没有质量保证，其费用控制和进度控制也就没有任何意义。一旦项目所需的关键设备或价值高的设备、材料质量出现问题，必然要返修、更换，甚至重新采购，这将造成费用超支和工期拖延。所以，从设计开始，到选择好的供货厂商，严格的检验，牢固、合理的包装，安全的运输方式等与质量有关的各个环节，在采购过程中均需要慎重地对待，从而保证运抵现场的设备、材料在质量上都能满足设计要求，从整体上保证项目的质量。

3. 项目采购与项目执行的关系

项目采购是为项目执行服务的，因此，项目采购与项目执行关系密切。从项目生命周期的视角看，在项目执行的不同阶段，均有相应的采购工作需要进行，并与项目的其他工作形成配合。具体说明如下：

（1）项目启动阶段。项目启动阶段提出项目概念，进行项目界定，讨论项目中需要采购哪些工程和（或）货物、设备，从而拟订初步的采购清单，确定采购分标或合同分包的划分问题，如工程如何划分标段，货物如何打包等。

（2）项目计划阶段。项目计划阶段主要讨论采购计划安排，以及采购方式、组织管理等问题,就采购计划和采购方式形成最终方案。

(3)项目执行阶段。项目执行阶段按照采购指南和法律文件的规定,将采购付诸实施,具体办理采购事宜,确保项目资源供应。

(4)项目结束阶段。项目结束阶段总结评定采购的整体执行情况,总结经验教训。

在实际项目执行中,项目周期与采购程序二者的进度配合,不一定会按理想的情况完全步调一致。但是,如能在项目启动与计划阶段,尽快确定采购方式、划分合同标段,就可以及早编制资格预审文件,开始资格预审。同时,着手编制招标文件,待项目评估结束、贷款生效之前,就已经完成了招标、评标工作,贷款一生效,即可签订合同,这样既加快了采购进度,也提高了资金的效益。

从上述项目采购与项目执行的配合关系可见,采购工作是项目实施中的重要环节,甚至是一个项目建设成败的关键。如果采购工作方式或管理不当,所采购的货物、工程和咨询服务就达不到项目要求,这不仅会影响项目的顺利实施,而且还会影响项目的效益,严重的还会导致项目的失败。以世界银行贷款项目为例,采购对项目执行的重要性可归纳为以下几点:

(1)采购工作是项目执行中的关键环节并构成项目执行的主要内容。采购工作能否经济有效地进行,不仅影响着项目成本,而且也关系着项目的预期效益能否充分发挥。一般来说,世界银行贷款是按照项目实施中实际发生的费用予以支付的,而采购的延误直接影响着支付的进程。

(2)项目采购工作涉及巨额费用的管理和使用,招标投标过程又充满商业竞争,如果没有一套严密而规范化的程序和制度,就会给贪污、贿赂之类的腐败或欺诈行为和严重浪费现象提供滋生的土壤,给项目的执行带来危害。因此,采购工作必须严格按照世界银行"采购指南"的规定办事,在保证经济和效率的同时,增加透明度,实行公开竞争性招标,严格按事先规定的标准公正地进行评标,并切实执行新"指南"中关于反腐败、反欺诈行为的规定。

(3)按照世界银行的规定,采购要兼顾经济性和有效性两个方面,要使这两者有机地和完美地结合起来,也就是使采购的货物或工程既要费用低、质量好,又要在合理的时间内尽早完成,避免或减少延误。认真遵循这些原则,就可以有效地降低项目成本,促进或保证项目的顺利实施和如期完成。

(4)世界银行贷款的资金来源于成员国的捐款和国际资本市场,捐款国希望通过国际竞争性招标方式,促进本国产品和施工或咨询服务的输出。因此,采购工作是否公正合理,直接影响着世界银行能否从其成员国和国际资本市场上筹集到足够的资金,以实现其帮助发展中国家提高生产力、促进经济增长的目标。

1.1.3 项目采购分类

根据分类标准的不同,项目采购有不同的分类方式,常见的分类方式有按采购对象、按采购主体、按采购的复杂性,以及按采购涉及的管理层级进行划分。

1.按采购对象分类

项目采购按照对象的不同可以分为货物采购、工程采购和咨询服务采购,如图1-3所示。其中,货物采购和工程采购属于有形的采购,而咨询服务采购属于无形的采购。

(1)货物采购。货物采购属于有形采购,是指通过招标或其他方式购买项目所需投入物的活动。货物包括机器、设备、仪器、仪表、建筑材料等,以及与之相关的运输、安装、测试、维修、培训等服务。

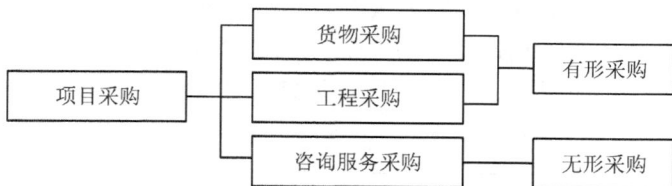

图1-3 项目采购按对象分类图

（2）工程采购。工程采购属于有形采购，是指通过招标或其他方式选择合格的承包单位来完成项目的施工任务，并包括与之相关的人员培训和维修等服务，如大型水利枢纽工程、城建工程、灌溉工程等。

（3）咨询服务采购。咨询服务采购属于无形采购，是指通过招标或其他方式聘请咨询公司或咨询专家来完成项目所需的各种服务，包括项目的可行性研究、项目的设计工作项目管理、施工监理、技术支持和人员培训等服务。

2.按采购主体分类

按项目采购主体的不同，项目采购分为政府采购和非政府采购，其中非政府采购包括个人采购、家庭采购和企业采购。

1）政府采购

政府采购，即公共采购，是指各级国家机关、事业单位和团体组织为了开展日常政务活动，实现其行政和社会管理职能、提供公共服务和取得公共利益等目的，使用财政性资金或公共资金采购依法制定的集中采购目录以内的，或者采购限额以上的货物、工程和服务的行为。政府采购通常具有以下几个特点：

（1）支出的资金来源于国家财政拨款，都是公共资金。

（2）政府采购不是以营利为目的，而是通过采购实现其行政和社会管理职能，获得公共利益。

（3）政府采购过程都是在完全公开的情况下进行的。

（4）政府采购的程序是严格规定的，必须在严格的法律和管理条例的限制下进行。

（5）政府采购是国家宏观经济政策的重要组成部分，承担着诸如保护民族工业、扶持中小企业、鼓励科技创新等政策性使命。

2）非政府采购

非政府采购通常包括个人采购、家庭采购和企业采购等。个人采购，是指个人使用资金来采购的方式；家庭采购，是指以家庭为单位发生的采购行为；企业采购，是指企业发生的采购行为。

非政府采购与政府采购的区别在于：政府采购不是以营利为目的，其资金来源于税收、捐赠等财政收入，因此，政府采购必然受到法律、规则和条例、司法或行政决定、政策的限定和控制；而非政府采购就没有如此多的限制因素，私营企业可以随意将投标机会限制在少数几个供应商之间。

3.按采购的复杂性分类

从项目采购的复杂性来看，并非所有的项目采购都是一样的。有些采购规模比较大，而有些比较小;有些采购比较复杂,而有些则相对简单;有些采购需要承担很高的风险,而有的则风险很小,甚至根本没有风险;有些采购需要买卖双方进行很长时间的谈判,而有些则可以到公开的市场立即购买。为了能顺利地完成采购任务,有助于采购主体在管理中更好地将注意力集中在比较复杂和棘手的采购上,可以把项目采购分为如图1-4所示的三个类别和两种关系。

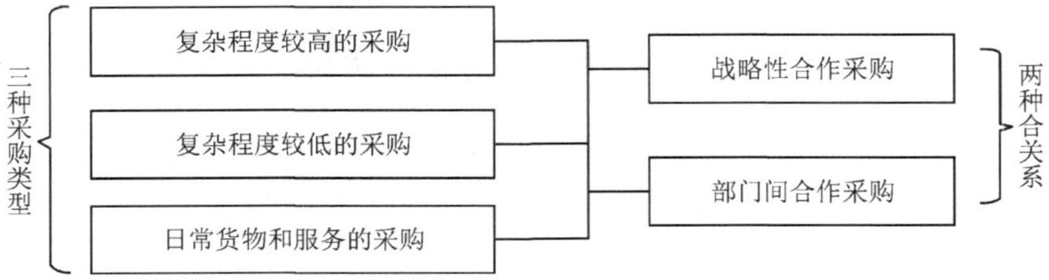

图1-4 项目采购按复杂性分类图

1)复杂程度较高的项目采购

复杂程度较高的项目采购是指对项目的技术复杂、规模较大、要求较高、涉及因素较多、周期较长的定制化采购,如新型商业中心的建筑设计、新制造工厂的施工建设、信息技术服务的外包、新型软件系统设计、新功能计算机开发等。对于任何项目来说,此类采购都是富有挑战性的,因为其采购的产品需要根据项目的需要量身定做,这就导致了项目采购在技术、质量、成本和进度等方面会存在较高的风险性。该类采购必须从项目的长远利益出发进行规划,并作为项目总体的一个重要子项目进行考虑。一般情况下,需要为该类中的每项采购都成立一个专门的小组进行管理,每个小组都指派一个领导(通常是一个代表项目经理的技术人员)作为代理人与供应方进行谈判、协商与合作,以尽可能地降低风险,确保采购的顺利实施。

2)复杂程度较低的项目采购

复杂程度较低的项目采购通常是指那些常规性的、非定制化的采购。这类采购的产品一般已经存在并能满足项目技术规范的要求,可以从供应方那里直接购买,不需要供应方进行开发设计和研制,或者仅需要少量的、次要的修改,因此采购的风险较低。例如,对一辆所订购公共汽车上的公司标志图案的改变,只要厂商能按时交货,并保证产品能正常工作,项目就不会为此承担太大的风险。对于该类采购,应及早识别安排并计算所需要的采购时间,对采购所需的费用做好预算。

3)日常货物和服务的采购

日常货物和服务的采购一般是指那些项目可能需要数量庞大,但又不属于上述两种类别的日常消耗性的货物或者服务。例如,设备设施的日常测试,标准螺母、螺钉、扣件、金属片、油漆和溶剂等原材料,日常性的铅笔、纸和其他办公用品,常规的计算机、打印机、扫描仪等办公设备及商务软件包等。在这种情况下,坚持基本的采购原则,要比与供应方建立复杂的合同关系或者分包合同关系更加适用。提早识别和安排这类采购,对项目并无重大影响,也就是说,它们可以随着项目的执行随时采购,一般不会给项目的正常实施带来风险。

4.按采购涉及的管理层级分类

采购经常涉及合作采购问题,按照采购涉及的管理层级分类,可以是涉及管理层级较高的战略性合作采购,也可以是层级较低的部门间合作采购。两种合作采购关系如图1-4所示。

1)战略性合作采购

战略性合作采购通常要求严格按照合作合同执行,这些合同也称为合作协议、合作约定或者合作安排等,这种采购往往是一个公司的总裁和另外一个公司的总裁批准同意,并动用所涉及公司的财产、设施、人力,在项目采购中共同分担风险、获得收益等。合作采购协议是战略性的,并且附有巨额的资金投入,由合作公司的高层领导签署,协议规定将项目采购分成两个或者更多独立的部分,每个部分由指定的公司完成。

合作协议通常可以提高公司的竞争能力,通过订立"总包—分包合同"的方式可以对项目进行划分,然后由选定的牵头公司签订合同,接下来的采购须严格按照合作协议执行,合作协议是项目采购实施的最高指导文件。战略性合作采购通常包含前面所说的复杂程度较高的项目采购,以及虽然是复杂程度较低的项目采购,但却是具有长期合作关系的、批量较大的日常货物和服务采购。这类型采购应及早识别和筹划,这样会有利于制订细致的计划并建立项目监管小组,控制采购风险。

2)部门间合作采购

部门间合作采购涉及的管理层级较低,主要指那些只要在公司内便可以完成的采购,由公司内的一个单位与另外一个或几个单位合作即可完成。部门间合作采购由于在一个公司内部进行协调即可完成,因此,一般来说对整个项目是非关键性的,除非采购中包含了复杂程度较高的项目采购。

虽然部门间合作采购是在一个公司内部协调完成的,但由于涉及企业内部多个部门,所以,要求各部门之间的分工和责任要明确划分。通常,为了提高效率、避免推诿扯皮,采购工作会由一个公司高层主管进行统筹,涉及的部门会安排具体的配合人员,必要时会通过例会会议的方式进行跨部门协调,以解决多部门合作中存在的问题,确保采购的顺利实施,保证项目的资源供应。

问题思考

1.项目有何基本特征?项目管理通常会涉及哪些利益相关者?

2.何谓采购?项目采购对于项目管理及成功有何重要意义?

3.如何对项目采购进行分类?不同类型的项目采购有何差异和区别?

1.2　项目的采购模式

项目的采购模式亦称为项目的采购管理模式,是指复杂程度较高的战略性合作项目采购中参与各方的责权利划分形式,它确定了项目采购范围、参与各方利益分配和风险分担等内容,定义了采购中参与各方的合作框架和合同形式,明确了项目采购的实施步骤及具体环节。在项目采购管理实践中,取决于合作各方的谈判结果和项目本身的实施内容及特点,采购模式有多种类型,如DBB(design-bid-build,设计-招标-建造)采购模式、EPC(engineering-procurement-construction,工程-采购-建设)采购模式、BOT(build-operate-transfer,建设-经营-转让)采购模式、PPP(public-private-partnership,公共-私营-合作)采购模式等。每一种采购模式都各自的优势和局限性,适用于不同种类的项目,业主可根据其项目特点和自身需要,考虑项目时间与进度要求、实施复杂程度、当地建筑市场情况、资金状况和法律限制等进行恰当选择。

1.2.1 DBB 采购模式

DBB 采购模式是一种较为传统的采购模式,在国际上较为通用,世界银行、亚洲开发银行贷款项目大多采用这种采购模式。这种模式下的项目各参与方的关系如图 1-5 所示。

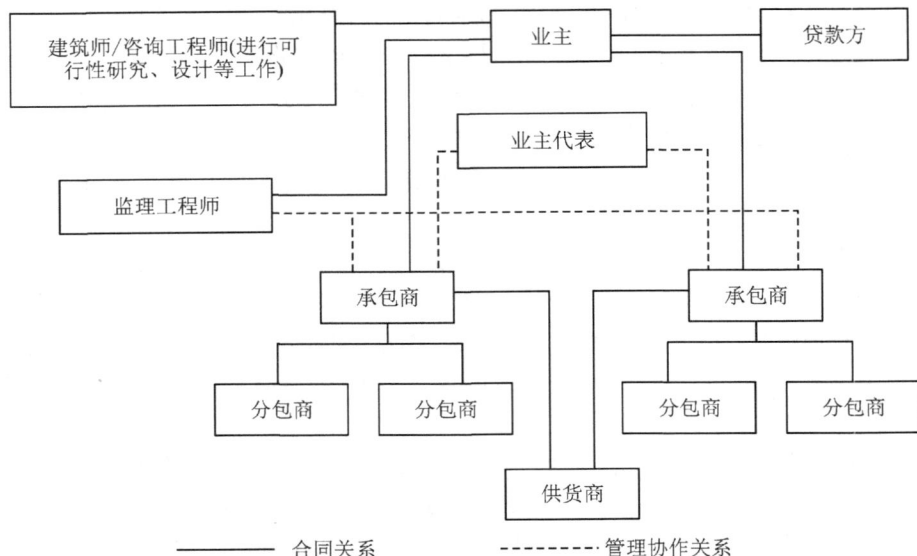

图 1-5 传统的工程项目采购管理模式

在这种项目采购模式中,由业主与设计机构(建筑师/咨询工程师)签订专业服务合同,委托建筑师/咨询工程师进行项目前期的各项有关工作(如进行机会研究、可行性研究等);项目立项后进行设计,同时在设计阶段进行施工招标文件的准备;随后通过招标选择承包商,业主和承包商订立项目的施工合同,项目的分包和设备、材料的采购,一般由承包商与分包商和供货商单独订立合同并组织实施。业主单位一般指派业主代表(可由本单位选派或由其他公司聘用)与咨询工程师和承包商联系,负责相关的项目采购的协调和管理工作。建筑师/咨询工程师与承包商没有合同关系,但承担业主委托的管理和协调工作。

DBB 采购模式的优点有:由于这种模式已长期、广泛地在世界各地采用,各参与方对于此种采购模式都比较熟悉,了解相关责任义务及操作流程;业主可自由选择咨询和设计人员,因此可以实现对项目设计方案的有效控制;业主可根据自己的需要,选择得力的咨询工程师代自己监督和管理项目的实施;可采用参与各方均熟悉的标准合同文本,有利于合同管理和风险控制。DBB 采购模式的缺点是:程序较为烦琐,执行的周期较长;前期投入较大,业主管理费较高;变更时容易引起较多的索赔,并有可能导致争议和纠纷。

1.2.2 EPC 采购模式

EPC 采购模式是一种国际通行的总承包采购模式,是指承包商受业主委托,按照合同约定负责项目的设计、采购和施工全过程的所有工作。在 EPC 采购模式中,承包商的工作主要包括工程、采购和建设三个方面,工程指从工程内容总体策划到具体的设计工作,采购指从专业设备到建筑材料的采购,建设指从施工、安装到技术培训等。EPC 采购模式的管理过程如图 1-6 所示,其中设计、采购和施工均由承包商完成,而业主(或其委托的代表)则对承包商的完成过程进行监督、管理和控制。

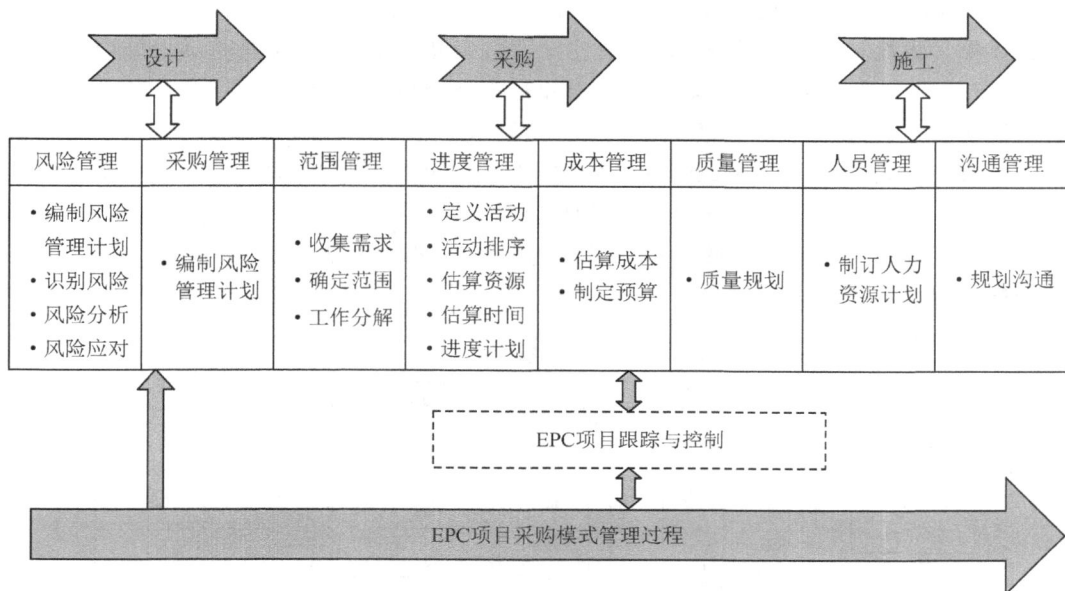

图 1-6　EPC 采购模式的管理过程

与其他采购模式相比,EPC 采购模式具有以下三个方面的特点和优势:

(1)可以发挥设计在整个工程建设过程中的主导作用,有利于工程项目建设整体方案的优化。

(2)可以有效克服设计、采购、施工相互制约和相互脱节的矛盾,有利于设计、采购、施工各阶段工作的合理衔接,确保获得较好的投资效益。

(3)建设工程质量责任主体明确,有利于追究工程质量责任和确定工程质量责任的承担人。

为了充分发挥 EPC 采购模式的优势,在该模式的实施过程中,业主不应该过于严格地控制承包商,应该给予承包商在项目实施中较大的工作自由,以使其能够自主地协调设计、采购和施工的衔接问题,取得项目整体的最优。业主需要做的是了解项目进度、项目质量是否可以达到合同要求,建设结果是否能够最终满足合同规定的建设工程的功能标准。

在 EPC 采购模式中,承包商对项目"设计、采购、施工"整个过程负总责,即代表项目实施所涉及的所有分包商向业主负总责。业主对于承包商一般会采取过程控制和事后监督两种管理模式。过程控制是指业主聘请监理工程师监督承包商"设计、采购、施工"的各个环节,并签发支付证书,由此介入对项目实施过程的管理和控制;事后监督是指业主一般不介入对项目实施过程的管理,但在竣工验收环节较为严格,通过严格的竣工验收对项目实施过程进行事后监督。EPC 采购模式通常采用总价合同,项目的中间支付应由业主直接按照合同规定支付,而不是像传统模式那样先由工程师审查工程量和承包商的结算报告,再决定和签发支付证书,其中支付可以按月度支付,也可以按阶段(即形象进度或里程碑事件)支付,支付金额可以以合同价为基准按百分比确定。

1.2.3 BOT 采购模式

BOT 采购模式是一种私营企业参与基础设施建设,向社会提供公共服务的一种项目采购模式。该模式依靠私人资本进行基础设施建设的融资和建造,或者说是基础设施国有项目民营化,政府开放基础设施建设和运营市场,吸收私人资金投入并建立项目公司,政府授予项目公司特许权,由该公司负责项目的融资和组织建设,建成后负责运营及偿还贷款,在特许期满时将项目移交给政府。BOT 采购模式自从 20 世纪 80 年代开始兴起以来,目前已被广泛应用于许多国家的基础设施建设中,在实际应用中产生了许多变化和改进。典型的 BOT 采购模式的结构框架及主要参与方如果图 1-7 所示,其中的实线表示相关主体存在着与项目采购相关的合同或协议关系。

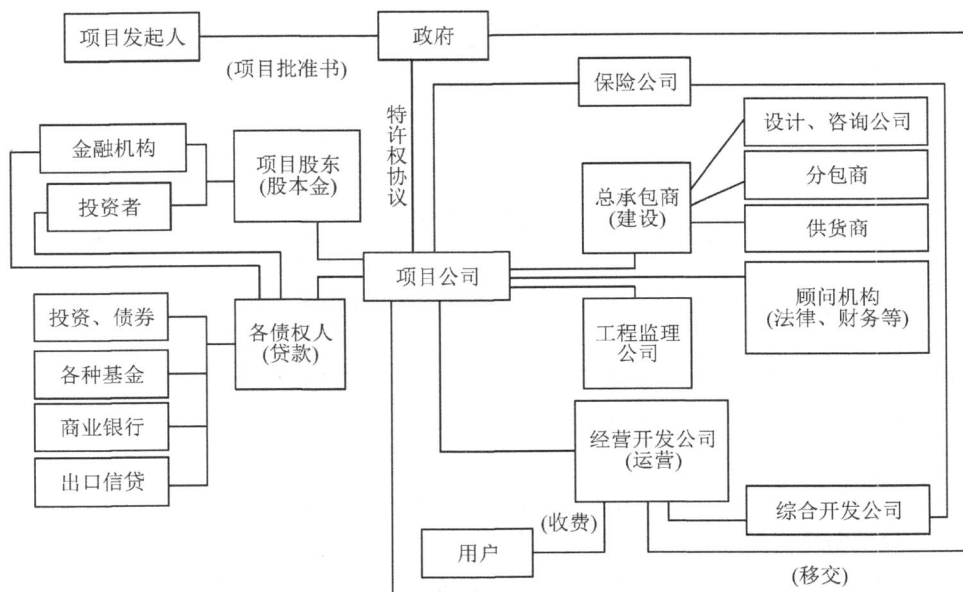

图 1-7 BOT 采购模式典型结构框架

BOT 采购模式的基本运作程序如下:

1.项目的提出与招标

拟采用 BOT 采购模式的基础设施项目,一般均由当地政府提出,大型重点项目由国家政府部门审批,一般项目由地方政府审批。政府相关部门通常会委托一家咨询公司对项目进行初步的可行性研究,随后,颁布特许意向,准备招标文件,公开招标。BOT 模式的招标程序与一般项目招标程序相同,包括资格预审、招标、评标和通知中标。

2.项目发起人进行投标

项目发起人往往是有实力的咨询公司与财团或大型工程公司的联合体,在得到招标信息后,申请资格预审并在通过资格预审后购买招标文件进行投标。BOT 项目的投标要比一般工程项目的投标复杂,需要对 BOT 项目进行深入的技术和财务的可行性分析,才有可能向政府提出具有竞争力的实施方案,以及合理的特许年限要求等。同时,因为 BOT 项目 70%～90%资金需要向金融机构融资,所以,项目发起人还要提前与金融机构接洽沟通,使自己的实施方案,特别是融资方案得到金融机构的认可。在这个过程中,项目发起人常常要聘用各种专业咨询机构(包括法律、金融、财务等方面)协助编制投标文件,并为此向参与各方支付相应的报酬和费用。

3.成立项目公司并签署合作协议

中标的项目发起人往往就是项目公司的组织者。项目公司参与各方一般包括项目发起人、承包商、设备和材料供应商、项目产品用户、当地政府等。此外,还有一些间接参与项目公司经营管理的独立股东、保险公司、金融机构等。项目发起人一般要提供组建项目公司的可行性报告,经过股东讨论,签订股东协议和公司章程,同时向当地政府的工商管理和税收部门注册。

项目发起人首先和政府谈判,草签特许权协议,然后再组建项目公司,完成并落实项目融资安排,最后项目公司与政府正式签署特许权协议。在此之后,项目公司与各个参与方谈判签订总承包合同、运营养护合同、保险合同、工程监理合同和各类专业咨询合同等,有时需独立签订设备和材料供货合同。

4.项目建设和运营

在项目建设和运营阶段,项目公司的主要任务是委托监理公司对总承包商的工作进行监督,保证项目的顺利实施和资金支付。有的项目(如发电厂建设、高速公路施工等)在完成部分内容后,即可交由运营公司开始先期的部分运营,以便能够早日产生效益、回收资金。此时,通常要组建综合性的开发公司,对项目进行全面开发,以便拓展盈利渠道、提升项目效益。在项目部分或全部投入运营后,即应按照原定协议优先向金融机构归还贷款和利息。

5.项目移交

在特许期满之前,应做好必要的维修以及资产评估等工作,以便按时将 BOT 项目平稳移交给政府,并确保移交之后项目能够继续正常运行。在项目移交之后,政府根据具体情况和实际需要,可以仍旧聘用原有的运营公司继续承担项目的运行工作,也可以另找其他运营公司来运行项目。

BOT 采购模式涉及的参与方较多,而且他们之间的合同关系较为复杂,因此,为确保项目的顺利实施和运行,一定要明确参与各方的职责和义务,尽可能做到责权利清晰。BOT 采购模式的主要参与方包括政府、项目公司(由发起人牵头组建)、金融机构,其职责如下:

(1)政府是 BOT 项目的最终所有者,主要职责有:确定项目,颁布支持 BOT 项目的政策,通过招标选择项目发起人,颁布 BOT 项目特许权,批准成立项目公司,签订特许权协议,对项目进行宏观管理,特许期满接收项目,委托项目经营管理部门继续项目的运行。

(2)项目公司负责项目的建设实施以及在特许期内的运行管理,其主要职责有:项目融资,项目建设,项目运营,组织综合开发经营,偿还债务(贷款、利息等)及分配股东利润,特许期满时移交项目。

(3)金融机构包括商业银行、国际基金组织等,它们按协议向项目提供贷款。为分散项目风险,一个BOT项目通常会有多家财团参与贷款。金融机构的主要职责包括:确定项目的贷款模式、条件及分期投入方案,对项目的现金流量偿债能力做出分析,必要时利用财团信誉帮助项目发行债券,监督资金使用情况,与项目公司签订融资抵押担保协议,组织专项基金会为某些重点项目融资。

除了上述主要参与方,BOT采购模式还涉及咨询公司、承包商、运营公司、开发公司、代理银行、保险公司、供货商等其他参与方,它们各自承担相应的职责并据此获得对应的利润回报。

(1)咨询公司:对项目的设计、融资方案等进行咨询,对施工进行监理,替政府(或项目公司)进行谈判并签订合同。

(2)承包商:负责项目设计、施工、调试,一般也负责设备和材料采购。

(3)运营公司:负责项目建成后的运营管理、收费、维修、保养,收费标准和制度由运营公司与项目公司确定。

(4)开发公司:负责特许协议中特许的项目综合开发,如沿公路房地产、商业网点等。

(5)代理银行:负责贷款人与项目公司办理外汇、融资、债务、清偿、抵押等事项。

(6)保险公司:负责为项目各参与方提供保险。

(7)供货商:负责项目建设及运行过程中的材料、设备等的供应。

1.2.4 PPP采购模式

PPP采购模式本质上是BOT采购模式的一种扩展,是在公共基础设施和公共服务领域政府和社会资本合作的一种项目采购模式,即政府与私人之间,以提供公共产品和公共服务为出发点,通过协商谈判或招投标达成特许权协议,形成"利益共享、风险共担、全程合作"的伙伴合作关系,使合作各方达到比彼此单独行动预期更为有利的结果——政府的财政支出更少,企业的投资风险更低。PPP采购模式作为有别于传统意义上政府负责的公共产品和服务的供给方式,不仅仅是单纯的社会资本引进,还是综合性的公共事业市场化方案。PPP采购模式的表现形式和缔造方案根据实际情况呈现多样化,其确切含义也因具体情况而异,所以,不同机构及学者对其定义也存在一定差异。其中,最具代表性的包括联合国发展计划署、世界银行和亚洲开发银行等给出的定义。

(1)联合国发展计划署关于PPP采购模式的定义:PPP采购模式是指政府、营利性企业和非营利性组织基于某个项目而形成的相互合作关系,在这种关系中,政府并非把项目的责任全部转移给私营部门,而是由参与合作的各方共同承担责任和融资风险,各方通过合作达到比单独行动预期更有利的结果。

(2)世界银行关于PPP采购模式的定义:PPP采购模式是指为提供公共设施和公共服务,由私营部门与政府部门签署长期合同,明确双方的合作关系,并由私营部门承担主要风险及管理责任,政府部门根据项目的绩效考核结果向私营部门支付费用。

(3)亚洲开发银行关于PPP采购模式的定义:PPP采购模式是指政府及私营部门为提供公共资产设施和/或公共服务,如电力、供水、交通、教育和医疗而形成的合作关系,与传统的采购合同不同,该模式在合作伙伴间合理分配风险,并通过设置具体的绩效考核付费机制激励服务供应商提高供应效率。

从以上国际组织对PPP采购模式的定义可以看出,只要是为提供公共产品或服务而开展的政府方与社会资本合作,均属于PPP采购模式的范畴。根据PPP采购模式合作内容、合作

期限等具体情况,PPP采购模式可以表现为不同的运作方式,从而形成不同的PPP采购模式,具体如下:

(1)BOOT(build-own-operate-transfer,建造-拥有-运营-移交)采购模式。该模式是在BOT采购模式基础上的一种变形,它与基本BOT采购模式的主要不同之处是,项目公司既拥有运营权又拥有所有权,政府允许项目公司在一定范围和一定时期内,在一定条件下将项目资产抵押给银行,以获得更为优惠的贷款条件,从而使得项目公司可以提供价格更低的公共产品,其特许期一般比BOT采购模式要长。

(2)BOO(build-own-operate,建造-拥有-运营)采购模式。该种采购模式也是BOT采购模式的一种变形,其与BOT采购模式的主要不同之处在于,项目公司不必将项目移交给政府,经政府同意可一直延期甚至永久拥有。该模式的主要目的是鼓励项目公司从项目全生命周期的角度合理建设和经营设施,以提高项目产品或服务的质量,追求全生命周期的总成本降低和效率的提高,使项目的产品或服务价格更低。

(3)BT(build-transfer,建造-移交)采购模式。这种采购模式是BOT采购模式的一种简化,是指企业获得政府的授权后出资和贷款为政府建设项目,在项目建成后交给政府使用,政府则在规定的期限内向企业分期支付(即回购)项目建设费用。与政府投资建设项目不同,政府用于回购项目的资金往往是事后支付(多通过财政拨款或其他资源如土地补偿)。该模式的主要目的是解决政府建设基础设施的资金短缺问题。

(4)TOT(transfer-operate-transfer,转让-运营-移交)采购模式。这种采购模式是指通过出售现有资产以获得增量资金,以进行新建项目融资的新型PPP模式。在这种模式下,首先,私营企业用私人资本或资金购买某项资产的全部或部分产权或经营权;其次,购买者对项目进行开发和建设,在约定的时间内,通过对项目经营收回全部投资并取得合理的回报;最后,特许期结束后,将所得到的产权或经营权无偿移交给原所有人。

(5)ROT(rehabilitate-operate-transfer,改建-运营-移交)采购模式。这种采购模式是指政府部门将既有的项目移交给私营部门,由后者负责既有项目的运营管理以及扩建或改建项目的资金筹措、建设及其运营管理,当约定期限届满后,将项目无偿移交给政府部门。这种模式适合于需要扩建或改建的项目,既解决了政府缺乏扩建工程资金的问题,同时又将原有项目的运营管理结合起来。

(6)DBFO(design-build-finance-operate,设计-建造-融资-运营)采购模式。这种模式是指政府制定公共服务的标准,私营企业据此设计、建造相应的设施来提供服务,并负责融资和运营;与此同时,政府作为服务的主要购买者,向私营企业支付使用费。在该模式下,私营企业在设计、建造、融资、运营、维护等各个阶段都发挥着重要作用。

(7)O&M(operations & maintenance,运营-维护)采购模式。这种模式是指拥有项目所有权的政府部门通过签订委托运营合同,将项目的运营和维护工作交给私营部门完成;私营部门对项目的日常运营负责,但不承担资本性投资和风险,政府部门向私营部门支付服务成本和委托管理报酬。

(8)MC(management contract,管理合同)采购模式。这种模式是指政府将存量公共资产的运营维护及用户服务职责授权给社会资本或项目公司的运作方式。政府保留资产所有权,只向社会资本或项目公司支付管理费,管理合同通常作为转让-运营-移交的过渡方式使用。

在实际中,具体PPP采购模式的选择,应当根据项目的相关利益主体、收费定价机制、投资收益水平、风险分配基本框架、投融资需求、改扩建规模和合作期限设置等因素决定。项目实施机构可依据上述因素的具体情况,按照图1-8确定的原则选择项目的PPP采购模式。

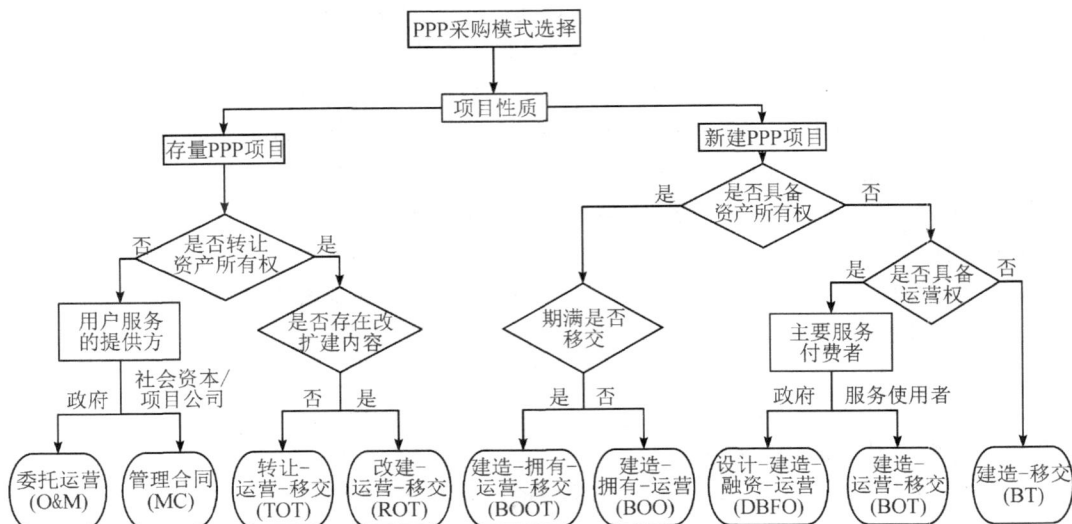

图1-8　PPP采购模式选择原则示意图

PPP采购模式的运作过程通常包括项目识别、项目准备、项目采购、项目执行、项目移交五大流程,具体说明如下。

1.项目识别流程

项目识别是指政府面对社会已识别的需求,从多个备选的项目方案中,选出一种可能满足这种社会需求的方案的过程。项目识别流程主要包括以下四步:项目发起、项目筛选、物有所值评价、财政承受能力论证。

(1)项目发起。项目的发起通常有两种方式:政府发起和社会资本发起。政府发起是指由政府财政部门向行业主管部门征集潜在的项目,或者从国民经济和社会发展规划、行业专项规划中征集潜在的PPP采购项目;社会资本发起是指社会资本以项目建议书的方式,向财政部门推荐潜在的项目,这种发起方式较政府发起方式更能体现基础设施建设的巨大社会需求性和投资模式的市场化。

(2)项目筛选。项目筛选是指政府部门对采取以政府发起和社会资本发起的方式提交的备选项目,按照一定的标准进行评价,最终挑选出最符合要求的项目的过程。项目的筛选可进一步分解为如下三小步:从政府发起或社会发起推荐的潜在项目中确定出备选项目;针对筛选出的项目制订年度和中期开发计划;项目发起方在规定的时间内向政府相关部门提交相关PPP采购项目材料。

(3)物有所值评价。物有所值评价是指对满足社会需求的产品或服务,进行全生命周期的成本和质量组合评价,通常包括定性评价和定量评价两部分。定性评价是指对市场的特征、投标环境、政府机构和社会资本,以及其他没有包括在定量分析中的成本和收益进行分析,主要包括如下内容:与采用传统采购模式相比,采用PPP采购模式能否增加供给,能否优化风险分配,能否提高运营效率,能否促进创新和竞争;定量分析是指在虚拟的情况下,计算出项目的政府比较值(public sector comparator,PSC,指假定由政府机构单独融资、持有、实施项目,通过风险评估后计算出的成本估计值),然后与 PPP 采购报价相比较,判断 PPP 采购模式能否降低全生命周期成本。

(4)财政承受能力论证。财政承受能力论证是指识别、测算项目的各项财政支出责任,科学评估项目实施对当前及今后年度财政支出的影响,为 PPP 项目财政管理提供依据。亦即财政部门根据项目全生命周期内的财政支出、政府债务等因素,对部分政府付费或政府补贴的项目,开展财政承受能力论证,且每年政府付费或政府补贴不得超过当年财政收入的一定比例。

2.项目准备流程

项目准备流程是在 PPP 采购模式实施前,为确保项目顺利推进所做的一系列准备工作,主要包括管理架构建立、风险分配设计、PPP 采购模式选择、交易结构确定、合同体系构建、监管架构确立、采购方式明确、实施方案审核。

(1)管理架构建立。管理架构体系是政府为规划项目和协调项目推进而建立的协调组织及制度安排,其内容包括项目评审、组织协调和检查督导等。为了简化项目审批流程、提高工作效率,政府通常会指定有关职能部门或事业单位作为项目实施机构,该机构主要负责项目的准备、采购和监管以及移交等工作。

(2)风险分配设计。在项目的实施过程中,由于政府和社会资本所处地位的不平等性,政府扮演的是招标者、监管者的角色,而社会资本承担的更多的是经营者、建造者的角色,因双方主体在项目建设中所扮演角色的差别,故双方在风险承担上需要寻求一个更加合理的风险分配方案来平衡双方主体之间的利益。在项目风险的分担方面,考虑到作为投资主体的社会资本一般是业界实力雄厚的公司,它们往往拥有先进的技术、管理经验和足够的资金,由它们来承担项目设计、建造、运行等方面的风险更为合理。同时,考虑到社会资本对国家法律、法规、政策变化的应对能力远远低于政府本身,为确保政府的公信力和诚信力,由政府承担法律、法规、政策和最低需求等风险更为合适。此外,有关不可抗力等风险由政府和社会资本合理共担。

(3)PPP 采购模式选择。即根据项目的实际情况和相关因素,选择 PPP 采购模式项目的具体运作模式。

(4)交易结构确定。交易结构包括项目投融资结构、回报机制、相关配套安排三个方面。项目投融资结构的内容包括项目资本性支出的资金来源、性质和用途,项目资产的形成和转移等,项目公司须公开项目资本性支出的资金来源及用途,确保项目资金的高效运行;回报机制是指社会资本取得投资成本和收益的来源,主要包括使用者付费、可行性缺口补助、政府付费三种;相关配套安排包括项目以外相关机构提供的土地、水、电、气等配套设施和项目所需的上下游服务,需要设计公司、建筑公司、采购部门等相互协调。

(5)合同体系构建。项目合同体系是项目各方在项目建设过程中所签订的合同所形成的体系,该体系主要包括项目合同、股东合同、融资合同、工程承包合同、运营服务合同、原料供应合同、产品采购合同和保险合同等,其中项目合同在整个合同体系中占有重要地位。项目合同的核心内容是项目边界条件,项目边界条件主要包括权利义务边界、交易条件边界、履约保障边界、调整衔接边界。权利义务边界主要体现在项目资产权属、社会资本承担的公共责任、政府支付方式和风险分配结果等方面;交易条件边界主要体现在合同期限、回报机制、收费定价调整机制和产出说明等方面;履约保障边界主要体现在强制保险方案、履约保函体系中;调整衔接边界主要体现在应急处置、临时接管和提前终止、合同变更、合同展期、项目新增改扩建需求等应对措施方面。

(6)监管架构确立。由于政府在项目建设过程中扮演着招标者、授权者、监管者的三重角色,故与项目有关的监管职责主要由政府来负责和承担,而政府对项目的监管主要体现在授权关系和监管方式上。在授权关系方面的监管主要体现在政府对项目实施机构的授权的监管,以及政府直接或通过项目实施机构对社会资本的授权的监管。在监管方式方面,政府对项目的监管主要体现在履约管理、行政监管和公众监督三个方面:履约管理是指政府作为项目监管者,对合同当事人的违约行为进行规制;行政监管是指政府作为行政机关对项目建设过程中出现的一些违法操作和施工进行行政处罚;公众监督是指政府代表社会主体,对事关全社会切身利益的基础设施的工程进展状况等进行监督。

(7)采购方式明确。项目公司在项目建设所需材料的采购上,可选择多种采购方式,其中最为典型的采购方式有公开招标、竞争性谈判、邀请招标、竞争性磋商、单一来源采购。项目公司应遵守国家或相关机构的规定,选择符合要求的、经济高效的采购方式。

(8)实施方案审核。实施方案审核是指财政部门对实施方案进行物有所值和财政承受能力验证。通过验证的方案,由具体的项目实施机构报经政府审核、批准;未通过验证的方案,可在实施方案调整后重新验证。经重新验证仍不能通过的,不再采用PPP采购模式。

3.项目采购流程

项目采购流程主要包括资格预审、采购文件编制、采购文件评审、谈判与合同文件签署四个方面。

(1)资格预审。在项目公司发布采购公告前,需对相关主体的资格进行初步的审查工作,以确定相关主体是否具有相应的资格和能力,从而确保后续采购合同的顺利进行。资格预审公告应在省级以上人民政府财政部门指定的媒体上发布,内容通常包括:项目授权主体、项目实施机构和项目名称、采购需求、对社会资本的资格要求、是否允许联合体参与采购活动、拟确定参与竞争的合格社会资本的企业数和确定方法,以及社会资本提交资格预审申请文件的时间和地点。项目公司应按照资格预审公告和政府的相关规定,客观公正地进行资格预审。

(2)采购文件编制。即项目公司组织采购专家对采购文件进行编制,具体内容包括:采购邀请通知、竞争者告知、竞争者应当具备的资格以及相应的证明文件、项目的具体采购方式、政府对采购项目的授权、政府对项目采购实施方案的批复和项目相关审批文件、项目采购程序、提交项目采购响应文件开始时间和终止时间及地点、保证金应交纳数额和标准以及保证形式、项目评审方法、项目评审标准、政府采购政策、项目的采购合同草案及其他法律文件等,采购文件的编制应符合政府及相关机构的规定,确保简洁、清晰、精炼、无歧义。

(3)采购文件评审。项目采购评审小组由项目实施机构代表和评审专家共5人以上单数组成,评审专家人数不得少于评审小组成员总数的2/3,否则,评审小组所做的决议无效。

(4)谈判与合同文件签署。首先,项目实施机构应成立专门的采购结果确认谈判工作组,然后将候选供应商依据一定的标准依次进行排名,再由谈判工作组与各供应商进行合同签署前的确认谈判程序,最终率先与谈判工作组达成一致意见的候选供应商成为中选社会资本。其次,在谈判工作组与社会资本确认谈判完成后,双方签署确认谈判备忘录,并将备忘录的相关内容予以公示。最后,社会资本在公示期满后对公示内容无异议后,应将项目合同报政府审核同意后签署,项目采购合同在政府签署后生效。

4.项目执行流程

项目的执行流程主要包括项目公司设立、融资管理、绩效监测与支付、履约管理、中期评估五个方面。

(1)项目公司设立。项目公司可采取如下三种方式设立:社会资本按照相关法律法规的要求设立项目公司;政府采取行政方式指定相关机构依法参股项目公司;项目实施机构和财政部门监督社会资本按照合同约定,依约全面履行出资义务而设立项目公司。

(2)融资管理。PPP采购模式融资管理主要包括如下要点:项目建设所需资金主要由社会资本或项目公司负责筹集;财政部门和项目实施机构应承担行政监督管理职责,对项目公司的运行进行监督,以防止企业债务向政府转移,从而损害项目公司利益;项目合同中涉及的政府支付义务,财政部门应结合中长期财政规划统筹考虑,纳入同级政府预算,按照预算管理相关规定执行;财政部门和项目实施机构应建立PPP项目政府支付平台或系统,严格控制财政风险。

(3)绩效监测与支付。绩效监测与支付主要包括如下三个方面内容:财政部门或是项目实施机构履行督促社会资本或项目公司的责任,并且定期检查项目产出绩效指标,编制季度报表和年度报表,最后将季报和年报向财政部门报送和备案;政府有支付义务的,按照实际绩效付费,设置有超额收益分享机制的,社会资本或项目公司应根据项目合同约定,向政府支付政府应享有的超额收益;项目实际绩效优于约定标准的,应执行奖励条款,以此作为合同内容能否实施的依据,对其中未达到约定标准的,应执行惩处条款或救济措施。

(4)履约管理。政府作为建设项目的监管者,应承担监管各方在项目建设中履行合同行为的职责。若社会资本或项目公司违反合同约定,威胁公共产品和服务稳定安全供给,或危及国家安全和重大公共利益的,政府有权临时接管项目,直至启动提前终止程序。对于在合同履行过程中,合同双方发生争议且无法协商一致解决的事项,依法向司法机关申请启动民事诉讼程序予以解决。

(5)中期评估。中期评估是政府对项目设施进行持续监管职责的体现,主要包括以下具体内容:项目实施机构对项目进行中期评估的周期为三到五年;政府相关职能部门对项目公司或是项目依法履行行政监管职责,确保项目的顺利进行;社会资本或项目公司对政府职能部门的行政监管处理决定不认可的,可依法申请行政复议或提起行政诉讼;政府、社会资本或项目公司应依法公开披露相关信息,保障公众知情权并接受社会大众的广泛监督。

5.项目移交流程

项目移交流程主要包括移交准备、性能测试、资产交割、绩效评价四个阶段。

(1)移交准备。在项目移交准备阶段,首先,项目实施机构或政府指定的其他机构组建项目移交工作组,然后根据约定确认移交情形和补偿方式,制定资产评估和性能测试方案;其次,在具体的项目移交工作中,项目移交工作组应委托具有资质的资产评估机构,按照约定评估方式,对移交资产进行资产评估,作为确定补偿金额的依据。

(2)性能测试。在项目性能测试中,项目移交工作组应严格按照性能测试方案和移交标准对移交资产进行性能测试。当性能测试结果不达标时,移交工作组应要求项目公司按照协议约定,对项目进行恢复性修理和更新性重置或提取移交维修保函,以确保测试结果能达标。

(3)资产交割。在项目特许经营期限届满后,社会资本或项目公司应将满足性能测试要求的项目资产、知识产权和技术法律文件,并连同资产清单移交给项目实施机构或政府指定的其他机构,办妥法律过户和管理权移交手续,同时,社会资本或项目公司应配合做好项目运营平稳过渡的相关工作。

(4)绩效评价。绩效评价机制主要包括如下方面的内容:项目移交完成后,财政部门应组织有关部门对项目产出、成本效益、监管成效、可持续性、PPP 采购模式应用等进行绩效评价,并按相关规定公开评价结果;评价结果作为政府开展 PPP 采购模式管理工作的决策参考依据,推广 PPP 采购模式进行城市基础设施的建设与运行,在实现社会福利、提高基础设施服务质量的同时,也应给参与企业带来合理的投资回报,增强公共基础设施可持续运行的效率和能力。

1.2.5　其他采购模式

1.CM 采购模式

CM(construction-management,建造-管理)采购模式,就是在采用快速跟进法进行施工时,从开始阶段就雇用具有施工经验的 CM 单位参与到项目的实施过程中来,以便为设计人员提供施工方面的建议且随后负责管理施工过程。这种模式改变了过去那种设计完成后才进行招标的传统模式,采取分阶段发包,由业主、CM 单位和设计单位组成一个联合小组,共同负责组织和管理工程的规划、设计和施工,而 CM 单位负责工程的监督、协调及管理工作,在施工阶段定期与承包商会晤,对成本、质量和进度进行监督,并预测、监控成本和进度的变化等。

1)CM 采购模式的特点

CM 采购模式的主要特点如下:

(1)由业主和业主委托的 CM 经理与建筑师组成一个联合小组,共同负责组织和管理项目的规划、设计和施工,但 CM 经理对设计的管理起协调作用,在项目总体规划、布局和设计时,要考虑控制项目的总投资。在主体设计方案确定后,随着设计工作的进展,完成一部分分项工程的设计后,即对这一部分分项工程进行招标,发包给一家承包商,由业主直接就每个相对独立的分项工程与承包商签订承包合同。

(2)要选择既懂工程技术又懂经济管理的人才来担任 CM 经理,该 CM 经理负责项目的监督、协调和管理工作。在施工阶段,CM 经理的主要任务是定期与承包商会晤,对成本、质量和进度等进行监督,并预测、监控成本和进度的变化。业主分别与各个承包商、设计单位、设备供货商、安装单位、运输单位签订合同,任命的 CM 经理对这些单位在业务上进行管理和协调。

(3)CM 采购模式可以大大缩短工程从规划、设计到竣工的周期,节约建设投资,减少投资风险,比较早地取得收益。由于设计时就听取了 CM 经理的建议,因此可以预先考虑施工因素,运用价值工程以节省投资。这种方式的缺点是分项招标可能导致承包费用较高,因而要做好分析比较,研究如何合理地对项目进行划分,选定一个最优的结合点。

2)CM 采购模式适用的情形

从 CM 采购模式的特点可见,该种采购模式通常适用于如下的情形中:

(1)设计变更可能性较大的项目。对于某些项目,即使采用传统模式等全部设计图纸完成后再进行施工招标,在施工过程中依然会有较多的设计变更(不包括因设计本身缺陷引起的变更)。在这种情况下,传统模式利于投资控制的优点体现不出来,而 CM 采购模式则能充分发挥其缩短建设周期的优点。

（2）时间因素较为重要的项目。尽管项目的投资、进度、质量三者是一个目标系统，且三大目标之间存在着对立统一的关系。但是，对于某些项目来说，进度目标可能是第一位的，如生产某些急于占领市场的项目。如果采用传统模式组织实施，建设周期太长，此时应采用 CM 采购模式尽可能地缩短建设周期。

（3）因范围和规模不确定而无法准确定价的项目。对于有些项目来说，业主对项目的前期策划工作无法很快确定，因此项目的范围和规模也随之难以在短时间内确定。但是，如果等到项目总的范围和规模确定后再组织实施，持续时间太长。因此，可采取 CM 采购模式，确定一部分项目内容后即进行相应的施工招标，从而选定施工单位开始施工。

2.设计-建造采购模式

设计-建造采购模式即在项目确定之后，业主只需选定一家公司负责项目的设计和施工。在这种采购方式下，业主方首先选择一家专业咨询公司拟定代建项目的基本要求，然后授权一位具有专业知识和管理能力的管理专家为业主代表，在项目实施期间作为业主与总承包商的联络人。项目总承包商对整个项目的设计建设负全部责任，总承包商通常会选择一家咨询设计公司进行项目的设计，然后采用竞争性招标方式选择各个分包商，当然总承包商也可以利用本公司的设计和施工力量完成一部分工程。

设计-建造采购模式，也可称作是一种"交钥匙"采购模式，即承包商为业主提供包括项目融资、土地购买、设计、施工、设备采购、安装和调试，直至竣工移交的全套服务。适应不同种类项目的需要，设计-建造采购模式也有其他呈现形式，例如，适用于政府公共项目的竞争型设计-建造采购模式，适应于私营项目的谈判型设计-建造采购模式等。设计-建造采购模式的主要优点是：在项目初期即选定项目组成员，项目责任单一，实施的连续性好；成本控制在较早的时候即可展开，可减少管理费用，减少利息及价格上涨的影响；在项目初期提前考虑施工因素，减少由于设计错误、疏忽引起的项目变更。这种采购模式的主要缺点是：业主对最终设计和项目实施过程中的细节控制能力较低，工程设计可能会受总承包商利益的影响。

3.设计-管理采购模式

设计-管理采购模式是指同一公司向业主提供设计和施工管理服务的项目采购模式。在通常的 CM 模式中，业主分别就设计和专业施工过程管理服务签订合同；而采用设计-管理采购模式时，业主只签订一份既包括设计也包括管理服务在内的合同。在这种情况下，设计单位与管理机构是同一公司，这一公司常常是设计机构与施工管理企业的联合体。

设计-管理采购模式的实现可以有两种形式，一是业主与设计-管理公司和施工总承包商分别签订合同，由设计-管理公司负责设计并对施工总承包商的项目实施过程进行管理；二是业主只与设计-管理公司签订合同，由设计-管理公司分别与各个单独的分包商和供货商签订合同，由其对分包商的施工和供货商的供货进行管理。后一种方式可看作是 CM 采购模式与设计-建造采购模式相结合的产物，这种采购模式可以通过项目的灵活分包加快实施进度。

4.Partnering 采购模式

Partnering 采购模式是指通过签订合作协议将项目各个参与方维系在一起，彼此做出承诺并组建工作团队，在兼顾各方利益的条件下，明确团队的共同目标，建立完善的协调和沟通机制，实现风险的合理分担和矛盾的友好解决的一种项目采购模式。这种协议不仅仅是业主与施工单位双方之间的协议,通常还包括了分包商、设计单位、咨询单位、主要的材料设备供应单位等。

Partnering采购模式主要有以下特征:

(1)自愿。参与各方必须是完全自愿,而非出于任何原因的强迫。Partnering采购模式的参与各方要充分认识到,这种模式的出发点是实现建设工程的共同目标以使参与各方都能获益。只有在认识上统一才能在行动上采取合作和信任的态度,才能愿意共同分担风险和有关费用,共同解决问题和争议。

(2)高层的参与。Partnering采购模式的实施需要突破传统的观念和传统的组织界限,由于这种模式要由参与各方共同组成工作小组,要分担风险、共享资源,甚至是公司的重要信息资源,因此高层管理者的认同、支持和决策是关键因素,需要各方高层管理者的参与以及在高层管理者之间达成共识。

(3)协议不是法律意义上的合同。Partnering协议与工程合同是两个完全不同的文件,通常在工程合同签订后,参与各方经过讨论协商后才会签署Partnering协议。该协议并不改变各方在有关合同规定范围内的权利和义务关系,参与各方对有关合同规定的内容仍然要切实履行。

(4)信息的开放性。Partnering采购模式强调资源共享,信息作为一种重要的资源对于参与各方必须公开,要确保参与各方可及时、便利地获取相关信息,这不仅能保证建设工程目标得到有效的控制,而且能减少许多重复性的工作并有效降低项目成本。

在实践中,Partnering采购模式能否成功实施,主要取决于如下要素:

(1)建立长期合作关系。通过与业主达成长期协议、进行长期合作,施工单位能够更加准确地了解业主的需求,同时能保证施工单位不断地获取项目实施任务,从而使施工单位可以将主要精力放在工程的具体实施上,并能充分发挥其积极性和创造性。这既对项目的投资、进度、质量控制有利,同时也降低了施工单位的经营成本。

(2)资源和效益共享。共享的含义是指项目参与各方的资源共享、项目实施产生的利益共享,以及参与各方共同分担项目风险和采用Partnering模式所产生的费用。资源和效益既包括有形的资源和效益,如人力、机器设备、费用降低、质量提高等,也包括无形的资源和效益,如信息、知识、工作积极性提高、社会信誉改善等。

(3)相互信任。相互信任是确定项目参与各方共同目标和建立良好合作关系的前提,是Partnering采购模式实施的基础和关键。只有对参与各方的目标和风险进行分析和沟通,并建立良好的关系,彼此才能更好地理解;只有相互理解才能产生信任,而只有相互信任才能产生整体性效果。

(4)共同的目标。采用Partnering采购模式要使参与各方认识到,只有项目实施本身是成功的,才能实现它们各自的目标和利益,从而取得双赢和多赢的结果。为此,就需要通过分析、讨论、协调、沟通,针对特定的项目确定参与各方共同的目标,在充分考虑参与各方利益的基础上努力实现这些共同的目标。

需要特别强调的是,Partnering采购模式并不是一种独立存在的采购模式,它总是与建设工程组织管理模式中的某一种模式结合使用的,它特别适用于以下几种类型的项目:一是业主长期有投资活动的项目,由于长期有连续的项目作保证,业主与施工单位及其他参与各方就有了长期合作的基础;二是由于特殊原因无法采用公开招标或邀请招标的项目,如军事工程、涉及国家安全的工程、工期特别紧迫的工程等,在这些项目上,投资一般不是主要目标,业主与施工单位较易形成共同的目标和良好的合作关系;三是复杂的不确定因素较多的项目,如果项目的构成复杂、技术要求高、不确定因素多,采用一般模式易产生争议和纠纷,此时必须借助Partnering采购模式实现各方充分沟通和合作;四是国际金融组织贷款的项目,这类项目一般采用国际公开招标(或称国际竞争性招标),参与各方的协调工作量大、难度高,采用Partnering采购模式有利于多方的合作共赢。

问题思考

1.项目常见的采购模式有哪些,各适用于什么样的情形?

2.PPP采购模式有哪些具体的运作方式,其典型的实施流程是怎样的?

1.3　项目的采购方式

项目采购方式是指项目组织从外部购买工程、货物和服务的方式。常用的采购方式可分为招标采购方式和非招标采购方式两大类。其中,招标采购包括无限竞争性公开招标和有限竞争性邀请招标;非招标采购包括询价采购、直接采购和自营工程等。

1.3.1　无限竞争性公开招标

招标采购是由需方提出招标条件和合同条件,由多个供应商同时投标报价进行竞争,使需方能够获得更为合理的价格,以及条件更为优厚的供应的采购方式。招标和投标是一种国际通行的采购方式,是指由招标人和投标人经过邀请、响应、择优选定,最终形成协议和合同关系的平等主体之间的经济活动过程,是"法人"之间诺成有偿的、具有约束力的法律行为。无限竞争性公开招标是指不对投标人做任何限制,只要有资质完成招标任务的合格投标人均可参与竞争投标。如果招标采购面向全球合格投标人进行,则无限竞争性招标称为无限竞争性国际招标,简称国际竞争性招标(international competitive bidding,ICB);如果招标采购范围限定在国内进行(即国外的合格投标人不能参加投标),则称为无限竞争性国内招标,简称国内竞争性招标(national competitive bidding,NCB)。

1.国际竞争性招标

绝大多数国际金融组织,如世界银行、亚洲开发银行等的贷款项目均采用国际竞争性招标。据世界银行统计,采用国际竞争性招标采购的金额占贷款总金额的80%左右。实践证明,采用这种方式进行采购,能够很好地达到世界银行对采购的基本要求。国际竞争性招标有一套完整的程序,以世界银行贷款项目的规定为例,通常分为如下10个步骤。

1)刊登采购总公告

国际竞争性招标方式的根本特点之一在于,国际竞争性的投标机会必须通过国际公开广告的途径予以通知,使所有合格国家的投标者都有等同的机会了解投标要求,以形成尽可能广泛的竞争局面。这种国际广告形式是国际竞争性招标方式与国内竞争性招标方式之间的主要区别,它分两步进行:第一步先刊登总采购公告;第二步刊登具体招标通告。

刊登采购总公告的目的是使所有的供货商或承包商能随时不断地了解世界银行贷款项目

的采购动向,它仅是具体招标通告的补充,并不能代替具体招标通告。采购总公告提供的采购情况应足以使未来的供货商或承包商判断是否对将来的招标有兴趣。采购总公告应包括:贷款国家,借款者及贷款金额、用途,国际竞争性招标方式采购的范围,货物或工程大体内容,发行资格预审文件或招标文件的时间,负责招标的单位名称、地址等。

2)资格预审

凡是大型复杂的土建工程、大型成套复杂设备或专门的服务,或交钥匙合同、设计与施工合同、管理承包合同等,在正式组织招标之前要先进行资格审查,对投标人是否有资格和足够的能力承担这项工程或制造设备预先进行审查,以便缩小投标人的范围,使不合格的厂家避免因准备投标而花费大量的开支,也使项目单位减轻评标的负担,同时有助于确定国内优惠的合格性等。资格预审中主要考虑的内容有:经验和以往承担类似合同的经历,为承担合同任务所具有的或能配备的人员设备、施工或制造能力的情况,财务状况,法律地位,包括所有权、注册情况以及联合体、分包安排等情况。资格预审的程序如下:

(1)编制资格预审文件。

(2)邀请有资格参加预审的单位参加资格预审,通告包括项目单位名称,项目名称,工程规模,主要工程量,计划开工,完工日期,出售资格文件的日期、时间、地点和价格,以及接受资格预审的截止日期、地点等。

(3)发售资格预审文件和提交资格预审申请。

(4)资格评定,确定参加投标的单位名单,即要根据事先确定的评定标准和方法对每个申请者的机构、组织、从事类似合同任务的经验,以前和目前的能力、财务状况等方面进行评审,最后确定有资格参加投标的单位名单。

3)编制招标文件

招标文件编制的质量,直接影响到采购的效果和进度,其重要性表现在:

(1)招标文件是招标者招标承建工程项目或采购货物及服务的法律文件,招标单位在开标后不得再对招标文件(包括补遗书)进行修改。

(2)招标文件是投标人准备投标文件及投标的依据。为了便于投标人投标,招标文件中的条款和规定必须准确、完整,做出实质性响应的投标,应该是根据招标文件的全部要求提出的投标,若对招标文件有重大的偏离,可视为没有做出实质上响应而被废标。

(3)招标文件是评标的依据。在评标中判断投标是否做出实质上的响应,就是以招标文件的规定为标准的,因而,用于评标的标准也必须是招标文件中规定的标准。在评标阶段所产生的某些问题往往是由于招标文件编写得不完善、不周密而造成的。

(4)招标文件是签订合同所遵循的文件。招标文件的绝大部分通常都列入合同文件中。如果在洽谈合同过程中提出某些规定和条款,必须列入合同中,而这些内容在招标文件中并无体现,那么,中标者可能会不接受或者同意在某种条件下(如提高价格或免除及减轻其他责任和义务、放松某些要求等)才能接受,这不仅导致洽谈合同困难重重,而且,最终受损失的还是招标者。

4)刊登具体招标通告

在发行资格预审文件或招标文件之前,要至少在借款国内一份广泛发行的报纸及官方杂志上刊登预审或招标通告作为具体采购通告。对大型、复杂或重大项目,世界银行可要求借款者在国际上广泛发行的著名技术杂志、报纸和贸易刊物上刊登具体通告。招标通告的内容包括:借款国名称,项目名称,采购内容简介,资金来源,交货时间或竣工工期,对合格货源国的要求,发售招标文件的单位名称、地址及文件售价,投标截止日期和地点的规定,投标保证金的金额要求,开标日期、时间和地点。

5)发售招标文件

如果单独进行过资格预审,那么招标文件的发售可按通过资格审查的厂商名单发送;如果没有单独进行过资格预审,招标文件可发售给对招标通告做出反应,并且有兴趣参加投标的合格国家的厂商。

6)投标

为了使投标人有充分的时间组织投标,投标时间的确定应特别考虑以下几点:要根据实际情况合理确定投标文件的编制时间;对大型工程和复杂设备,招标人要组织标前会和现场考察;对投标人提出的书面问题要及时予以澄清、答复,澄清和答复内容要以补遗书形式发给所有购买招标文件的单位。

在规定的投标截止日期之前提交的标书,才能被接受,凡是在截止日期过后收到的标书,要原封退还。收到投标后要签收或通过投标人确认已收到提交的标书,并记录收到的日期和时间。在收到投标文件至开标之前,所有的投标文件均不得启封,并要妥善保存。为了提高透明度,投标截止时间与开标时间一般要求同一时间,最多间隔 2 个小时,这是考虑到投标文件运送至开标处的实践需要。如果采用的是"两步招标投标法",在投标时,投标人第一步先提交技术标书,在技术标书中不得提及价格因素;第二步再提交商务标书和修改后的技术标书。

7)开标

开标应按招标通告中规定的时间、地点公开进行,并邀请投标人或其委托的代表参加。开标时,要当众宣布投标人名称、投标价格、有无撤标情况、有无提交合格的投标保证金以及招标单位认为其他合适的内容。凡投标文件中附有降价信、提价信、折扣率等,一律要一并宣读,未宣读者应视为无效,且在评标中不予考虑。

开标要做开标记录,记录内容应包括:项目名称、贷款号、招标号、投标截止日期的日期和时间、开标的日期和时间、投标人的名称和籍贯、投标货币、投标价格、是否提交投标保证金、有无降(提)价或折扣率以及截止后收到标书的处理情况等。如果采用的是"两步招标投标法",开标也要按招标通告中规定的时间、地点办理,先开技术标,然后再按规定开商务标。

8)评标

评标目的是根据招标文件中确定的标准和方法,对每个投标人的标书进行评价比较,以选出最低评标价的投标商。招标文件是评标的依据,评标不得采用招标文件规定以外的任何标准和方法。凡评标中需考虑的因素都必须写入招标文件。评标包括初评和对标书的具体评价两步。初评主要是审查投标文件是否完整,有无计算上的错误,是否提交了合格的投标保证金,文件签署是否合乎要求,投标文件是否基本上符合招标文件的要求,如果投标文件没有做出实质上的响应,要予以拒绝。对于初评通过的投标书,接下来便要进行具体的评价和比较,在此过程中应注意的要点如下:

(1)为了评标方便,先按招标文件中规定的汇率将以各种货币表示的报价折算成评标货币,如果招标文件中规定以人民币报价,应以招标文件规定的汇率,将各种货币报价折算成人民币,然后进行评定。如果授标决定的做出晚于原定的投标有效期的期满日,在这种情况下,要以原定的投标有效期期满当日的汇率为准。

（2）对投标文件的澄清。在评标过程中,可以要求投标人就其投标中的含糊不清之处(如果有)进行澄清。有关澄清的要求和答复均应以书面形式在招标文件中规定的时间内进行。在澄清时,不得要求或允许投标人对其投标内容有任何实质性的修改,也不得修改投标价格。

（3）投标有效期。评标工作应在投标有效期内完成。如果有特殊情况,评标和授标无法在有效期内完成时,要在投标有效期满前以书面形式要求投标人延长投标有效期和投标保证金的期限。如出现投标有效期已到,又没有及时要求投标商延长的情况时,投标商可以撤回原投标,而且不被没收保证金。

（4）评标工作的保密性。在评标期间,除进行必要的澄清外,任何与评标有关的事宜均不得向投标人或其他无关人员透漏。投标人任何企图影响评标的行为都会导致废除其投标。这样做的主要目的是使借款人和银行的审查人员能够摆脱事实上或感觉上的不正当干预。如果在这一阶段某投标人希望向借款人和银行提供额外的资料以引起他们注意的话,这些资料应该以书面形式提供。

（5）废除全部投标。世界银行规定,通常在出现下列任一种情况时,可以考虑废除全部投标:最低评标价的投标人的报价远远高于费用概算(标底);所有招标人对招标文件没有做出实质性响应;缺乏有效的竞争性。

9）授标

根据世界银行的规定,合同要授予最低评标价的投标商。在评标报告与授标建议经世界银行批准后,可以发出中标通知书。合同的授予要在投标有效期内进行。授标时不得要求中标单位承担招标文件中没有规定的义务,也不应该把修改投标中的某些内容作为授标的条件,标后压价是绝对不允许的。在发中标通知书的同时,还要通知其他没有中标的单位,并按招标文件中规定的期限,及时退还投标保证金(不计利息)。

10）签订合同

合同的签订可采用下列方式:

（1）在发中标通知书的同时,将合同文件寄给中标单位,让其在规定的时间内(一般是28天)签字返回。此种方式适用于较简单的仪器、工具和设备采购。如中标单位不能按上述要求签订合同,招标人有充分理由取消其中标资格,并没收投标保证金。

（2）中标单位收到中标通知书后,在规定的时间(一般是28天)内,派人前来洽谈并签订合同。

如果采用后一种方式,中标通知书中就应写明邀请中标单位来人签订合同。合同签订前,允许相互澄清一些非实质性的技术性或商务性的问题。例如,在招标文件事先明确的范围内和单位不变的前提下,原招标文件中规定采购的设备、货物或工程的少量的数量可能发生增减,合同总价也相应发生变化。投标商对原招标文件中提出的各种标准及要求,会有一些非实质性的差异,比如在技术规格、交货期、付款条件、价格调整公式以及指数要求等方面,只要不是重大的、实质性的改变,均可在合同签订前进一步明确,以利合同的实施。但合同签订前不允许重新谈判投标价格和合同双方的权利义务。合同签字和提交履约保证金后,合同就正式生效,然后进入合同实施阶段。

2.国内竞争性招标

国内竞争性招标是通过在国内刊登广告并根据国内招标程序进行的。它适用于下列情况:合同金额小;工程建设地点分散,而且施工时间可能要拖得很长;劳动密集型的土建工程;

在国内能够采购得到的货物或工程,其价格低于国际市场的价格;如果采用国际竞争性招标的方式所带来的行政或财务上的负担,明显地超过国际竞争性招标所具有的优越性。国内竞争性招标与国际竞争性招标方式的不同之处主要表现在以下几个方面:

(1)广告只限于刊登在国内报纸或公办的杂志上,语言可以用本国语言,不需要像国际竞争性招标那样要求刊登总采购通告。

(2)从刊登广告或发售招标文件(以后者为准)到投标截止日期的投标文件编制时间为设备采购至少 30 天,土建工程项目至少 45 天。

(3)投标文件可以用本国语言编写,投标银行保函可由本国银行出具。

(4)投标报价和支付一般使用本国货币,评标的价格基础可为货物使用的现场价格(包括从国内工厂到货物使用现场的运输和保险费)。

(5)履约银行保函可由国内银行出具;仲裁在本国进行。

与国际竞争性招标相比,采用国内竞争性招标时,采购时间可以大大缩短,做到既经济又有效,从而加速项目的实施进度。其主要原因如下:国内竞争性招标能较快地编写招标文件,不仅不存在英语翻译问题,而且在商务、法律的条款方面也比国际竞争性招标大为简化,技术标准也可以采用本国通用标准;从发售招标文件到开标、评标所需的时间,以至合同谈判的时间都比国际竞争性招标缩短了;一般情况下,本国的承包商和供货商能以比外国厂商更短的时间,动员他们的施工队伍组织交货。

国内竞争性招标的基本原则与世界银行采购指南的精神一致,即:充分的竞争,公开的程序,对所有的投标人公平一致,根据事先公布的标准,把合同授予最低评标价的投标人等。每一个具体的贷款项目中,哪些可以采用国内竞争性招标进行采购,应当在项目准备至评估阶段,根据上述的原则来确定。或者确定一个限额,低于这一限额的,采用国内竞争性招标;否则,仍采用国际竞争性招标。国内竞争性招标的采购程序与国际竞争性招标类似,一般包括编写招标文件、刊登广告、投标、开标、合同谈判等步骤。至于资格预审,除非很大的项目,一般和评标一起进行资格审定,可不单独进行资格预审。

1.3.2　有限竞争性邀请招标

有限竞争性邀请招标也称有限竞争性招标,是指招标人以投标邀请书的形式邀请特定的法人或者其他组织投标。招标人向预先确定的若干家承包单位发出投标邀请函,就招标工程的内容、工作范围和实施条件等做出简要的说明,请他们来参加投标竞争。被邀请的单位同意参加投标后,从招标人处获取招标文件,并在规定的时间内投标报价。招标邀请的对象数量以 5~10 家为宜,但不应少于 3 家,否则就失去了竞争意义。

在全球范围内的有限竞争性邀请招标也称为有限国际招标(limited international bidding,LIB)。对于世界银行贷款项目,有限国际招标方式通常应用于如下情形:采购金额较小;有能力提供工程所需货物的供货商,或工程所需服务的提供者,或工程的承包商数量有限;有其他特殊原因,证明不能完全按照国际竞争性招标方式进行采购,如紧急的援建项目等。

由于有限国际招标方式不必刊登广告,因此必须先确定拟邀请参加投标的厂商名单。此名单(包括厂商名称、详细地址)应先由借款人提出,然后报世界银行审核确认。为了保证价格具有竞争性,邀请投标的厂商应当更广泛一些,至少要有 3 家厂商,授标应在至少评比 3 家的基础上做出决定。在国内,在选择有限竞争性的邀请招标时,通常的做法是满足下列情形之一的,经相关政府部门批准之后,方可进行邀请招标:涉及国家安全、国家秘密或者抢险救灾,适宜招标但不宜公开招标的;项目技术复杂或有特殊要求,或者受自然地域环境限制,只有少量潜在投标人可供选择的;采用公开招标方式的费用占项目合同金额的比例过大的。

邀请招标能够按照项目需求特点和市场供应状态,有针对性地从已知了解的潜在投标人中,选择具有与招标项目需求匹配的资格能力、价值目标,以及对项目重视程度均相近的投标人参与投标竞争,有利于投标人之间均衡竞争,并通过科学的评标标准和方法实现招标目标,且招标工作量和招标费用相对较小,既可以省去招标公告和资格预审程序(招投标资格审查)及时间,又可以获得基本或者较好的竞争效果。但是,邀请招标与公开招标相比,投标人数量相对较少,竞争开放度相对较弱;受招标人在选择邀请对象前已知投标人信息的局限性,有可能会损失应有的竞争效果,得不到最合适的投标人和获得最佳竞争效益。有些招标人甚至利用邀请招标之名行虚假招标之实。以国内的政府采购为例,常见的邀请招标程序如下:

1.签订委托协议

采购人根据政府采购监督管理机构下达的《政府采购计划下达函》和批复的政府采购方式,与政府集中采购机构或政府采购代理机构(以下统称代理机构)签订委托协议,委托其办理政府采购邀请招标事宜。属于部门采购范围的采购项目,采购人具备部门采购条件的,经政府采购监督管理机构批准,按照同样的程序组织邀请招标活动。

2.编制招标文件

采购人向代理机构提供详细的招标项目需求、技术参数等相关资料,代理机构根据《政府采购计划下达函》、委托协议和相关资料编制招标文件。招标文件中应该包括投标须知、采购需求、技术要求、评审标准等。采购金额较大、专业性较强、技术较复杂、社会关注度较高的采购项目,代理机构要将招标文件送专家组审核。专家组审核采购文件中的商务、技术要求是否存在歧视性条款或不合理条件,是否有3家以上潜在投标人参与竞争等。专家组审核后出具书面报告。专家组提出修改意见后,由代理机构修改招标文件。专家组从政府采购评审专家库中抽取(或按规定确定)3名以上专家组成。审核采购文件的专家不得再参加该项目的评审工作。代理机构将招标文件送采购人确认,采购人审核后在招标文件上签署确认意见。

3.招标文件备案

代理机构在招标公告发布前2个工作日,将经采购人确认的招标文件报政府采购监督管理机构备案。政府采购监督管理机构在备案时,如果发现招标文件中的有关内容不符合政策性、公正性、准确性,或带有明显倾向性、排斥性,以及未能清晰载明评审标准等情况时,应提出书面修改意见交代理机构,代理机构与采购人修改招标文件后,再报政府采购监督管理机构备案。

4.发布资格预审公告

采用邀请招标方式采购的,代理机构应当在省级以上人民政府财政部门指定的政府采购信息媒体发布资格预审公告,公布投标人资格条件,资格预审公告的期限长度不得少于7个工作日。

5.邀请合格供应商

投标供应商应当在资格预审公告期结束之日起3个工作日前,按公告要求提交资格证明文件。代理机构从评审合格投标人中随机邀请 3 家以上的投标人,并向其发出投标邀请书。采购人采购的产品属于自主创新产品目录中的,应当优先邀请符合相应资格条件的自主创新产品投标人参加投标。

6. 发售招标文件

代理机构按照当地物价部门核定的收费标准向被邀请的投标人发售招标文件。招标文件开始发出之日起至投标人提交投标文件截止之日止,不得少于 20 天。

7. 招标答疑及修改

代理机构根据招标项目的具体情况,可以组织购买了招标文件的供应商现场考察或者召开开标前答疑会,对投标人就招标文件提出的疑问进行解答,但不得单独或者分别组织只有一个供应商参加的现场考察。代理机构对已发出的招标文件进行必要澄清或者修改的,应当在要求提交投标文件截止时间 15 日前,经采购人同意、政府采购监督管理机构备案后,在政府采购信息发布媒体上发布更正公告,并以书面形式通知所有招标文件收受人。

8. 投标

投标人按照招标文件要求,编制投标文件,在招标文件规定的时间、地点将投标文件密封送达,代理机构收到投标文件后签收保存。投标人在投标截止时间前,可以对所递交的投标文件进行补充、修改或者撤回,并书面通知代理机构。至投标截止时间前 3 天,代理机构需要延长投标截止时间和开标时间的,应将变更时间书面通知所有招标文件收受人,并在政府采购信息发布媒体上发布变更公告。

9. 组建评标委员会

代理机构应在开标前 1 天(特殊情况不得超过 2 天),在政府采购监督管理机构监督下通过随机方式从政府采购评审专家库中抽取评审专家,依法组建评标委员会。评标委员会由经济、技术等方面的专家 5 人以上单数组成,采购人可派 1 名代表参加,专家人数不得少于成员总数的三分之二。同时抽取 2 人以上备选专家。专家库不能满足需求时,可以由采购人、代理机构从专家库外按 3∶1 的比例提出推荐人选,推荐人选经政府采购监督管理机构审核后,从中随机抽取评审专家。对与评委有利害关系的政府采购项目,政府采购监督管理机构、代理机构或采购人可要求相关评审专家回避。投标人可向代理机构提出与招标项目有利害关系的评审专家的回避申请,代理机构应向政府采购监督管理机构报告,能够认定属实的,代理机构应向该评审专家提出回避,并从评审专家候选名单中依次递补。专家名单在评标结果确定前保密。

10. 开标

代理机构在招标文件规定的时间、地点组织开标。开标前,应当通知政府采购监督管理机构及有关部门,政府采购监督管理机构及有关部门可以视情况到现场监督开标活动。投标人或其推选的代表在开标现场检查投标文件的密封情况,也可以由招标人委托的公证机构检查并公证。投标文件的密封情况经确认无误后,招标工作人员当众拆封,对投标人名称、投标价格、价格折扣、招标文件允许提供的备选方案和投标文件的其他主要内容进行公开唱标并做好开标记录。未宣读的投标人名称、投标价格、价格折扣、招标文件允许提供的备选方案,评标时不予承认。

唱标结束后,所有投标报价均超过政府采购预算,采购人不能支付的,应当废标。采购人调整政府采购预算或者调整采购需求后,代理机构重新组织招标。满足政府采购预算的投标报价不足3家的,经设区的市、自治州以上人民政府财政部门批准,可与满足政府采购预算的供应商采用竞争性谈判、询价或单一来源采购等采购方式。

11.评标

代理机构组织开展封闭评标。评审专家在评标前,由代理机构宣布评标纪律和评审工作规则,并印发各评审专家遵照执行。评标专家签署《政府采购项目评标专家承诺书》,推选评标委员会负责人。评标专家对与自己有利害关系的评审项目应主动提出回避。评标委员会对所有投标文件进行符合性检查,投标文件不符合招标文件规定的为无效投标。评标委员会可以就投标文件中存在的疑问要求投标人书面解释和澄清。投标人的解释和澄清不得改变投标文件的实质性内容,投标人书面解释和澄清应由投标人或其授权委托人签字或盖章。

评标委员会对所有合格投标文件的技术、商务、服务部分独立进行评审并签字,必要时标明评审理由。采用综合评分法的,价格分值由代理机构根据公式计算,其结果由评标委员会签字确认。代理机构负责复核、统计各评审专家的评审情况,发现评审差异较大时,可提请评标委员会讨论,形成书面意见备查。评审专家认为必要时可修改自己的评审意见。评标委员会根据全体评审专家签字的原始评标记录和统计结果,对投标人的评审名次排序,推荐中标候选人,编写评标报告。开标及评标过程由代理机构指定专人负责记录,并存档备查。

12.定标

代理机构在评标结束后5个工作日内将评标报告送采购人。采购人在收到评标报告后5个工作日内,按照评标报告推荐的中标候选人顺序确定中标供应商;也可以事先授权评标委员会直接确定中标供应商。5个工作日内,采购人没有书面回复的,代理机构可确定排序第一的中标候选人为中标供应商。

13.发布中标公告

中标供应商确定后,代理机构将中标结果通知所有投标人,并在政府采购指定媒体进行公告,公告期为7个工作日。发布中标公告的同时,代理机构向中标供应商发出中标通知书。中标通知书发出后,采购人改变中标结果,中标供应商放弃中标的,应承担相应的法律责任。中标公告发布期内,供应商对中标结果、招标过程有质疑的,代理机构、政府采购监督管理机构按政府采购质疑和投诉程序受理、答复和处理。

14.招标资料备案

代理机构在评标报告形成后3个工作日内,将评标报告、评审专家评审表、政府采购评审专家评标情况反馈表等资料报政府采购监督管理机构备案。

1.3.3 非招标采购

1.询价采购

询价采购即"货比三家",是在比较几家国内外厂家(通常至少3家)报价的基础上进行的采购,这种方式只适用于采购现货或价值较小的标准规格设备,或者适用于小型、简单的土建工程。询价采购不需正式的招标文件,只需向有关厂家发出询价单,让其报价,然后在各厂家

报价的基础上进行比较,最后确定并签订合同。询价采购通常应遵循如下程序:

(1)成立询价小组。询价小组由采购人代表和有关专家共3人以上的单数组成,其中专家的人数不得少于成员总数的三分之二,询价小组应当对采购项目的价格构成和评定成交的标准等事项做出规定。

(2)确定被询价供应商名单。询价小组根据采购需求,从符合条件的供应商名单中确定不少于3家的供应商,并向其发出询价通知书让其报价。

(3)询价。询价小组要求被询价的供应商一次报出不得更改的价格。

(4)确定成交供应商。根据符合采购需求、质量和服务相等且报价最低的原则确定成交供应商,并将结果通知所有被询价的未成交的供应商。

在世界银行贷款项目中,在特定的情形下,也允许进行询价采购,且对国际或国内询价采购范围、总金额及单项货物或服务的金额等有明确的规定。采购是采用国际询价还是采用国内询价,主要根据项目采购内容、合同金额的大小,以及询价采购金额和贷款采购量的比例等因素考量确定。在具体实施过程中,应按照贷款协定中写明的限额和有关规定执行,如果遇特殊情况需要改变,要及时向世界银行汇报,以争取修改协定和原写明的限额;若自行改变,世界银行将视为"采购错误"而不予支付。

根据贷款协定的规定,可以确定是否需要将国际或国内询价采购的有关资料送世界银行审查。通常可以采用两种做法:一种是先将"货比三家"的情况报告世界银行,待世界银行批准后,再签订合同;二是可以先签订合同,随后把"货比三家"的材料连同签订的合同,一起报送世界银行。至于采取哪种做法,在组织采购之前或项目评估时,要和世界银行的采购专家达成一致,切不可自作主张。两种做法中,前者更为可靠,后者则存在着合同被世界银行拒绝的可能性。因此,采用第二种做法签订合同时要慎重,同时应在合同中加上类似"合同生效需经世界银行核准为条件"的文字。

2.直接采购

直接采购是指在特定的采购环境下,不进行竞争而直接签订合同的采购方法。直接采购主要适用于不能或不便进行竞争性招标的情况。例如,对于世界银行贷款项目来说,在如下情形下可进行直接采购:

(1)对于已按照世界银行同意的程序授标并签约且正在实施中的工程或货物合同,在需要增加类似的工程量或供货量的情况下,可通过这种方式延续合同。此时,必须向世界银行说明,并取得认可,即进一步的竞争不会带来任何好处。而且,延续合同的价格是合理的。

(2)考虑与现有设备配套的设备或备件的标准化方面的一致性,可采用此方式向原来的供货厂商增购货物。在这种情况下,原合同供货物应该是符合要求的,增加购买的数量应少于现有货物的数量,价格应当合理。

(3)所需设备具有专营性,只能从一家厂商购买。

(4)负责工艺设计的承包商要求从指定的一家厂商购买关键的部件,以此作为保证达到设计性能或质量的条件。

(5)在一些特殊的情况下,如抵御自然灾害,或由于需要早日交货,可采用直接签订合同方式进行采购,以免由于延误而花费更多的费用。

此外,在采用了竞争性招标方式(包括废弃所有投标而重新招标)而未能找到一家承包人,或供货商能够以合理价格来承担所需工程施工或提供货物的特殊情况下,也可以采用直接签订合同方式洽谈合同,但是要经世界银行同意。通常,项目中哪些子项需要采用直接采购,金额多大,以及世界银行有哪些要求,在贷款协定和评估报告中均有具体规定,项目单位不能自行改变采购方式,确需改变或调整时,必须事先征得世界银行的同意。

3.自营工程

按照世界银行贷款项目规定,自营工程是土建工程中采用的一种采购方式,它是指借款人或项目业主不通过招标或其他采购方式而直接使用自己国内、省(区)内的施工队伍来承建的土建工程。按世界银行的解释,凡是政府拥有的、非自主地经营管理且在财务上不是独立的施工单位,都应视为自营工程的施工队伍。自营工程适用于下列情况:

(1)工程量的多少,事先无法确定。

(2)工程规模小而分散,或所处地点比较偏远,使承包商要承担过高的调遣费用。

(3)必须在不干扰正在进行中的作业的情况下进行施工,并完成工程。

(4)没有一个承包商感兴趣的工程。

(5)如果工程不可避免地要出现中断,在此情况下,其风险由借款人或项目业主承担,比由承包人承担要更为妥当。

需要特别注意的是,在世界银行贷款项目中,哪些土建子项适用于自营工程,在贷款协定中均有明确规定,借款人要严格按照协定要求执行。如果借款人要想扩大自营工程的比例,必须在项目谈判之前或谈判之中向世界银行提出,以便达成谅解;不可在项目执行中自行改变采购方式,否则,世界银行将视为违反贷款协定而取消贷款。

问题思考

1.无限竞争性公开招标与有限竞争性邀请招标有何异同?为什么无限竞争性公开招标通常是首选的项目采购方式?

2.项目非招标采购常见的方式有哪些?这些非招标采购方式各适用于什么样的情形?

1.4 项目采购的管理

1.4.1 项目采购的利益主体及原则

1.项目采购的利益主体

项目采购管理是指为实现项目目标,从项目组织的外部高效地获取货物、工程和咨询服务的过程,其目标是以最低的成本及时地为项目的实施提供所需资源。项目采购管理是保证项目成功实施的关键活动之一,如果采购的货物、工程和咨询服务没有达到项目规定的标准,必然会降低项目的质量,影响项目的成本、进度等目标的实现,甚至导致整个项目的失败。

在项目采购管理中,主要涉及四个方面的利益主体,即项目业主或客户、项目实施者、供应商、项目分包商或咨询专家,他们在项目采购管理中的关系如图1-9所示,其中的实箭线表示"委托-代理"关系的方向和项目资金的流向,虚箭线表示项目采购中的责任关系。具体对项目采购的利益主体说明如下:

(1)项目业主或客户是项目的发起方和出资方,他们既是项目最终成果的所有者或使用

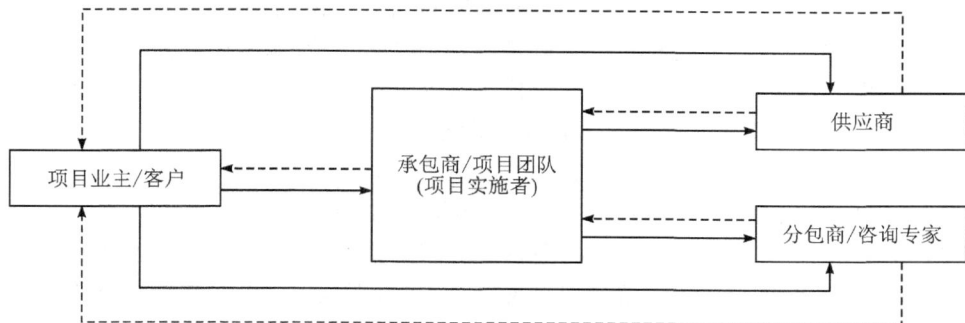

图 1-9　项目采购的利益主体关系图

者,也是项目资源的最终购买者。

(2)项目实施者是指承包商或项目团队,是项目业主或客户的代理人和服务提供者,他们为项目业主或客户完成项目货物和部分服务的采购,然后从项目业主或客户那里获得补偿。

(3)供应商是为项目组织提供项目所需货物和部分服务的卖主,他们可以直接与业主或客户交易,也可以与承包商或项目团队交易,并提供项目所需的货物和服务。

(4)项目分包商或各种咨询专家是专门从事某个方面服务的工商企业或独立工作者,当项目组织缺少某种专长人才或资源去完成某些任务时,他们就需要雇用各种分包商或咨询专家来完成这些任务。分包商或咨询专家可以对项目实施者负责,也可以直接对项目业主或客户负责。

项目业主与承包商之间会由于信息不对称而产生委托-代理问题。首先是逆向选择问题。作为代理人的承包商,不仅对项目本身拥有更多管理优势,而且有关其自身的技术人员、管理人员、工作流程等都是私人信息,业主需要花费大量费用用于搜集信息来评定承包商的资质、商务投标和技术投标,否则将有可能选定一家不合格的承包商。其次是道德风险问题。在项目实施过程中,承包商比业主更了解项目情况,作为委托人的业主只能观测到项目的结果,而对于承包商的努力程度和工作状态不清楚,双方存在信息不对称,在这种情况下,承包商可能会利用自己拥有的私人信息,追求个人利益,而损害业主利益。在大型项目建设中存在多层委托-代理关系,包括业主与承包商、承包商与供应商的委托-代理关系,对于委托人来说,应尽可能地通过多种手段、渠道和途径,收集和掌握代理人完成委托任务的信息,减少信息不对称对委托-代理实施结果的影响。同时,应通过合同条款和协议的谈判设置,实现委托人和代理人目标的一致,进而形成激励兼容,使得代理人自觉地为实现共同的目标而努力,由此降低监督成本。

2.项目采购遵循的原则

项目采购除了对项目的实施及主要利益主体会产生直接影响外,也会对行业企业乃至国民经济的健康发展产生重要影响。因此,采购的实施及管理通常应遵循如下基本原则:

(1)经济性和效率性原则。项目采购的经济性和效率性原则是指在降低采购成本的前提下,所采购的货物、工程和咨询服务应具有良好的质量,并保证在合理的时间内完成采购,以满足项目工期的要求。项目采购是项目实施或执行阶段的关键环节和主要内容,所以应特别重视采购的经济性和效率性。

（2）公平公开原则。项目采购的公平公开原则是指项目采购的整个过程应具有高度的公开性，并给予合格竞争者均等的机会。也就是说，所有的合格资源提供者都可以参加项目的资格预审、投标、报价，而且所有来自合格资源提供者的资格预审申请、投标文件和报价都必须受到公正对待。强调项目采购的公平公开原则有利于提高采购过程的客观性，也是对经济性和效率性原则的有效支持。

（3）促进国民经济发展原则。项目采购往往会涉及制药、电信、软件开发、航空航天、国防、水利、建筑等国民经济各个重要部门和行业，因此在进行项目采购过程中，必须以促进国民经济发展为前提，注重对推动国民经济健康发展的贡献，而不是仅仅考虑某个项目的效益。

1.4.2 项目采购管理的目的及职能

1.项目采购管理的目的

项目采购管理主要就是对图1-9中所示的相关利益主体，以及他们之间的关系进行管理和协调，确保采购活动的顺利实施和预期目标的实现。采购管理工作的主要目的如下：

（1）降低项目成本。由于项目实施过程中消耗的资源大多需要从项目组织外部获得，因此，项目采购管理工作的质量会对项目成本产生直接的影响。在采购过程中管理到位、计划周密、高效有序，就可以保证承包商或供应商的充分竞争，从而获得价格、质量、服务更优厚的合同，进而为降低项目成本创造条件。

（2）避免合同纠纷。健全的项目采购管理工作，要求在充分调研市场情况、准确掌握市场变化趋势的前提下，制订项目采购计划，保证预算既符合市场行情，又留有一定余地。签订合同后，双方对如何支付货款或服务费用方面应权责分明，即使可能发生价格调整或不可预见费用，也都已在合同中做了明确的规定，尽可能地避免合同纠纷。

（3）保证按期交付。在采购合同中应对所采购的货物或服务的技术规格、交付日期等方面做出具体规定，明确双方的权利与责任，不应模糊推诿。此外，合同中还应该对履约保证和违约赔偿进行规定，以保证按期交货和提供服务，使项目按计划实施。

（4）防止贪污浪费。项目采购工作涉及资金相对较大，同时也涉及复杂的横向关系，如果没有一套周密的程序和良好有效的制度，难免会出现贪污、浪费的现象。例如，在承包商的选择上，应尽量采用比较规范的、公开竞争的招标程序和严谨的支付方法，从制度上最大限度地防止贪污、浪费等腐败现象的发生。

2.项目采购管理的职能

项目采购管理的职能包括计划、组织、领导和控制，如何充分发挥这些职能是搞好项目采购管理工作，实现上述采购管理目的的切入点，具体说明如下。

1）计划

在项目采购管理的职能中，计划是最基本的职能。项目采购管理如果没有计划的指导，将会使所有工作失去依据，进而陷入无序状态，造成成本上升、效率下降、时间浪费等一系列不利结果。因此，要搞好项目采购管理工作，首先必须编制合理有效、符合规定的采购计划。

2）组织

为了实现项目采购的目标，必须对采购相关活动进行合理分工和协作，合理配备和使用项目资源，正确处理各工作之间的相互关系，所以，应该建立合理有效的组织机构，对项目采购进行科学管理。具体步骤如下：

（1）按照采购目标和计划要求，建立合理的组织机构（包括各管理层次和职能部门的设置）。采购部的常设组织机构，按采购工作中采买、催交、检验、运输四项业务，建立专业化的组织机构。按照矩阵式管理的原则，组建项目采购组，如图1-10所示。矩阵式管理有利于经验的积累、专业水平和劳动效率的提高，从而提高项目采购管理的工作质量。

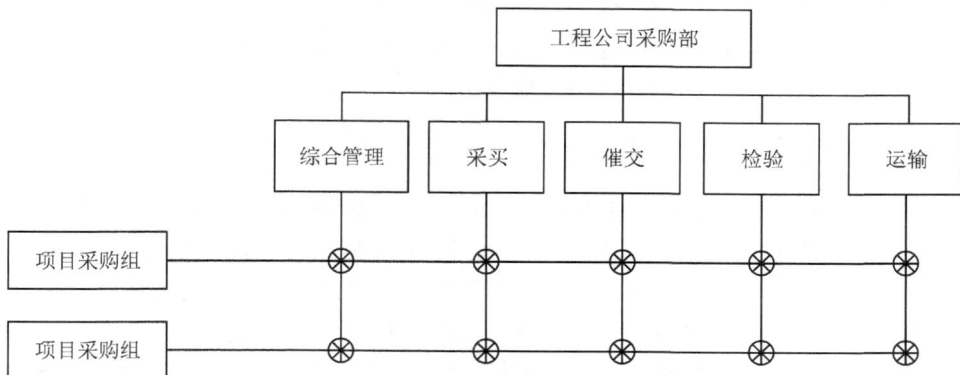

图1-10 项目采购的组织形式

（2）按照业务性质进行分工，确定各个部门的职责范围，并按其所承担的责任给予各部门、各管理人员相应的权力，定岗定责，各司其职，可以保证采购管理工作在法制化的轨道中运行。

（3）建立规范化的工作秩序，明确协作关系，建立信息沟通渠道，可以使采购管理顺利畅通地得到保证。

（4）选派素质高、适合工作要求的人员参与各项目采购组。

（5）按采购管理中的职责规定，有效组织相关活动（如组织报价的商务评审和综合评审，组织做好设备材料的采买、催交、检验、运输工作，组织制定采购绩效基准，组织对采购文件和资料的整理、归档等活动）。

3）领导

作为项目的采购经理及各部门负责人，应率领、引导和鼓励其成员为完成采购工作、实现采购目标而积极工作。各层次的管理者都承担相应的领导职能，其作用主要包括指挥、激励和协调三个方面。

（1）指挥。作为项目采购经理，要会运用科学的方法和经验，帮助下属认清环境和形势，指明采购的目标和达到目标的方法、途径，正确地指挥各成员搞好采购工作。

（2）激励。项目采购管理的好坏，人的因素是关键，能正确地对成员采取各种激励措施，使下属自觉主动地发挥自己的能力，贡献自己的力量，朝着共同的目标前进，是项目采购经理和负责人必备的才能和素质。

（3）协调。项目采购管理是项目管理系统中的一个子系统，在该系统中，影响采购目标的实现既有内部因素，也有外部因素，协调的作用就在于互相配合、求同存异、减少分歧，想方设法排除影响目标实现的内部和外部不利因素。为实现这一目的，管理者应做到：建立好采购协调程序，规定采购部门与业主以及供应方的协调程序和通信联络方式，采购文件的传送和分发范围，确定业主审查确认的原则和内容；协调处理好与项目其他部门工作的接口关系，处理好采购与设计、采购与施工、采购与项目控制、采购与财务等的协作配合;协调处理好采购部门内部的关系,特别是采买、催交、检验、运输在不同阶段的配合。

4)控制

在采购管理的各个职能中,控制是为实现项目采购管理目标而进行的纠偏、矫正的行为过程,是控制论在项目采购管理中的运用。因为只有经过控制,才能达到预定的采购目标,所以,控制职能极为重要,如果项目采购管理失去控制,其他的职能也就失去了意义。采购管理控制过程包括确定目标、衡量绩效和纠正偏差三个步骤,具体包括采购的费用控制、进度控制和质量控制,这三大控制和项目目标是一致的,是项目采购管理工作的核心。

1.4.3 项目采购管理的过程

任何一个项目的管理都是由一系列的阶段和过程构成的,项目采购管理同样也是由一系列管理阶段和过程构成的,在项目采购管理过程中,买方是起决定性作用的。因此,项目采购管理是从买方的角度出发而开展的一系列具体管理工作的过程。按照现代项目管理知识体系指南,项目采购管理的具体工作过程包括采购计划制订、询价计划制订、询价、供方选择、合同管理和合同收尾六个过程。由于询价计划制订、询价和供方选择三个过程关系非常密切,无论是招标采购还是非招标采购,这三个过程在实际操作中往往是合为一个程序进行的(如招投标程序),因此可将这三个过程合在一起,称之为项目采购计划的实施过程。

项目采购管理的过程如图 1-11 所示,具体包括项目采购计划的制订、项目采购计划的实施、项目合同管理和项目合同收尾四步。

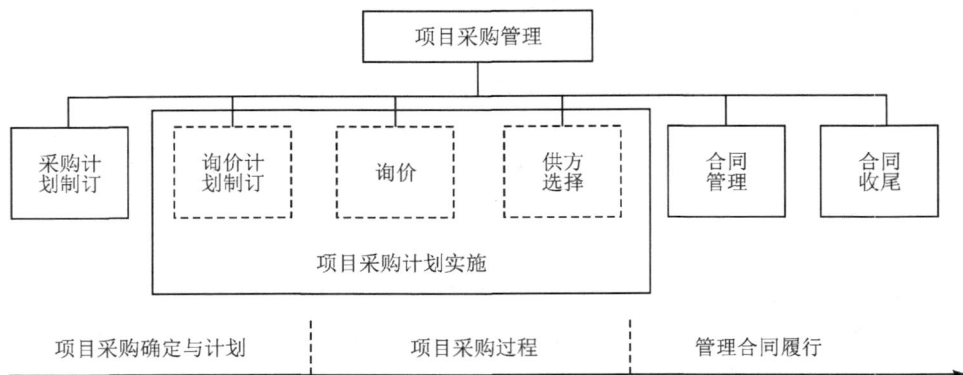

图 1-11 项目采购管理的过程

1.项目采购计划的制订

为满足项目实施需要,就必须根据项目计划和资源需求,确定出项目什么时间需要采购什么产品,以及怎样采购这些产品并据此编制出详细可行的项目采购计划。项目采购计划是项目采购管理的核心文件,是项目采购管理的根本依据。

2.项目采购计划的实施

项目采购计划的实施包括询价计划制订、询价和供方选择三个过程。在询价计划制订过程中,应根据项目采购计划和其他相关计划编制采购文件,确定选择供方的评价标准。在询价过程中,应获得可能供方的报价、投标或者建议书。在供方选择过程中,根据询价过程获得的供方报价等相关信息,按照询价计划确定的评价标准,从所有的候选供方中选择一个或多个进行项目采购合同洽谈,最终签订合同。

3.项目合同管理

项目合同管理包括与选定的各个供应商完成项目采购合同谈判,以及合同签订以后开展项目采购合同履约过程中的管理工作。这是项目所需资源的买主与卖主之间的整个合同关系的管理工作,同时还是项目所需产品供应合同的履约过程的管理工作。

4.项目合同收尾

这是在项目采购合同全部履行完成前后,或者是某项合同因故中断与终止前后所开展的各种项目采购合同结算或决算,以及各种产权和所有权的交接过程。这一过程中包括了一系列的关于项目采购合同条款的实际履行情况的验证、审计、完成和交接等管理工作。

项目采购管理的工作内容和过程基本上是按照上述顺序进行的,但是不同阶段或工作之间有相互作用和相互依存的关系,以及某种程度的相互交叉和重叠。在项目采购过程中,买主一方需要依照采购合同条款,逐条、逐项、逐步地进行项目的采购管理,甚至在必要的时候向各方面的专家寻求项目采购管理方面的专业支持。当然,对于许多小项目而言,这种管理过程会相对简化,而一般大型项目的采购管理则要求较高且比较复杂。

问题思考

1.为什么项目采购本质上是一种相关利益主体之间的委托代理关系? 在这种关系的处理中,通常会出现哪些问题?

2.项目采购的主要目的有哪些? 项目采购管理主要包括哪些职能?

3.项目采购管理过程一般划分为哪几步? 每步包括的具体工作有哪些?

1.5 案例:"鲁布革水电站"项目采购与合同管理

1.5.1 项目概况及实施背景

鲁布革水电站位于云南罗平和贵州兴义交界的黄泥河下游,整个工程由首部枢纽拦河大坝、引水系统和厂房枢纽三部分组成。首部枢纽拦河大坝最大坝高 103.5 m;引水系统由电站进水口、引水隧洞、调压井、高压钢管四部分组成,引水隧洞总长 9.38 km,开挖直径 8.8 m,调压井内径 13 m,井深 63 m,两条高压钢管长 469 m、内径 4.6 m、倾角 48 度;厂房枢纽包括地下厂房及其配套的 40 个地下洞室群。厂房总长 125 m,宽 18 m,最大高度 39.4 m,安装 15 万 kW 的水轮发电机四台,总容量 60 万 kW,年发电量 28.2 亿 kW·h。

早在 20 世纪 50 年代,国家有关部门就开始安排了对黄泥河的踏勘。昆明水电勘测设计院承担项目的设计。水电部在 1977 年着手进行鲁布革水电站的建设,水电十四局开始修路,进行施工准备。但由于资金缺乏,准备工程进展缓慢,前后拖延 7 年之久。1981 年 6 月经国家批准,鲁布革水电站列为重点建设工程,总投资 8.9 亿美元,总工期 53 个月,要求 1990 年全部建成。

为了使用世界银行贷款,工程三大部分之一的引水隧洞工程从水电十四局的"铁饭碗"中分离出来,投入了国际施工市场。在中国、日本、挪威、意大利、美国、联邦德国、南斯拉夫、法国8个国家承包商的竞争中,日本大成公司以比中国与外国公司联营体投标价低3600万元中标。于是,形成了"一项工程、两种体制、三方施工"的格局。三方施工是:一方是由挪威专家咨询,由水电十四局三公司承建的厂房枢纽工程;一方是由澳大利亚专家咨询,由水电十四局二公司承建的首部枢纽工程;一方是由日本大成公司承建的引水系统工程。两种体制是:一种是以云南电力局为业主,鲁布革工程管理局为业主代表及"工程师机构",日本大成公司为承包方的合同制管理体制;一种是以鲁布革管理局为甲方,以水电十四局为乙方的投资包干管理体制。鲁布革工程管理体制的局部突破,使小小的鲁布革成了个混合物,四方八国,两种管理体制,于是产生了摩擦、较量……

引水隧道工程于1984年6月15日发出中标通知书,7月14日签订合同。1984年7月31日发布开工令,1984年11月24日正式开工。中国工人在大成公司的管理体制下,创造出了惊人的效率。日本大成公司仅派三十多人的管理队伍到我国,他们从水电十四局雇用了424名劳务工人,然后开挖隧道,单头月平均进尺222.5 m,相当于我国同类工程的二到三倍,全员劳动生产率4.57万元/人·年。1988年8月13日正式竣工。合同工期为1597天,实际工期为1475天,提前122天。水电十四局承担的首部枢纽工程,1983年开工,由于种种原因,进展迟缓,世界银行特别咨询团于1984年4月和1985年5月两次来工地考察,都认为按期完成截流难以实现。

近距离的对比,面对面的比较,没想到初试竟是如此结果,鲁布革人被震动了!因为问题是复杂的:难道中国人的潜能非得靠外国人来挖掘不成——几乎每一个平凡的鲁布革人都思考过这些本该是政治家们思考的问题。民族自尊心、自信心被唤醒了!"为中国人争口气!"一场没有裁判的角逐开始了!水电十四局鲁布革工程指挥部开始扩大自主权,调整领导结构,推行新的管理体制。首先在首部枢纽工程发动了千人会战。局长、指挥长都成了目标责任制的负责人,他们不再远离工地,而是昼夜奋战在工地。工人们更是整天整夜待在隧洞里,干累了,搬块木板躺一会,醒了再干。最后,奇迹终于被创造出来了:1985年11月,大坝工程按期截流。

然而,对比大成公司的管理方式和我们的会战,我们明显感到了自己的不足:均衡生产搞不好、人员管理混乱、缺乏统一协调指挥!思考从这里开始了,鲁布革经验迅速成为中国工程管理改革的突破口和催化剂,推动了我国施工企业管理直至项目管理的本质的变化。

1.5.2 项目采购与合同管理要点

1.工程采购实行公开竞争性招标

由于鲁布革工程项目建设利用世界银行贷款1.454亿美元,按世界银行规定,引水系统工程的施工要实行新中国成立以来第一次按照 FIDIC(Federation Internationale Des Ingenieurs-Conseils)组织推荐的程序进行的国际公开竞争性招标。招标工作由水电部委托中国进出口公司进行。

1982年9月,刊登招标公告,编制招标文件,编制标底。引水系统工程原设计概算1.8亿元,标底 14958 万元。1982 年 9 月至 1983 年 6 月,资格预审。1983 年 6 月 15 日,发售招标文件(标书)。15 家取得投标资格的中外承包商购买了招标文件。经过 5 个月的投标准备,1983 年 11 月 8 日,开标大会在北京正式举行。1983 年 11 月至 1984 年 4 月,评标、定标。经各方专家多次评议讨论,日本大成公司中标。

2.工程招标采用严格资格预审条件下的低价中标原则

本工程的资格预审分两阶段进行。招标公告发布之后,13 个国家 32 家承包商提出了投标意向,争相介绍自己的优势和履历。第一阶段资格预审(1982 年 9 月至 12 月),招标人经过对承包商的施工经历、财务实力、法律地位、施工设备、技术水平和人才实力的初步审查,淘汰了其中的 12 家,其余 20 家(包括我国公司 3 家)取得了投标资格。第二阶段资格预审(1983 年 2 月至 6 月),与世界银行磋商第一阶段预审结果,中外公司组成联合投标公司进行谈判。各承包商分别根据各自特长和劣势进一步寻找联营伙伴,中国 3 家公司分别与 14 家外商进行联营会谈,最后闽昆公司和挪威 FHS 公司联营,贵华公司和原联邦德国霍兹曼公司联营,江南公司不联营。这次国际竞争性招标,按照世界银行的有关规定,我国公司享受 7.5％的国内投标优惠。

最后总共 8 家公司投标,其中原联邦德国霍克蒂夫公司未按照招标文件要求投送投标文件而成为废标。从投标报价(根据当日的官方汇率,将外币换算成人民币)可以看出,最高价法国 SBTP 公司(1.79 亿元),与最低价日本大成公司(8463 万元)相比,报价竟相差 1 倍之多,前几标的标价之低,使中外厂商大吃一惊,在国内外引起震动不小。各投标人的折算报价(元)如下:

- 日本大成公司:84630590.97;
- 南斯拉夫能源工程公司:132234146.30;
- 日本前田公司:87964864.29;
- 法国 SBTP 公司:179393719.20;
- 意美合资英波吉洛联营公司:92820660.50;
- 中国闽昆、挪威 FHS 联营公司:121327425.30;
- 中国贵华、原联邦德国霍兹曼联营公司:119947489.60;
- 原联邦德国霍克蒂夫公司:内容系技术转让,不符合投标要求,废标。

按照国际惯例,只有报价最低的前三标能进入最终评标阶段,因此确定日本大成、日本前田和意美合资英波吉洛公司 3 家为评标对象。评标工作由鲁布革工程局、昆明水电勘测设计院、水电总局及澳大利亚等中外专家组成的评标小组负责,按照规定的评标办法进行,在评标过程中,评标小组还分别与三家承包商进行了澄清会谈。4 月 13 日,评标工作结束。经各方专家多次评议讨论,最后取标价最低的日本大成公司中标,与之签订合同,合同价 8463 万元,合同工期 1597 天,比标底低 43.4％。

3.出资人、融资机构对招标过程乃至项目管理过程实行监督审查

世界银行对于由其贷款的项目有一整套完善的评估体系和监督审查制度,比如通过项目预评估和项目评估,详细、准确地考察项目的经济技术可行性,对项目的技术、管理、经济和财务等方面进行评价,考察项目成功实现的可能性,以及如何才能保证项目的顺利实施,为世界银行最终决定发放贷款提供坚实依据,同时,也为以后对项目的监督和总结评价提供比较的基础。在此阶段,世界银行要编写一份"评估报告",还要讨论采购计划的安排,确定采购方式、组织管理等问题;进行投标人的资格预审、编制和发售招标文件、接受投标书;项目完成后,世界银行与借款人一起,将项目执行结果与"评估报告"进行比较,进行评价,编写出项目完成报告。

由于世界银行贷款的大部资金都是花费在项目采购上,因而要对借款人的采购程序、文件、评标、授标建议以及合同进行审查,以确保采购过程是按照双方同意的程序进行的。具体的监督审查方式包括:对招标(合同)文件的审查;审阅借款人(项目单位)所提供的各种报告、资料;定期或不定期派遣项目官员或小组赴现场检查;对特别咨询团的咨询工作进行监督;对提款申请的审查;通过与借款国的联合检查行动进行监督。

根据世界银行的上述规定,1984年4月17日,我国有关部门正式将定标结果通知世界银行,世界银行于6月9日回复无异议,完成了对授标结果的审查。此外,世界银行除推荐澳大利亚SMEC公司和挪威AGN公司作为咨询单位,分别对首部枢纽工程、引水系统工程和厂房工程提供咨询服务外,还两次委派特别咨询团对鲁布革工程进展情况进行现场检查。

4.大成公司按照现代项目管理方法实施项目

从项目的实施方式上,日本大成公司采取了与当时我国项目建设完全不同的项目组织建设模式,实际上就是今天被人们熟知的"项目管理"。这主要体现在以下几个方面:

(1)管理层与作业层分离,总包与分包管理相结合。大成公司从对鲁布革水电站引水系统提出投标意向之后,立即着手选配工程项目领导班子,他们首先指定了所长泽田担任项目经理(日本人叫所长),由泽田根据工程项目的工作划分和实际需要,向各职能部门提出所需的各类人员的数量、比例、时间、条件,各职能部门推荐备选人名单,磋商后,初选的人员集中培训两个月,考试合格者选聘为工程项目领导班子的成员,统一交泽田安排作为管理层。大成公司采用施工总承包制,现场的日本管理及技术人员仅30人左右,雇用我国的公司分包,而作业层则主要从中国水电十四局雇用。

(2)项目矩阵制组织与资源动态配置。鲁布革大成事务所与本部海外部的组织关系是矩阵式的,在横向上,大成事务所的班子的所有成员在鲁布革项目中统归泽田领导;在纵向上,每个人还要以原所在部门为后盾,服从原部门领导的业务指导和调遣。比如机长宫晃,在横向上,他在鲁布革工程中,作为泽田的左膀右臂之一,负责本工程项目的所有施工设备的选型配套、使用管理、保养维修,以确保施工需要和尽量节省设备费用,对泽田负完全责任。在纵向上,他要随时保持和原本部职能部门的密切联系,以取得本部的指导和支持。当重大设备部件损坏,现场不能修复时,他要及时以电报或电传与本部联系,由本部负责尽快组织采购设备并运往现场,或请设备制造厂家迅速派人员赶赴现场进行修理和指导。同时,工程项目组织与企业组织协调配合十分默契。比如工程项目隧洞开挖高峰时,人手不够,总部立即增派有关专业人员到现场。当开挖高峰过后,到混凝土补砌阶段,总部立即将多余人员抽回,调往其他工程项目。这样,横纵向的密切配合,既保证项目的急需,又提高了人员的效率,显示出了矩阵制组织高效的优势。

(3)科学管理与关键线路控制方法。大成公司采用网络进度计划控制项目进展,并根据项目最终效益制定独特的奖励制度,将奖励与关键线路结合。若工程在关键线路部分,完成形象进度越快奖金越高,若在非关键线路部分的非关键工作,到适当时候干得快奖金反而要降低,就是说非关键工作进度快了对整个工程没有什么效益。科学管理还体现在施工设备管理上，为了降低成本，他们不备用机械设备，而是多备用机械配件，机械出现故障，将配件换上立即运转，机械修理在现场进行，而不是将整个机械运到修理厂去修理。而且，机械设备不是由专门司机开着上下班，而是司机坐着班车上下班，做到机械设备不离场，使其充分发挥效率。

5.设计施工一体化

日本公司通过施工图设计和施工组织设计的结合，进行方案优化。比如引水隧道开挖，当时国内一般是采用马蹄形开挖，直径 8 m 的洞，下面至少要挖平 7 m(直径宽)，以便于汽车的进出，这主要是为了解决汽车出渣问题。日本大成公司通过优化施工方案，改变了施工图设计出来的马蹄形断面开挖，采用圆形断面一次开挖成形的方法，计算下来，日本大成公司要比我们传统的方式少挖 6×10^4 m^3，同时也就减少了 6×10^4 m^3 的混凝土回填量。圆形开挖的出渣方法是：保留底部 1.4 m 先不挖，作为垫道，然后利用反铲一段一段铲出来。除此之外，大成公司改变了汽车在隧道内掉头的做法，先前是每 200 m 搞个 4 m×20 m 的扩大洞，汽车可调头；大成公司在路上安装个转向盘，汽车开上去 50 秒就可实现掉头，仅此一招就免去了 38 个扩大洞，减少了 5×10^4 m^3 开挖量和混凝土回填量。

6.项目法人制度与"工程师"监理制度

为了适应外资项目管理的需要，经贸部与水电部组成协调小组作为项目的决策单位，下设水电总局为工作机构，水电部组建了鲁布革工程管理局承担项目业主代表和工程师(监理)的建设管理职能，对外资承包单位按 FIDIC 合同条款执行，管理局的总工程师执行总监职责。鲁布革工程管理局代表投资方对工程的投资计划、财务、质量、进度、设备采购等实行包干统一管理，还要协调水电十四工程局、昆明勘测设计院、原云南省电力局等与鲁布革工程的关系，办理招标、评标，签订承发包合同，编制年度基本建设投资计划和财务计划，掌握工程投资，办理工程融资、财务收支、信贷，编制世界银行及水电局要求的各种规划、计划，结算、决算报表，审核预决算，按照合同对各承包商实行计划、人员、工程、财务、质量等各方面的监督，组织工程竣工验收、移交、试运行、生产培训，安排材料、设备落实。依据国家水电部规定的方针、政策、制度规定，处理和解决设计、施工与生产运行单位之间的矛盾。

7.合同管理制度

当时中国的工程建设管理还处在计划体制的环境下，对市场管理手段和经济手段还比较陌生，在鲁布革工程里面第一次使用了国际性的合同管理制度，由鲁布革工程管理局与日本大成公司签订承发包合同。当时中国施工管理人员对合同制管理体制是陌生的。一条运输路，合同规定由甲方提供三级碎石路，由于翻修不当，造成日方汽车轮胎损失严重，于是日方提出索赔 200 多条轮胎。这些事件对我国管理人员来说都是前所未有的，但是合同执行的结果让我们彻底改变了看法：工程质量综合评价为优良，包括除汇率风险以外的设计变更、物价涨落、索赔及附加工程量等增加费用在内的工程结算为 9100 万元，仅为标底 14958 万元的 60.8%，比合同价仅增加了 7.53%。合同管理制度相比传统那种单纯强调"风格"而没有合同关系的自家"兄弟"关系，发挥了管理刚性和控制项目目标的关键作用。

问题思考

1.总结"鲁布革水电站"工程项目施工的特点和背景,这种特点和背景给项目采购与合同管理造成了什么样的影响?

2.公开竞争性招标的采购方式及国际化的合同管理方式,对"鲁布革水电站"工程项目的绩效改善和提升有何作用?

3."鲁布革水电站"工程项目采购与合同管理成功的关键是什么,在当时对我国工程项目管理产生了什么样的影响?

第2章
项目采购计划的制订

本章导读

本章介绍项目采购计划制订的相关知识。首先,概述项目采购计划的基本概念,包括采购计划的定义及内容、制订的基础及过程。其次,讨论项目采购需求及市场调查分析,包括采购需求界定、采购标的属性分析和市场供应调查。再次,归纳项目采购计划制订的常用工具,包括自制和外购分析、经济采购批量分析、专家判断和定性分析方法。进一步地,说明项目采购计划编制的关键要素,包括项目采购标段划分、供应商/承包商选择、项目采购合同类型及采购计划编制结果。最后,给出两个不同的项目采购计划制订实际案例。

2.1 项目采购计划概述

2.1.1 项目采购计划的定义及内容

项目采购计划是指在项目采购实施前对采购工作所涉及的各项内容,包括采购对象规模和数量、技术规格和性能要求、采购模式及方式、采购阶段和顺序的划分、合同的打包和分段、采购工作的组织及协调等,所做的统筹安排并由此形成的权威性文件。项目采购管理的首要任务是制订项目采购计划,并按计划安排好项目采购工作以实现项目的目标。在采购计划中,应该说明是否需要采购、采购什么、何时采购、如何采购、采购多少等内容。

1.采购什么

项目采购计划的第一要素是要明确"采购什么",即首先要决定项目采购的产品。项目采购计划通常要求所采购的产品应满足如下四个条件:

(1)适用性,即项目采购的对象不一定要有最好的质量,但一定要符合项目实际的质量要求。

(2)通用性,即项目采购的对象最好能够通用,在项目采购中尽量不使用定制化的产品。

(3)可获得性,即能够在需要的时间内,以适当的价格,及时得到要采购的产品。

(4)经济性,即在保证质量的前提下,从供应来源中选择成本最低的,以降低项目成本。

项目组织应首先将项目采购需求写成规范的书面文件,注明要求的详细规格、质量和时间,然后将它们作为日后与供应方进行谈判和开展采购管理的依据。这种关于"采购什么"的规范性文件的主要内容应包括:产品名称、产品规格、产品化学或物理特性、产品所用材料、产品制造要求与方法、产品用途或使用说明、产品质量标准和要求等。

2.何时采购

"何时采购"是项目采购计划中的第二大要素,这是指项目组织需要安排和计划采购的时间。因为采购过早会增加库存量和库存成本,而采购过迟又会因库存量不足而导致项目停工待料和工期拖延。经济采购批量模型是一种很好地确定采购时机的定量方法。由于从开始项目采购的订货、采购合同洽谈与签订,到产品入库必须经过一定的时间间隔,所以,在决定"何时采购"时需要从采购的产品投入项目使用之日算起倒推出合理的提前期,从而确定出适当的采购订货时间和采购作业时间。对于项目采购计划而言,必须依据项目实施的进度计划和资源需求计划,以及所需产品的生产和运输时间,合理地确定产品的采购订货时间。同时,为了项目进度需要,采购产品的交货时间必须准时,或者有少许提前而不能有任何推迟,这是项目采购计划必须遵循的重要原则之一。

3.如何采购

"如何采购"主要是指在项目采购过程中采用何种采购方式,以及项目采购模式的大政方针和具体的交易条件。项目采购计划这方面的工作有:是否采用分批交货的方式,采用何种产品供应与运输方式,项目采购产品的交货方式和地点,等等。具体包括:

(1)是采取一次性交货还是分期交货,如果采用分期交货的采购方式,对每批产品的交货时间和数量必须科学地计划安排,并在采购合同上明确予以规定。

(2)要安排和约定项目所需产品的交货方式和地点,以确定究竟是在项目现场交货还是在卖方所在地交货。

(3)安排和确定项目所需产品的包装和运输方式,明确究竟是由项目组织负责运输,还是由卖方负责运输,或者是由第三方物流服务商负责运输。

(4)要明确项目采购的付款方式与各种付款条款,诸如预付订金、违约罚款和各种保证措施等。

另外,还有一些其他方面的问题也必须予以安排和考虑,如项目采购合同的类型、格式、份数、违约条款等,这些都需要在采购计划中确定。

4.采购多少

"采购多少"是有关项目采购数量的筹划和安排。项目所需产品的采购数量必须根据项目实际情况决定,如大型工厂建设项目所需的资源多而且消耗快,所以"采购多少"可以使用经济订货批量模型等方法来决定;但是对于智力密集型的软件开发项目或科研项目,因为所需的资源多是办公设备及办公用品,它们的成本低,所以,一般不需要使用经济订货批量模型去决定"采购多少"。另外,在计划、安排和决定"采购多少"时,还应该考虑卖方关于采购数量的优惠政策,以及项目存货的资金时间价值等方面的问题,以便通过合理地确定采购批量获得一个较低的供应价格,同时,不要产生较大的资金占用量,影响资金的流转效率。

2.1.2 项目采购计划制订的基础及制订

项目采购计划的制订是一项复杂的工作,它不但应遵循相关采购规定,更重要的是,项目组织及其采购代理人在实施采购前必须清楚地知道所需采购的货物或服务的各种类目、性能规格、数量要求等,必须了解并熟悉国内和国际市场的价格和供求情况、所需货物或服务的供求来源、外汇市场情况、国际贸易支付办法、保险损失赔偿惯例等,以及有关国内、国际贸易知识和商务方面的知识和信息。所有这些都必须在采购准备及计划过程中细致而妥善地处理好,否则,就可能导致采购工作的拖延、采购预算超支、不能采购到满意的或适用的货物或服务,从而造成项目的损失,影响项目的顺利完成,因此,周密科学的项目采购计划显得尤为重要。在制订采购计划时,必须具备一定的前提基础,通常包括如下内容。

1.明确项目技术水平

做好项目设计是采购的先决条件,一个项目的技术水平决定所需采购的内容。采用最先进的技术、设备固然有很多好处,但先进设备和技术往往价格昂贵,而且如果其他产品或服务不能配套,就很难充分发挥先进技术和设备的作用,导致难以取得预期的经济效益。此外,还应考虑到项目的技术和劳动力密集程度,以及这些因素对投标时的竞争性的影响。技术参数要求过高,会导致有能力和条件参加投标的承包商不多,结果就会削弱投标的竞争性,就有可能造成投标价格上升;反之,技术要求水平过低,参加投标的承包商多,竞争性会增大,但有可能降低整个项目的技术水平,使之达不到预期的要求。

所以,技术水平要求一定要适当,这对于项目采购招标的顺利实施,实现项目预期目标并合理控制项目成本具有直接的影响。在实际中,项目的技术水平应设计在什么等级上,应根据项目的预期目标和具体情况而定。项目所需要的技术水平在项目计划和规划时就应慎重选定,力图以最低成本取得最佳效益,并为随后采购的顺利实施奠定基础。

2.熟悉市场情况

采购准备的重要内容之一是熟悉市场情况,掌握有关项目所需要的货物及服务的市场信息。缺乏可靠的市场信息,采购中往往会导致错误的判断,导致采取不当的采购方法及策略,并在编制预算时做出错误的估算。掌握充分的市场信息需要做好以下三个方面的工作:

(1)建立重要的货物来源的记录,以便需要时就能随时掌握不同的供应商所能供应的货物的规格、性能及其他相关信息。

(2)建立同一类目货物的价格目录,以便采购者能利用竞争性价格得到条件更为优厚的供应。

(3)对市场情况进行分析研究,做出预测,使采购者在制订采购计划、决定如何打包以及采取何种采购方式时,能有比较可靠的依据作为参考。

当然,项目组织不可能掌握所有所需货物及服务在国际及国内市场上的供求情况,以及各承包商、供应商的产品性能、规格及其价格等信息,这一任务要求项目组织、业主、采购代理机构通力合作并共同承担。采购代理机构尤其应该重视市场调查和市场信息,必要时还需要聘用咨询专家来帮助制订采购计划,提供有关信息,甚至参与项目采购的全过程。

3.掌握项目其他信息

为了保证项目采购计划的科学性、合理性和可行性,项目采购计划的制订还必须以项目其他信息为基础,需要与整个项目管理保持统一性和协调性。与项目采购计划相关的项目其他信息通常包括以下几方面:

(1)项目范围信息。这方面信息定义了项目的边界和所要完成的工作,它提供了在采购计划编制中必须考虑的项目需完成的任务要求,以及项目的合理性说明、可交付的成果和项目预期目标等。

（2）项目资源需求信息。这方面的信息主要是指项目对外部资源需求的信息,这些资源包括各类人力资源、财力资源和物力资源的需求数据。一个项目组织必须清楚地知道需要从外部获得哪些资源,以支持和完成项目的全部工作和实现项目目标。

（3）项目产出物的信息。项目产出物的信息即指有关项目最终生成产品的描述和技术说明,这既包括项目产出物的功能、特性和质量要求等方面的信息,也包括项目产出物的各种图纸、技术说明书等方面的文献和资料。这些信息为项目采购计划的制订提供了需要考虑的有关技术方面的问题和相关信息。

（4）其他项目计划信息。在制订项目采购计划时,必须兼顾其他项目计划,这些项目管理计划对项目的采购计划具有约束或指导作用。制订项目采购计划时,需要参考的计划包括项目进度计划、项目集成计划、项目成本预算计划、项目质量管理计划、项目资金计划、项目风险管理计划、项目人员配备计划等。

（5）约束条件。约束条件即指限制项目组织选择所需资源的各种因素。对于许多项目来说,最普遍的约束条件之一是资金的可获得性。在制订项目采购计划时,一定要考虑由于项目资金的限制可能不得不牺牲资源的质量等级,尽量去寻找价格更低但同样能满足项目需求的资源。

（6）基本假设。基本假设是指制订计划时的显性的或隐含的前提条件,这些条件有时是成立的,但有时也可能不成立。例如,对于经济发展形势的假设,对于某些国家政治经济形式的假设等。这些假设会对采购计划的制订和未来的实施产生根本性影响。

在上述基础上,可按照如图 2-1 所示过程制订项目的采购计划,具体包括如下三步:

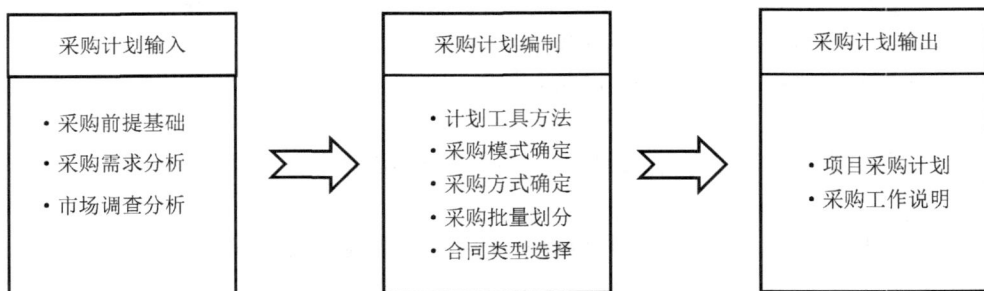

采购计划输入	采购计划编制	采购计划输出
• 采购前提基础 • 采购需求分析 • 市场调查分析	• 计划工具方法 • 采购模式确定 • 采购方式确定 • 采购批量划分 • 合同类型选择	• 项目采购计划 • 采购工作说明

图 2-1　项目采购计划的制订过程

（1）项目采购计划输入,是收集整理项目采购计划编制所需的输入数据,具体包括以上的采购基础信息收集、项目采购需求分析和市场供求情况分析等三项工作。

（2）项目采购计划编制,即在项目采购计划输入的基础上,利用相关工具方法的支持,综合考虑项目组织内外及相关规定要求,合理地选择采购模式和方式,划分采购批量及合同打包,选择合同类型等。

（3）项目采购计划输出,即通过上述工作形成完备的项目采购计划并编写项目采购工作说明,履行采购计划的审批程序,最终生成可指导未来采购工作的详细的、权威的项目采购计划。

问题思考

1.何谓项目采购计划,它通常包括哪些内容?

2.项目采购计划的制订应具备哪些基础,制订过程分为哪几步?

2.2 项目采购需求及市场调查分析

2.2.1 项目采购需求分析

项目采购需求分析,即是对项目组织拟向外采购的产品的功能、价格、数量等进行系统的分析,以明确项目的采购要求并为项目采购计划的编制提供支撑。传统的做法是项目组织各个部门层层上报"物料采购需求计划表"和"请购单",采购部门再把所有需要采购的物料分类整理统计出来,确定采购什么、采购多少和采购时间。这种方法存在的问题是涉及范围大、耗费时间长,而且某部门物料采购需求计划表迟报或数据不准,就会影响到汇总进度和整个采购工作的质量。现在很多项目组织已不用这种方法,而改用需求分析方法。需求分析是指根据历史数据或者项目实施计划等找出需求规律,然后根据需求规律预测下一个月的资源需求品种和需求量,由此便可以主动地订货,安排项目采购计划。

需求分析的目的和内容就是通过对需求情况进行分析,找出物料需求规律,从根本上解决客户需求什么、需要多少、什么时候需要的问题。在单次、单品种需求的情况下,需求什么、需要多少、什么时候需要,都比较简单明确,不需要进行复杂的需求分析;但在较为复杂的多品种、多批次采购情况下,就必须进行全面需求分析。例如,汽车制造企业生产的汽车由上万个零部件组成,有多个车间、多个工序配合生产,企业每个车间、工序组织生产,都需要很多原材料、工具、设备、用品以及其他物资等,且在各个不同时间需要不同的物料,不可能一个一个地去单独采购,必须综合起来进行联合采购。所以,需要研究哪些品种先采购、哪些品种后采购、采购多少等问题,找出需求的规律。

需求分析是一项重要而且复杂的工作,它涉及项目组织各个部门、各道工序,各种材料、设备和工具,以及办公用品等。其中,最重要的是项目实施所需的原材料,因为它的需求量最大,而且持续性、时间性很强,直接影响项目的正常进行。具体说来,项目采购需求分析通常包括采购功能需求分析、采购价格需求分析和采购数量需求分析三方面,具体说明如下。

1.采购功能需求分析

产品及其伴随服务满足人们使用的属性称为功能。产品及其服务功能是否满足需求是项目采购需要着重研究的内容,一般包括以下几个方面:

(1)使用条件,即产品能够正常发挥其功能的外部条件,这当中既包括国家政策,又包括产品的使用环境。以电梯为例进行说明,电梯按参数和类别分为 A、B、C 三级,国家对电梯产品实行生产许可证制度,其中,电梯井尺寸、层数、载重等直接影响电梯的选择及其功能。

(2)使用要求,即产品及其伴随服务应满足哪些使用要求、具备哪些功能,这是项目采购进行功能需求分析的主要工作,也是采购标的需要最终实现的目的。

(3)技术标准,即相关组织对于某项技术事项所做的统一规定,包括基础技术标准、产品标准、工艺标准、检测试验方法标准,以及安全、卫生、环保标准等。项目采购的大多数产品及其伴随服务,可以通过国家、行业颁布的统一技术标准来保证。此外,项目组织也可以依据项目的特点和需要,进一步提出优于国家、行业标准的技术要求,这是功能需求进一步量化地体现。

(4)可靠性,即产品及其伴随服务可信赖或可信任的程度。对产品而言,可靠性越高的产品可以无故障工作的时间就越长;对于服务而言,其可靠性则靠履约方式、以往诚信履约记录、当事人自律来约束,与市场诚信体系建设有着密切关系。

2.采购价格需求分析

价格是产品及其伴随服务用货币衡量数值的多少,即其价值的货币表现形式,为产品及其伴随服务所确定的货币数额。项目采购过程中,价格是考量产品及其伴随服务的一项重要因素。产品的价格既包括有形产品的价格,又包括无形产品的价格。其中,有形产品是指有实物形态和物质载体的产品,包括各类建筑产品、农副产品、工业生产资料和消费品等;无形产品是指长期使用而没有实物形态的产品,比如专利权、商标权、土地使用权等。产品所伴随的服务或者某种以独立形式存在的服务,也可视为一种无形的产品。服务价格分为两类:一类是经营性收费,即企业、事业单位以营利为目的,借助一定的场所、设备和工具提供生产、经营服务收取的费用,如咨询服务费、中介代理服务费、企业管理费等;另一类是事业性收费,即一些事业单位在向社会提供公共服务过程中,按照国家有关规定而收取的费用,如签证费、公证费、检验费等。

按照《中华人民共和国价格法》规定,产品及其伴随服务的价格有如下三种形式:

(1)市场调节价,即在市场机制调节下所形成的价格,它是由经营者自主制定并通过市场竞争形成的价格。

(2)政府指导价,指政府的相关主管部门按照其定价权限,对规定范围内的产品及其伴随服务确定基准价和浮动幅度,用于指导经营者制定价格。

(3)政府定价,指政府的相关主管部门按照其定价权限,对规定范围内的产品及其伴随服务确定价格。

在项目采购过程中,价格是买方所考量的重要因素,也是卖方之间进行竞争的主要因素,既包括有形产品价格,又包括服务价格,通常主要涉及市场调节价和政府指导价两类。

从项目采购者的角度出发,价格需求目标直接受以下两个因素的制约:采购预算,即准备花多少钱采购产品;市场价格水平,即产品的市场价位。项目采购价格需求要满足产品价格小于或等于采购预算的原则。值得注意的是,对有形产品,其市场价格可以通过市场调查而获悉。而对于无形产品,或是需要一段时间进行加工、制造、安装的有形产品,其市场价格只有在当事人履行完合同,提供了合格产品后才能确定标的价格,所以,其采购价格通常仅是一种预期价格。

3.采购数量需求分析

数量需求即按照使用要求确定的采购产品数量。对于实体性产品,直接表现为多少个计量单位;而对于服务性产品,通常表现为在约定时间内提供的服务。项目采购需求数量多少直接影响到产品的采购价格,一般采购数量越多,价格相对越低;同时,采购数量的大小,也会影响项目采购买卖双方之间的竞争性。此外,项目对某种产品的采购数量是由项目实施的需求量所决定的,但从资金使用效率的角度出发,一般不会也不需要一次性把项目实施所需要的某种产品全部采购回来。通常的做法是根据项目实施的需要,划分合理的采购批量,分批次把所需的产品采购回来。

2.2.2 项目采购标的属性分析

按照采购标的划分,项目采购通常可分为工程采购、货物采购和咨询服务采购三类。采购标的的属性不同,采购产品的功能、价格和数量等会有很大的差异,现就这三类采购标的的对应属性分析如下。

1.工程采购属性分析

在自然科学领域,工程是指科学技术的一种综合应用,以使自然界物质和能源等能够通过各种结构、机器、产品、系统或过程,以最短的时间及最省的人力、物力,高效可靠地促进经济增长和社会发展的手段或方法,如知识创新工程、扶贫工程、菜篮子工程、土木工程、能源动力工程等。这里的建设工程是指通过投入各种资源,即人工、材料、机械等,经过工程投资策划、立项决策、工程勘察设计、组织施工等,完成工程建设的过程,包括路桥工程、线路管道工程、设备安装工程,以及装修装饰工程的新建、扩建和改建等。

工程用途即为工程功能的发挥,例如,水坝工程的功能是挡水,住房的功能是满足人类居住,水库的功能在于蓄水并依据人类生产、生活需要进行水量调节等。为充分发挥工程的各项使用功能,需要根据国民经济的发展、国家和地方中长期规划、产业政策、生产力布局、国内外市场、所在地的内外部环境等,进行投资机会研究,对拟建工程的市场需求状况、建设规模、产品方案、生产工艺、设备选型、工程建设方案、建设条件、投资估算、融资方案、财务和经济效益、环境和社会影响,以及可能产生的风险等方面进行全面深入的调查、研究和论证,进而依据国家标准、规范和规程完成并优化建设工程设计。

工程采购主要指工程建设的采购,亦即选定工程施工建设的承包商。工程的功能需求由工程设计确定,所以,工程施工招标范围需要依据工程设计结果确定。但设计深度不同,其功能界定的准确度大不相同。一般性功能在初步设计中就可以明确,但一些细微功能,特别是需要明确其技术参数、指标的功能,只有到施工图设计时才能确定下来,有的则一直要到工程施工过程中,项目法人和设计人结合市场和工程实际情况才能具体确定。类似地,工程设计的质量直接影响工程各项功能需求的界定,设计质量越高,其功能定位越准确。所以,工程设计深度越深、设计质量越高,由此确定的施工内容就越准确可靠,对应的工程采购所涉及的事项也就越清晰;反之,工程采购标的就无法做得准确清晰,相应地采购就越含糊,需要的采购管理水平就越高。

2.货物采购属性分析

货物是指各种形态和种类的物品及其附带服务,包括设备、产品、原材料、燃料等,如机床、计算机、电梯、预制混凝土构件、防水材料、燃料等。货物的功能是其满足人们物质文化生活某种需求的一种属性。根据其满足人们需求属性的不同,货物的功能分为使用功能与美观功能,使用功能反映其使用属性,美观功能反映其艺术属性。按照满足人们需求属性的主次地位不同,货物的功能又分为基本功能与辅助功能,基本功能是产品的主要功能,对实现产品的用途起着必要和最主要的作用;辅助功能是为实现基本功能而附加的功能,为基本功能的实现起到辅助作用。对特定的货物而言,其功能只能满足人们的某一方面的需求,所以,确定货物功能需求需要考虑以下因素:

(1)基本功能。基本功能是招标采购的货物能够直接实现的功能。分析基本功能需求,是确定货物种类的前提。对使用功能单一的货物而言,其功能确定相对简单;但对一些多功能需求的货物,则需要进一步确定其各项子功能需求后才能确定该货物的基本功能。

(2)扩展功能。扩展功能是在现有功能基础上,通过添加一些配套产品或产品换代升级后可以实现的功能,以满足对货物功能的进一步要求,这就要求在确定功能需求时,应为今后产品升级换代、扩展功能预留一定的发展空间。

(3)使用环境。货物的使用环境包括以下几个方面:货物安装所需平面及空间尺寸;货物操作平面及空间尺寸;货物使用动力,如电力、热力等要求;货物所需环境温度、湿度、大气压等气象气候指标;货物洁净要求;使用环境其他要求,如防干扰、防辐射、防电磁波等。

货物的功能是通过技术要求来体现的,货物的技术要求包括货物技术规格、参数与要求、设备工作条件、环境要求等事项,借助相应的技术文件、图纸等来明确。在不同领域内的项目采购中,技术规格的制定往往由于领域的不同而存在较大的差异。在制造业,通常是由设计部或工程部负责产品的技术规格设定;在服务业,通常是由主管部门设定服务的规格。虽然规格的设定往往与技术专家密切相关,但是采购人员在提供价格趋势信息、产品的市场供需信息、潜在供应商的情况和业内最新动态等各个方面,都能够对技术专家起到非常重要的支持作用。由于采购人员并不总是技术专家,因此在制定规格时,技术专家与招标人员、市场人员、谈判人员的沟通协调就极为重要。

货物采购的目标,即按项目实施需要和国家技术标准,确定所要购买的货物种类、数量、质量标准、价格和供货期等事项。货物采购须依据技术经济原则、货物功能需求和使用环境等,确定货物种类、规格型号、数量以及对应的技术标准和要求等事项。对于采购人来说,采用标准化规格是一种常见的做法,一般来说在任何有可能实现标准化的领域内,采购人都应尽可能地采用标准化技术要求,以便降低成本并为后续的使用维护创造便利条件。此外,在规格制定过程中,让外部潜在的供应商参与进来,提供参考支持也是常见的做法。

3.咨询服务采购属性分析

服务即指咨询服务提供者利用自身的能力为他人做事,以使他人从中受益的一种有偿或无偿的活动,其特点是以活劳动形式满足他人某种需要。衡量咨询服务水平高低的指标称为服务质量,指咨询服务工作能够满足被服务者需求的程度。咨询服务提供者要提升自身业务能力,提高服务质量,这是其市场竞争的必备条件。项目采购中的咨询服务常见有项目的勘察、设计、监理、管理、诊断等,其合同内容一般由以下几部分组成:合同协议书、中标通知书、投标函及投标函附录、专用合同条件、通用合同条件等,分别载明服务范围、服务方式、服务期、服务标准、服务价格等实质性内容。以项目的监理采购为例,监理服务采购需求包括:需要监理服务的内容、需要多少人员配备、监理的任务大纲、监理的依据和技术规范、工期、何时需要等,项目采购人的采购需求是监理服务采购文件的核心部分。

2.2.3 市场供应调查分析

采购市场供应的调查分析是指项目组织运用科学的工具和方法,有系统、有目的地搜集供应市场信息,记录、整理、分析市场供应情况,了解市场的现状及其发展态势,为项目采购提供客观正确的资料,进而为项目采购计划的编制提供支撑。通常,在项目采购计划编制之前,除了要收集整理项目需求和其他相关数据资料之外,还应对项目采购市场的变化有一个明确的认识,这就需要进行采购市场调查并进行市场供应情况分析。

1.项目采购市场调查

1)项目采购市场调查的目的

在项目采购中,采购的对象及采购方式不同,则市场调查目的不同。通常,对于绝大多数项目采购来说,市场调查的目的主要有以下四个方面:

(1)为编制和修订采购计划提供支撑。项目采购要解决的主要问题包括"买什么""买多少""何时买""怎样买"等,而这些问题的解决都需要充分了解市场信息。通过详细深入的市场调查,才能合理地确定采购对象的性能要求,计算较为经济的采购批量,选择符合实际规定的采购时机和采购方式。

(2)明确市场竞争情况。随着市场形势的发展,供应商结构也会发生变化。通过市场调查可以明确现有供应商的供应能力、价格变化、市场垄断地位等,有助于项目组织调整优化现有供应商结构。同时,通过市场调查,还可明确项目组织在现有供应格局中所处的地位,为制定最适宜的采购策略打下基础。

(3)挖掘潜在的供应商。通过市场调查能够发现未来可能的有实力卖家,并分析他们的市场地位及变化趋势。这有助于项目组织挖掘和培育潜在的供应商,改善在与卖家谈判中的地位并优化项目的资源供应,从而进一步提升项目收益。

(4)规划企业采购战略。由于市场环境的不断变化,项目组织为了生存和发展,就必须分析环境变化所带来的机会与威胁,并在挖掘自身优势与劣势的基础上,制定一套合乎自身发展需要的采购与供应战略。

2)项目采购市场调查的步骤

项目采购市场调查的步骤一般分为调查前准备、正式调查、资料综合分析和编制调查报告等四个阶段,具体说明如下:

(1)调查前准备阶段。对与项目采购相关的资料进行初步分析,明确市场调查的关键和范围,确定最主要的调查目标,制定出市场调查方案。该方案一般应包括:市场调查的内容、方法和步骤,调查计划的可行性,经费预算,调查时间及调查进度等。

(2)正式调查阶段。根据调查前准备阶段确定的市场调查方案进行调查,市场调查的内容及方法因调查目的不同而不同,大致包括以下两方面:现有供应商及潜在供应商调查,包括供应商的供应能力、竞争能力、合作倾向、新产品新技术开发情况、价格变化及定价策略等情况;政策法规调查,包括税收政策、银行信用、能源交通、行业的限制等。市场调查的方法可分为统计分析法和现场直接调查法两种,前者是对各种资料进行系统统计研究和分析,后者是通过询问、观察、试验等收集市场的第一手数据和资料。

(3)资料综合分析阶段。当统计分析研究和现场直接调查完成后,市场调查人员通常会获得较为丰富的市场数据资料。在综合分析阶段,需要对这些资料进行编辑整理,剔除一些没有参考价值的数据资料;然后再对整理后的资料进行编组或分类,使之成为某种可供备用的形式;最后对资料进行进一步的加工处理,使之以适当的表格形式展示出来,以便说明问题或从中发现规律。

(4)编制调查报告阶段。经过对资料的综合分析整理,便可根据调查目的写出一份调查报告,得出调查结论。值得注意的是,调查人员不应当把调查报告看作市场调查的结束,而应继续注意市场变化,以检验调查结果的准确程度,并发现新的市场趋势,为改进以后的调查打好基础。

2.供应市场分析

采购市场调查的一个核心目的是对供应市场有个明确的了解,以便能对供应市场进行进一步的分析。供应市场分析是指为满足项目组织未来发展的需要,针对所采购的物品或服务进行供应商、供应价格、供应量等相关情报数据的调研、收集、整理和归纳,进而为项目采购计划制订提供决策支持。供应市场分析是项目采购计划制订的前提工作,也是供应商审核、选择与确定的基础。

从外部环境看,项目采购方主动进行供应市场分析的主要驱动因素有以下几个方面:①技术的创新与进步。无论是生产性企业还是非生产性企业,为保持竞争力必须致力于产品的创新和质量的改善。当出现新技术时,项目组织在制定自制/外购决策中,就必须对最终供应商的选择进行深入的研究。②供应市场的不断变化。供应市场处在不断变化之中,例如,供应商会因为突然破产而消失或被其竞争对手收购,价格水平和供应的持续性会因不确定因素影响而波动,市场对某种产品的需求急剧上升会导致供货紧张。项目采购者必须了解供应市场的可能变化,以便及早采取对策保证项目实施所需的资源供应。③汇率的波动。主要币种汇率的不断变化会对项目的国际采购带来挑战,某些国家的通货膨胀、巨额政府预算赤字、汇率迅速变化等,都要求项目采购者对其资源采购的布局和方案快速地做出反应和调整。④国家或地区间的产业转移。国家或地区间的产业转移不仅改变了供应市场的分布格局,在整体上降低了生产成本,同时也给项目采购的战略制定、策略实施提出了新的要求。这主要体现在:在自制/外购的决策中,外购的份额在增加;采购呈现出向购买组件、成品的方向发展;采购的全球化趋势日益增强,同时采购的本地化趋势也伴随着生产本地化的要求同时得以加强;供应市场及供应商的信息更加透明化;技术发展使得许多公司必须完全依赖于供应商的伙伴关系。

掌握供应市场的调研方法和过程、了解不同层次的供应市场结构特点,是采购人员开展供应市场分析时所必须完成的工作。供应市场分析的内容通常包括市场结构特点,以及供应商所在国家或地区的宏观经济分析、供应行业及其市场的微观经济分析等。

市场结构通常可以分为卖方完全垄断市场、垄断性竞争市场、寡头垄断下的竞争市场、完全竞争市场、买方寡头垄断市场和买方垄断市场。①卖方完全垄断市场。卖方完全垄断是指市场上有一个供应商、多个购买者。按照产生垄断的原因,完全垄断可分为自然垄断、政府垄断和控制垄断。自然垄断往往来源于显著的规模经济,如飞机发动机、供电等;政府垄断是基于政府给予的特许经营权,如铁路、邮政及其他公用设施等;控制垄断包括因拥有专利权、拥有专门的资源等而产生的垄断。②垄断性竞争市场。垄断性竞争市场是指有少量卖方和很多买方的市场,新的卖方通过产品的差异性来区别于其他的卖方。一般只有少数几家公司控制市场,但是它们提供了大量的不同产品来和其他公司竞争,并取得市场份额。多数日用消费品、耐用消费品和工业产品的市场都属于此类。③寡头垄断下的竞争市场。同样是少量卖方和很多买方,但这类行业存在明显的规模经济,市场准入障碍明显,价格由行业的领导者控制。一个公司给出一个价格后,行业内的其他公司通常就会快速地采纳这个价格。钢铁市场和石油市场是典型的寡头垄断下的竞争市场。④完全竞争市场。完全竞争市场中有许多的卖方和买方,所有的卖方和买方具有同等的重要性。大多数市场都不是完全竞争市场,但是可以像完全竞争市场那样高效地运作,价格是由分享该市场的所有采购商和供应商共同影响确定的。该市场具有高度的透明性,不同供应商的产品结构、质量与性能几乎没有差异,市场信息完备,产品的进入障碍小。⑤买方寡头垄断市场。买方寡头垄断市场是指有许多卖方和少量买方的市场。在这种市场中,买方对定价有很大的影响,因为所有卖方都在为生意激烈竞争。汽车工业中半成品和部件的市场就是这种市场的例子,一些部门采用集团采购后也容易形成这种市场。⑥买方垄断市场。买方垄断市场是指有几个卖方和一个买方的市场。这是和卖方完全垄断相反的情况,在这种市场中,买方控制价格。这种类型的市场有军事战斗机市场、铁路用的机车和车辆的采购市场等。

　　不同的市场结构决定了项目组织在采购中的不同地位,因而必须采取不同的采购策略和方法。从项目设计的角度出发,应尽量避免选择完全垄断市场中的产品,如不得已,就应该与供应商结成合作伙伴的关系。对于垄断性竞争市场,应尽可能地优化已有的供应商并发展其成为伙伴型的供应商;对于寡头垄断市场,应尽最大可能与供应商结成伙伴型的互利合作关系;在完全竞争市场下,应把供应商看作商业型的供应业务合作关系。

　　除了对市场结构特点进行分析之外,还应对供应商所在国家或地区进行宏观经济、中观经济和微观经济三个层次的分析。①宏观经济分析。宏观经济分析是指分析一般经济环境及其中影响未来供需平衡的因素,包括产业范围、经济增长率、产业政策及发展方向、行业设施利用率、货币汇率及利率、税收政策与税率、政府体制结构与政治环境、关税政策与进出口限制、人工成本、通货膨胀、消费价格指数、订购状况等。②中观经济分析。中观经济分析集中研究特定的行业或部门中对供需平衡的影响因素。这个层次需要处理的信息主要包括供求状况、行业增长状态、行业生产与库存量、市场供应结构、供应商的数量与分布等,其中很多信息都可以从国家的中央统计部门和行业信息机构获得。③微观经济分析。微观经济分析集中于评估个别企业供应和产品的优劣势,如供应商财务审计、组织架构、质量体系与水平、产品开发能力、工艺水平、生产能力与产量、交货周期及准时率、服务质量、成本结构与价格水平、质量审计等,其目标是透彻地了解供应商的特定能力和长期市场地位。

　　需要指出的是,每个项目都有自己的具体情况,其供应市场分析的目的也不同。供应市场分析可能是周期性的,也可能是针对某一项目采购的;可以是关于特定行业采购市场发展的趋势与动态的定性分析,也可以是从综合统计和其他公共资源获得大量数据的定量分析;可以是短期分析,也可以是长期分析。鉴于上述情况,项目采购的供应市场分析通常并不存在一个标准的方法,但一般情况下,该分析应包括如下主要步骤:

　　(1)确定目标。即要明确如下问题:供应市场分析要解决什么问题、问题解决到什么程度、解决问题的时限多长、需要多少信息、信息准确到什么程度、如何获取信息、谁负责获取信息、如何处理信息等。

（2）成本效益分析。确定供应市场分析的成本所包含的内容，进行分析所需要的时间，并分析获得的收益是否大于所付出的成本。

（3）可行性分析。即考虑供应市场分析的可行性，包括确定公司中的哪些信息是可用的，从公开出版物和统计资料中可以得到什么信息，是否需要从国际数据库及其专业代理商处获得信息，是否需要从一些部门购买研究和分析服务等。

（4）制订分析计划。即制定供应市场分析具体实施方案和细节安排，其内容包括目标、工作内容、时间进度、负责人、所需资源等。

（5）计划方案实施。即按照预定的计划有步骤、有组织地进行数据收集、实地调研，并在此基础上进行数据资料整理、归纳、汇总和计算分析，得到关于供应市场的结论判断。

（6）撰写分析报告。供应市场调研及信息收集结束后，应在这些工作的基础上形成分析报告，并就不同的供应商选择方案进行比较并做出决策。

问题思考

1.项目采购需求分析一般包括哪些方面？采购标的属性的不同会对采购需求分析产生怎样的影响？

2.项目采购调查的目的是什么？市场供应的调查分析通常包括哪些内容？

2.3　项目采购计划制订的工具

2.3.1　自制与外购分析

自制与外购分析是指，对于项目实施需要的某种资源，是由项目组织自己生产，还是从外部进行购买，哪一种获得方式更为合理，进而为项目的采购决策提供支持。自制与外购分析是一项一般性的管理技术，属于工作范围定义的一部分，在分析的过程中，应综合考虑两种资源获得方式的直接费用和间接费用、组织的长期目标和项目的当前需要、组织所拥有的能力和经营战略等问题。具体而言，自制与外购分析主要包括经营战略分析、成本分析、资源配置分析、需求分析和其他因素分析共五部分内容。

（1）经营战略分析。经营战略分析是指项目组织的经营战略与发展定位。如果项目组织想要专注于自身的核心和专长领域，则对于不属于自身专长领域的货物和产品，应尽可能地进行外购；如果项目组织的经营战略是尽可能地拓展业务领域，则可以选择进行自制以培育新的业务和能力。而对于即将战略退出的领域，或专业产品的品质对项目是极端重要的，应考虑在项目中进行战略性的采购。

（2）成本分析。成本分析即是确定项目组织自身能否经济地为项目生产出某项货物或提供某种服务，比较采购环节中外部采购成本是否大于自己制造的成本。在自制与外购成本比较时，应同时考虑直接费用和间接费用。成本的分摊不仅要考虑项目的当前需求，还应考虑业主的长远需求。在满足业主的长远需求时，分摊到当前项目上的成本会产生一定的下降。

（3）资源配置分析。资源配置分析是指分析项目组织所拥有的资源是否能够满足自制的需要。当项目组织的资源较为紧张,在数量和能力上无法满足自制的要求、项目对于资源需求量与其自身拥有的资源无法匹配时,特别是在多项目的情况下,选择外购解决资源缺额部分是较好的解决办法。

(4)需求分析。需求分析是指对于自制与外购对象的需求的数量分析。在分析时不仅要考虑项目实施的当前需求,还应反映业主运作需求以及项目组织的未来需求。例如,购买或租借施工设备是基于业主持续的需求还是项目的当前需求,某种通用型的预制构建是不是将来的同类型项目上还会有相同的需求,等等。

(5)其他因素分析。在进行自制与外购分析时,还应考虑项目的进度、技术、质量和安全等特殊需求,项目利益干系人和政府管制部门的特殊因素,产品订购、接收及后续处理的各种因素等。

一般情况下,在自制与外购分析时,可参照表2-1所列的理由,结合当前项目的实际情况进行分析和判断。

表2-1 自制与外购的理由对比表

自制的理由	外购的理由
• 自制成本更低 • 增加、维持企业的规模 • 无合适的供应方 • 供应更有保障,使供需更协调 • 质量要求极高或很独特,供应方无法达到要求 • 利用或避免过剩资源的闲置 • 避免对单一供应商的依赖 • 保守技术秘密 • 竞争、政治、社会或环境等因素迫使项目自制	• 外购成本更低 • 缺乏管理或技术经验 • 与供应方已建立了良好的合作关系,供应方有能力提供合格产品或服务 • 生产能力不足 • 选择供应源与替代品比较灵活 • 产品受到专利或商业秘密的保护

从更进一步来讲,对于自制与外购两个方案,可以将它们看作项目获取产品的两个互斥的方案,利用工程经济学的相关理论和方法,对它们进行系统的、全面的对比分析,进而做出更为科学合理的决策。下面用一个简单的例子来对项目自制和外购方案进行简单的分析。

【例2-1】 某项目需要A产品1000件。如果外购,则购价为10元/件;如果自制,单位产品可变成本为6元/件,但需增加一台价值为6000元的专用设备。试回答如下问题:① 该产品是自制还是外购? ② 如果项目的实施需要A产品2000件,应该在自制与外购之间如何进行选择? ③ 对于A产品,自制和外购的平衡点(即使自制和外购成本相等的需求量)是多少?

解:

①项目的实施需要A产品1000件,则有

$$外购成本 = 10 \times 1000 = 10000(元)$$
$$自制成本 = 6 \times 1000 + 6000 = 12000(元)$$

此时,由于外购成本小于自制成本,因此应该选择外购。

②项目的实施需要 A 产品 2000 件,则有

$$外购成本＝10×2000＝20000(元)$$
$$自制成本＝6×2000+6000＝18000(元)$$

此时,由于外购成本大于自制成本,因此应该选择自制。

③通过以上分析可以发现,在产品需求量不同的情况下,自制与外购的选择决策是不同的。设 x 为产品 A 的需求量,则有

外购的成本函数为 $y＝10x$

自制的成本函数为 $y＝6x+6000$

令两个成本函数相等,解方程可得:$x＝1500(件)$

由此可见,当项目对于 A 产品的需求量为 1500 件时,自制和外购两种方案的成本相等,亦即两种方案的平衡点为 1500 件。

【例 2－1】 中的自制和外购成本对比可用图 2－2 更为直观地展示出来。由图 2－2 可见,两种方案的成本线的交点对应的 A 产品的需求量为 1500 件,即为两种方案的平衡点。这表明,当项目对于 A 产品的需求量为 1500 件时,采取自制和外购的成本是相同的。如果需求量大于 1500 件,则自制的成本要低于外购,此时落入自制有利区,项目组织应选择自制方案;反之,当需求量小于 1500 件,则落入外购有利区,项目组织应选择外购方案。

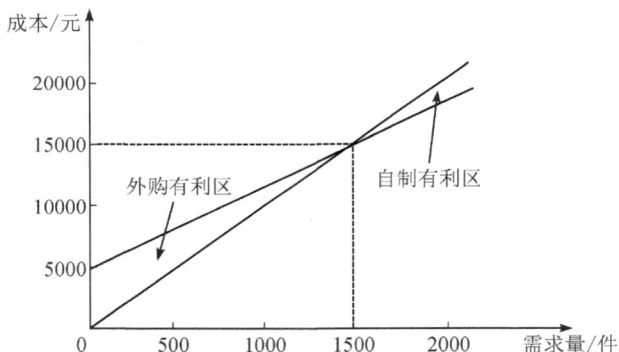

图 2－2 【例 2－1】自制与外购成本对比图

2.3.2 经济采购批量分析

1.经济采购批量模型

在项目采购计划中,除了需要确定项目所需产品货物的种类、型号、数量和供应商外,还需要决定合理的进货时间和进货批量。经济采购批量分析即是通过建立相应的模型,对所要采购的货物进行分析,确定最佳的采购批量和采购周期,使得采购费用和存储费用之和最小。在给定项目实施周期内所需采购产品总量的前提下,采购批量和采购时间是相互关联在一起的,其中的一个参数确定后,另一个参数便随之确定。

为了规范地分析采购费用、存储费用与订货量及订货时间之间的关系,首先以年为周期定义如下符号:

D:项目实施对某种产品的年需求量;

Q:每次采购时对该产品的批量;

C:每次的订货所发生的采购成本;

H:单位产品的年存储成本;

TC_P:该产品的年采购费用;

TC_H:该产品的年存储费用;

TC:该产品的年采购与存储总费用。

为抽象经济采购批量模型,从现实情况出发,提出如下假设:

(1)项目对该产品的需求是均匀连续的,即该产品在单位时间的需求量是已知常量;

(2)一次订货量无最大最小限制;

(3)产品单价固定不变;

(4)项目的实施不允许缺货;

(5)产品能集中一次到货,而不是陆续入库;

(6)交货提前期为常量,固定不变;

(7)存储成本是存储量的线性函数;

(8)订货费用与采购批量的大小无关。

在上述假设条件下,由于项目实施对该种产品的年需求量为 D,而每次的采购批量为 Q,因而每年需要采购 D/Q 才能满足项目实施对该种产品的需求,所以,该种产品的年采购费用 TC_P 为

$$TC_P = C \cdot \frac{D}{Q}$$

因为该产品的消耗是均匀连续的,每次库存用完后才进行采购,因此,该产品的年平均库存量为 $Q/2$。单位产品的年存储成本为 H,年发生的存储费用 TC_H 为

$$TC_H = H \cdot \frac{Q}{2}$$

将年发生的采购费用 TC_P 和存储费用 TC_H 进行加和,可得年发生的采购与存储的总费用 TC 为

$$TC = TC_P + TC_H = C \cdot \frac{D}{Q} + H \cdot \frac{Q}{2}$$

年采购费用 TC_P、存储费用 TC_H 和总费用 TC 随每次采购时对该产品的购买量 Q 的变化曲线如图 2-3 所示。由图 2-3 可见,存在一个最佳的采购批量 Q^*,该采购批量对应的总费用 TC 最小,Q^* 即为最佳采购批量。在该采购批量下,项目组织每年需要采购 D/Q^* 才能满足项目的实施需求,所以,相邻两次采购的时间跨度为 $\frac{1}{(D/Q^*)}$ 年,亦即该产品的最佳采购周期 T^* 为

$$T^* = \frac{1}{(D/Q^*)} = \frac{Q^*}{D}$$

由此可见,求出最佳采购批量 Q^* 后,即可确定最佳采购周期 T^*。

由于最佳采购批量 Q^* 即是对应于曲线 TC 的最低点的采购批量,所以,可以通过 TC 对

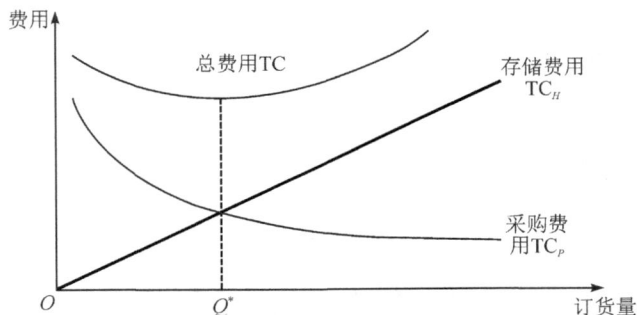

图 2-3 存储费用、采购费用及总费用随采购批量变化曲线

Q 求导以确定该曲线的驻点来获得。关于函数 $\mathrm{TC}=C \cdot \dfrac{D}{Q}+H \cdot \dfrac{Q}{2}$ 对 Q 求导,得

$$\mathrm{TC}'=-C \cdot \frac{D}{Q^2}+H \cdot \frac{1}{2}$$

令 $\mathrm{TC}'=0$,得

$$-C \cdot \frac{D}{Q^2}+H \cdot \frac{1}{2}=0$$

使上述等式成立的 Q 即为 Q^*,即最佳的订货批量为

$$Q^*=\sqrt{\frac{2C \cdot D}{H}}$$

由 Q^* 可得该产品的最佳订货周期为

$$T^*=\frac{Q^*}{D}=\sqrt{\frac{2C}{D \cdot H}}$$

由上述讨论可知,对于该产品,项目组织的最佳采购策略以及在该策略下的库存量变化如图 2-4 所示。由图 2-4 可见,在项目的开始时刻,该产品的库存量为 Q^*,经过一段时间 T^*,库存将会消耗完,再采购批量为 Q^* 的该产品,因此,库存量重新恢复到 Q^*。上述采购随着项目的进展重复进行,直至项目结束。在这种采购策略下,项目组织的采购总费用与存储总费用之和实现最小化。将该总费用记为 TC^*,可由下式计算

$$\mathrm{TC}^*=C \cdot \frac{D}{Q^*}+H \cdot \frac{Q^*}{2}=\sqrt{2C \cdot D \cdot H}$$

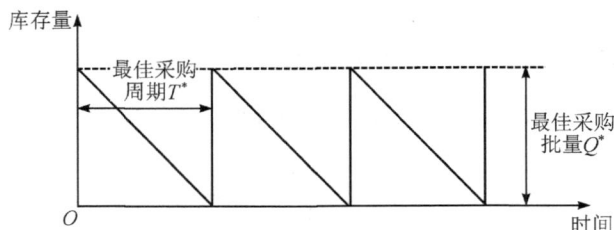

图 2-4 经济采购批量下的产品库存变化图

通过上述 Q^* 以及对应的 T^* 和 TC* 计算公式,便可确定出项目组织的最佳采购批量、最佳采购周期和最小总费用,Q^* 的计算公式便称为经济采购批量模型。需要特别指出的是,尽管经济采购批量模型是以年为时间跨度来推导的,但其具有普遍的适用性,亦即将时间跨度改为任意长度,该模型仍然适用。

【例 2－2】 某工程项目的实施对产品 A 的年需求量为 10000 件,该产品每次的采购费用为 5000 元,每件年存储费用为 25 元。试求产品 A 的最佳采购批量、最佳采购周期,以及采购与存储的最小总费用。

解:

由题意可知,对于该产品 $D=10000$ 件,$C=5000$ 元,$H=25$ 元。将上述数据分别代入 Q^*、T^* 和 TC* 的计算公式,可得

最佳采购批量:

$$Q^* = \sqrt{\frac{2C \cdot D}{H}} = \sqrt{\frac{2 \times 5000 \times 10000}{25}} = 2000(件)$$

最佳采购周期:

$$T^* = \sqrt{\frac{2C}{D \cdot H}} = \sqrt{\frac{2 \times 5000}{10000 \times 25}} = 0.2(年)$$

最小总费用:

$$\text{TC}^* = \sqrt{2C \cdot D \cdot H} = \sqrt{2 \times 5000 \times 10000 \times 25} = 50000(元)$$

因此,该产品的最佳采购批量为每次采购 2000 件;最佳采购周期为 0.2 年,即每过 2.4 个月采购一次;由采购费用和存储费用构成的年最小总费用为 50000 元。

2. 经济采购批量模型的扩展

经济采购批量模型是在前述假设条件下建立的,但现实中能够满足这些假设条件的情况比较少见。为使模型更接近于实际情况,须将假设条件进行放松,在新的假设条件下对模型进行改进,以扩展其适用范围。

1)考虑采购提前期

在绝大多数产品的采购过程中,通常无法做到在实施采购后,马上就能够得到供应,因为采购过程本身需要一定的时间,同时采购合同达成后,乙方备货和货物运输也需要时间。所以,采购订货必须有一个提前期,即如果项目组织想要在某个时刻得到产品供应,必须在该时刻之前一段时间就实施采购。现假定某一产品的采购提前期为 L,那么项目必须在该产品库存消耗完之前的一段时间 L 就进行采购,这样才能确保在库存消耗完的时候得到该产品的供应。

定义在实施采购时产品尚有的库存量为 R,称该库存量为再订货点。如果产品单位时间的平均消耗量为 d,则再订货点 R 可用下式计算:$R=L \cdot d$。图 2－5 给出了产品采购提前期、再订货点,以及在存在提前期下的产品库存变化。由图 2－5 可见,当存在采购提前期时,项目组织需要在距上次采购的 (T^*-L) 时即进行采购订货,此时产品剩余的库存正好为 R。

2)安全库存设置

在现实中,由于项目实施以及采购本身存在不确定性,一般不允许产品库存消耗为 0,必须始终维持一个安全库存以应对项目实施对于产品需求的变化,并据此避免由于缺货而导致

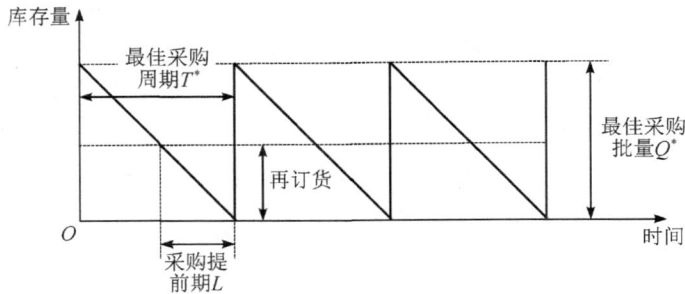

图 2-5　存在采购提前期的产品库存变化图

的停工待料。现假定某项目组织根据自身情况将某种产品的安全库存定为 Q_s，那么，在项目实施过程中，只要该产品的库存下降到 Q_s，项目组织就立即进行采购，从而将其库存补充到正常水平。

图 2-6 给出了存在安全库存时该产品库存变化情况。由图 2-6 可见，通过实施上述采购策略，在项目实施过程中，该产品的库存不会下降到安全库存之下。然而，需要指出的是，安全库存的设置会导致资金的占用，影响资金的流转效率，所以，在确保能够有效应对项目实施不确定性对产品需求波动影响的前提下，安全库存应设置得越小越好。从某种意义上来讲，安全库存的设置会导致额外成本的产生，这种成本正是项目组织为应对产品需求波动所必须付出的代价。

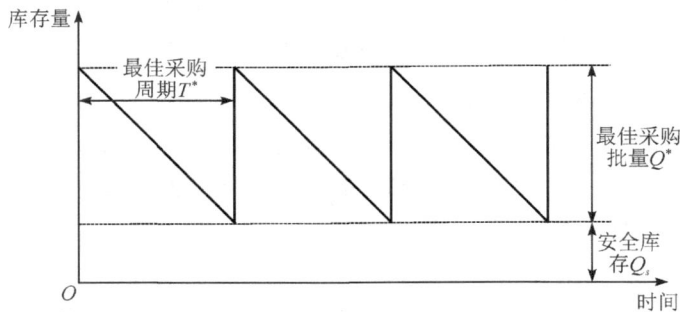

图 2-6　存在安全库存的产品库存变化图

3）产品连续供货

在经济采购批量中，项目组织采购的产品无论批量大小，均假定是一次到货的，然而，在实际中也存在连续供货的情形。即当项目采购合同签署后，供应商按照合同的约定，在给定的供货期里，以每个时间单位相同的数量向项目组织供应产品，直至达到合同所规定的采购批量为止。现假定采购批量为 Q，供货期为 P，那么，在供货期 P 内，供应商每个时间单位需向项目组织供应 Q/P 的产品，供货期结束时，总供货量正好达到 Q。

假定产品单位时间的平均消耗量仍然为 d，则在供货期内，产品的库存以 $(Q/P - d)$ 的速率增长。在供货期结束时，产品的库存达到最大值，为 $(Q - P \cdot d)$。图 2-7 为连续供货情形下的产品库存变化图，其中，T 为产品的采购周期。由图 2-7 可见，在采购周期开始时刻实施项目采购,供应商开始连续供货,直至产品供货期结束,此时产品库存量达到最大值$(Q-P \cdot d)$,该库存量维持项目的正常消耗,直到下一个项目采购周期到来为止。在连续供货情形下,产品的库存量会比一次供货情形下有所下降,因而产品的年存储费用也会随之下降。

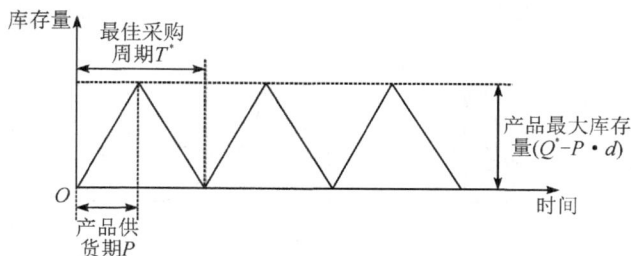

图 2-7 连续供货情形下的产品库存变化图

2.3.3 专家判断及定性分析

由于项目采购计划的制订涉及大量的技术、经济和社会等不确定因素,往往很难完全使用定量化方法进行精确的分析和计算,而这些不确定性因素的分析通常需要考虑决策者的心理、知识、经验和风险承担能力等因素,因此,除了上述的定量化分析工具方法之外,采购计划的制订过程很多时候也需要采购专家的判断和定性分析。常用的专家判断及定性分析方法有专家会议法、德尔菲法、头脑风暴法和层次分析法等。

1.专家会议法

专家会议法就是组织有关方面的专家,通过会议的方式,对采购产品的信息进行分析预测,然后在专家判断的基础上,综合专家意见,得出相应结论。专家会议的优点是:召开专家会议时,可以互相启发,通过讨论或辩论,互相取长补短,求同存异;同时,由于参加会议的人多,占有信息多,考虑的因素会比较全面,有利于得出较为正确的结论。专家会议的缺点是:在专家们面对面讨论时,容易受到一些心理因素的影响,如屈服于权威和大多数人的意见,受劝说性意见的影响,以及不愿意公开修正已发表的意见,这些都不利于得出合理的预测结论和做出正确的决策。

2.德尔菲法

德尔菲法是在专家个人判断和专家会议基础上发展起来的,最早出现在 20 世纪 50 年代末期。德尔菲法依靠专家"背靠背"地发表意见,各抒己见;调查工作组对专家们的意见进行统计处理和信息反馈,然后请专家再发表意见;经过几轮循环,使分散的意见逐步收敛,取得尽可能一致的结论。德尔菲法的工作流程如图 2-8 所示。德尔菲法实际上是一个被调查的专家们背靠背集体交流信息,并形成一致意见、得到结论的过程,该方法具有以下四个特点:

(1)匿名性。德尔菲法通过匿名信函的方式收集专家意见,专家背靠背地发表意见。专家只同组织者发生联系,专家之间不存在横向联系,以减少交叉影响和权威效应,使专家毫无顾虑地发表和修改自己的意见。

(2)反馈性。德尔菲法通常要经过 2~3 轮征求专家意见,而且每轮都将上轮较为集中的意见或部分信息反馈给专家,供专家修正自己意见时参考。

(3)收敛性。每轮意见收集后,组织者都将意见进行处理,根据专家意见集中程度,重新整理问题,再次征询专家意见,进而使意见趋于集中。

(4)广泛性。德尔菲法因采用通信函询价方式,可以在比较广泛的范围内征询专家意见,不仅可用于有历史资料和无历史资料情况下的分析预测,而且可用于近期探索性和远期开放性情况下的分析判断。

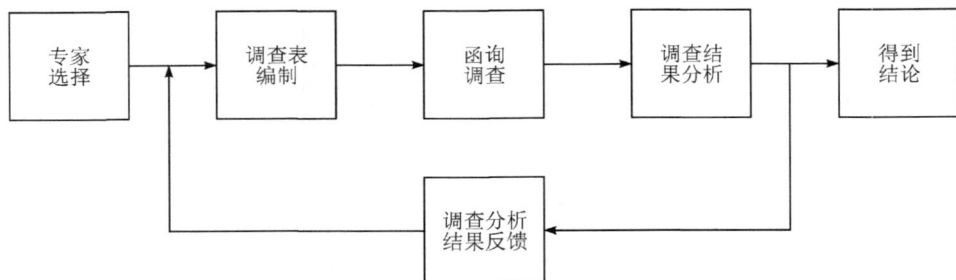

图2-8 德尔菲法实施流程图

德尔菲法的主要优点体现为简明直观、易于操作,在大多数情况下可以得到比较准确的预测结果,避免了专家会议的崇拜权威、随大流等弊端。在缺乏足够资料的情况下,例如,对某些长期的复杂社会、经济、技术问题的预测,对某些无先例事件和突发事件的判断等,数学模型往往无能为力,而德尔菲法则是一种较为可靠的方法。德尔菲法的主要缺点如下:由于建立在专家主观判断的基础上,因此,专家的知识、经验、兴趣和心理状态对分析结果的影响较大,从而使结论不够稳定;采用函询方式调查,客观上使调查工作组与专家之间的信息交流受到一定限制,可能影响分析结果的全面性;采用匿名方式调查,往往会忽视少数人的创意,而有些时候真理可能掌握在少数人的手里,不利于激励创新。

3.头脑风暴法

头脑风暴法是请一定数量的专家,由一名熟悉研究对象、善于启发思考的人主持会议,通过专家面对面的信息交流,引起思维共振,产生组合效应,进行创造性思维,在较短时间内取得较为明显的成果。头脑风暴法的实施遵循以下原则:欢迎畅所欲言,自由地发表意见;希望提出的方案越多越好;对所有提出的方案不加任何评论;要求结合别人的意见提出设想,借题发挥。

头脑风暴法的不足之处是:与会专家人数有限,代表性可能不充分;受个人语言表达能力的限制,个别专家的意见可能没有得到充分的表达;易受群体思维的影响,有些专家的意见会受其他专家的影响。所以,在实施头脑风暴时,专家的选择和对会议的精心组织至关重要。一般地说,专家小组规模以10～15人为宜,会议时间以40～60分钟为佳,主持人要进行充分的准备,列好议题并考虑好各种可能情况,尽力引导所有与会专家都能够充分地发表自己的意见。

4.层次分析法

层次分析法(analytical hierarchy process,AHP)由美国学者萨蒂(A. Saaty)于1973年提出,是针对非定量决策所提出的一种评价分析方法。层次分析法通过建立层次结构模型和使用两两比较判断矩阵的方法,分层次、逐步地将众多的因素和决策者的个人因素综合起来进行逻辑判断和分析,从而使一个复杂的决策问题实现从定性分析判断入手,最终获得一种定量分析的结果。

在实际使用中,首先,层次分析法将一个复杂问题按照目标层、准则层、指标层等进行分层,根据决策目标和准则将问题分解为不同层次的构成要素,形成一个层次分析模型;其次,对各层的要素进行对比和分析,并根据要素的相对重要程度,按照"比率标度"的方法构造判断矩阵;再次,通过求解判断矩阵的最大特征根及其特征向量,得到各要素的相对权重,并使用"和积法"汇总得到项目备选方案的优先序列;最后,根据项目各备选方案的优先序列,得到分析和判断结果,同时,根据中间计算结果得到影响该结果的中间因素。

问题思考

1.在进行自制和外购分析时通常要考虑哪些因素?怎样科学地进行自制和外购决策?

2.经济采购批量模型应用的前提假设条件是什么?为什么还要对经济采购批量模型进行扩展?

3.常用的专家判断及定性方法有哪些?它们各自有什么优缺点?

2.4 项目采购计划编制

采购计划编制即是以项目需求分析结果为导向,在市场分析及对各种采购资料、依据收集的基础上,以相关定性及定量分析方法为工具支撑,明确项目采购模式和采购方法,确定采购什么、何时采购、如何采购、采购多少等内容,并制定出详细具体的实施步骤,从而为项目的采购活动提供指导。

2.4.1 项目采购标段划分

项目采购标段划分亦称项目分标,是项目采购(特别是工程项目采购)中的首要工作。工程项目招标可针对一个完整的工程项目,也可将一个工程项目分解为若干部分,如将一个工程项目分为若干个单位工程分别招标,即为工程项目分标。当工程项目在进行分标采购时,分解出来的单位工程即称为相应的项目标段,所有的标段组成一个完整的工程项目。根据项目实施实际情况的需要,一个工程项目的若干标段可以同时招标,也可以分批招标;可以由数家承包商分别承包若干标段,也可由一个承包人承包一个工程项目的所有标段;同一工程中不同的标段可采用不同的招标方式,也可采用相同的招标方式。所有这些均由工程项目的规模、技术复杂程度、工期长短、工程建设环境等方面的因素决定。

1.影响工程项目分标的因素

影响工程项目分标的主要因素有如下几方面:

(1)工程项目特点。对施工场地集中、工程量不大、技术上不复杂的工程,可不分标,让一家承包商承包,以便于管理;但对工地场面大、工程量大,且有特殊技术要求的工程,应考虑分标。如高速公路不仅施工战线长,而且工程量大,应根据沿线地形、河流、城镇和居民情况等对土建工程进行分标,而道路监控系统则又可设置为一个独立的标段。

(2)工程项目造价。大型、复杂的工程项目,如大型水电站工程,对承包人的施工能力、施工经验、施工设备等有较高的要求。在这种情况下,如不分标,就有可能使有资格参加此项工程投标的承包人数大大减少,竞争对手的减少必然导致报价的上涨,使业主得不到比较合理的报价。而分标后,就可避免这种情况,让更多的承包人参加投标竞争。

(3)项目进度安排。项目总进度计划安排中,施工有时间先后的子项工程可考虑单独分标。而某些子项工程在进度安排中是平行作业,则先考虑施工特性、施工干扰等情况,然后决定是否分标。

(4)施工现场地形地貌和主体建筑物布置。应考虑对施工现场的管理,尽可能避免承包人之间的相互干扰,同时对承包人的现场分配,包括生活营地、附属厂房、材料堆放场地、交通运输道路、弃渣场地等,要进行细致而周密的安排。

(5)资金筹措情况。资金不足时,可以先部分工程招标;若为国际工程,外汇不足时,则可将部分工程改为国内招标。

2.工程项目分标的原则

在进行工程项目分标时,一般应遵循如下原则:

(1)项目各子项工程施工特性差异大时,尽量使每个子项工程单独招标,做到专业化施工。

(2)根据项目总进度安排,对某些独立性较强且又制约着其他工程的子项工程宜先进行单独招标,这对加快工程进度具有重要作用。

(3)根据施工布置,相邻两标的施工干扰尽量要少,相邻两标的交接处要有明显的实物标记,前后两标要有明确交接日期和实物标记,以减少相邻两标的矛盾和合同纠纷。

(4)标分得较多时,一般能更多地降低合同价,但会给业主增加管理工作量,同时施工干扰也必然会增加,因此在分标时必须统筹考虑。

2.4.2 供应商/承包商选择

项目采购的首要任务即是从供应商/承包商那里获得各种所需产品、工程或服务,以完成既定的项目目标,所以,供应商/承包商选择是项目采购计划编制的核心工作内容之一。在选择供方时,应遵循采购方法规定的程序,综合考虑成本、质量、交货期、服务水平、环境、合同履行能力等诸多因素,以保证采购计划在随后能够顺利落实。

1.供应商/承包商选择的原则

供应商/承包商选择一般应遵循如下基本原则:

(1)平等性原则。市场经济条件下参与项目的企业是自负盈亏的经济实体,采购者与供应商/承包商之间的关系是以产品为纽带,以经济效益为原则结成的相对稳定的合作关系,其法律地位是平等的。充分尊重供应商/承包商,有利于调动他们的积极性,因此,必须坚持相互之间的平等性原则。

(2)互惠互利原则。在项目采购工作中,降低采购成本是非常必要的。但是,如果过分强调节约成本,虽可能迫使供应商/承包商不断降价,但也可能会导致采购的产品质量低劣、交付拖延,最终给项目带来不良的影响,使项目陷入困境,因此供应商/承包商选择应坚持互惠互利原则。

（3）适度竞争原则。对于供应商/承包商的选择既可以选择独家完成，也可以选择多家完成，这要根据项目所面临的具体情况来考虑。独家完成易于管理，也可以享受到批量大的优惠，但这种方式不容易把握市场动态，疏于管理还可能造成质量和服务下降。选择多家完成可以促进相互之间的竞争，不断提高产品质量，因此，在供应商/承包商选择中应坚持适度竞争的原则。

（4）密切合作原则。采购方在考虑自身利益的同时，也要充分考虑供应商/承包商的利益，应与供应商/承包商保持密切合作关系。从长远利益出发，相互配合，不断改进产品质量，共同降低成本，对采购者和供应商/承包商双方都是有利的。

（5）系统性原则。建立和使用一个全面的供应商/承包商综合评价标准体系，对他们做出全面、具体、客观的评价，综合分析他们的业绩、设备管理、人力资源开发、质量控制、成本控制、技术开发、用户满意度、交货协议等各个方面，有利于选择到最佳的供应商/承包商。

（6）科学性原则。供应商/承包商评价和选择过程应透明化、制度化和科学化，对他们的评价方法也应科学合理，评价体系应客观、全面、可操作性强，同时，还应注意评价标准的统一，尽量减少主观因素的影响。

在上述原则指导下，采购方根据项目实际情况，并依据政府或贷款机构的相关规定，审慎地确定采购方式，即是选择招标采购还是非招标采购。在招标采购中是选择无限竞争性的公开招标，还是有限竞争性的邀请招标；而在非招标采购中，是询价采购、直接采购，还是协商议标、自营工程等。同时，在明确了采购方式之后，要进一步明确评标的规则、标准和方法等，以便工程项目选择到最为合适的供应商/承包商。

2. 两阶段招标

对于一些技术复杂或者无法精确拟定技术规格的项目，为了选择到合适的供应商/承包商，采购人还可以把公开招标和邀请招标相结合，进行两阶段招标。例如，设计施工总承包招标、大型工程项目的特殊地基处理、技术升级换代较快的设备选型和安装等，通常会通过两阶段招标来选择供应商/承包商：在第一阶段公开招标中博采众议、进行评价，选出最优技术方案；在第二阶段中，邀请参与第一阶段招标有实力的投标者，就选中的方案进行报价竞争。具体说明如下：

1）第一阶段公开招标

第一阶段属于工程项目实施方案选择阶段，投标人按招标文件的要求首先投"技术标"，说明工程项目的设计方案和实施计划。技术标内不允许附带报价，否则视为废标。招标人在投标须知规定的时间和地点进行公开开标，会上可以由招标人宣读各投标书的内容，也可以请投标人自己讲解各自递交的投标方案。公布投标人的方案应体现公平、公正、公开的原则，但不涉及具体细节，以保护方案的知识产权。会后转入评标阶段，由评标委员会对各投标方案进行评审，指出每个方案的优点和缺点，淘汰那些不可接受的方案。

由于各投标人对招标项目理解和规划的出发点不同、设计方案的指导思想不同、实现的方法不同，因此，在可以接受的方案中会有各自的优势和不足。在对各投标书评审的基础上，招标人和评标委员会将单独约各投标人举行澄清问题会，请其阐述投标书中主要指导思想、最终工程项目预计达到的技术和经济指标、方案的实施计划细节等有关内容，并对其方案提出具体的改进要求。与每一个可接受方案投标人分别会谈后,招标人将各投标书中存在的共性问题再发出招标文件的补充文件,请第一阶段合格的投标人修改投标方案后进行第二阶段招标。第一阶段不涉及报价问题,因此称为非价格竞争,第二阶段才进行价格竞争。

2)第二阶段邀请招标

通常第二阶段的招标是在第一阶段筛选出的投标人中间进行的,因此,第二阶段为邀请招标。在第二阶段,投标人需在投标须知规定的投标截止日期以前,报送分别包封的"修改技术标"和"商务标",招标人对此进行评标并确定中标人。第二阶段邀请招标的主要工作环节如下:

(1)召开第二次开标会。在招标文件规定的时间和地点进行公开开标,虽然投标人递交了修改后的技术标和就此方案编制的商务标,但会上只宣读修改后的技术标,不开商务标。凡是在第一阶段被淘汰的标书,不允许投标人修改后再参加第二次投标。

(2)进行第二阶段评标。评标委员会首先检查各标书是否按照第一阶段提出的要求做了响应性的修改,未达到要求的标书将被淘汰。然后分别对各标书进行方案、设计标准、预期达到的经济技术指标、实施计划和措施、质量保证体系、实施进度计划、工程量和材料用量等方面的详细评审。对标书中的不明确之处,召开澄清问题会,要求投标人予以说明,并形成书面文件作为投标书的组成部分。

(3)对各技术标的优劣进行横向比较,选出几个较好的投标人。然后开启技术标被选中的投标人的商务标,此时可不公开开标。技术标未通过者,商务标原封不动退还给投标人。技术标与商务标不同时启封的目的,是为了避免评标委员因商务标中的报价和优惠条件而影响对优秀技术方案的客观选择,因为优秀的技术方案是发包人采取两阶段招标法的最主要目的。

(4)审查各商务标是否对招标文件做出了实质性响应,如是否对合同条款中规定的基本义务有实质性背离,以及投标书说明的优惠条件接受的可能性等,然后分析报价组成的合理性。

(5)确定投标书的排序。对实质性响应的投标书排序原则是:总报价在发包人可接受范围内的方案明显最优者排序在前,因为投标人实施项目后的利润高低对项目总投资影响所占比重较小,而追求方案的先进性是发包人最为主要的目的;技术方案同等水平的投标书,按照对投标报价、技术保证措施、实施进度计划等方面的综合评比确定排序。

(6)发包人依据评标委员会做出的评标报告和推荐的中标人,与备选中标人进行谈判,落实合同条款的内容和实施工程中的细节安排,最终定标并签订合同。

2.4.3 项目采购合同类型

项目采购合同的类型主要有固定价格合同、成本补偿合同、工时和材料合同。

1.固定价格合同

固定价格合同也称为总价合同,一般用于购买可以明确定义的、制造或实施过程不确定性较低的产品。如果项目产品定义不很明确,对买卖双方都会带来很大风险,采购方可能得不到满意的产品,而供应商/承包商可能要支付额外费用才能提交该产品,此时不采用固定价格合同。固定价格合同可以设立激励措施,以鼓励供应商/承包商达到或超过预定的项目目标,如项目进度目标。现实中还存在一类可调总价合同,这类合同通常根据采购文件的要求,以及当时的物价水平计算出合同的总价,但如果在合同的执行过程中由于通货膨胀引起成本增加,合同总价应做出相应调整。这种合同实际上是由采购方承担了通货膨胀的风险,但约定以外的其他风险仍由供应商/承包商承担。

2.成本补偿合同

成本补偿合同也称为成本加酬金合同。当采用这类合同时,采购方需要支付给供应商/承包商实际发生的成本和一定的利润。成本通常分为直接费和间接费。直接费是指项目自身开支与发生的费用(如项目全职人员的工资);间接费是指企业总部管理、控制、运行等费用分摊到该项目上的份额(如公司行政人员的工资),间接费用在计算时一般取为直接费的某个百分比。成本补偿合同经常设立一些激励措施,以鼓励供应商/承包商达到或超过某些预定的项目目标,如进度目标、总成本目标等。

由于成本补偿合同规定了采购方承担采购实际发生的所有费用,因而也就承担了采购的全部风险。由于供应商/承包商不承担任何风险,因而所得报酬往往也较低。成本补偿合同的主要缺点是采购方不易控制项目采购的总费用,而供应商/承包商因为不需要承担项目支出的费用,也往往不会主动为降低项目成本付出努力。成本补偿合同通常包括以下三种形式:

1)成本加百分比酬金合同

该种合同是指供应商/承包商除了按照实际发生的成本获得补偿之外,还可以提取一定的百分比作为酬金。这种合同的合同总价可按下式计算:

$$C = C_d + C_d \cdot P$$

式中,C 为合同总价;C_d 为产品实际发生的成本;P 为固定百分比。百分比 P 也可以按规定调整,即成本越高,百分比越低。从总体上看,这种合同不利于鼓励供应商/承包商降低项目实施成本,因为增加的成本往往会使卖方多得报酬,因此应用不多。

2)成本加固定酬金合同

该种合同是由采购方支付采购产品的全部成本,然后再向供应商/承包商支付一笔固定数目酬金的合同。这种合同也不能鼓励卖方降低成本,但会促使承包商尽量缩短工期,以便尽早获得酬金。这种合同的合同总价可按下式计算:

$$C = C_d + F$$

式中,F 为固定酬金。

3)成本加浮动酬金合同

该种合同也称为目标成本合同。采用这种合同时,采购方和供应商/承包商首先要确定一个目标成本。当完成合同后的实际成本低于目标成本时,供应商/承包商将根据合同的规定获得一定数额的奖金。有时甚至可以明确规定,节约的成本由合同双方均等分配。当实际成本高于目标成本时,供应商/承包商获得的奖金额按规定递减。因此,这种合同可以在一定程度上控制采购产品的成本,使采购方摆脱成本加百分比酬金合同和成本加固定酬金合同对成本无法控制的局面。有的合同条文中还明确规定了供应商/承包商获得奖金的最高金额和最低金额,使合同双方的利益关系更为明确,防止不确定因素引起的纠纷。

成本加浮动酬金合同的主要缺点在于:买方和卖方在确定采购产品的目标成本时很难达成一致意见,可能成为日后合同纠纷的根源。这类合同的合同总价可按下列公式计算:当 $C_d = C_0$ 时,则 $C = C_d + F$;当 $C_d > C_0$ 时,则 $C = C_d + F - \Delta F$;当 $C_d < C_0$ 时,则 $C = C_d + F + \Delta F$。式中,C_0 为目标成本,F 为基本酬金,ΔF 为浮动酬金。成本加浮动酬金合同的合同总

价也可按以下公式计算：

$$C = C_d + P_1 \cdot C_0 + P_2 \cdot (C_0 - C_d)$$

式中，P_1 为基本酬金百分比；P_2 为奖惩百分比。

3.工时和材料合同

工时和材料合同也称为单价合同，兼有成本补偿合同和固定价格合同的特征。工时和材料合同与成本补偿合同相类似的地方在于，合同总价在合同签订时并未确定；而与固定价格合同相类似的地方在于，买卖双方可预先确定各种资源的单位价格。单价合同是一种国际通行的合同类型，在很多工程采购中被广泛采用。其具体的作法是在建设工程投标时，招标人自行或委托具有资质的中介机构，依据工程施工图纸按照招标文件的要求，按现行的工程量计算规则为投标人提供实物工程量项目和技术措施项目的数量清单，供投标单位逐项填写单价，并计算出总价，再通过评标，最后确定合同价。

工时和材料合同的适用范围比较宽，其风险可以得到合理的分摊，并能鼓励承包商通过提高工效等手段节约成本、提高利润。工时和材料单价合同的核心是工程量清单报价，这种报价形式具有如下较为明显的优势：

（1）工程量清单报价均采用综合单价形式，综合单价中包括了工程直接费、间接费、管理费、风险费、利润、国家规定的各种规费等，一目了然，有利于招投标工作的实施，避免招投标过程中盲目压价、弄虚作假、暗箱操作等不规范行为。

（2）工程量清单报价要求投标单位根据市场行情、自身实力报价，这就要求投标人注重工程单价的分析，在报价中反映出本投标单位的实际能力，从而能在招投标工作中体现公平竞争的原则，选择最优秀的承包商。同时，该种报价形式能够推动承包商编制自己的企业定额，提高自己的工程技术水平和经营管理能力。

（3）工程量清单报价详细地反映了工程的实物消耗和有关费用，因此易于结合建设项目的具体情况，将以预算定额为基础的静态计价模式改变为将各种因素考虑在单价内的动态计价模式。

（4）工程量清单报价有利于项目的实施和控制，报价的项目构成、单价组成必须符合项目实施要求，同时，工程量清单报价增加了报价的可靠性，有利于工程款的拨付和工程造价的最终确定。

（5）工程量清单报价有利于加强工程合同的管理，明确承发包双方的责任，实现风险的合理分担，即工程量由发包方或招标方确定，工程量的误差由发包方承担，工程报价的风险由投标方承担。

这类合同能够成立的关键在于双方对单价和工程量的确认。在合同执行过程中，双方对实际工程量进行确认，并基于实际工程量按单价进行支付。因此，如果实际工程量与清单中的工程量出现偏差，风险由招标人承担；如果实际物价波动导致施工成本上升，风险由承包商承担。单价合同又可以进一步分为固定单价合同和可调单价合同。①固定单价合同。这也是经常采用的合同形式。特别是在设计或其他建设条件还不能完全落实的情况下，而以后又需增加工程内容或工程量时，可以按单价适当追加合同内容。在每月（或每阶段）工程结算时，根据实际完成的工程量结算；在工程全部完成时，以竣工图的工程量最终结算工程总价款。②可调单价合同。一般是在工程招标文件中规定合同单价可调，即在合同中签订的基准单价，如在工程实施过程中物价发生变化等,可依据双方约定的调价公式进行调整,这样会减小承包商所承担的风险。有的工程在招标或签约时,因某些不确定因素而在合同中暂定某些分部分项工程的单价,在工程结算时,再根据实际情况和合同约定合同单价进行调整,确定实际结算单价。

4. 合同类型的选择

合同类型的选择对合同双方都非常重要,这需要考虑很多因素,通常要从项目风险、技术挑战性以及采购产品界定的清晰程度上去考虑并做出决定,如图2-9所示。由图2-9可见,当技术挑战性低、采购产品界定明确时,可考虑选用固定价格合同,此时采购方的风险较低;反之,在技术挑战性高、产品界定模糊的情形下,可采取成本补偿合同,此时采购方的风险较高;当介于上述两种情形之间的时候,可考虑选择工时和材料单价合同。

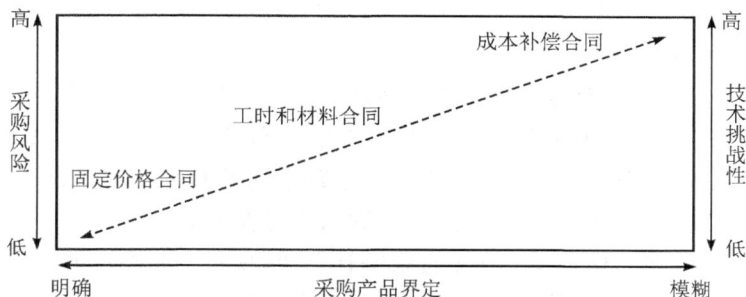

图2-9　合同类型的选择

在项目合同选择过程中,除了要考虑上述因素之外,还应该具体分析项目规模和工期长短、竞争情况、项目复杂程度、单项工程的明确程度、准备时间的长短、外部环境变化性等因素。

(1)项目规模和工期长短。如果项目的规模较小、工期较短,则合同类型的选择余地较大,三种合同都可选择。对于采购方而言,由于选择固定价格合同可以不承担风险,因此较愿采用这类合同;对于供应商/承包商而言,因为这类工程风险小,不可预测因素少,同意采用固定价格合同的可能性较大。如果项目规模大、工期长,则风险也大,合同履行中的不可预测因素也多,因此这类项目不宜采用固定价格合同。

(2)竞争情况。如果投标的供应商/承包商较多,则采购方拥有较大的主动权,可按照固定价格合同、工时和材料合同、成本补偿合同的顺序进行选择。如果愿意投标的供应商/承包商较少,则采购方拥有的主动权较低,只能选择供应商/承包商愿意采用的合同类型。

(3)项目复杂程度。如果项目的复杂程度较高,则意味着工程的风险较大,对供应商/承包商的技术水平要求高。因此,供应商/承包商对合同的选择有较大的主动权,固定价格合同被选用的可能性较小。如果工程的复杂程度低,则采购方对合同类型的选择拥有较大的主动权,固定价格合同被选用的可能性较大。

(4)单项工程的明确程度。如果单项工程的类别和工程量都已十分明确,则可选用的合同类型较多,三种合同都可以选择。如果单项工程的分类已详细而明确,但实际工程量与预计的工程量可能有较大出入时,则应优先选择工时和材料合同。如果单项工程的分类和工程量都不甚明确,则无法采用工时和材料合同。

(5)准备时间的长短。固定价格合同需要的准备时间较长,成本补偿合同需要的准备时间较短。对于一些非常紧急的工程,如抢险救灾等,给予业主和承包商的准备时间都非常短,因此只能采用成本补偿合同形式;反之,则可采用工时和材料合同或固定价格合同形式。

(6)外部环境变化性。外部环境因素主要包括:工程所在地区的政治局势是否稳定;经济局势因素(如通货膨胀、经济发展速度等);当地劳动力素质;交通、生活条件;等等。如果项目的外部环境恶劣,则意味着项目的成本高、风险大、不可预测的因素多,供应商/承包商很难接受固定价格合同方式,而较乐意采用成本补偿合同。

2.4.4 采购计划编制结果

项目采购计划编制结果由一系列指导项目未来采购工作所需的文件构成,主要包括以下几方面。

1.项目采购计划

项目采购计划编制结果最重要的文件即为项目采购计划。在项目采购计划中,全面地描述了项目组织未来所需开展的采购工作的计划和安排,包括从项目采购的具体工作计划到招投标活动的计划安排,以及有关供应商的选择和采购合同的签订、实施、合同完结等各项工作的计划安排。具体说来,在项目采购计划中,应该明确回答以下问题:

(1)项目采购工作的总体安排。在项目采购计划中,项目组织要明确项目采购的总目标,规定项目所需采购的总的资源数量、品种及费用,以及在采购中应该开展的各种采购工作及其管理活动的计划与安排。

(2)采用什么类型的合同。项目组织要明确规定在资源采购中,何时采用一般供应合同,何时采用固定价格合同,何时采用成本补偿合同,何时采用单位价格合同等。

(3)项目采购工作责任的确定。这是指项目组织的资源采购各部门应该承担的责任和执行的过程,要明确项目组织的上级单位、项目组织,甚至资源供应商的工作责任、权力和利益。

(4)项目采购计划文件的标准化。一般而言,项目采购计划文件必须标准化,一般大量采购项目的标准文本包括:标准合同文件、采购标的(物)描述的标准文本、招投标的标准文本等。

(5)如何管理资源供应商。如果项目组织需要很多资源供应商或分包商,如何管理好这些供应商或分包商也是项目采购管理中一个很重要的问题。这包括如何选择、如何控制和如何影响他们,以及如何确定和评价他们履行采购合同规定的责任和义务等。

(6)如何协调采购工作与其他工作。项目采购是项目及时获取外部资源的过程,如何将采购工作与项目其他方面的工作合理地协调,一起推动项目的发展、实现项目的目标是项目采购计划的一个重要内容。例如,如何协调项目实施的进度和绩效与项目的采购工作,因为项目进度和绩效的变化会直接影响到项目对于资源需求的时间和数量,从而直接影响项目采购计划和采购工作。

2.项目采购作业计划

项目采购计划编制结果的第二个文件是项目采购作业计划,该文件是支撑采购计划的具体的采购工作落实计划。项目采购作业计划是指根据项目采购计划与各种资源需求信息,通过采用专家判断法、经济批量模型等方法和工具,制订出的项目采购工作的具体作业计划。项目采购作业计划规定和安排了项目采购计划实施过程中,各项具体工作的日程、方法、责任和应急措施等内容。例如,对于一种大量使用的外购零配件,何时需要开始对外询价,何时获得各种报价,何时选择向标的(物)供应商开始发盘、还盘、谈判、签约等各项工作;而对于项目所需劳务的承发包,何时开始发布招标,何时发放标书,何时开标、中标、谈判签约等,都需要在项目采购作业计划中进行安排和明确。

3.采购要求说明文件

项目采购计划编制工作的另一个重要文件是采购要求说明文件。在采购要求说明文件中,应该充分、详细地描述采购要求的细节,包括需要考虑的技术问题和注意事项等重要资料,以便让供应商确认自己是否能够提供这些产品或劳务。这里的"充分、详细"要求可以根据产品或劳务的特性、项目组织的需求、采购适用的合同格式而有所不同。但是无论怎样,项目组织都必须保证在采购要求说明文件中清晰地描述所需采购的具体产品或劳务。在任何时候,采购要求说明文件的详细程度都应该保证以后项目的顺利进行。例如,项目采购的产品在使用过程中所需的技术支持服务、项目采购的设备在未来项目实现并投入运营以后所需的技术服务等。这些必要的服务要求应在采购要求说明文件中明确地做出规定和说明。在一些具体应用领域,对于项目采购要求说明文件还有一些特定的内容和格式要求。

在项目采购工作的后续阶段,采购要求说明文件在传递和转移中可能会被重新评估、定义、更新或改写,或者说采购要求说明文件在转移中会由于发现了新的问题而被修订和更新。例如,某个供应商可能会提出比原定采购方法更为有效的解决办法,也可能会提供比预定产品成本更低的替代产品,此时必须修订或者重新编写采购要求说明文件。每项独立的采购工作都需要有各自的采购要求说明文件。当然,有时多个产品或劳务构成一个整体,也可以组成一项采购工作,从而使用一份采购要求说明文件。例如,潜在的卖方可能推出一种效率更高的方法,或是一种成本更低廉的产品。每一个采购项目(可以由多种产品组成)都需要一个单独的工作说明书。工作说明书应尽可能清楚、完整、简练,其内容应当包括对所需附属服务的说明,例如,采购的设备在项目完成后的运行支持等。在某些应用领域,对工作说明书的内容和格式已有具体规定。

4.采购工作文件

采购工作文件是项目组织在采购过程中所使用的一系列工作文件,这些文件的目的是使项目组织能够顺利地开展采购工作,向潜在的供应商/承包商传达必要的采购信息。常采用的采购工作文件有投标书、询价书、谈判邀请书、初步意向书等,项目组织借助这些文件向供应商寻找报价和发盘。一般采购工作文件都有标准格式并按规范化形式编制,其内容主要包括:相关的采购要求说明,采购者期望反馈的信息说明,以及各种合同条款的说明等。编制采购工作文件要有足够的灵活性,既要便于项目组织准确完整地理解来自供应商/承包商反馈的信息,同时又要有利于供应商今后执行并完成其所承担的采购合同。

5.采购评价标准

采购评价标准是项目采购文件的一个重要组成部分,其主要作用是为采购工作的执行效果和质量提供一个衡量的标准。该标准有助于对项目组织的采购工作进行监控检查,由此督促相关人员依据采购计划认真完成相应的采购工作,为项目的顺利实施和目标实现服务。采购评价标准应围绕能否高质量完成项目采购计划及目标来确定,通常既包括客观评价指标,又包括主观评价指标。为了便于后续的执行和实施,这些标准应尽可能地客观量化。

问题思考

1.为什么要对项目采购划分标段? 供应商/承包商选择应遵循哪些原则?

2.常见的项目采购合同包括哪几种类型? 在选择项目采购合同时,要考虑的因素有哪些?

3.项目采购计划编制结果由哪些文件构成? 它们的作用是什么?

2.5　项目采购计划制订案例

2.5.1　案例:丰田 JIT 计划模式

1.长期滚动计划

丰田公司 JIT(just in time,准时化生产)采购的核心是把供应商纳入自己的供应体系,严格按产出计划,由后工序拉动,实现小批量零库存,以节约采购和库存成本。丰田公司设有生产规划科,专门从事制订长期生产计划,时间跨度为 3 年。此计划不要求精确的车型和数量,只根据市场走势估计 3 年内可能要生产的车型和数量,越是往后越不准确。此计划每半年制订一次,滚动制作。此计划需要通知供应链上的合作企业,让他们知道丰田公司 3 年内的生产规模和采购规模,使供应商做好必要的长期生产能力准备,制订相应长期生产能力计划。

2.月度计划协调

月度计划是指制订其后 3 个月的计划,计划的依据是客户订单和适当的预测。由于丰田公司是按需生产,国外客户的计划主要根据已获得的订单安排,国内客户先按订单安排,不足部分依靠预测灵活调整。国外订单先由当地销售部门汇总形成采购文件,再把全部汇总文件发送到设在东京的海外规划部,汇总整理后送到生产管理部。所有文件信息传达都是通过计算机网络、速度快、效率高,到达准时。由于是按订单安排计划,因此车型和数量都确定了。此类计划是滚动制订,第一个月基本上是确定的计划,可以执行的计划。第二个月和第三个月作为内定计划,下一次做计划时再进行调整。这类计划的作用是为各级生产商提供月度的能力、物资与资金准备信息。由于生产对象大致明确,故准备工作可以有的放矢。每月中旬制订下月生产计划,到中旬末计划完毕后,再根据最新订单作微调。到下旬,开始计算该生产计划全部的物料需求,并决定各种型号的车每天的生产量、生产工序组织、生产节拍计算等。计算由计算机完成,工作量浩大,需要算 20 小时。该计划生产的车都是有明确客户的,下线就可以提走。该计划的作用有两个:是月度可执行的生产计划;提供给供应商,做好月度内的供应计划。

3.日投产顺序计划

准时化生产的准时概念已经以日、小时计量,所以有了月生产计划还不足以实施准时化生产,需进一步制订日生产作业计划,而此计划又不同于一般的日计划,其最大特点是除了计划中的品种数量参数外,还有投产顺序,即计算混合装配线上的各种车型的投入顺序。日投产顺序计划提前两天制订,每天做一次,计划只提供给整车总装配线、几个主要部件装配线和主要协作厂商。该计划的作用除了起到一般的日生产作业计划外,更重要的是为全系统实施看板生产做最后的准备。主要供应商在提前两天的时间内接到此计划后立即通过看板系统把采购信息传递到各自的供应商,保证在第二天各部件装配线按投产顺序计划生产。然后,陆续把部件送到总装配线,保证投产顺序计划的顺利执行。

4.采购直供体系

供应商采用直供到下工序生产现场的方式,称之为直达供应和直送工位体系。实行协作厂商的产品直达供应,实际上是拉动式生产方式从主机厂到协作厂的延伸。由于取消了有缓冲作用的中间仓库,故实行起来的风险增大了。但是,由于丰田的供货体系突出了整体利益、双方的互信互利,质量保证,接收货物质量免检,协作厂又近距离分布在主机厂周围方圆50千米以内,因而实现了重要部件按小时供货,次重要部件按日供货,不重要部件按周供货的目标。据统计,有16%的协作厂按周交货,52%的协作厂按日交货,32%的协作厂按小时交货。

2.5.2　案例:沃尔玛全球采购策略

沃尔玛的全球采购是指某个国家的沃尔玛店铺,通过全球采购网络从其他国家的供应商进口商品,而从该国供应商进货则由该国沃尔玛公司的采购部门负责。沃尔玛结合零售业务的特点以及世界制造业和全球采购的总体变化趋势,在全球采购网络的组织上采取以地理布局为主的形式。在其设立的四大区域中,大中华及北亚区的采购量最大,占全部采购量的70%之多,其中中国分公司又是采购量第一的国别分公司,因此,沃尔玛全球采购网络的总部就设在中国深圳。

全球采购总部是沃尔玛全球采购网络的核心,也是沃尔玛的全球采购最高机构。在这个全球采购总部里,除了四个直接领导采购业务的区域副总裁向总裁汇报以外,总裁还领导着支持性和参谋性的总部职能部门。沃尔玛的全球采购网络相当于一个"内部服务公司",为沃尔玛在各个零售市场上的店铺买家服务,主要包括如下三个方面:

(1)商品采集和物流。全球采购网络要尽可能地在全球搜索到最好的供应商和最适当的商品。沃尔玛的全球采购网络实际上担当了商品采集和物流的工作,对店铺买家来说,他们只有一个供应商。

(2)向买家推荐新商品。对于新产品,沃尔玛没有现成的供应商,它通过全球采购网络的业务人员参加展会、介绍等途径找到新的供应商和产品,店铺买家会到全球采购网络推荐的供应商那里和他们直接谈判并进行采购。

(3)帮助其他国家的沃尔玛采集货品。沃尔玛的全球采购为全世界各个国家的沃尔玛店铺采集货物,而不同国家之间的贸易政策往往不一样,这些差别随时都需要加以跟踪,并在采购政策上做出相应的调整。

沃尔玛全球采购网络总部的功能体现在宏观和微观两方面。在宏观方面,全球采购网络总部是沃尔玛进行全球采购的总负责,但是这个全球采购网络总部并没有采购任何东西。在沃尔玛的全球采购流程中,全球采购网络总部的作用就是在沃尔玛的全球店铺买家和全球供应商之间架起买卖之间的桥梁。因此,沃尔玛的全球采购活动都必须以其采购的政策、网络为基础,并严格遵循其采购程序。在全世界商品质量相对稳定的情况下,只有紧密有序的采购程序才能保证沃尔玛采购足够数量的货物。在微观方面,沃尔玛的全球采购网络总部是为保证销售服务的,它是通过等价交换取得商品资源的一系列活动的过程,包括搜索信息、确定计划、选择供应商、谈判等。

问题思考

1.丰田公司的 JIT 计划模式的优点是什么? 在 JIT 计划模式下,企业的物料采购及供应面临怎样的挑战?

2.沃尔玛的全球采购战略是如何实施和协调的? 它会给沃尔玛带来什么样的优势,在实施中有可能会遇到哪些困难?

3.对比丰田公司和沃尔玛的采购计划及策略,从中可以得到哪些启示?

第3章
工程采购的实施

本章导读

本章聚焦工程采购实施,介绍与此相关的理论方法。首先,给出工程采购的定义,总结工程采购方式及工程采购应具备的条件。其次,梳理工程招标采购程序,划分其主要阶段并说明各阶段的具体工作。进一步地,分析招标文件的编制原则与要求,论述招标文件的内容及标底的确定方法,并对投标人资格预审的相关内容进行探讨。最后,介绍评标与决标,明确评标委员会的构成,归纳常见评标方法,解释投标评审、决标授标的操作要点。此外,本章还给出了两个工程招标采购的实际案例,由此说明工程采购中的常见问题。

3.1 工程采购概述

3.1.1 工程采购的内涵

工程是指在科学理论知识的指导下,通过技术手段和工具方法的应用,在各类资源投入的基础上,形成能够服务于人们生产和生活需要的实体,以及实体的形成过程。广义的工程包括建筑工程、电气工程、通信工程、机械工程、能源工程等;狭义的工程主要是指各类建设工程项目,如水利枢纽工程、铁路公路工程、住宅场馆工程、工业建筑工程等,包括它们的新建、改建、扩建、装修、拆除、修缮等。狭义的工程一般都具有与土地的依附性,是不可移动的。

工程采购属于有形采购,是指通过招标或其他采购方式选择合格的承包商来完成工程的建设任务,包括与之相关的人员培训和维护等服务。工程采购不只是施工材料、相关设备的购买,而是从工程的勘察、设计、施工、监理、管理等的发包,实施过程的监督管理,直至竣工验收、获得工程产品的全过程的活动。工程采购过程就是进行建设的过程,所反映的是一个逐步的物化过程。工程采购不是以工程成品的形态实现交易的,而是在建设过程逐步支付各项费用,通过不同阶段的工程验收而获得最终工程产品。

工程采购基本上是属于服务采购与货物采购相结合的采购类型,一项工程采购通常包括若干个服务采购和货物采购。例如,工程的施工招标,即使承包商实行的是包工、包料、包质量、包工期的全包方式,其提供的仍然是一种服务。工程采购方并非是向承包商购买工作,而是购买工程服务。因为承包商对工程不具有所有权,不论是在建工程还是建成工程,其所有权均属采购方,承包商购买材料所用的资金是采购方提供的工程预付款,采购过程没有所有权转移,所以,工程施工招标本质上是一种服务采购。工程采购中其他方面的采购,有些属于服务采购的性质如勘察、设计、监理等,有些属于货物采购的性质如设备、材料等,这使得工程采购性质不是单一的,而是服务与货物的复合。

工程采购涉及的最为主要的利益主体就是采购方和承包商,工程采购实际上就是采购方选择承包商,并监督承包商完成自己所委托任务的过程。采购方亦称工程的业主,他们是工程的提出者、组织论证立项者、投资决策者、资金筹集者、实施的组织者,也是工程的产权所有者,负责工程交付后的生产、经营和偿还贷款。工程业主可以是政府部门、社会法人、国有企业、股份公司、私人公司以及个人,业主的性质影响到工程实施的各个方面。例如,由于政府部门采购时使用的是财政拨款,通常对其采购行为会有严格的规定和监督管理,以确保资金的使用效率;相对而言,私营业主在决策时有更多的自由。承包商通常是指承担工程实施以及相应设备和材料采购的公司、个人或其联合体。如果业主将一个工程分为若干独立的标段,并分别与几个公司签订合同,那么这些直接与业主签订承包合同的公司都称为承包商;如果一家公司与业主签订合同,将整个工程承包下来,之后这家公司再把工程分成若干部分,分包给其他公司完成,则这家公司称为总承包商,而那些分包的公司称为分包商。

3.1.2 工程采购的方式

在工程采购中,招标是选择合格承包商的主要形式,其特点是发包工作内容明确具体,各投标人编制的投标书在评标中易于横向对比。虽然投标人是按招标文件的工程量表中既定的工作内容和工程量编标报价的,但投标实际上是各投标人完成该项目任务的技术、经济、管理等综合能力的竞争。根据竞争程度高低的不同,招标采购又可以进一步分为公开招标和邀请招标。另外,在一些特定的情形下,还可以采取将公开招标和邀请招标结合在一起的两阶段招标。

1.公开招标与邀请招标

1)公开招标

公开招标是指招标人以招标公告的方式邀请不特定的法人或者其他组织投标。它是一种由招标人按照法定程序,在公开出版物上或者以其他公开方式发布招标公告,所有符合条件的承包商都可以平等参加投标竞争,从中择优选择中标者的招标方式。公开招标具有如下突出的优点:

(1)有效防止腐败。公开招标要求招标过程公开、公正、公平,并且在"三公"的程度上要求很高,因此与邀请招标相比,能更有效地防止腐败。当然,为了达到这一目的,需要有其他制度的配合,也需要完善公开招标的一些具体程序。

(2)能够最好地达到经济性的目的。这是招标制度最原始的目的,因为公开招标允许所有合格的投标人参加投标,因此能够让最有竞争力、条件最优厚的潜在投标人参加投标。

(3)能够为潜在的投标人提供均等的机会。邀请招标只有接到投标邀请书的潜在投标人才有资格参加投标,这对于招标人不了解的潜在投标人或者新产生、新发展起来的潜在投标人是不公平的,特别对于政府投资的项目,这种公平性是十分重要的。

但是,公开招标也存在如下一些缺点:

(1)完全以书面材料决定中标人。公开招标只能以书面材料决定中标人,这本身就有一定的缺陷。即使撇开有些投标人存在弄虚作假的情况,有时书面材料也不能反映投标人真实的水平和情况。

(2)招标成本较高。公开招标对招标文件的发布有一定的要求,一般也会导致投标人较多。这样,从招标的总成本(包括招标人的成本和投标人的成本)看,必然是比较高的,且招标人的评标成本也较高。

(3)招标周期较长。从理论上说,公开招标应当保证所有的潜在投标人能够获得投标信息,这就导致其时间必然长于由招标人直接向潜在投标人发出投标邀请书的邀请招标。

无论如何,从招标的本质来讲,公开招标的采购方式是最符合招标宗旨的,因此应当尽量采用公开招标方式进行招标。

2)邀请招标

邀请招标是指招标人以投标邀请书的方式邀请特定的法人或者其他组织投标。邀请招标是接到投标邀请书的法人或者其他组织才能参加投标的一种招标方式,其他潜在的投标人则被排除在投标竞争之外,因此,其竞争性明显要低于公开招标。邀请招标必须向三个以上的潜在投标人发出邀请,并且被邀请的法人或者其他组织必须具备以下条件:具备承担招标项目的能力,如施工招标,被邀请的施工企业必须具备与招标项目相对应的施工资质等级;资信良好。常见的可采用邀请招标的工程如下:

(1)技术要求较高、专业性较强的工程。对于这类工程而言,由于能够承担招标任务的承包商较少,且由于专业性较强,招标人对潜在的投标人都较为了解,新进入本领域的单位也很难较快具有较高的技术水平,因此,这类工程可以考虑采用邀请招标。

(2)合同金额较小的工程。由于公开招标的成本较高,如果工程的合同金额较小,那么,采用公开招标会显得不够经济,此时可选用邀请招标。

(3)工期要求较为紧迫的工程。公开招标周期较长,这也决定了工期要求较为紧迫的工程如抢险救灾、应急救援等,不宜采用公开招标。

由于邀请招标的竞争性较弱,因此,在通常情况下,能采用公开招标的应首先公开招标,只有在满足上述条件时才允许使用邀请招标。

2.我国关于工程采购方式的规定

在我国,为了保证工程采购方式能够尽可能地科学规范,避免腐败违规问题的发生,《中华人民共和国招标投标法》以及在《中华人民共和国招标投标法》基础上颁布的相关条例对工程的采购方式做了更为明确具体的规定。《中华人民共和国招标投标法》指出,凡在中华人民共和国境内进行下列工程,包括项目的勘察、设计、施工、监理以及与工程建设有关的重要设备、材料等的采购,必须进行招标:

(1)大型基础设施、公用事业等关系社会公共利益、公共安全的项目;

(2)全部或者部分使用国有资金投资或国家融资的项目;

(3)使用国际组织或者外国政府贷款、援助资金的项目。

依据《中华人民共和国招标投标法》的基本原则,国家计委颁布了《工程建设项目招标范围和规模标准规定》,对上述工程建设项目的招标范围和采购金额标准又做出了更进一步的、更为详细的规定:

(1)关系社会公共利益、公众安全的基础设施工程。该类工程的范围包括:煤炭、石油、天然气、电力、新能源等能源项目,铁路、公路、管道、水运、航空以及其他交通运输业等交通运输项目,邮政、电信枢纽、通信、信息网络等邮电通讯项目,防洪、灌溉、排涝、引(供)水、滩涂治理、水土保持、水利枢纽等水利项目,道路、桥梁、地铁和轻轨交通、污水排放及处理、垃圾处理、地下管道、公共停车场等城市设施项目,生态环境保护项目,其他基础设施项目。

(2)关系社会公共利益、公众安全的公用事业工程。该类工程的范围包括:供水、供电、供气、供热等市政工程项目;科技、教育、文化等项目;体育、旅游等项目;卫生、社会福利等项目;商品住宅,包括经济适用住房;其他公用事业项目。

(3)使用国有资金投资或国家融资工程。使用国有资金投资工程的范围包括:使用各级财政预算资金的项目,使用纳税人财政管理的各种政府性专项建设基金的项目,使用国有企事业单位自有资金且国有资产投资者实际拥有控制权的项目;国家融资工程的范围包括:使用国家发行债券所筹资金的项目,使用国家对外借款或者担保所筹资金的项目,使用国家政策性贷款的项目,国家授权投资主体融资的项目,国家特许的融资项目。

(4)使用国际组织或者外国政府资金的工程。该类工程的范围包括:使用世界银行、亚洲开发银行等国际组织贷款资金的项目,使用外国政府及其机构贷款资金的项目,使用国际组织或者外国政府援助资金的项目。

以上规定范围内的各类工程建设项目,包括工程的勘察、设计施工、监理以及与工程建设有关的重要设备、材料等的采购,达到规定金额的,必须进行招标。

全部使用国有资金投资或者国有资金投资占控股或者主导地位的,依法必须进行公开招标。凡按照规定应该招标的工程不进行招标,应该公开招标的工程不公开招标的,招标单位所确定的承包单位一律无效。按照《工程建设项目招标范围和规模标准规定》,属于下列情形之一的,可以不进行招标,采用直接委托的方式发包建设任务:

(1)涉及国家安全、国家秘密的工程。

(2)抢险救灾工程。

(3)利用扶贫资金实行以工代赈、需要使用农民工等特殊情况。

(4)建筑造型有特殊要求的设计。

(5)采用特定专利技术、专有技术进行勘察、设计或施工。

(6)停建或者缓建后恢复建设的单位工程,且承包人未发生变更的。

(7)施工企业自建自用的工程,且该施工企业资质等级符合工程要求的。

(8)在建工程追加的附属小型工程或者主体加层工程,且承包人未发生变更的。

(9)法律、法规、规章规定的其他情形。

3.1.3 工程采购的条件

一般来说,项目工程采购应具备的条件包括以下几个方面:

(1)工程建设计划业已批准。建设工程已经主管部门批准,并已列入年度投资计划。建设工程的批准是基本建设程序的重要内容和重要环节,按照规定,没有列入国家计划或地区计划的建设工程是不能组织施工的;即使是外资和融资的建设工程,也必须有立项审批的程序,所以,没有列入计划的建设工程,也就不能进行施工招标。

(2)设计文件已经批准。建设工程的设计文件包括初步设计和费用概算,或技术设计和修正概算,或施工图设计和预算,按工程的规模和等级的不同而定,进行采购的工程的设计文件必须已经得到相关部门的批准。许多工程的实践表明,只要时间允许,招标时应尽可能采用施工图和费用预算才最有利于业主单位编写招标文件和准备标底。在授标和签订合同后,在其他有关条件已经具备时,即可开工,而且在工程施工中也少变更。但是,在实际工作中,一个建设项目一经立项,出于种种原因,往往就及早开工。因此,在招标的有关办法中规定,"初步设计和概算文件已经批准"是实行施工招标的必备条件之一,这也是编写招标文件最起码的条件。

(3)建设资金已经落实。建设资金,对于世界银行贷款项目而言,一是指世界银行贷款已经取得承诺,完成了项目评估,将要签订贷款协定;二是指国内配套资金已经落实或基本落实,两者缺一不可。对于国内项目而言,建设资金包括自有资金和银行贷款。通常自有资金不少于项目投资总额的30%,且银行贷款也必须已经落实。资金没有落实,不能进行招标,也不能进行资格预审。

(4)招标文件已经编写完成并经批准。在工程招标中,招标文件是招标方和投标方沟通的平台和法律文件。因此,编写招标文件是进行工程施工招标的前提条件,在工程招标时,招标文件必须编写完成并经有关部门批准。

(5)施工准备工作已经就绪。施工准备工作,即包括征地拆迁、移民安置、环保措施、临时道路、公用设施、通信设备等现场条件的准备工作已经就绪,当地的施工许可证已经取得。

在进行招标时,招标单位或其委托的招标代理机构也必须具备一定的条件。根据《中华人民共和国招标投标法》规定:招标人应是提出招标项目、进行招标的法人;招标人应当有进行招标项目的相应资金或者资金来源已经落实,并应当在招标文件中如实载明;招标人具有编制招标文件和组织评标能力的,可以自行办理招标事宜;不具备编制招标文件和组织评标能力的,应当委托具有相应资格的工程招标代理机构代理施工招标。依法必须进行施工招标的工程,招标人自行办理施工招标事宜的,应当具备如下招标能力:有专门的招标组织机构;有与工程规模、复杂程度相适应,并具有同类工程施工招标经验,熟悉有关工程施工招标法律法规的工程技术、概预算及工程管理的专业人员。不具备上述能力的,则应委托工程招标代理机构进行招标,此时,所委托的代理机构应具备如下条件:

(1)是依法设立的中介组织。

(2)与行政机关和其他国家机关没有行政隶属关系或者其他利益关系。

(3)有固定的营业场所和开展工程招标代理业务所需设施及办公条件。

(4)有健全的组织机构和内部管理的规章制度。

(5)具备编制招标文件和组织评标的相应专业力量。

(6)具有可以作为评标委员会成员人选的技术、经济等方面的专家库。

问题思考

1.何谓工程采购? 常用的工程采购方式有哪些?

2.工程采购应具备哪些基本条件? 如何选择和确定工程的采购方式?

3.2 工程招标采购程序

由前面的论述可见,招标是工程采购的首选方式。尽管不同国家或同一国家不同行业,以及不同国际金融机构(如世界银行、亚洲开发银行等)所规定的招标程序存在一些差别,但作为一个完整的招标过程,工程招标通常应包括招标准备、招标投标、评标定标三个阶段。这三个阶段及各阶段的具体工作内容如图3-1所示。

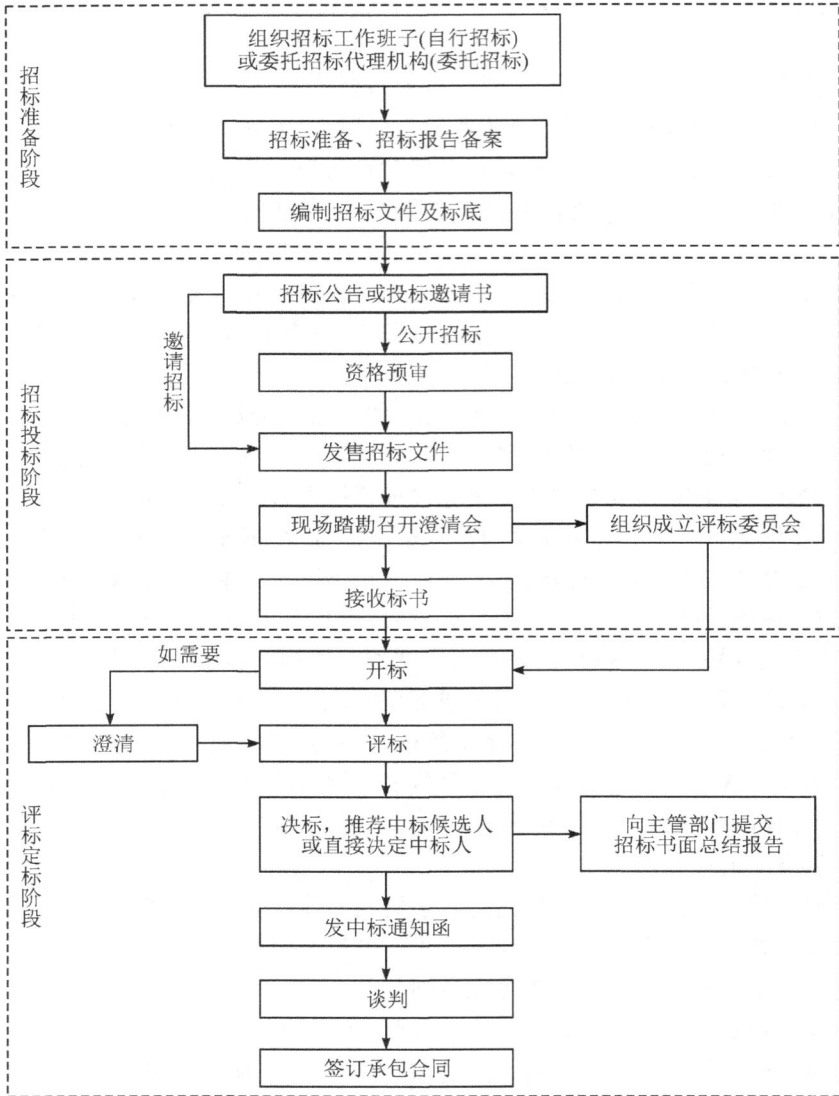

图3-1 工程招标程序

3.2.1 招标准备阶段工作

在招标准备阶段,项目组织首先要明确是自行招标,还是委托招标代理机构进行招标。如果项目组织具备招标能力可以自行招标,否则,需要委托第三方,即招标代理机构进行招标。目前,国际通行的方式是委托第三方招标。上述工作确定后,则负责招标的组织或机构接下来需要依次完成办理招标的审批手续、办理招标备案、编制招标文件和确定标底等工作。

1.办理招标的审批手续

按照国家有关规定,招标项目应当先履行审批手续,取得批准。招标人应当有进行招标项目的相应资金或者资金来源已经落实,并应当在招标文件中如实载明。强制招标项目大多需要经过国务院、国务院有关部门或省市有关部门的审批,只有经有关部门审核批准后,才能进行招标。对于那些不属于强制招标项目范围,但需要政府平衡建设和生产条件的项目,或者国家限制发展的项目,或者港澳台或外商投资的项目,也要按有关规定进行审批。此外,对开工条件有要求的,还必须履行开工手续。

2.办理招标备案

办理招标备案指招标人向建设行政主管部门办理申请招标手续。招标备案文件应包括招标工作范围、招标方式、计划工期、对投标人的资质要求、招标项目前期准备工作的完成情况、自行招标还是委托代理招标等内容。招标备案文件获得认可后才可以开展招标工作。

3.编制招标文件

招标文件是由招标单位或委托咨询单位编制并发布的纲领性和实施性文件。

招标文件的主要作用是:向投标单位介绍工程项目及标段情况和招标条件,签订工程承发包合同的基础性文件。招标文件是招投标双方沟通的平台,对双方均具有法律约束力。招标人应当根据招标项目的特点和需要编制招标文件。由于招标文件的质量将直接影响到招标工作的成败和项目建设期的科学管理,一份好的招标文件也可以充分调动投标单位的积极性,并能为招投标双方签订合同、执行合同及共同完成项目建设创造良好的条件,因此,招标文件必须满足规定要求,最基本的要求是内容全面、文字简明、概念准确、逻辑严密、表达科学、层次分明等。

招标文件应当包括招标项目的技术要求、对投标人资格审查的标准、投标报价要求和评标标准等所有实质性要求和条件,以及拟签订合同的主要条款。招标文件的具体内容分为以下3类:

(1)关于编写和提交投标文件的规定,载入这些内容的目的是,尽量减少符合资格的施工承包商或供应商由于不明确如何编写投标文件而处于不利地位或其投标遭到拒绝的可能性。

(2)关于对投标人资格审查的标准,以及投标文件的评审标准和方法,这是为了提高招标过程的透明度和公平性,因而是非常重要的,也是必不可少的。

(3)关于合同的主要条款,其中主要是商务性条款,有利于投标人了解中标后签订的合同的主要内容,明确双方各自的权利、义务和风险。其中,技术要求、投标报价要求和主要合同条款等内容是招标文件的关键内容,统称实质性要求。

此外,国家对招标项目的技术、标准有规定的,招标人应当按照其规定在招标文件中提出相应要求。

4.确定标底

标底是招标人对招标工程底价的自我测算,是工程评标的重要依据。标底可由招标人组织专业人员自行编制,或委托项目设计单位、其他有资质的咨询公司、估价公司承担。工程招标可以是有标底招标,也可以是无标底招标,国际通行的做法是无标底招标。有标底招标是我国工程招标中的一个特有作法,设立标底主要是针对我国目前建筑市场发育状况和国情而采取的措施,是具有中国特色的招投标制度的一个具体体现。当采用有标底招标时,工程的标底必须保密。

3.2.2 招标投标阶段工作

招标准备工作结束后,即可进入招标投标阶段。招标投标阶段的主要工作有:发布招标公告或投标邀请书、资格预审、踏勘现场、发售招标文件和接收投标文件,具体说明如下。

1.发布招标公告或投标邀请书

招标公告是指采用公开招标方式的招标人(包括招标代理机构)向所有潜在的投标人发出的一种广泛的通告。招标公告的目的是使所有潜在的投标人都具有公平的投标竞争的机会。招标人采用公开招标方式的,应当发布招标公告,招标公告必须通过公开媒介如网站、报纸等进行传播。按照《中华人民共和国招标投标法》的规定,招标公告通常包括以下内容:招标人的名称和地址、招标项目的性质、招标项目的数量、招标项目的实施地点、招标项目的实施时间、获取招标文件的办法。当采取邀请招标时,不需要发布公开的招标公告,而需向选中的投标人寄送投标邀请书。被邀请的投标人数量必须在三个以上,他们应为具备承担招标项目的能力、资信良好的特定法人。投标邀请书的内容与招标公告相似。

2.资格预审

资格预审是指当工程规模较大、技术复杂、要求较高,且投标人又比较多时,招标人提前对投标人进行一次筛选,以减轻评标工作量,同时也使得不具备完成工程的投标人省去准备投标书的工作。工程招标可以进行资格预审,也可以不进行资格预审。当不进行资格预审时,在评标时首先要进行资格后审,即审查投标人是否具备完成工程的资质和能力;当进行资格预审时,招标人应首先发布资格预审公告,资格预审通过的投标人才被允许购买招标文件进行投标。

3.踏勘现场

招标人应根据招标工程具体情况,组织潜在投标人踏勘工程现场。招标人在发出招标公告或投标邀请书后,可以根据招标工程的实际需要,通知并组织潜在投标人到工程现场进行实地勘察。潜在投标人可根据是否决定投标或者编制投标文件的需求,到工程现场进行实地调查,进一步了解招标人的意图和现场环境情况,以获取有用信息,并据此做出是否投标或投标策略及投标价格的决定。

招标人应主动向潜在投标人介绍所有现场的有关情况,潜在投标人对影响供货或者承包工程的现场条件进行全面的考察,包括经济、地理、地质、气候、法律环境等情况。潜在投标人对工程建设项目一般应至少了解以下内容:

(1)施工现场是否达到招标文件规定的条件。

(2)施工现场的地理位置和地形、地貌。

(3)施工现场的地质、土质、地下水位、水文等情况。

(4)施工现场的气候条件,如气温、湿度、风力等。

(5)现场的环境,如交通、供水、供电、污水排放等。

(6)临时用地、临时设施搭建等,如工程施工中临时使用的工棚、堆放材料的库房等,以及这些设施所占的地方等。

勘查现场也可以在发售完招标文件后由招标人组织进行。

4.发售招标文件

对已经通过资格预审的投标人,告知发售招标文件的时间、地点,使之能在规定时间、地点买到招标文件。如果一个申请投标人不足以承担招标项目全部任务,允许两个或两个以上组成联合体申请投标,在提交组成联合体协议书后,可补发资格预审合格通知书。当多家投标人组成联合体投标时,除了他们之间必须要有联合体协议之外,在这多家投标人中,还必须要确定一家企业作为联合体的代表向招标人负责。

当投标人获得招标文件后,如果对招标文件中有疑问,则招标人应对疑问进行澄清和说明。需要特别强调的是,投标人疑问的提出以及招标人对疑问的解答通常应以书面的形式进行,而且,某个投标人提出的疑问及招标人的解答必须告知所有的投标人。在有些时候,为提高答疑的效率,招标人可以召开一个专门的疑问澄清会议,在会上各投标人提出自己的疑问,招标人逐一进行解答,所有的内容做好记录形成正式的会议纪要。无论以何种方式进行疑问解答,所有答疑材料都应视为招标文件的有效补充,和招标文件具有同等的法律效力。

5.接收投标文件

从投标人得到招标文件到投标截止这段时间,各投标人自行编制投标文件。这段时间的长短视招标项目的规模与技术复杂程度而定,招标人应当给投标人编制投标文件留有合理时间,不能将时间设置得过短。按照《中华人民共和国招标投标法》的规定,依法必须进行招标的项目,自招标文件发出之日起至投标人提交投标文件截止之日止,最短不得少于 20 天。

投标文件是由投标人按照招标文件的规定填报的文件,招标文件中的投标须知、合同条件、协议书格式、履约担保证件格式、工程预付款保函格式、技术条款和图纸等一般不需附入投标文件。投标文件内容通常可分为商务文件、技术文件、价格文件三部分。

(1)商务文件。它是用以证明投标人履行了合法程序及招标人了解投标人商业资信、合法性的文件,包括投标保函、投标人的授权书及证明文件、联合体投标人提供的联合协议、投标人所代表公司的资信证明等;如有分包商,还应出具其资信文件供招标人审查。

(2)技术文件。如果是建设项目,则包括全部施工组织设计内容,用以评价投标人的技术实力和经验。技术复杂的项目对技术文件的编写内容及格式均有详细要求,投标人应当按照规定填写。

(3)价格文件。全部价格文件必须完全按照招标文件的规定格式编制,不允许有任何改动;如有漏项,则视为其已经包含在其他价格报价中。招标工程属于建设施工的,投标文件的内容还应当包括拟派出的项目负责人,以及主要技术人员的简历、业绩和拟用于完成招标工程的机械设备等。对于施工招标,价格文件是组成投标文件的核心,报价往往是决定中标的关键性因素之一。但对于各类工程咨询招标,尽管价格也是构成投标文件的重要组成部分,但投标人的报价并非是决定中标的关键性因素。

投标人应当在招标文件要求的截止时间前,将投标文件送达投标地点。招标人收到投标文件后,应当签收并妥善保存,不得开启。投标人少于三个的,招标人应当重新招标,这种情况称为"流标"。按照国际惯例,至少要有三家投标人才能带来有效竞争,因为两家参加投标,缺乏竞争,投标人可能提高采购价格,损害招标人利益。

关于投标文件的递交和签收更为详细的规定如下：

（1）投标文件的递交。投标人必须按照招标文件中规定的地点和时间送达投标文件，通常应采用直接送达或委托代理人送达方式递交投标文件，以便获得招标机构已收到投标文件的回执；如果以邮寄方式送达的，投标人必须留出邮寄的时间，保证投标文件能够在截止日之前送达招标人指定的地点。投标人不得将投标文件送交招标文件规定地点以外的地方，如果投标因为递交投标文件的地点发生错误而延误投标时间的，将被视为无效标而被拒收。在截止时间后送达的投标文件（即已经过了有效期的），招标人应当原封退回，不得进入开标阶段。

（2）投标文件的签收保存。招标人收到投标文件后应当签收，不得开启。为了保护投标人的合法权益，招标人必须履行完备的签收、登记和备案手续。签收人要记录投标文件递交的日期、地点及密封状况，签收人签名后应将所有递交的投标文件放置在保密而安全的地方，任何人不得开启投标文件。投标人在招标文件要求提交投标文件的截止时间前，可以补充、修改或者撤回已提交的投标文件，并书面通知招标人。补充、修改的内容视为投标文件的组成部分。

3.2.3 评标决标阶段工作

在评标决标阶段，招标人或其委托的代理招标机构需要对投标人的投标书进行评审排序，并最终确定中标承包商并与之签订工程承包合同。该阶段的具体工作包括开标、评标、定标和签订合同。

1.开标

开标是指在投标人提交投标截止时间后，招标人依据招标文件规定的时间和地点，开启投标人提交的投标文件，公开宣布投标人的名称、投标价格及投标文件中的其他内容。开标应当在招标文件确定的提交投标文件截止时间公开进行，即投标文件提交的截止时间即为开标时间，这样规定的目的是为了预防投标截止时间之后于开标之前仍有一段时间间隔，由此会给不端行为造成可乘之机，如在指定开标时间之前泄露某投标文件中的内容，使其他投标人获得不正当的竞争优势。开标地点应与招标文件中规定的地点相一致，以防止投标人因不知地点变更而不能按要求准时提交投标文件。

公开招标和邀请招标均应举行开标会议，体现招标的公平、公正和公开原则。在投标须知规定的时间和地点由招标人主持开标会议，所有投标人均应参加，并邀请项目建设有关部门代表出席。开标时，由投标人或其推选的代表检验投标文件的密封情况。确认无误后，工作人员当众拆封，宣读投标人名称、投标价格和投标文件的其他主要内容。所有在投标致函中提出的附加条件、补充声明、优惠条件、替代方案等均应宣读，如果有标底也应公布。开标过程应当记录，并存档备查。开标后，任何投标人都不允许更改投标书的内容和报价，也不允许再增加优惠条件。在开标时，如果发现投标文件出现下列情形之一者，应当作为无效投标文件，不再进入评标：

（1）投标文件未按照招标文件的要求予以密封。

（2）投标文件中的投标函未加盖投标人的企业及企业法定代表人印章，或者企业法定代表人委托代理人没有合法有效的委托书（原件）及委托代理人印章。

（3）投标文件的关键内容字迹模糊、无法辨认。

（4）投标人未按照招标文件的要求提供投标保证金或者投标保函。

(5)组成联合体投标的,投标文件未附联合体各方共同投标协议。

2.评标

评标是指依据招标文件的规定和要求,对投标文件进行审查、评审和比较等活动。评标由招标人依法组建的评标委员会负责,评标委员会由招标人的代表和有关技术、经济、法律等方面的专家组成,成员人数为 5 人以上的单数,其中技术、经济、法律等方面的专家不得少于成员总数的 2/3。专家应当从事相关领域工作满 8 年并具有高级职称或者具有同等专业水平,由招标人从国务院有关部门或省、自治区、直辖市人民政府有关部门提供的专家名册,或者招标代理机构的专家库内的相关专业的专家名单中确定。一般招标项目可以采取随机抽取方式确定专家,特殊招标项目可以由招标人直接确定专家。评标委员会成员实行回避更换制度,即与投标人有利害关系的人应当回避,不得进入评标委员会,已经进入的,应予以更换。根据法律规定,有下列情形之一的,可以认定为与投标人有利害关系:是投标人或其代理人的近亲属;与投标人有其他社会关系或经济利益关系,可能影响投标公正评审的。

招标人应当采取必要措施,保证评标在严格保密的情况下进行。评标要在封闭状态下进行,评标委员会成员不得与外界有任何接触,有关检查、评审和授标的建议等情况,均不得向投标人或与该程序无关的人员透露。任何单位和个人不得非法干预、影响评标的过程和结果。在评标过程中,评标委员会可要求投标人对投标文件中含义不明确的内容做出澄清或说明,但不得超出投标文件的范围或改变投标文件的实质性内容。例如,评标时发现投标文件的内容有含义不明确、不一致或明显打字(书写)错误或纯属计算上的错误的情况,评标委员会应通知投标人做出澄清或说明,以确认其正确的内容。对于明显的打字(书写)错误或纯属计算上的错误,评标委员会应允许投标人更正。澄清的要求和投标人的答复均应采取书面的形式。投标人的答复必须经法定代表人或授权代理人签字,作为投标文件的组成部分。

评标委员会应当按照招标文件确定的评标标准和方法,对投标文件进行评审和比较。评标方法常用的有合理最低投标价评标法和综合评标法。

(1)合理最低投标价评标法,即能够满足招标文件的实质性要求,并且经评审的最低投标价的投标,应当推荐为中标候选人。这种评标方法是按照评审程序,经初审后,以合理最低标价作为中标的主要条件。

(2)综合评标法,即最大限度地满足招标文件中规定的各项综合评价标准的投标,应当推荐为中标候选人。衡量投标文件的各项评价标准,可以采取折算为货币的方法、打分的方法或者其他方法,需量化的因素及其权重应当在招标文件中明确规定。

评标委员会完成评标后,应当向招标人提交书面评标报告,并推荐合格的中标候选人。评标报告是评标委员会评标结束后提交给招标人的一份重要文件。在评标报告中,评标委员会不仅要推荐中标候选人,而且要说明这种推荐的具体理由。评标报告作为招标人定标的重要依据,一般应包括以下内容:评价投标人的技术方案、经济风险;评价投标人的技术力量、设施条件;对满足评标标准的投标人的投标进行排序;需进一步协商的问题及协商应达到的要求。

3.定标

确定中标人前,招标人不得与投标人就投标价格、投标方案等实质性内容进行谈判。招标人应该根据评标委员会提出的评标报告和推荐的中标候选人,确定中标人。在某些情况下,招标人也可以直接授权评标委员会确定中标人。中标人确定后,招标人向中标人发出中标通知书,同时将中标结果通知未中标的投标人并退还他们的投标保证金或保函。中标通知书对招标人和中标人具有法律效力,招标人改变中标结果或中标人拒绝签订合同均要承担相应的法律责任。

4.签订合同

中标通知书发出后的 30 天内,双方应按照招标文件和投标文件订立书面合同,不得作实质性修改。招标人不得向中标人提出任何不合理要求作为订立合同的条件,双方也不得私下订立背离合同实质性内容的协议。招标人确定中标人后 15 天内,应向有关行政监督部门提交招投标情况的书面报告。合同协议书签署后 14 天内(或者在收到中标通知书后的 14 天内),中标人应按规定的金额向招标人提交履约担保。若中标人不能按规定提交履约担保,招标人将有理由取消其中标并没收其投标保证金。如果给招标人造成的损失超过投标担保数额的,还应当对超过部分予以赔偿。中标人应当按照合同约定履行义务,完成中标项目施工,不得将中标项目施工转让(转包)给他人。

问题思考

1.工程招标可划分为哪几个阶段?每个阶段的主要工作内容有哪些?

2.工程招标最为核心的工作是什么?怎样保证工程招标取得成功?

3.3 招标文件及标底

3.3.1 招标文件的编制原则

在招标准备阶段,招标文件的编制是其中最核心的工作。招标文件说明需要采购工程的性质,通报招标依据的规则和程序,告知订立合同的条件,是招标人向投标人提供的、为进行投标工作所必需的文件。招标文件既是投标人准备投标文件和参加投标的依据,又是招标人与中标投标人签订合同的基础,是招标人和投标人沟通的具有法律约束力的文件。因此,招标文件在整个招标投标活动中起着至关重要的作用。

为使招标文件发挥对投标人编制投标文件的指导作用,并避免或减少在招投标及未来采购合同执行过程中出现争议和纠纷,招标文件的编制通常应坚持如下的基本原则:

(1)遵守法律和法规。招标文件应遵守项目所在国家的法律和法规,如民法典、招标投标法等多项有关法律法规,如果项目采购招标文件的规定不符合国家的法律、法规,就有可能导致本次招标作废,有时业主一方还要赔偿投标人因投标工作所造成的损失。

(2)遵守国际组织规定。如果是国际组织贷款,招标文件必须遵守该组织的各项规定和要求,特别要注意各种规定的审核批准程序,同时应该遵守国际惯例。

(3)说明对投标书的编制要求。招标文件应清晰地说明对投标书的编制要求,以便投标人在编制投标书的过程中遵照执行。投标书是投标人对其投标内容的书面声明,包括投标文件构成、投标保证金、总投标价和投标书的有效期等内容。

（4）注意风险的合理分担。招标文件应注意公正地处理业主和承包商的利益，如果不适当地将过多的风险转移给承包商一方，势必迫使承包商加大风险费，提高投标报价，最终还是业主一方增加支出。

（5）反映项目的实际情况。招标文件应该正确、详细反映项目的实际情况，以使投标人的投标能建立在可靠的基础上，这样也可减少履约过程中的争议。

（6）文件内容力求统一。招标文件包括许多内容，从投标者须知、合同条件，到规范、图纸、工程量表，这些内容应该力求统一，尽量减少和避免各份文件之间出现矛盾。招标文件的用语应力求严谨、明确，以便在产生争议时易于根据合同文件判断解决。

在上述原则的指导下，招标人在遵循相关的法规及国际惯例的前提下，本着尽力维护自身经济利益目标，应力求做到内容全面、条件合理、标准明确、文字规范简练等要求。

（1）内容全面。编制建设工程招标文件，首先必须注意文件内容的系统性和完整性，应当根据国际惯例和现行的政策规定，对工程招标投标工作中需要涉及的所有问题都予以细致、周密的规定，最大限度地为投标人提供编制该工程投标报价所需的全部资料和要求。招标文件只有内容全面，才能确保该工程招标投标各项工作的进行有据可依。建设工程招标文件一般都必须包括下列文件和资料：招标书文件或投标邀请书文件，投标人须知文件，合同条件（包括通用合同条件和专用合同条件两部分），协议书（工程承发包合同）格式，技术规范，投标书及其附件格式，工程量清单及报价表，图纸等设计资料，辅助资料，等等。

（2）条件合理。合同条件是对业主、承包商、工程师的权利、责任、义务的具体规定。一般包括通用条件和专用条件两大部分。条件合理主要是指招标文件中的合同条件应当具有合理性，应遵循诸如招标投标法、建筑法、民法典等多项有关的法律、法规。如果是国际组织贷款，应符合该组织的各项规定和要求，应符合国际惯例，有利于比较公正地维护各方的经济利益。合同条件是工程承发包双方建立经济关系的法律基础，是承包人计算工程投标报价的根本依据。招标人在制定合同条件时不能过于苛刻，不能形成对任何有资格投标的承包商的歧视，既应力求做到最大限度地采用国际通用的标准合同条件（如 FIDIC 合同条件），保证合同条件根据不同应用和解释的一致性，又应实事求是，根据不同项目规定适宜的条件，比较公正地规定承发包双方的权利和义务，合理地处理承发包双方的经济利益关系。

（3）标准明确。标准明确是要求招标人在编制招标文件时，对下列事项或问题的标准必须予以明确的规定：投标人应具备的资格标准，工程的地点、内容、规模、费用项目划分、分部分项工程划分及其工程量计算标准，工程的主要材料、设备的技术规格和质量及工程施工技术的质量标准、工程验收标准，投标人投标报价的价格形式及标书使用的语言标准，投标有效期及可以参加开标的完整、合格的投标书标准，投标保证金、履约保证金等标准，合同签订及履行过程中承发包双方有关的奖、罚标准，有关优惠标准，各种货币支付的百分比标准，投标文件文本应包括的内容、资料及其具体格式，报送投标文件的时间、份数等有关标准，招标人评标及授予合同的基本标准，等等。以上事项的问题都是关系到招投标工作成败，影响工程承发包双方经济利益的根本性问题。招标人对这些重要问题的标准规定绝不能有含混不清、模棱两可之处，而应努力使之明白、正确，以便投标人一目了然，据以顺利提出合理的投标报价。

（4）文字规范简练。由于建设工程招标文件涉及的内容很广，条款繁多，篇幅较长，稍有疏漏就会出现时间、人力、经济等方面不同程度的浪费。因此，编制建设工程招标文件对文字方面的要求很高,一定要注意字斟句酌,言简意赅,文字准确而不含糊,并且高度简练。这样才可以最大限度地减少工程招标投标全部工作中承发包双方的矛盾、争议、纠纷,保障合同文件顺利地付诸实施。

3.3.2　招标文件的内容

关于招标文件应包括的内容,世界银行对其贷款项目有非常明确的规定。现就以该规定为例,对招标文件的内容加以详细说明,具体包括:投标人须知,合同条件,技术规范,投标书格式、投标书附录和投标保函,工程量表,协议书、履约保函和预付款保函的格式,图样,等等。

1. 投标人须知

投标人须知是招标文件的主要组成部分,共包括六部分:总则、招标文件、投标文件的准备、投标文件的递交、开标与评标、授予合同。投标人须知是业主或其委托的咨询公司为投标人如何投标所编制的指导性文件。投标人须知的内容在签订合同时一般不属于合同的一部分。

1)总则

投标人须知的总则部分主要解释招标范围、资金来源、对合格投标人资格的定义、对投标人资质的要求、对投标及投标费用的说明等。招标范围是指中标的投标人应从开工之日起,完成招标资料表和投标书附录中描述的招标工程。资金来源系指业主招标项目的资金来源,如系国际金融机构贷款(如世界银行、亚洲开发银行等),应说明机构名称及贷款支付使用的限制条件。对合格投标人资格的定义即界定了可参加投标企业的范围,例如,世界银行贷款项目标准招标文件对投标人做了以下规定:

(1)投标人必须来自世界银行采购指南规定的合格成员国。

(2)投标人不能与为本项目业主服务的咨询公司和监理单位组成联营体。

(3)投标人必须通过业主方的资格预审。

(4)有过腐败和欺诈行为的公司,一般不允许参加投标。

此外,世界银行贷款项目还规定提供的材料、工程设备、供货和服务必须来源于国际金融组织中规定的合格的国家。

对投标人资质的要求是指,对符合资格要求的投标人进一步的法人资质及其他相关能力要求,具体包括:

(1)投标人单独投标时应递交一份公司法人对投标人的书面授权书;对资格预审中提交的资料进行更新,如取得信贷额度和其他财务资源的证据、当年和今后2年财务预测、资格预审后取得的工程等。

(2)如联合体投标,则要求投标书中应包括:指明的全部材料;所有联营体成员均应在投标书和中标后的协议书上签字,对合同的执行共同承担责任和义务;推荐一家联营体成员作为主办人,并提交由联营体全体成员的合法代表签署的授权书。

(3)为满足技术规范和竣工时间要求,投标人应提交详细的施工方法和进度安排的建议。

(4)如果国内投标人或联营体申请评标优惠,应提供全部有关资料。

根据一般国际惯例规定,无论投标结果如何,投标人应自费支付投标过程中发生的一切费用。当招标人安排有现场考察时,投标人应当按照业主的要求和规定的日期安排赴现场考察,以便了解现场实际情况。考察费用由投标人自理,考察期间所发生的一切人身伤亡及财产损失由投标人自己负责。

2)招标文件

投标人须知的招标文件部分是对招标文件构成的具体说明。招标文件一般由第一卷商务条款、第二卷技术规范和第三卷投标文件构成。其中,第一卷商务条款又包括第1章投标邀请书、第2章投标人须知、第3章招标资料表、第4章合同条件第一部分——通用合同条件,以及第5章合同条件第二部分——专用合同条件;第二卷技术规范只有一章,即第6章技术规范;第三卷投标文件包括如下七章内容:第7章投标书、投标书附件和投标保证格式,第8章工程量清单,第9章协议书格式、履约保证格式与预付款保函格式,第10章图样,第11章说明性注解,第12章资格后审,第13章争端解决程序。投标人应仔细阅读、理解招标文件,凡不满足招标文件要求的投标书均将被业主拒绝。

关于招标文件,投标人应仔细阅读和研究,如发现有遗漏、错误、词义含糊等情况,应按招标文件中规定的地址以书面或电报、电传、传真等方式向业主质询,否则后果自负。招标文件中应规定提交质询的日期限制(如投标截止日期前28天),业主将书面答复所有质询的问题并送交全部投标人。在递交投标文件前的任何时候,业主一方认为必要,或根据投标人质询提出的问题,均可以对招标文件进行修改。如果发出修改通知太晚,业主应推迟投标截止日期。所有的修改均应以书面文件的形式送交全部投标人,投标人在收到修改通知后应立即给业主回执。

3)投标文件的准备

投标人须知应在招标资料表或专用合同条件中为投标规定一种语言,正式投标文件、来往信函和对招标文件的解释均以此语言为主。投标人提供的证明文件如营业执照等可以用其他语言,但是应将相关段落翻译成规定的投标语言。投标人递交的投标文件应由下列文件组成:投标书及其附件,投标保函,报价的工程量表,资格证明,被邀请提供的备选方案,投标人须知所要求提供的其他文件。投标人对一个以上的分标"合同段"投标时,应将这些投标书组成一个包,可以提出如果全部中标的价格折扣额,这样即可按打折扣的价格参与评标。

合同价格以投标人递交的单价和价格为依据,计算得出工程总价格。投标人应仔细填写工程量表中的有关单价和价格。如果忽略填写某些子项的单价或价格,则在合同实施时业主将不予以支付。按照招标文件规定,截至投标截止日期前28天,承包商按当地有关税收规定应缴纳的全部关税、税收等均应包括在投标报价中。在合同实施期间,承包商可得到价格调整后的支付,但投标人在投标时应填写价格指数和权重系数,并随投标文件递交证明材料。对投标报价及以后工程实施过程中结算支付所用的货币,有以下两种选择方案。

(1)方案1:投标人报价时完全以工程所在国的货币报价。如果预计要在工程所在国以外的国家进行采购,可以要求支付一定百分比的世界银行成员国的货币,但外币不能超过3种,然后在投标书附录中标明外币名称和汇率,其汇率应以工程所在国业主指定银行在投标截止日期前(一般为28天或30天)该外币的卖价为准,并递交详细的外币需求明细表。

(2)方案2:投标人以当地货币和外币报价,如当地劳务、当地材料、设备运输等费用以当地货币报价,而对工程所在国以外采购所需的费用则以外币报价。这时要求投标人在工程量表的"费率"一栏中分别填入当地货币和外币。对于外币币种、汇率以及其他规定和上一种方式相同。

此外，在附录中要求投标人对外币的使用内容进行分解说明，如工程雇用外籍人员使用的外币包括工资、社会福利、海外津贴、保险、医疗费用、差旅费等，工程所需的进口材料等。

投标有效期即从投标截止日期起到公布中标日止的一段时间，按照国际惯例，一般为90～120天，通常不应超过182天。在此期间内，全部投标均应保持有效，投标人不得修改或撤销其投标。特殊情况，如果业主要求延长投标有效期，应在有效期终止前征求所有投标人意见，并通知世界银行，投标人有权同意或拒绝延长投标有效期，业主不能因此而没收其投标保证金。同意延长投标有效期的投标人不得要求在此期间修改其投标书，而且投标人必须同时延长其投标保证金的有效期，对投标保证金的各种规定在延长期内同样有效。对于固定价格合同，如果投标有效期延长超过8周，则应按招标资料表或要求延长函中规定的条件，在延长超过8周的期限时，要对当地货币和外币进行调价，但评标仍以投标价为依据。

为了保护业主的利益，招标文件要求投标人投标时必须提供投标保证金。由投标人选定世界银行合格成员国有信誉的银行，采用投标文件中规定的格式，或业主批准的格式开具的保兑支票、信用证或银行保函。投标保证的有效期为投标有效期后的28天内。投标保证的金额通常为投标总额的1％～3％，一般超过1亿美元的工程可选1％左右，小型合同可选3％左右。其目的是为了防止投标人在投标有效期间随意撤回，或拒绝改正在评标时发现的投标价中的计算错误，或拒绝签订正式合同协议，或不提交履约保证等。未按规定递交投标保证金的投标书，业主可视为不合格的投标而予以拒绝。联合体的投标应以联合体的名义提交投标保证金，宣布中标人以后，中标人应在签约时递交履约保函换回投标保函。未中标的投标人的投标保证金应在不超过投标有效期满后的28天内退还。

业主的招标文件中允许投标人提出自己的备选方案。备选方案是对工程的布置、设计和技术要求进行局部的以至全局的改动，以得到优化的方案，这有利于提前竣工、降低造价和改善使用条件。投标人首先应当对业主招标文件中的设计递交投标报价，然后再递交备选方案的建议书。建议书包括业主评标时所需的图纸、计算书、技术规范、价格分析、建议的施工方案及其他细节。只有符合技术要求且评标价最低的投标人的备选方案才有可能中标。如果允许投标人对工程的某些指定部分提供备选方案，则应在技术规范中说明。

业主可以召开招标工程的开标前会议，其目的是业主为澄清投标人对投标文件的咨询，解答问题。投标人的指定代表可按照在投标邀请书中规定的日期、时间和地点出席会议。如果投标人有问题要提出，应在召开开标前会议1周以前以书面或传真形式发出。业主应用书面形式将提出的问题，以及将开标前会议纪要发给每一位投标人。

招标文件中应规定投标需提供的正本和副本的份数。正本是指投标人填写所购买招标文件的表格以及投标人须知中所要求提交的全部文件和资料，包括投标书格式和投标书附录。副本即正本的复印件，正本和副本如不一致，应以正本为准。正本、副本的每一页均应由投标人正式授权的代表签订，授权证书应一并递交业主。如果对错误进行增删或修改，同样需要进行签订。

4）投标文件的递交

投标文件的正本和每一份副本应分别用内、外两层信封包装密封。外信封上写明要送达的业主地址、合同名称和合同号，以及开标日期前不得启封等字样。内信封是准备将投标文件退还给投标人的,要写上投标人的地址和姓名。如果未按规定书写和密封,业主对由此引起的一切后果概不负责。

投标人须知应规定投标文件递交的截止日期。如果由于业主修改招标文件而延误,则业主应适当顺延递交投标书的截止日期。业主在规定的投标截止日期之后收到的任何投标文件,将被原封不动地退还投标人。投标人在投标文件截止日期以前,可以通过书面形式向业主提出修改或撤回已提交的投标文件。

5)开标与评标

业主将按照投标邀请书规定的日期、时间和地点举行开标会议,在投标人代表在场的情况下公开开标。同时应检查投标文件的密封、签订和完整性,是否递交了投标保函等。注明"修改"和"替代"的投标书将首先开封并宣布投标人名称。标明"撤回"的投标书不予开封。开标时宣读投标人的名称、投标报价、折扣、投标文件修改和撤回、投标保证金的提供与否及其他合适的内容。开标之后,在评标过程中应对与此工作无关的人员和投标人严格保密。投标人如果企图对评标施加影响,将会导致其投标书被拒绝。

业主有权邀请个别投标人澄清其投标文件,对要求澄清的问题及其答复均应采用书面公函或电报、电传形式进行,投标人不应向业主就投标有关问题进行接触。在评标之前,业主将首先检查每份投标文件是否满足招标文件要求、世界银行合格性标准,是否按要求签署,是否提交投标保证金以及对招标文件实质上的响应,而且对招标文件不能有重大修改和保留。对招标文件的重大修改和保留是指投标人对合同指定的工程,在其范围、质量、完整性、工期等方面有重大改变,或对业主的权利和投标人的义务有重大限制。

业主有权拒绝不符合招标文件要求的投标文件。对招标文件做出了实质性响应的投标文件,如果符合招标文件要求,而且有竞争力,但其中存在数字计算错误,那么,业主允许投标人对数字计算错误进行修改。其中,如数字金额与文字表示的金额不符,则以文字表示的金额为准。修改后的投标报价需经投标人正式书面确认才对其投标具有约束力,如果投标人不接受修正,则投标文件将被拒绝,并且其投标保证金也将被没收。

对于实质上符合招标文件要求的投标文件,在评审和比较时,评标专家可对投标价格进行以下调整,以确定每一份投标文件的评标价格:

(1)修正投标人须知中提及的错误。

(2)扣除暂定金额和不可预见费,但应包括具有竞争性标价的计日工。

(3)按约定将投标价格换算为单一货币。

(4)对任何可量化、可接受的更改、偏离或备选方案的报价,当具有满意的技术和(或)财务效果时,投标价可进行适当的调整。

(5)按照"招标资料表"中的说明,对投标人报的不同工期进行工期折价。

(6)如果投标人投了一个以上的标段,则应将其投标时许诺的折扣计入评标价。

(7)业主保留接受或拒绝任何变更、偏离和选择性定价的权利。

(8)评标时不考虑价格调整条款的预期影响。

(9)如果评标时发现最低评标价的投标书中出现严重的不平衡报价,业主可要求投标人对工程量表中的任何或所有项目提供详细的价格分析,以保护业主的利益。

6）授予合同

业主将把合同授予投标文件实质上响应招标文件要求,经评审认为有足够能力和资产来完成合同,且投标报价最低的投标人。在投标有效期截止之前,业主应以电报或电传通知中标人,并用挂号信寄出正式的中标通知书。中标通知书将成为合同的组成部分。业主在签订合同前,有权接受或拒绝任何投标,宣布投标程序无效或拒绝所有投标。

业主向中标人寄发中标通知书的同时,还应寄去招标文件中所提供的合同协议书格式。中标人应在收到上述文件后在规定时间(128天)内派出全权代表与业主签订合同协议书,并提交履约保证金。此时,业主应尽快通知其他未中标的投标人,并应尽快退还其投标保函。按合同规定,中标人在收到中标通知后的28天内,采用招标文件中所附的格式或业主同意的其他格式,向业主提交一份履约保证。如果中标人未能按业主的规定提交履约保证,业主有权取消其中标资格,没收其投标保证金,而考虑与另一投标人签订合同或重新招标。

招标须知的后面附有招标资料表。招标资料表是招标文件的重要组成部分,对应投标人须知中有关各条进行编写,为投标人提供具体资料、数据、要求和规定。投标人须知的文字和规定是不允许修改的,只能在招标资料表中对之进行补充和修改。招标资料表中的内容与投标人须知不一致时以招标资料表为准。

2.合同条件

合同条件一般也称合同条款,是合同中商务条款的重要组成部分。合同条件主要论述在合同执行过程中,当事人双方的职责范围、权利和义务,监理工程师的职责和授权范围,遇到各类问题如工期、进度、质量、检验、支付、索赔、争议、仲裁等时,各方应遵守的原则及采取的措施等。

合同条件一般分为两部分,即"通用合同条件"和"专用合同条件"。"通用合同条件"不分具体工程项目,在所有项目所在国别均可使用,具有国际普遍适应性;世界银行工程项目采购标准招标文件中,全文采用FIDIC"土木工程施工合同条件"作为其通用合同条件,不允许做任何修改;采用国际通用的合同条件的主要好处是能够比较好地平衡业主和承包商之间的权利和义务,条款易为各方接受,节省招投标准备和审查费用。

"专用合同条件"则是对某一特定工程项目合同的具体规定,将通用合同条件具体化,对通用合同条件进行某些修改和补充,且需修改处应全部放在专用合同条件中。

将合同条件分为两部分,既可以节省招标人编写招标文件的工作量,又方便投标人投标,因为投标人一般都对通用合同条件比较熟悉,对其中规定的各方的权利、义务、风险、责任都有所了解,因而投标时只需重点研究"专用合同条件"即可。

3.技术规范

技术规范是工程实施要求的说明文件。每一类工程,如房屋建筑、港口等都有专门的技术要求,而每一个项目又有其特定的技术规定。规范和图纸两者均为招标文件中重要的组成部分,反映了招标单位对工程的技术要求,也是施工过程中承包商控制质量和监理工程师检查验收的主要依据,严格按技术规范和图纸施工与验收,才能保证最终获得一项合格的工程。此外,技术规范、图样和工程量清单三者是投标人在投标时必不可少的资料。因为依据这些资料,投标人能拟定施工规划,包括施工方案、施工进度、施工工艺等,并据之进行工程估价和确定投标报价。因此,业主及其工程师在拟定技术规范时,既要满足设计和施工要求,保证工程质量,又不能过于苛刻,因为太苛刻的技术规范要求必然导致投标人提高投标价格。

编写技术规范时,一般可引用本国有关各部门正式颁布的技术规范。国际工程也可引用国际上权威性的技术规范,但一定要结合本工程项目的具体环境和要求选用,同时往往还要由工程师再编制一部分具体适用于本工程的技术要求和规定。合同签订之后,承包商必须遵循合同中的技术规范要求施工,工程师也应按订入合同中的要求来检查和验收承包商的工作质量。技术规范一般包含下列内容:工程的全面描述、工程所采用材料的技术要求、施工质量要求、工程记录、工程计量方法、验收标准和规定及其他规定。技术规范可分为总体规定和技术规范两部分。

1)总体规定

总体规定通常包括工程范围和说明、技术标准、一般现场设施、安全防护设施、水土保持与环境、测量、试验室与试验设备等,具体说明如下:

(1)工程范围和说明。它包括工程总体介绍、分标情况、本合同的工作范围、其他承包商完成的工作范围,以及分配给各承包商使用的施工场地、生活区和交通道路等。

(2)技术标准。技术标准是已选定适用于本工程的技术规范。在总体规定中,应列出编制规范的部门或是选用国外规范的国家机构和规范代号。

(3)一般现场设施。一般现场设施包括施工现场道路的等级、对外交通、桥梁设计、工地供电电压范围和供电质量、供水、生活及服务设施、工地保卫、照明通信、环保要求等。总体规定应明确业主提供的条件及承包商负责的工作,并应规定现场某些设施的收费标准。

(4)安全防护设施。工地安全应由承包商负责。总体规定对承包商在工地应采取的安全措施做出具体规定,如安全拦网的设置、防火、照明、信号等有关安全措施,以及对安全管理人员的要求等。

(5)水土保持与环境。由于工程大量的土石方开挖破坏了植被,影响了环境的美化,应提出有关水土保持和环境保护的要求。

(6)测量。监理工程师应向承包商提供水准基点、量基线以及适当比例的地形图等,并应对这些资料的正确性负责。日常测量、放样均由承包商承担,承包商应对现场测量放样精度、现场控制点的设置与保护、人员设备配备等负责。有关测量的费用应包括在合同价内。

(7)试验室与试验设备。按照国际惯例,土建工程的试验工作多由承包商承担,因此在技术规范中对要求进行试验的项目、内容及要求等应做出明确的规定,并对试验室的仪器设备等提出要求,以便投标人在投标报价中考虑到这一笔费用。

2)技术规范

工程技术规范一般由业主和工程师参照国家和国际上的通用规范,并结合具体工程项目的自然地理条件和使用要求来拟定。技术规范一般按照施工工种的内容和性质来划分,例如,一般土建工程包括土方工程、基础处理、模板、钢筋、混凝土工程、混凝土结构、金属结构、装修工程等。根据工程设计要求,技术规范应对工程每一个部位和工种的材料和施工工艺提出明确的要求。技术规范中应对计量要求做出明确规定,以避免和减少在工程实施阶段计算工程量与支付时的争议。投标人可提出备选的技术建议,这些技术建议均应包含详细的技术资料,如图纸、计算书、规范、价格分析以及施工方案等,以便评标。

4.投标书格式、投标书附录和投标保函

投标书格式、投标书附录和投标保函这三个文件是投标阶段的重要文件,其中投标书附录对整个合同实施期都有约束和指导作用。投标书格式是业主在招标文件中为投标人拟定的统一固定的格式,其目的是防止投标人编写投标书时采用一些含糊的用语,避免编写投标书时漏掉重要内容和承诺,从而导致歧义和争端。投标书附录是一个重要的合同文件,业主对承包商的许多要求和规定都包含在此附录中,承包商须按投标附录上面的要求、规定填入内容,一经合同双方签字即在整个合同实施期中具有约束力。投标保函是投标保证金的一种形式,是业主要求承包商必须提交的、保证合规投标的一种手段,该部分对投标人提交的投标保函的形式进行了明确规定,投标人需要按此规定和要求进行提交,否则,其投标将会被拒绝。

5.工程量表

工程量表是对合同规定要实施工程的全部项目和内容,按照工程部位、性质或工序等列在表内。每个表中既有工程部位和该部位需实施的各个项目,又有每个项目的工程量、计价要求和每个表的总计等,后两个栏目是留给投标人填写的。工程量表实际上就是工程量清单计价的工程细目及工程量清单,其用途之一就是供投标人报价使用,为投标人提供了一个共同的竞争性投标的基础。投标人根据施工图样和技术规范的要求以及拟定的施工方法,通过单价分析并参照本公司以往的经验,对表中各栏目进行报价,并逐项汇总为各部位以及整个工程的投标报价。工程量表的第二个用途是在工程实施过程中,每月结算时计算应付给承包商的款项,需要注意的是,结算时的工程量是按照实际完成的工程量计算的。工程量表的第三个用途是在工程变更增加新项目或索赔时,可以选用或参照工程量表中的单价确定新项目或索赔项目的单价和价格。

工程量表随着设计进度和深度的不同,其粗细程度也不同,在使用施工图样时,可以编得比较细致。工程量表中的计价办法一般分为两类:一类是按"单价"计价的项目,如土方开挖每立方米多少钱等;另一类是按"项"总价包干计价的项目,如工程竣工时场地清理费等,也有将某一项设备的采购和安装作为一"项"计价的,如闸门采购与安装(包括闸门的采购与运输,预埋件、启闭设备、电气操纵设备及仪表等的采购、安装和调试)。编写这类项目时,要在括号内把有关项目写全,最好将所采用的图纸号也注明,方便投标人报价。工程量表一般由前言、工程量表、计日工表和汇总表构成。

1)前言

工程量表的前言中应说明下列有关问题:

(1)应将工程量表与投标人须知、合同条件、技术规范、图纸等资料综合起来阅读。

(2)工程量表中的工程量是估算的,只能作为投标报价时的依据,付款的依据是实际完成的工程量和订合同时工程量表中最后确定的费率。实际完成的工程量一般由承包商计量,监理工程师核准。

(3)除合同另行规定外,工程量表中的单价必须包括全部施工设备、劳务、管理、燃料、损耗、材料、包装、运输、装卸搬运、仓储、安装、维修、保险、利润、税收及风险费等。

(4)每一行的项目内容中,不论写入工程数量与否,投标人应填入单价或价格,如果没有填写,则认为此项目的单价或价格已被包含在其他项目之中。

(5)技术规范和图样上有关工程和材料的说明一般不必在工程量表中说明。在计算工程量表中每个项目的价格时,应参考合同文件中有关章节对有关项目的描述,以避免在合同执行过程中发生纠纷。

(6)测量已完成的工程数量用以计算价格时,应以业主选定的工程测量标准计量方法为准。所有计价支付的工程量均为完工后测量的净值。

(7)计量单位。相关项目的计量应按规定的单位进行。

2)工程量表

工程量表具体反映投标人应完成的工程细目及相应的工程量。工程量表有两种方式:使用较多的一种是以作业内容来列表,即作业顺序工程量表;另一种是以工种内容列表,叫工种工程量表,使用较少。

3)计日工表

计日工是指在工程实施过程中,业主有一些临时性或新增加的项目需要按计日或计时使用劳务、材料或施工设备,按承包商投标时在表中填写的费率计价。在招标文件中,一般列有劳务、材料和施工设备3个计日工表。未经监理工程师书面指示,任何工程不得按计日工施工计价。合同条款规定,计日工一般用业主的暂定金额(备用金)支付。暂定金额的支付又分为两类:一类叫"规定的暂定金额",即某些明确规定由暂定金额开支的项目;另一类叫"用于不可预见用款的暂定金额",用于由于某些不确定性风险因素导致的费用支出。

在编制计日工表时,应估计一下使用劳务、材料和施工机械的数量,这个估计的数量称为"名义工程量"。投标人在填入计日工单价后再乘以"名义工程量",然后将汇总的计日工总价加入投标总报价中,以限制投标人随意提高计日工价。项目实施过程中支付计日工的数量根据实际使用数量商定,不受名义工程量的限制。具体的劳务、材料、施工设备计日工表分别说明如下:

(1)劳务计日工表。在编制劳务计日工表时,需对这个表中的工作费用应该包含哪些内容以及如何计算时间做出具体的说明和规定。例如,劳务工时计算是由到达工作地点开始指定的工作算起,至返回出发地点为止的时间,不包括用餐和工间休息时间。业主除支付劳务用工的工资、路途时间和工作时间补助、生活补贴、社会福利补贴外,还应按基本费率的某一百分比支付劳务的利润、上级管理费、劳务监管费、保险费以及各项杂费等费用。

(2)材料计日工表。按材料计日工表中所列的基本单价计算,加上一定百分比的管理费、税金、利润等附加费。

(3)施工设备计日工表。施工设备计日工表中的费率包括设备的折旧费、利息、保险、保养、维修、燃料及辅助材料费等,加上有关管理费、税金、利润等费用,但机械驾驶员及其助手应依劳务计日工表中的费率单独计价。

4)汇总表

将各个区段分部工程中各类施工项目的工程量表的合计加以汇总,就是整个工程项目总的计算报价。投标人在汇总时应将"规定的暂定金额"与"不可预见用款的暂定金额"均计入总报价,合同价中也包括这两类暂定金额。

6.协议书、履约保函和预付款保函的格式

1)协议书

协议书是指投标人接到中标函后应及时与业主谈判,并随后签订由业主拟定好并附在招标文件中的协议文件。协议书签订时应要求承包商提交履约保函。一些国家规定,合同由投标人的投标书和业主发给他的中标函构成,不需另签订协议书,但世界银行贷款项目一般要求签订协议书。合同协议书中还应列入一项"合同协议书附件",因为在签订协议书之前的谈判中,双方都有可能对合同文件中的某些内容进行补充和修改,这些双方协商一致同意的补充和修改意见应该整理成附件形式附在协议书后,即为"合同协议书附件",在有的合同文件中也称之为"谅解备忘录",以后如有争议时,则"合同协议书附件"与正式合同具有同样的法律效力。

2)履约保函

履约保函是承包商向业主提出的保证认真履行合同的一种经济担保,其目的是担保承包商按照合同正常履约,防止承包商中途废约,保证业主在承包商不履行合同义务时能得到资金赔偿。履约保函一般有两种形式,即银行履约保函和履约担保。世界银行贷款项目一般规定,银行履约保函金额为合同总价的10%,履约担保金额则为合同总价的30%以上。采用何种履约保证形式,各国际组织和各国的习惯有所不同,北美习惯于采用履约担保,欧洲则多采用银行履约保函。关于两种形式的履约保函,具体说明如下。

(1)银行履约保函。银行履约保函通常又分为两种形式:一种是无条件银行保函;另一种是有条件银行保函。对于无条件银行保函,不需业主提供任何证据,银行见票即付。业主在任何时候认为承包商违约,而且提出的索赔日期和金额在保函有效期和保证金额的限额之内,银行即无条件进行支付,但业主也要求承担由此引起的争端、仲裁或法律程序裁决的法律后果。有条件银行保函即银行在支付之前,业主必须提出理由,指出承包商不能履行合同的义务或违约,并由业主和(或)工程师出示证据,提供所受损失的计算数值等。

(2)履约担保。履约担保一般是由担保公司、保险公司或信托公司开出的保函。担保公司不仅承担担保支付的责任,而且要保证整个合同的执行。一旦承包商违约,业主在要求担保公司承担责任之前,必须证实承包商确已违约。这时担保公司可以采取以下措施之一:根据原合同要求承包商继续完成该工程;另选承包商与业主签订合同完成此工程,在原定合同价以外所增加的费用由担保公司承担,但不能超过规定的担保金额;按业主要求支付给业主承包商的违约金,业主用此完成原定合同,但款额不超过规定的担保金额。

在国际招标的工程项目中,为了缓解承包商开工时需要垫付大量资金的困难,大部分业主对中标的承包商按投标书附录中规定的额度提供预付款。一般施工类型的合同是合同总价的10%,如果合同中机电设备采购量大则可能达到15%~20%,甚至更高。承包商在签订合同后,应及时到经业主同意的银行开预付款保函,业主收到保函后才会支付预付款。

7.图样

图样是招标文件和合同的重要组成部分,是投标人在拟订施工方案、确定施工方法、选用施工机械以至提出备选方案、计算投标报价必不可少的资料。一般使用计算机辅助设计进行工程的设计,业主方一般应向投标人提供图纸的电子版。在国际招标项目中,图样一般都比较简单,相当于初步设计。从业主方来说,这样既可以提前招标又可以减少开工后在图样细节上

变更,可以减少承包商索赔的机会,把施工详图交给承包商去设计还可以利用承包商的经验。业主方提供的图样中,所包括的地质钻孔柱状图、探坑展示图、水文、气象资料等均为投标人的参考资料,业主和工程师应对这些资料的正确性负责。

3.3.3 标底的确定

1.标底的编制原则及依据

标底是招标人对招标工程的期望价格,是招标人对招标工程所需费用的自我测算,是判断投标报价合理性的重要依据。标底是工程造价的表现形式之一,可以由招标人自行编制或委托经建设行政主管部门批准具有编制标底能力的中介机构代理编制。《中华人民共和国招标投标法》没有明确规定招标工程是否必须设置标底价格,招标人可根据工程的实际情况自己决定是否需要编制标底。一般情况下,即使采用无标底招标方式进行工程招标,招标人在招标时还是需要对招标工程的建造费用做出估计,使心中有一基本价格底数,同时可以据此对各个投标价格的合理性做出理性的判断。

1)标底的编制原则

工程标底是招标人控制投资,确定招标工程造价的重要手段,在计算时要求科学合理、计算准确。在标底的编制过程中,应该遵循以下原则:

(1)根据国家公布的统一工程项目划分、统一计量单位、统一计算规则以及施工图纸、招标文件,并参照国家、行业或地方批准发布的定额和国家、行业、地方规定的技术标准规范,以及生产要素市场的价格,确定工程量和编制标底。

(2)标底的计价内容、计价依据应与招标文件的规定完全一致。

(3)标底作为招标单位的期望计划价格,应力求与市场的实际变化吻合,要有利于竞争和保证工程质量。

(4)标底应由成本、利润和税金等组成,一般应控制在批准的总概算(或修正概算)及投资包干的限额内。

(5)一个工程只能编制一个标底。

2)标底的编制依据

在编制工程标底时,通常需要以下基本资料和文件作为依据:

(1)招标文件的商务条款和相关的其他条款。

(2)工程设计文件、图纸、技术说明及招标时的设计交底,按设计图纸确定的或招标人提供的工程量清单等相关基础资料。

(3)采用的施工组织设计、施工方案、施工技术措施等。

(4)工程施工现场地质、水文勘探资料,现场环境和条件以及反映相应情况的有关资料。

(5)招标时的人工、材料、设备及施工机械台班等要素的市场价格信息,以及国家或地方有关政策性调价文件的规定。

(6)基础定额、地方定额和有关技术标准规范。

2.标底的编制方法

目前我国建设工程施工招标的标底,主要采用定额计价和工程量清单计价来编制。

1) 以定额计价法编制标底

定额计价法编制标底采用的是分部分项工程量的直接费单价(或称为工料单价法),仅仅包括人工、材料、机械费用。直接费单价又可以分为单位估价法和实物量法两种。

(1)单位估价法。即根据施工图纸及技术说明,按照预算定额规定的分部分项工程子目,逐项计算出工程量,套用相应的定额单价(或单位估价表)确定直接费;然后按规定的费用定额计算其他直接费、现场经费、间接费、计划利润和税金,再加上材料调价系数和适当的不可预见费,汇总后即为标底的基础。在单位估价法实施中,也可以采用工程概算定额,对分项工程子目做适当的归并和综合,使标底价格的计算有所简化。采用概算定额编制标底,通常适用于初步设计或技术设计阶段进行招标的工程。在施工图阶段招标,也可按施工图计算工程量,再根据概算定额和单价计算直接费,这样既可提高计算结果的准确性,又可减少工作量,节省人力和时间。

(2)实物量法。采用实物量法编制标底时,首先计算出各分项工程的实物工程量,再分别套取预算定额中的人工、材料、机械消耗指标,并按类相加,求出单位工程所需的各种人工、材料、施工机械台班的总消耗量;然后分别乘以当时当地的人工、材料、施工机械台班市场单价,求出人工费、材料费、施工机械使用费,再汇总求和。对于其他直接费、现场经费、间接费、计划利润和税金等费用的计算,则应根据当时当地建筑市场的供求情况具体确定。

单位估价法和实物量法的区别在于计算人工费、材料费、施工机械费及汇总三者费用之和时方法不同。实物量法计算人工、材料、施工机械使用费,是根据预算定额中的人工、材料、机械台班消耗量,与当时当地人工、材料和机械台班单价相乘汇总得出;实物量法在计算其他各项费用,如其他直接费、现场经费、间接费、计划利润、税金等时,将间接费、计划利润等相对灵活的部分,根据建筑市场的供求情况,随行就市、浮动确定。因此,实物量法是与市场经济体制相适应的,并以预算定额为依据的标底编制方法。

2) 以工程量清单计价法编制标底

工程量清单计价的单价按所综合的内容不同,可以划分为以下三种形式:

(1)工料单价。单价仅仅包括人工费、材料费和机械使用费,故又称为直接费单价。

(2)完全费用单价。单价中除了包含直接费外,还包括现场经费、其他直接费和间接费等全部成本。

(3)综合单价。单价即分部分项工程的完全单价,综合了直接费、间接费、有关文件的调价、利润、税金,以及采用固定价格的工程所测算的风险金等一切费用。

工程量清单计价法的单价采用的主要是综合单价。用综合单价编制标底的价格,要根据统一的项目划分,按照统一的工程量计算规则计算工程量,形成工程量清单。接着,估算分项工程综合单价,该单价是根据具体项目分别估算的,综合单价确定后,填入工程量清单中,再与各部分分项工程量相乘得到合价,汇总之后即可得到标底价格。

3.编制标底应考虑的其他因素

编制一个合理、可靠的标底价格,还必须考虑工期、质量要求、价格变化、自然地理条件、工程范围和风险等因素。

(1)工期因素。实际上,招标工程的目标工期往往不能等同于国家颁布的工期定额,而需要缩短工期。因此,标底必须适应目标工期的要求,对提前工期因素有所反映。因此,应将目标工期对照工期定额,按提前天数给出必要的赶工费和奖励,并列入标底。

(2)质量因素。标底中对工程质量的反映,应按国家相关的施工验收规范的要求作为合格的工程产品,按国家规范来检查验收。但招标方往往还会提出高于国家验收规范的质量要求,为此承包人要付出比合格水平更多的费用。因此,标底必须适应招标方的质量要求,对高于国家施工验收规范的质量因素有所反映。

(3)价格因素。由于工程项目的长期性和动态性,标底必须适应建筑材料采购渠道和市场价格的变化,考虑材料差价因素,并将差价列入标底。

(4)自然地理条件和工程范围因素。标底必须合理考虑招标工程的自然地理条件和招标工程范围等因素,将地下工程及"三通一平"(通水、通路、通电、平整地面)等招标工程范围内的费用正确地计入标底价格,由自然条件导致的施工不利因素也应考虑计入标底。

(5)风险因素。标底价格应根据招标文件或合同条件的规定,按规定的工程承发包模式,确定相应的计价方式,考虑相应的风险费用。

问题思考

1.工程招标文件有何作用? 其编制的基本原则和要求是什么?

2.工程招标文件通常包括哪些内容? 这些内容各自的作用是什么?

3.如何编制标底? 在此过程中应坚持的原则和要考虑的因素有哪些?

3.4　投标人的资格预审

资格审查是招标投标阶段的一项重要的工作,是大型土建工程、供货安装项目及大规模设备采购时,选择有实力的承包人(供货人)的必要程序,也是大多数采购法律和采购指南所规定的、在发出招标公告或招标邀请函之前的必经程序。通过资格审查可以达到如下目的:了解投标人的财务状况、技术力量及类似本工程的施工经验,为业主选择优秀的承包商打下良好的基础;事先淘汰不合格的投标人,排除将合同授予不合格的投标人的风险;减少评标阶段的工作时间,减少评标费用;使不合格的投标人节约购买招标文件、现场考察和投标的费用。

3.4.1　资格预审程序及内容

1.资格预审程序

资格预审的具体程序如下:

(1)编制资格预审文件。由业主组织有关专业人员或委托招标代理机构编制资格预审文件。资格预审文件的主要内容有工程项目简介、对投标人的要求、各种附表等,资格预审文件应报请有关行政监督部门审查。

(2)刊登资格预审通告。资格预审通告应当通过国家指定的报刊、信息网络或者其他媒介发布,邀请有意参加工程投标的承包商申请投标资格预审。预审通告的内容应包括工程项目名称,工程所在位置、概况和合同包含的工作范围、资金来源,资格预审文件的发售日期、地点和价格,递交资格预审文件的日期和地点等。

（3）出售资格预审文件。在指定的时间地点开始出售资格预审文件,资格预审文件售价以收取工本费为宜。资格预审文件发售的持续时间为从开始发售至截止接受资格预审申请时间为止。

（4）对资格预审文件的答疑。在资格预审文件发售之后,购买资格预审文件的投标人可能会对资格预审文件提出各种疑问,这种疑问可能是由于投标人对资格预审文件理解困难,也可能是资格预审文件中存在着疏漏或需进一步说明的问题。投标人应将这些疑问以书面形式（如信函、传真、电报等）提交招标人,招标人应以书面形式回答,并同时通知所有购买预审文件的投标人。

（5）报送资格预审文件。投标人应在规定的截止日期之前报送资格预审文件,在报送截止时间之后,不接受任何迟到的资格预审文件。已报送的资格预审文件在规定的截止时间之后不得做任何修改。

（6）澄清资格预审文件。招标人在接受投标人报送的资格预审文件以后,可以找投标人澄清报送的资格预审文件中的各种疑点,投标人应按实情回答,但不允许投标人修改报送的资格预审文件的内容。

（7）评审资格预审文件。组成资格预审评审委员会,对预审文件依据事先制定的方法和标准进行评审。

（8）向投标人通知评审结果。招标人以书面形式向所有参加资格评审者通知评审结果,在规定的日期、地点向通过资格预审的投标人出售招标文件。

2.资格预审文件的内容

资格预审文件的内容包括工程总体描述、简要合同规定、资格预审文件说明、要求投标人填报的报表和工程主要图纸等五个方面。

1）工程总体描述

工程总体描述能使投标人了解本工程的基本情况,做出是否参加投标的决策。工程总体描述一般包括以下内容:

（1）工程内容介绍,详细说明工程数量、质量要求、开工时间、工程进度要求、竣工时间等。

（2）资金来源,指工程资金是政府投资、私人投资,还是利用国际金融组织贷款,以及资金落实程度（已经得到资金或正在申请资金）。

（3）工程所在地自然条件,包括当地气候、降雨量（年平均降雨量、最大降雨量、最小降雨量）发生的月份、气温、风力、冰冻期、水文、地质等方面的情况。

（4）工程合同类型,说明是单价合同、总价合同还是交钥匙合同,是否允许分包工程。

2）简要合同规定

简要合同规定主要包括投标人的合格条件、进口材料和设备的关税、当地材料和劳务、投标保证金和履约保证金、支付外汇的限制、联营体的资格预审和仲裁条款等。

（1）投标人的合格条件。投标人的合格条件主要是对投标人是否有国别和资质等级的限制,是否要求外国投标人必须与本国投标人联合进行说明。利用国际金融组织贷款的工程项目,投标人的资格必须满足该组织的要求。例如,利用世界银行或亚洲开发银行贷款的工程项目,投标人必须是来自世界银行和亚洲开发银行的会员国。

（2）进口材料和设备的关税。投标人应详细调查和了解工程所在国的海关对进口材料和设备的现有法律、规定及交纳关税的细节。

（3）当地材料和劳务。投标人应详细调查和了解工程所在国对当地材料和劳务的要求、价格、比例等情况。

（4）投标保证金和履约保证金。业主应规定投标人提交投标保证金和履约保证金的币种、数量、形式和种类等要求。

（5）支付外汇的限制。业主应明确向投标人支付外汇的比例限制、外汇的兑换率（该兑换率在合同执行期间保持不变）。

（6）联合体的资格预审。对于一个合同项目能凭一家承包商的能力通过资格预审的，应当鼓励以单独的身份参加资格预审。但在许多情况下，对于一个合同项目，往往一家承包商不能单独通过资格预审，需要两家或两家以上承包商组成的联合体才能通过，因此，在资格预审中应对联合体的资格预审做出具体规定。

（7）仲裁条款。在资格预审文件中应写明业主与投标人之间出现争执或分歧时，应通过哪一个仲裁机构进行仲裁调解。

3）资格预审文件说明

资格预审文件说明主要包括如下内容：

（1）准备申请资格预审的投标人必须回答资格预审文件所附全部提问，并按资格预审文件提供的格式填写。

（2）业主将根据投标人提供的资格预审申请文件来判断投标人的资格能力。判断投标人的资格能力分为四个方面：财务状况、施工经验与过去履约情况、人员情况和施工设备。

（3）资格审查的评价前提和标准。投标人对资格预审申请文件中所提供的资料和说明要负全部责任。如果提供的情况有虚假，或在审查时对提出的澄清要求不能提供令业主满意的解释，业主将保留取消其资格的权利。

（4）业主对资格预审的评审标准一般按财务状况、施工经验与过去履约情况、人员情况和施工设备四个方面进行评审打分，只有达到下列条件的投标人才能获得投标的资格：每个项目均达到最低分数线，四项累计分数不应少于60分。

4）要求投标人填报的报表

工程公开招标要求投标人填报的表格一般有固定的格式，要求投标人逐一填写，具体如表3-1所示。

5）工程主要图纸

工程主要图纸包括工程总体布置图、主要建筑物剖面图等。

表 3-1　资格预审时投标人需填写的报表

名称	要求填写的主要内容
资格预审申请概要	申请人填报的汇总表，包括承包商的法定名称、国籍、通信地址、公司组织主要管理人员、银行证书及担保、历年完成工程量价值、公司组织结构、人员经验、目前经营状况、有无重大诉讼案件等

名称	要求填写的主要内容
管理人员表	逐一填写参加本工程的主要管理人员姓名、年龄、学历、专长、经验、语言、拟任职务等
已完成类似工程概况	介绍该投标人参加过的和已完成的类似工程概况,包括地点、业主名称、工程简介、施工日期、合同金额、投标人以何种身份参与(总包、分包、联合体等)、参与人姓名和职务,并需附有业主推荐信
正履行合同的工程和准备承诺的工程	列出投标人正在履行的项目和准备承诺的项目,内容与上栏基本相同,通常还要加上承包商在这些项目中使用的设备
施工机械设备表	要求投标人填写已拥有的准备用于本工程的设备和如果中标后准备为本工程购买的设备,包括名称、数量、规格、型号、价格预算,以及现有设备已使用的年限
财务状况表	要求提供投标人最近几年经过审查的财务报表,列出流动资金和债务情况,并要求分项详细说明
银行信用证	由投标人开户银行开具的为投标人提供贷款的证明
银行公证书	由公证机关出具的证明,证明开具信用证的银行
投标人保证书	投标人对所提供的资格预审资料和参加资格预审所做出的保证,主要包括:确认所提供的一切资料的真实性和准确性;无条件接受业主及其代理人对资格预审做出的决定,绝不提出申诉;假如投标人的情况在投标期间引起投标人保证书的变化,必须及时通知业主,业主有权做出更改资格预审的决定。保证条文均由业主在文件中事先拟定,投标人只是签字确认

3.4.2 资格预审文件的填报及评审

1.资格预审文件的填报

对投标人来说,填好资格预审文件是能否购买招标文件、进行投标的第一步,因此,填写资格预审文件一定要认真,严格按照要求逐项填写,严禁漏项,每项内容都要填写清楚。投标人应特别注意根据所投标工程的特点,有重点地填写,对在评审内容中可能占有较大比重的内容多填写,有针对性地多报送资料,并强调本公司的财务、人员、施工设备、施工经验等方面的优势。对报送的资格预审文件内容应简明准确,美观大方,从而给招标人一个良好的印象。

要做到在较短的时间内填报出高质量的资格预审文件,平时要做好公司财务、人员、施工设备和经验等各方面原始资料的积累与整理工作,分门别类地存在计算机中,随时可以调用和打印出来。例如,公司施工经验方面应详细记录公司近5～10年来所完成和目前正在施工的工程项目名称、地点、规模、合同价格、开工时间、竣工时间;业主名称和地址、监理单位名称和地址;在工程中本公司所担任的角色,是独家承包还是联合承包,是联合体负责人还是合伙人,是总承包人还是分承包人;公司在工程项目实施中的地位和作用;等等。

2.资格预审文件的评审

资格预审文件要明确而清楚地说明资格预审评定的依据和要求,公布公正而透明的客观评价标准;这些要求和标准要恰如其分、简明扼要,不使文件冗长烦琐,不给申请人造成大量的文字表格的工作负担。资格预审要求和合格标准要实事求是地从本项目的具体情况出发,恰当地保证适合项目要求的投标人进入投标人名单。注意,指标太低会使一大批不合格申请人加入,过高要求又会使入围的投标人变少,损害投标的竞争性。除了明确的政策性规定或有关国家的明文规定外,对于那些在以往的合同中履约表现并不好的投标人,一般不予排斥,而是给予改正的机会。只要能以事实证明其先前的问题起因已经纠正,就不应因此而排除在外,这也可避免因对过去业绩表现过时的信息或不确切的资料而被否定的偏差。为此,业主应有权从以前的业主或金融机构了解投标人的有关情况。资格预审标准主要包括合格性、不履行合同的历史、财务状况和经验等四个方面。

(1)合格性。主要对投标人是否具备投标资格进行审查,例如,投标时是否拥有法人资格,以及是否在相关行业或机构的受到制裁的黑名单中,等等。

(2)不履行合同的历史。主要包括在递交申请前5~10年内没有不履约的情况,申请人不应该是被雇主国列入因投标保证金的原因而被禁止投标的投标人,全部未解决的诉讼不超过申请人净值的50%。

(3)财务状况。递交资格预审文件规定年限的经审计的资产负债表或其他财务报表,以及申请人平均年营业额,要求最少平均年施工营业额达到资格预审文件的规定。

(4)经验。申请人在过去5~10年实质上完成了或基本完成了规模上近似于本合同的、价值相当的(至少为本合同的80%)一项或几项工程。申请人应当有在工程总量、质量和施工强度上相类似工程的经历。

业主在招标采购时为了防止过多或者过少的投标通过资格预审,应该在发布招标公告前充分细致地调查投标市场,有针对性地编写资格审查标准。

资格预审是为了检查、评估投标人是否具备能令人满意的执行合同的能力。只有表明投标人有能力胜任,公司机构健全,财务状况良好,人员技术管理水平高,施工设备适用,有丰富的类似工程经验,有良好信誉,才能被认为是资格预审合格。资格预审由评审委员会负责,评审委员会一般由招标机构负责组织,参加人员有业主代表和招标机构、设计咨询单位等部门的人员,其中应包括有关专业技术、财务经济方面的专家。资格评审的评价标准通常采用评分法,以百分制计分。即将预审应考虑的各种因素分类,并根据其重要性规定一定分数,并确定一个授予投标资格的最低分数线。然后,对申请人按上述因素分别打分,最后累积起来即得到该申请人的总分。如果申请人的各单项和总分均达到规定的标准,则合格;否则,就被淘汰。

现通过一个例子说明资格预审的评价标准。对于某一招标工程,招标人制定的资格预审评审标准为:

(1)财务状况(满分30分,最低分数20分):主要包括平均年营业额或合同额、财务能力、流动资金、信贷能力等。

(2)管理机构与人员(满分25分,最低分数15分):主要包括公司管理机构情况、经营方式、现场主要管理人员的经验与胜任程度、现场专业技术人员的经验与胜任程度。

(3)施工设备(满分20分,最低分数10分):主要包括施工机械的来源与已使用的年限。

(4)施工经验与过去履约情况(满分25分,最低分数15分):主要包括类似工程的施工经验,类似现场条件下的施工经验,完成类似工程中特殊工作的能力,过去完成类似工程的合同额,以往履约的情况(如获得的各种奖励或处罚等),目前和过去涉及诉讼案件的情况。

只有达到下列条件的投标人才能获得投标的资格:每个项目均达到最低分数线,四项累积分数不应少于60分。对于某一具体招标工程,上述各个方面所占评分权重应根据项目的性质及其在项目实施中的重要性而定。例如,某项目要求承包商垫付资金较多,则财务状况应占较大比重(如40分);工程技术比较复杂,则施工经验与过去履约情况应占较大比重。

资格预审评审委员会对评审结果要写出书面报告,评审报告的主要内容包括工程概要、资格预审工作简介、资格预审评价标准、资格预审评审程序、资格预审评审结果、资格预审评审委员会名单、资格预审评分汇总表、资格预审分项评分表、资格预审评审细则等。资格预审报告应上报招标管理部门审查,资格预审评审结果应在资审文件规定的期限内通知所有投标申请人,同时向通过资格预审的投标申请人发出投标邀请书。

问题思考

1.资格预审的具体程序是怎样的?资格预审文件通常包括哪些内容?

2.投标人怎样填报资格预审文件?资格预审的标准应包括哪些方面?

3.5 评标与决标

评标与决标是评标决标阶段,乃至整个工程招标采购中最为核心的工作。由于评标决标的结果决定了最终的中标投标人,因此,该工作也是投标人最为关心的工作。下面就从评标委员会、评标方法、投标评审和决标授标四个方面对评标与决标进行介绍。

3.5.1 评标委员会

工程招标的评标工作由评标委员会完成,评标委员会的工作结果决定了由哪个投标人中标,所以,评标委员会在工程采购招标中处于非常重要的地位,其工作水平决定了工程招标工作的质量,并对随后的合同履行产生直接的影响。评标委员会是在招投标管理机构的监督下,由招标人或其委托的代理机构成立的,它负责对所有投标文件进行评定、提出书面评标报告、推荐中标候选人等工作。

1.评标委员会的组成

由于评标委员会的人员构成直接影响着评标、定标结果,而评标、定标结果又涉及各方面的经济利益,同时,这项工作经济性、技术性、专业性又比较强,所以,评标委员会的人员应当由招标人委派熟悉相关业务的代表,以及有关技术、经济等方面的专家组成。评标委员会成员人数应为5人以上单数,其中,经济、技术方面的专家不得少于成员总数的2/3,这些专家一般应从省级以上人民政府有关部门提供的专家名册,或招标代理机构的专家库中的相应专家名单中选取。对一般工程项目,可采用随机抽取的方式确定,对技术特别复杂、专业性要求特别高或国家有特殊要求的招标项目,可以由招标人直接确定。评标委员会成员名单应在开标前确定,并且应在中标结果确定前保密。

为了保证评标委员会中专家的素质,评标专家应符合下列条件:①从事相关专业领域工作满 8 年,并具有高级职称或同等专业水平;②熟悉有关招标投标的法律、法规,并具有与招标项目相关的实践经验;③能够认真、公正、诚实、廉洁地履行职责。

为了使评标能够公平、公正进行,评标委员会成员有下列情形之一的,不得担任评标委员会成员:①投标人或投标主要负责人的近亲属;②项目主管部门或者行政监督部门的人员;③与投标人有经济利益关系,可能影响投标公正评审的;④曾因在招标、评标及其他与招标投标有关活动中从事违法行为而受过行政或刑事处罚的。如果评标委员会成员有以上情形之一的,应当主动提出回避。

2.评标委员会的工作原则及要求

评标委员会的主要工作内容是负责评标工作,向招标人推荐中标候选人或根据招标人的授权直接确定中标人。评标委员会完成评标后,应当向招标人提出书面评标报告。如所有投标都不符合招标文件的要求,评标委员会有权否决所有投标。评标过程中,评标委员会处于主导地位,是评标的主体,其工作十分重要。任何单位或个人不得对评标委员会成员施加压力,影响评标工作的正常进行,同时,评标委员会应确保评标和定标的公正性和公平性。

1)评标委员会的工作原则

为履行好自身的工作职责,评标委员会在评标过程中应遵循如下基本原则:

(1)公平、公正和诚实信用原则。公平是指在评标、定标过程中所涉及的一切活动对所有投标人都应该一视同仁,不得偏向某些投标人而排斥另外一些投标人;公正是指在对投标文件的评比中,应以客观内容为标准,不以主观好恶为标准,不能带有成见。

(2)科学、合理、择优的原则。科学是指评标办法要科学合理。评标的根本目的就是择优,所以,在评标过程中及中标结果的确定上,都应以最优的投标人作为中标候选人。

(3)反不正当竞争的原则。评标委员会应当站在专家的视角独立地进行评标,不能违反原则而以招标人的意图来确定中标结果。

(4)贯彻业主对本工程施工承包招标的各项要求和原则。

2)评标委员会的要求

在评标过程中,对评标委员会的具体要求如下:

(1)评标委员会成员应当客观、公正地履行职责,遵守职业道德,对所提出的评审意见承担个人责任。

(2)评标委员会成员不得私下接触投标人,不得收受投标人的财物或其他好处。

(3)评标委员会成员和参与评标的有关工作人员不得透露对投标文件的评审和目标候选人的推荐情况及与评标有关的其他情况。

(4)评标委员会可以要求投标人对投标文件中含义不明确的内容做必要的澄清或说明,但是澄清或说明不得超出投标文件的范围或改变投标文件的实质性要求。

(5)评标委员会应当按照招标文件确定的评标标准和方法,对投标文件进行评审和比较,设有标底的应当参考标底。

(6)评标委员会及其工作必须依法接受有关部门的监督。

3.5.2 评标方法

评标委员会依据事先拟定的评标方法对各投标进行评审,常用的评标方法有合理最低投标价评标法和综合评标法。合理最低投标价评标法规定,能满足招标文件各项要求,并且经评审的投标价格最低者中标,但投标价格低于成本的除外;综合评标法则规定,能最大限度地满足招标文件中规定的各项综合评价标准者中标。在综合评标法中,一般设置的评价指标包括投标报价,施工方案(或施工组织设计)与工期,质量标准与质量管理措施,投标人的业绩、财务状况、信誉等,评标方法可采用打分法或评议法。打分法是由每一位评委独立地对各份投标文件分别打分,即对每项指标采用百分制打分,并乘以该项权重,得出该项指标实际得分;然后将各项指标实际得分相加,其和为总得分;最后评标委员统计打分结果,评出中标人。评议法不量化评价指标,通过对投标人的投标报价、施工方案、业绩等内容进行定性的分析与比较,选择投标人在各项指标中都较优良者为中标人,也可以用表决的方式确定中标人。

下面列出在评标实践中使用的两种评标办法,以供读者参考。

1. 评标方法示例 I

本工程评定标,依据《中华人民共和国建筑法》第二十、二十一条规定,并综合本工程具体情况,将评标内容分为五项,即投标报价、工期、工程质量、社会信誉、施工方案及保证措施。评标采取记分评标法,以得分最高的投标人中标,各项分值的分配为:投标报价 30 分,工期 20 分,工程质量 20 分,社会信誉 13 分,施工方案及保证措施 17 分,合计 100 分。各投标具体的评标方法见表 3 - 2。

表 3 - 2 评标计分表

评标项目	分值分析	评标内容
投标报价 30 分	基本分 20 分	投标报价与标底相比在±5%范围得基本分
	浮动分 10 分	投标报价与标底相比每上下浮动 1%,减加 2 分,最高浮动 5%(含 5%);上下浮动超过 5%,投标报价计 0 分。但造价下调有切实可行的技术措施者除外
工期 20 分	基本分 10 分	投标工期符合招标书规定工期要求的得基本分
	增加分 10 分	投标工期比招标书规定工期每提前 1%加 2 分,提前最高为 5%,加满 10 分
	工期延误扣分	投标工期比招标书规定工期延长者,每延长 1%扣 2 分
工程质量 20 分	基本分 10 分	投标书所报质量等级符合招标文件规定优良(合格)等级的得基本分
	增加分 10 分	近 3 年以来每交验一项市、省、部优工程,分别加 0.5 分、1 分、1.5 分,最高加满 10 分

续表

评标项目	分值分析	评标内容
社会信誉 13 分	基本分 6 分	由评委根据投标企业近 3 年来生产经营服务、安全生产情况综合评定(但最低不低于 4 分)
	增加分 7 分	近 3 年以来荣获一项生产经营荣誉称号,市、省、部级分别加 1 分、1.5 分、2 分,最高加满 7 分
施工方案及保证措施 17 分	基本分 10 分	综合进度计划、施工平面图、保证优良措施、工期保证措施、安全措施、劳动力机具计划各 1 分,主要项目施工方法和消除质量问题措施各 2 分,共 10 分
	评议分 7 分	由评委根据方案措施综合评议,分别计 4~7 分

各项分值取小数点后三位,不四舍五入,投标企业之间如出现并列最高得分相同或并列第一时,由评委投票表决排列名次或由招标人从中任选一名中标。各项证书加分时,就高不就低,不重复计算。质量加分以拟投入施工的项目经理部所交验的工程为准。

2.评标方法示例Ⅱ

为保证本次工程评标工作的顺利进行,本着客观公正的原则,依据现行有关法律、法规的规定,结合目前建筑市场的情况,制定本工程的评标定标办法。本工程的评标原则和依据执行现行有关法律法规和招标文件;无效标和弃权标的规定按现行有关规定及招标文件的规定执行;评标小组按照有关文件的规定,对各投标单位的报价、质量、工期、以往业绩、社会信誉、施工方案和施工组织设计等内容进行综合评标和比较。

1)评标标底的确定

当投标单位在本次所报投标文件中没有调整报价或优惠报价时,以本次投标文件投标书中的报价作为投标报价;当投标单位在本次所报投标文件中有调整报价或优惠报价时,以调整报价或优惠报价作为最终投标报价。一个投标单位不得同时有两个报价,其投标报价应控制在有效范围内,即控制在招标办审定标底的上浮 3% 至下调 7% 之间,否则,视为无效报价。评标标底由有效范围上浮 3% 至下调 7% 内的各投标单位投标报价平均值的 50%,与招标办审定标底的 50% 之和得出。

2)评分方法及说明

(1)报价最高 60 分。投标报价在评标标底合理浮动范围 ±3% 之内的,得基本分 30 分;报价竞争分最高 30 分,当投标报价为评标标底的 +3% 时得 0 分,每降低 1% 增加 5 分,中间值采取插值法(保留两位小数);报价总分=基本得分+竞争得分。

(2)质量 2 分。当质量标准承诺符合招标文件要求的质量标准时,得 2 分。

(3)工期 2 分。当工期承诺符合招标文件要求的工期时,得 2 分。

(4)施工组织设计或施工方案最高 10 分。施工组织设计或施工方案合理、可行,施工组织设计或施工方案应包括综合说明、平面布置、主要部位的施工方法、质量保证措施、主要机械设备(型号、数量)、现场文明施工、环保措施和经审计的年度报告等主要内容,满分得 10 分。

(5)企业信誉及实力最高得分 15 分。"信誉称号"分为"国家级荣誉称号"和"省(自治区、直辖市)级荣誉称号"。"国家级荣誉称号"指"中国建筑工程鲁班奖""国家金质工程奖""国家银质工程奖"和国家有关部委命名的"重合同守信誉企业""优秀施工企业"等;"省(自治区、直辖市)级荣誉称号"指"重合同守信誉企业"及上一年度在工程质量和项目管理上做出优秀成绩,被建设行政主管部门评为的"优秀企业"。"国家级荣誉称号"有效期为 5 年,"省(自治区、直辖市)级荣誉称号"有效期为 3 年,有效期自证书签发之日算起,"荣誉称号"在公布年度内有效。"国家级荣誉称号"每一项得 3 分,"省(自治区、直辖市)级荣誉称号"每一项得 1 分。如遇同一项工程同获上述两项荣誉称号的,按最高奖项计分,不重复计分,"国家级荣誉称号"的工程奖仅限于在本地区承建的工程。评标时,上述奖项得分可累计计算,但最高得分为 15 分。

(6)企业及项目经理资质等级最高 5 分。企业资质等级得分:一级施工资质 3 分,二级施工资质 2 分,三级施工资质 1 分;项目经理等级得分:一级项目经理 2 分,二级项目经理 1 分。

(7)企业遵纪守法状况最高 6 分。企业无质量事故处罚记录的,得 2 分;企业有质量事故处罚记录的,在受处罚期内不得分。企业无安全事故处罚记录的,得 2 分;企业有安全事故处罚记录的,在受处罚期内不得分。企业无违规违纪处罚记录的,得 2 分;企业有违规违纪处罚记录的,在受处罚期内不得分。

3.5.3 投标评审

1.评标的准备

评标委员会成员在正式对投标文件进行评审前,应当认真研究招标文件,主要了解以下内容:招标的目标,招标工程项目的范围和性质,招标文件中规定的主要技术要求、标准和商务条款,招标文件规定的评标标准、评标方法和在评标过程中考虑的相关因素。招标人或其委托的招标代理机构应当向评标委员会提供评标所需的重要信息和数据。评标委员会应当根据招标文件规定的评标标准和方法对投标文件进行系统的评审和比较,招标文件中没有规定的标准和方法不得作为评标的依据。因此,评标委员会成员应当重点了解招标文件规定的评标标准和方法。

2.初步评审

初步评审是指从所有的投标书中筛选出符合最低要求的合格投标书,剔除所有无效投标书和严重违法的投标书,以减少详细评审的工作量,保证评审工作的顺利进行。初步评审的内容包括对投标文件的符合性评审、技术性初评、商务性初评、投标文件的澄清和说明、应当作为废标处理的情况。

1)符合性评审

投标文件的符合性评审包括商务符合性和技术符合性鉴定。投标文件应实质上响应招标文件的所有条款、条件,无显著的差异或保留。符合性评审主要有以下工作内容:

(1)投标文件的有效性。投标人及联合体形式投标的所有成员是否已通过资格预审,获得了投标资格;投标文件中是否提交了承包方的法人资格证书及投标负责人的授权委托证书;如果是联合体,是否提交了合格的联合体协议书及投标负责人的授权委托证书;投标保证的格式、内容、金额、有效期、开具单位是否符合招标文件要求;投标文件是否按要求进行了有效的签署。

（2）投标文件的完整性。投标文件中是否包括招标文件规定应递交的全部文件，如标价的工程量清单、报价汇总表、施工进度计划、施工方案、施工人员和施工机械设备的配备等，以及应该提供的必要支持文件和资料。

（3）与招标文件的一致性。凡是招标文件中要求投标人填写的空白栏目是否全部填写和做出明确的回答，如投标书及其附录是否完全按要求填写；对于招标文件的任何条款、数据或说明，是否有任何修改、保留和附加条件。

通常，符合性评审是初步评审的第一步，如果投标文件实质上不响应招标文件的要求，将被列为废标予以拒绝，并不允许投标人通过修正或撤销其不符合要求的差异或保留，使之成为具有响应性投标。

2）技术性初评

投标文件的技术性初评包括：方案可行性评估和关键工序评估，劳务、材料、机械设备、质量控制措施、工期保证措施、安全保证措施评估，以及对施工现场周围环境污染的保护措施评估。

3）商务性初评

投标文件的商务性初评包括：投标报价校核，审查全部报价数据计算的正确性，分析报价构成的合理性，并与标底价格进行对比分析。如果报价中存在算术计算上的错误，应进行修正，修正后的投标报价经投标人确认后对其起约束作用。

4）投标文件的澄清和说明

评标委员会可以要求投标人对投标文件中含意不明确、对同类问题表述不一致，或有明显文字和计算错误的内容做必要的澄清或说明，但是澄清或说明不得超出投标文件的范围或改变投标文件的实质性内容。对投标文件的相关内容做出澄清和说明，其目的是有利于评标委员会对投标文件的审查、评审和比较。

5）应当作为废标处理的情况

（1）弄虚作假。在评标过程中，评标委员会发现投标人以他人的名义投标、串通投标、以行贿手段谋取中标，或以其他弄虚作假方式投标的，该投标人的投标应作废标处理。

（2）报价低于其成本价。在评标过程中，评标委员会发现投标人的报价明显低于其他投标报价或在没有标底时明显低于标底，使得其投标报价可能低于其成本的，应当要求该投标人做出书面说明并提供相关证明材料。投标人不能合理说明或不能提供相关证明材料的，由评标委员会认定该投标人以低于成本报价竞标，其投标应作废标处理。

（3）投标人不具备资格条件或投标文件不符合形式要求，其投标也应当按照废标处理。投标人资格条件不符合国家有关规定和招标文件要求的，或者拒不按照要求对投标文件进行澄清、说明或补正的，评标委员会可以否决其投标。

（4）投标文件有下述情形之一的，由评标委员会初审后按废标处理：无单位盖章并无法定代表人或法定代表人授权的代理人签字或盖章的；未按规定的格式填写，内容不全或关键字迹模糊、无法辨认的；投标人递交两份或多份内容不同的投标文件，或者在一份投标文件中对同一招标项目报有两个或多个报价，且未声明哪一个有效的（按招标文件规定提交备选投标方案的除外）；投标人名称或组织结构与资格预审时不一致的；未按招标文件要求提交投标保证金的；联合体投标未附联合体各方共同投标协议的。

（5）未能在实质上响应的投标。评标委员会应当审查每一投标文件是否对招标文件的所有实质性要求和条件做出响应。未能在实质上响应的投标，应作废标处理。如果投标文件与招标文件有重大偏差，也认为未能对招标文件做出实质性响应。如果招标文件对重大偏差另有规定的，服从其规定。

（6）投标偏差。评标委员会应当根据投标文件，审查并逐项列出投标文件的全部投标偏差。投标偏差分为重大偏差和细微偏差。下列情况属于重大偏差，可作为无效投标文件：没有按照招标文件要求提供投标担保，或所提供的投标担保有瑕疵；投标文件没有投标人授权代表签字和加盖公章；投标文件载明的招标项目完成期限超过招标文件规定的期限；明显不符合技术规格、技术标准的要求；投标文件载明的货物包装方式、检验标准和方法等不符合招标文件的要求；投标文件附有招标人不能接受的条件；不符合招标文件中规定的其他实质性要求。细微偏差是指投标文件在实质上响应招标文件要求，但在个别地方存在漏项或提供了不完整的技术信息和数据等情况，并且补正这些遗漏或不完整不会对其他投标人造成不公平的结果。细微偏差不影响投标文件的有效性，例如，投标文件中的大写金额和小写金额不一致的，以大写金额为准；总价金额与单价金额不一致的，以单价金额为准，但单价金额小数点有明显错误的除外。评标委员会应当书面要求存在细微偏差的投标人在评标结束前予以补正。

3.详细评审

详细评审是指在初步评审的基础上，对经初步评审合格的投标文件，按照招标文件确定的评标标准和方法，对其技术部分（技术标）和商务部分（商务标）进一步评审、比较。

1）技术评审

技术评审的目的是确认备选的中标人完成本工程的能力，以及他们的施工方案的可靠性。技术评审的主要内容有以下几方面：

（1）技术资料的完备性。审查是否按招标文件要求提交了除报价外的一切必要的技术文件资料，如施工方案及其说明、施工进度计划及其保证措施、技术质量控制和管理、现场临时工程设施计划、施工机具设备清单、施工材料供应渠道和计划等。

（2）施工方案的可行性。对各类工程（包括土石方工程、混凝土工程、钢筋工程、钢结构工程等）施工方法的审查，主要是机具的性能和数量选择、施工现场及临时设施的安排、施工顺序及其互相衔接等，特别是要对该项目的最难点和要害部位的施工方法进行可行性论证。

（3）施工进度计划的可靠性。审查施工进度计划是否满足业主对工程竣工时间的要求。如果从表面上可看出其进度能满足要求，则应审查其计划是否科学和严谨，是否切实可行，不管是采用线条法或网络法表示施工计划，都要审查其关键部位或线路的合理安排。此外，还要审查保证施工进度的措施。

（4）施工质量的保证。审查投标文件中提出的质量控制和管理措施，包括质量管理人员的配备、质量检查仪器设备的配置和质量管理制度。

（5）工程材料和机器设备供应的技术性能符合设计技术要求。审查投标书中关于主要材料和设备的样本、型号、规格和制造厂家名称及地址等，判断其技术性能是否可靠和是否达到技术要求的标准。

（6）分包商的技术能力和施工经验。招标文件可能要求投标人列出其拟指定的专业分包商，因此应审查这些分包商的能力和经验，甚至调查主要分包商过去的业绩和声誉。

(7)审查投标文件中对某些技术要求是否有保留性意见,若有,对其保留意见进行评审。

(8)对于投标文件中按招标文件规定提交的建设方案做出技术评审。这种评审主要对建议方案的技术可靠性和优缺点进行评价,并与原招标方案进行对比分析。

2)商务评审

商务评审的目的是从成本、财务和经济分析等方面评审投标报价的正确性、合理性、经济效益和风险等,评估授标给不同投标人产生不同的后果。商务评审的主要内容有以下几方面:

(1)报价的正确和合理。审查全部报价数据计算的正确性,包括报价的范围和内容是否有遗漏或修改,报价中每一单项的价格的计算是否正确;分析报价构成的合理性,例如,从分析投标报价中有关前期费用、管理费用、主体工程和各专业工程价格的比例关系,可以判断投标报价是否合理,还可以判定投标人是否采用了严重脱离实际的"不平衡的价法";从用于额外工程的日工报价和机械台班报价,以及可供选择项目的材料和工程施工报价,可以分析其基本报价的合理性;审查投标人报价中的外汇支付比例的合理性。

(2)投标文件中的支付和财务问题。即审查资金流量表的合理性,投标人对支付工程款有何要求,或者对业主有何优惠条件等。通常招标文件会要求投标人填报整个施工期的资金流量计划,有些缺乏经验的承包商经常忽略了正确填报资金流量表的重要性,比较草率、随意地填报工程的资金流量计划,这会在一定程度上影响专家的评标结果,因为专家可以从资金流量表中看出承包商的资金管理水平和财务能力。

(3)关于价格调整问题。如果招标文件规定该项目为可调价格合同,则应分析投标人在调价公式中采用的基价和指数的合理性,估量调价方面的可能影响幅度和风险。

(4)审查投标保证金。尽管在公开开标会议上已经对投标保证金做了初步的审查,但在商务评审过程中仍应详细审查投标保证金的内容,特别留意是否附带条件。

(5)其他条件。按投标人须知中的规定将投标报价中应支付的各种货币(不包括暂定金额)转换成单一币种货币;若在投标初步评审时,允许通过将偏差折算成一个货币值在商务评审时计入标价作为"惩罚",从而使包含偏差的投标转变为具有实质性响应的投标,则此时应将偏差按评标货币折价计入标价中;如果在评标中,允许给国内投标人优惠,则在投标人须知中应注明并提供确定优惠合理性的具体程度及优惠金额的百分比;在对同一投标人授予了一个以上的合同或合同包时,这个投标人会提供有条件的折扣,此时,业主应在投标人满足资格条件的前提下,以总合同包成本最低的原则选择授标的最佳组合;应当与技术评审共同协调审查建议方案的可行性和可靠性,应当分析对比原方案和建议方案的各方面利弊,特别是接受建议方案在财务方面可能发生的潜在风险。

4.评标报告

评标委员会完成评标后,应向招标人提出书面评标结论性的报告,评标报告的内容有:基本情况和数据表,评标委员会成员名单,开标记录,符合要求的投标一览表,废标情况说明,评标标准、评标办法或评标因素一览表,经评审的价格或评分比较一览表,经评审的投标人排序,推荐的中标候选人名单与签订合同前要处理的事宜,澄清、说明、补正事项纪要。

被授权直接定标的评标委员会可直接确定中标人。对使用国有资金投资或国家融资的项目,招标人应当确定排名第一的中标候选人为中标人。排名第一的中标候选人放弃中标,因不可抗力提出不能履行合同,或者招标文件规定应当提交履约保证金而在规定的期限内未能提交的,招标人可以确定排名第二的中标候选人为中标人。

招标文件应当规定一个适当的投标有效期,以保证招标人有足够的时间完成评标和与中标人确立订立合同事宜。投标有效期自截止投标之日起至确定中标人或订立合同之时为止。如果在原投标有效期结束前,出现特殊情况的,招标人可以书面形式要求所有投标人延长投标有效期和延长投标保证金的有效期,投标人拒绝延长投标保证金有效期者,其投标无效。

3.5.4 决标授标

决标即最后决定中标人;授标是指向最后决定的中标人发出通知,接受其投标书,并将由项目业主与中标人签订承包该项工程的合同。决标和授标是工程项目招标阶段的最后一项非常重要的工作。

1.决标

通常由招标机构和业主共同商讨决定中标人。如果业主是一家公司,通常由该公司董事会根据评标报告决定中标人。如果是政府部门的项目招标,则政府会授权该部门首脑通过召开会议讨论决定中标人。如果是国际金融机构或财团贷款建设的项目招标,除借款人做出决定外,还要报送贷款的金融机构征询意见。贷款的金融机构如果认为借款人的决定是不合理或不公平的,可能要求借款人重新审议后再做决定。如果借款人与国际贷款机构之间对中标人的选择有严重分歧而不能协调,则可能导致重新招标。在确定中标人前,招标人不得与投标人就投标价格、投标方案等实质性内容进行谈判。

2.授标

在决定中标人后,业主向投标人发出中标通知书。中标通知书也称中标函,它连同承包商的书面回函(如果投标书已做修订),对业主和承包商具有约束力。中标函会直接写明该投标人的投标书已被接受,授标的价格是多少,应在何时、何地与业主签订合同。有时在中标函之前有一意向书,在意向书中已表达了接受投标的意愿,但又附有限制条件。意向书只是向投标人说明授标的意向,但之后取决于业主和该投标人进一步谈判的结论。投标人中标后即成为此项工程的承包商,按照国际惯例,承包商应立即向业主提交履约保证,用履约保证换回投标保证金。在向中标的投标人授标并商签合同后,业主对未能中标的其他投标人,也应发出一份未能中标的通知书,不必说明未中标的原因,但应注明退还投标人投标保证金的方法。

招标人和中标人应当自中标通知书发出之日起30日内,按照招标文件和中标人的投标文件订立书面合同,招标人和中标人不得再行订立背离合同实质性内容的其他协议。中标人应当按照合同约定履行义务,完成中标工程。中标人不得向他人转让中标工程,也不得将中标工程分解后分别向他人转让。但中标人按照合同约定或经招标人同意,可以将中标工程的部分非主体、非关键性工作分包给他人完成。接受分包的人应当具备相应的资格条件,并不得再次分包。中标人应当就分包工程向招标人负责,接受分包的人就分包工程承担连带责任。

3.拒绝全部投标

在招标文件中,一般规定业主有权拒绝所有投标,但绝不允许为了压低标价再以同样的条件招标。一般在下述三种情况下,业主可以拒绝全部投标:

(1)具有响应性的最低标价大大超过标底(超过20%),业主无力接受招标。

(2)所有投标文件基本上不符合招标文件的要求。

(3)符合要求的投标人过少(不超过3家),没有竞争性。

如果发生上述情况之一时,业主应研究发生的原因,采取相应的措施,如扩大招标通告范围,或与最低标价的投标人进行谈判等。按照国际惯例,若准备重新招标,必须对原招标文件的项目、规定、条款进行审定修改,将以前作为招标文件补遗颁发的修正内容和(或)对投标人质疑的解答包括进去。

❓ 问题思考

1.评标委员会的组成有何要求,其在评标过程中应遵循哪些基本原则?

2.常用的评标方法有哪些?工程投标评审具体包括哪些工作?

3.评标结束后如何进行决标授标?在什么情形下,可以拒绝全部投标?

3.6　工程采购实施案例

3.6.1　案例:某火力发电厂建设工程招标

某火力发电厂建设工程为国家重点建设工程,总投资额为18000万元,建设单位对其中的工程概算7650万元的设备安装工程进行了招标,招标采取邀请招标方式,由建设单位自行组织实施。2021年10月11日,建设单位向具备承担该项目能力的A、B、C、D、E等5家承包商发出投标邀请书,2021年11月8日14时为投标截止时间。上述5家承包商均接受了投标邀请,并按规定时间提交了投标文件。但承包商A在送出投标文件后发现报价估算有较严重的失误,遂赶在投标截止时间前10分钟递交了一份书面声明,撤回已提交的投标文件。

2021年10月18日,由投资方、建设方、技术部门等各方代表组成了评标委员会。2021年11月8日14时公开开标,由招标单位委托的市公证处人员检查投标文件的密封情况,确认无误后,由工作人员当众拆封。由于承包商A已撤回投标文件,故招标人宣布有B、C、D、E等4家承包商投标,并宣读该4家承包商的投标价格、工期和投标文件的其他主要内容。

在评标过程中,评标委员会要求B、D两投标人分别对施工组织进行了详细说明,并对若干技术要点和难点提出问题,要求其提出具体、可靠的解决和保障措施。此外,评标委员会中的招标人代表,希望承包商B再适当考虑一下降低报价的可能性。

通过对4家投标企业递交的标书进行评选,评标委员会对其进行了打分排序,并按顺序向建设单位推荐了中标候选人。然而,建设单位认为评标委员会推荐的中标候选人,不如另一家企业提出的条件更为优惠(另一家企业提出的优惠条件为垫资施工),因此,意向让这家企业中标。但在有关单位的干预和协调下,建设单位最终还是接受了评标委员会的建议,选择评标委员会推荐的中标候选人承包商B作为中标人。2021年11月16日至12月11日,招标人与承包商B进行了多次谈判,最终双方于12月18日正式签订了书面合同。

3.6.2　案例:A国旧高速公路改造工程资格预审

A国旧高速公路改造工程长约500 km,由世界银行贷款支持实施,需采取国际竞争性招标选择工程承包商。贷款批准之后,项目执行机构进行了资格预审的邀请,但响应的公司很少。为此,项目执行机构对资格预审条件进行了放松,之后有少数几家公司响应。在申请的公司中,只有 4 家公司通过了资格预审。该项目的土建工程被分为 6 个包。由于只有 4 个通过资格预审的承包商,因此,项目执行机构只拿出 3 个包进行招标。同时,剩下的 3 个包重新进行了新的资格预审申请邀请,这次邀请有 27 家国际公司以及 18 家国内公司响应。

资格预审的标准要求申请人满足财务及经验的要求,同时考虑承包商设备及组织状况。该项目的资格预审采用专家打分法,专家打分时考虑的因素如表 3-3 所示。

表 3-3　计分表

评估项目	最高分值
资金能力(30)	
土建工程收入	6
融资能力	24
设施设备(20)	
足够的主要设施	10
拥有的百分比	5
设施及设备的寿命	5
组织(20)	
结构	6
计划的人员	10
分包合同	4
经验(30)	
类似的工程	9
类似的现场条件	9
证明文件	9
在 A 国的工作经验	3

在资格预审中,如果申请人满足了财务及经验上的条件,则它就是有条件地通过了资格预审,在此后的投标过程中,要求其提供相关的信息进一步核实,投标邀请中将列明需要投标人响应的条件。

在资格预审的过程中,项目执行机构发现大部分无条件地通过资格预审的承包商均来自同一个成员国,而过去的经验表明,很难证实来自该成员国的承包商所递交申请中的许多重要内容,而且这些承包商的总体表现并不能令人完全满意。还有一个需要考虑的重要因素是该项目必须在一个特定日期之前开始,以避开不利天气条件对项目实施的影响。在随后世界银行批准通过资格预审的承包商名单时,项目执行机构要求允许另外 3 家承包商通过资格预审,其中 1 家承包商递交申请的时间超过了最后期限。项目执行机构的看法是,加进这 3 家公司不会损害项目的利益反而会加强竞争,然而这些承包商过去的经验也不十分令人满意。

问题思考

1.在"某火力发电厂建设工程招标"案例中,工程的招标、评标、签约中存在哪些问题？这些问题应该如何处理和解决？

2.在"A国旧高速公路改造工程资格预审"案例中,资格预审的评分标准是否合理？其资格预审过程是否存在以及有何不当之处？

3.简述工程的国际竞争性招标和国内竞争性招标的相同和不同之处。

第4章 货物采购的实施

本章导读

本章介绍货物采购实施的相关内容。首先,说明货物采购的基本知识,包括货物采购的主要目的及分类,常用的招标采购和非招标采购的方式,货物采购的分标及管理等。其次,讨论货物的招标采购,包括货物招标采购的实施步骤,投标商的资格审查目的及内容,招标文件的编制与常用评标方法等。再次,归纳常见的货物非招标采购方式,包括询价采购、直接采购、竞争性谈判,说明它们的适用情形及在实施中应注意的要点。最后,给出两个具有代表性的货物招标采购实际案例。

4.1 货物采购概述

4.1.1 货物采购的目的及分类

货物采购是指业主为获得货物(一般指有形的物品,如原材料、半成品、机具设备和事务用品等)及其附带的服务,通过招标或其他采购方式选择合格的供货商。它包含了货物的整个获取过程,其业务范围包括:确定所要采购货物的性能和数量,市场供求现状的调查分析,合同的谈判与签订,合同的执行与监督实施,对存在问题采取必要的措施,合同支付及纠纷处理等。

1.货物采购的目的

货物采购在项目实施中具有举足轻重的地位,是项目建设成败的关键因素之一。通过货物采购,项目组织希望实现如下两个目的:获取优良的货物供应和实现货物全生命周期成本的最小化。所谓优良的货物供应,是指货物在以下方面达到最优化:货物性能、可靠性、可保养性、使用的安全性、与环境的适应性、可操作性、可拓展性等;货物全生命周期成本的最小化是指从货物采购、使用、废弃的整个生命过程中产生的费用最小化,包括对货物的取得费用、使用费用、维护费用、损耗折旧费用等。

从某种意义上来讲,货物采购工作是项目的物质基础,合理有效地进行货物采购,对项目的成本、质量及进度的控制具有至关重要的作用。

(1)控制项目成本。在一个项目中,设备、材料的费用通常占整个项目费用的主要部分。能否经济有效地进行采购,直接影响到能否降低项目成本,也关系到项目建成后的经济效益。健全的货物采购工作,要求采购前对市场情况进行认真调查分析,制订的预算切合实际并留有一定余地,方可有效避免费用超支,同时避免因购买低质货物留下的隐患,因为低质的物资必然会给项目建成后的运行和维护造成沉重的经济负担。

（2）保证项目进度。周密、严谨的采购计划不仅可以保证供货商按时交货，而且为工程项目其他部分的顺利实施提供了有力保障；反之，货物供应不及时无疑会影响项目活动的正常执行，进而导致整个项目的延误。因此，整个项目的计划和规划必须包含货物采购计划的安排和控制。

（3）保障项目质量。货物采购工作的优劣会影响到项目建设质量的好坏。如果采购到的设备、材料不符合项目设计或规范要求，必然会降低项目的质量，甚至导致整个项目的失败。

（4）减少项目纠纷。组织良好的采购工作，可以有效地避免在货物制造、运输、移交、检验等过程中各种纠纷的发生，建立与供货商可靠的合作关系，为项目法人树立良好的信誉和形象。

（5）防止贪污受贿。由于项目的货物采购往往涉及巨额资金和复杂的横向关系，因此，如果没有一套严格而周密的程序和制度，可能会出现浪费，甚至贪污、受贿等腐败现象，而严格周密的采购程序与管理可以从制度上最大限度地抑制此类不良现象的发生。

2.货物采购的分类

货物采购的分类如图4－1所示。

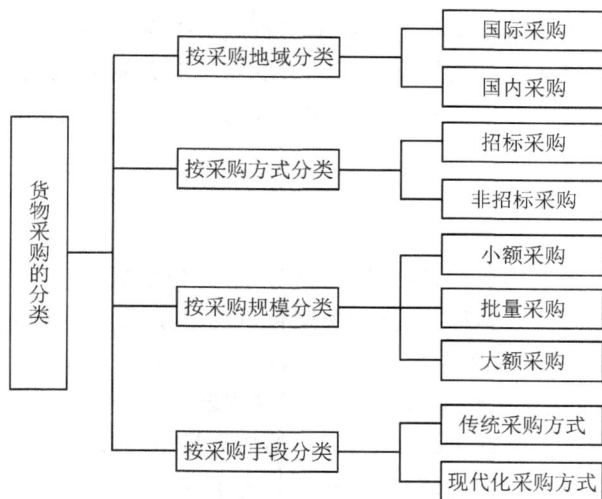

图4－1　货物采购的分类

1）按采购地域分类

按采购地域范围分类，货物采购可分为国际采购和国内采购。

（1）国际采购：将在全球范围内进行货物采购，全球范围内所有符合要求的供货商都可以投标。

（2）国内采购：将货物采购的范围限制在国内，只允许国内符合要求的供货商投标。

2）按采购方式分类

按采购方式分类，货物采购可分为招标采购和非招标采购。

（1）招标采购：采取公开招标或者邀请招标的方式进行货物采购，其中公开招标是首选的采购方式。

(2)非招标采购:在条件不允许或者不经济的情况下,采取非招标形式进行货物采购。

3)按采购规模分类

按采购规模分类,货物采购可分为小额采购、批量采购和大额采购。

(1)小额采购:指对单价、数量不大的零散货物的采购。具体采购方式可以是询价采购,也可以直接到商店或工厂采购。

(2)批量采购:指小额货物的集中采购。其适用条件为:在招标限额以下的单一物品由个别单位购买,而且数量不大,但需经常使用;或单一物品价格不高,但数量较大。具体采购方式可以是询价采购、招标采购或谈判采购等。

(3)大额采购:指单项采购金额达到招标采购标准的采购。适用的具体采购方式有招标采购、谈判采购等。

4)按采购手段分类

按采购手段分类,货物采购可分为传统采购方式和现代化采购方式。

(1)传统采购方式:指依靠人力来完成整个采购过程的一种采购方式,如通过报纸杂志来发布采购信息,采购实体和供应商直接参与采购每个环节的具体活动等。

(2)现代化采购方式:指主要依靠现代科学技术的成果来完成采购过程的一种采购方式,如电子贸易方式。电子贸易是指运用电子技术进行业务交易,包括电子邮件、电子信息、国际网络技术以及电子信息交换等。通过电子贸易来发布采购信息并完成采购交易,解决了传统采购方式下难以克服的时间和空间问题,使采购活动更加方便、快捷,大幅度降低了采购成本,提高了采购效率。

4.1.2 货物采购的方式

由图4-1可见,货物采购的方式可以分为招标采购和非招标采购两大类。招标采购又可以进一步分为公开招标和邀请招标,非招标采购可分为询价采购、直接采购、竞争性谈判采购和自营工程等。通常,货物的采购金额是确定招标性采购和非招标性采购的重要标准之一,一般来说,达到一定金额以上的采购项目,采用招标性采购方式;不足一定金额的采购项目,采用非招标性采购方式。与工程招标采购相似,货物的招标是指通过招标的方式,邀请所有的或一定范围的潜在的供应商参加投标,采购实体通过某种事先确定并公布的标准从所有投标中评选出中标的供应商,并与之签订合同的一种采购方式。招标性采购按接受投标人的范围,又可分为国际竞争性公开招标采购、国内竞争性公开招标采购、国际邀请招标采购和国内邀请招标采购。

1.货物的非招标采购

货物的非招标性采购,是指除招标采购方式以外的采购方式。达到一定金额以上的采购项目一般要求采用招标采购方式,但在有些情况下,如需要紧急采购或者采购来源单一等,招标方式并不是最经济的,需要采用招标方式以外的采购方法。另外,在招标限额以下的大量的采购活动,也需要明确采购方法。货物的非招标性采购方法很多,主要有以下几种:

(1)国内或国外询价采购,亦称货比三家,是指采购实体向国内外有关供应商(通常不少于3家)发出询价单让其报价,然后在报价的基础上进行比较并确定中标供应商的一种采购方式。这种方式只适用于采购现货或价值较小的标准规格的设备。

（2）直接采购，亦称单一货源采购，也即没有竞争的采购，是指达到了竞争性招标采购的金额标准，但所采购货物的来源渠道单一，或属专利、首次制造、合同追加、原有项目的后续扩充等特殊情况，在此情况下，只能由一家供应商供货。

（3）竞争性谈判采购，是指采购实体通过与多家供应商进行谈判，最后从中确定中标供应商的一种采购方式。这种方法适用于紧急情况下的采购或涉及高科技应用产品的采购。

（4）自营工程，即在紧急情况、货物运输不便、使用量少而无法得到合理的投标报价等情况下，采购方可以使用自己的人员和设备生产出自己所需的产品或设备等货物。

2. 货物的招标采购

一般来说，对于世界银行或其他国际金融机构贷款项目，都要求通过国际竞争性招标程序进行，以体现经济性、有效性和公平竞争的原则。而当国际竞争性招标不经济或不适用时，才采取国内竞争性招标。

（1）国际竞争性公开招标，即面向全球范围内的潜在投标人进行货物采购的公开招标，其特点是只要是符合招标要求与投标条件的国内外生产企业或供应商，均可参加投标；需在国内外专用媒体上公告招标相关事项；按招标文件规定的币种结算；招标文件以中、英两种文字表述（根据招标文件的规定，也可采用其他文字）。国际竞争性公开招标的优点有：为国内外的设备生产企业、供应商提供了公平竞争机会；可以增加招标过程的透明度且更为公正；竞争性强，招标人拥有绝对的选择余地，容易获得最佳的招标效果；对于串通投标行为有一定的防止作用。国际竞争性公开招标的缺点包括：投标资格审查等工作量较大；招标过程所需时间较长；有可能会产生过度竞争；有可能因产品倾销带来设备质量问题。

（2）国内竞争性公开招标，即将招标范围限制在国内，是指符合招标文件规定的国内法人或其他组织，单独或联合其他国内外法人或其他组织参加投标，并以人民币结算的招标活动。国内竞争性公开招标是相对于国际竞争性公开招标而言的，在招标的程序上与国际招标并无多大差异，只是在竞争范围以及结算方式上存在差别。在联合国《贸易法委员会货物、工程和服务采购示范法》中，将国内招标的范围划分为：根据该国法律、法规只限国内供应商或承包商参加的招标；拟采购的货物、工程或服务价值不高，采购实体断定只有国内供应商或承包商才有可能有兴趣提交投标书的采购过程。从地域上来讲，国内公开招标虽然不排除外国企业参加投标，但在一般情况下，只是面向中国境内的设备生产企业或供销代理公司，其好处在于采购价格可能会低于国际市场价格。

因为国内竞争性招标限制了竞争的范围，因此，这种招标方式具有较为明显的局限性。同时，又由于这种采购方式有时被用作贸易保护手段，所以，各种国际金融机构对于国内竞争性招标的使用均有严格的限制。只有在国际竞争性招标不经济、不合理的时候，如采购货物数量太小或者不便于长途运输等，国内竞争性招标才允许采用。

除了公开招标外，货物也可采用邀请招标进行采购。货物采购的邀请招标是由招标单位向具备设备、材料制造或供应能力的单位直接发出投标邀请书，受邀参加投标的单位不得少于3家。这种方式是一种不需公开刊登广告而直接邀请供应商进行竞争性投标的采购方法。货物采购采用邀请招标可以简化程序、节省时间和费用，但有可能会遗漏合格的有竞争力的供应商。货物采购的邀请招标适于合同金额不大，或所需采购货物的供应商数目有限，或需要尽早交货等情况,具体包括如下情形:①招标单位对拟采购货物在世界上(或国内)的制造商的分布情况比较清楚,并且货物技术复杂或有特殊要求,只有少量几家符合要求的投标人可供选择。②招标单位已经掌握拟采购货物的供应商或制造商及其他代理商的有关情况,对他们的履约能力、资信状况等已经了解。③工程工期要求紧迫,不允许拿出更多时间进行货物采购,因而采用邀请招标。④拟公开招标的费用与拟公开招标的节资相比,得不偿失。⑤一些不宜进行公开招标的项目,如涉及国家安全、国家秘密、军事技术、抢险救灾等的项目。

此外,按货物采购招标阶段分类,货物采购还可以分为一阶段招标采购和两阶段招标采购。①一阶段招标采购,是指通过一次性发售招标文件来同时获得投标人技术和商务上的完整报价,并按招标文件的要求评出技术上可以接受,在商务上又无重大偏离且具有最低评估价的投标人,在此基础上签订供货合同。②两阶段招标采购,是指需要经过两步才能完成招标工作。第一阶段,采购实体通过发售技术方面的招标文件来获得投标人提供的技术方案,并根据技术招标文件中规定的评标标准评出若干技术上可以接受的投标人;第二阶段,向这些技术上合格的投标人发出具有统一技术要求和商务条件的招标文件,以获得最终的、完整的技术和商务报价,经过评审将合同授予技术上满足要求、商务上无重大偏离且具有最低评估价的投标人。两阶段招标的招标过程要经过两步才能完成,需要时间长、工作量大,所以,货物采购大多数均采用一阶段招标方式,一般很少使用两阶段招标。只对于大型复杂或技术升级换代快的货物,如大型计算机和通信工程,以及事先难以科学、准确、完整地编写招标文件中技术规格部分的货物,才采用两阶段招标方式。

4.1.3 货物采购的分标及管理

货物采购是一项复杂的工作,要把采购工作做好,采购方首先应清楚地了解所需采购货物的各种类目、性能规格、质量、数量要求及投入使用的时间,要了解国内外市场价格、供求情况、货物来源、外汇市场、支付方式以及国际贸易惯例等,因此,建立一个完善的市场信息机制,并制订一个完整的货物采购清单和计划是非常必要的。采购实体要对国内外相关货物的市场进行广泛的调查和分析,掌握拟采购货物的最新国内、国际行情,了解采购货物的来源、价格、性能参数及可靠性等,建立记录不同供货方所能供应货物的技术指标的货物来源档案,建立同一类目货物的价格目录,并提出切实可行的货物采购清单和计划,为货物采购方式的选择和分标提供可靠的依据。

1.货物采购的分标

货物采购分标即指货物采购批量的划分,决定了每次购买货物规模的大小及构成。合理的货物采购分标有利于吸引更多的投标人参加竞争,以发挥各个供应商的专长,达到降低货物价格、保证供货时间和质量的目的。需要注意的是,货物采购分标还要考虑便于招标工作的管理。采购方在进行货物采购的分标和分包方案时,通常应遵循以下几个基本原则:

(1)合理安排时间原则。在制订分包计划时,工程所需的各种货物应按需求时间划分为几个标,分别编制招标文件,陆续招标供货商,如施工机具招标、主要材料供应招标、永久工程设备招标等。该原则要求充分考虑供货时间以满足工程进度计划要求的问题,再综合考虑资金、制造周期、运输、仓储能力等条件进行分析。既不能延误工程实施的需要,也不应过早提前到货。过早到货虽然对施工需要有保证,但它会影响资金的周转,以及额外支出对货物的保管与保养费用。按时供应质量合格的货物,是工程能够正常执行的物质保证。

(2)分包大小适当原则。此原则要求根据工程所需货物之间的关系,以及预计金额的大小进行适当的分标和分包。如果标和包划分得过大,一般中小供应商无力问津,有实力参与竞争的供应商过少,会引起投标价格升高;反之,如果标分得过小,虽然可以吸引较多的中小供应商,但很难吸引实力较强的供应商,尤其是外国供应商来参加投标;若包分得过细,则不可避免地会增大招标、评标的工作量。因此,分标、分包要大小适当,既要吸引更多的供应商参与投标竞争,又要便于买方挑选,并有利于合同履行过程中的管理。

(3)符合货物性质原则。每次招标时,可根据货物的性质只发一个合同包或划分成几个合同分别发包,如电气设备包、电梯包等。在每个包内又可以细分成若干项,如钢材采购的合同包内包括型钢、带钢、线材、管材、板材等项。对于成套设备,为了保证零部件的标准化和机组连接性能,最好只划分为一个标,由某一供应商来承包。专用产品由于对货物的性能和质量有特殊要求,所以应按行业来划分。

(4)降低采购成本原则。如果工程的施工点比较分散,则所需货物的供货地点也势必分散,因此应考虑外地供应商和当地供应商的供货能力、运输条件、仓储条件等进行分标,以利于保证供应和降低成本。凡国内制造厂家可以生产达到技术要求的设备,应单列一个标进行国内招标;国内制造有困难的设备,则需要进行国际招标。

(5)采购次数合理原则。大型工程所需采购的货物往往种类多、数量大,特别是大型工程建设需要大量建筑材料和各种设备,如果一次采购可能会因需求过大而引起价格上涨,因此应合理计划、分批采购。

(6)加快资金周转原则。由于工程投资来源多元化,因此应考虑资金的到位情况和周转计划,进行合理分标分项采购。

2.货物采购的管理

采购管理的基本任务有3个:一是要保证项目实施所需的各种物资的供应;二是要从资源市场获取各种信息,为物资采购和施工决策提供信息支持;三是要与资源市场供应商建立起友好且有效的关系,为项目业主营造一个宽松有效的资源环境。为了实现采购管理的基本职能,需要完成一系列的业务内容,具体如下:

(1)建立采购管理组织。它是采购管理最基本的组成部分,为了搞好复杂繁多的采购管理工作,需要一个合理的管理机制和一个精干的管理组织机构,并配备适当的管理人员和工作人员。同时,建立一套科学、有效的采购系统,完成一些基础性的建设工作,包括管理基础工作、软件基础工作和硬件基础工作等。

(2)进行需求分析及市场调查。进行需求分析是要弄清楚企业需要采购什么品种、需要采购多少,以及什么时候需要什么品种、需要多少等问题;开展资源市场调查是根据企业所需求的物资品种,调查资源市场的情况,包括资源分布情况、供应商情况、品种质量、价格情况、交通运输情况等,其目的是为制订采购订货计划做好准备。

(3)制订采购计划。根据需求品种情况和供应商的情况,制订出切实可行的采购订货计划,一般来说,货物采购计划应考虑以下4方面的因素:采购货物的种类、数量、具体的技术规格、性能要求,要尽量根据数目的需要选用国际通用的标准和规格;所采购货物预计投入使用时间,要考虑贷款成本,集中采购与分批采购的利弊等因素;要根据市场结构、供货能力以及竞争性,确定采购的批量安排及如何分标,分几个标,每个标中包含哪些内容;采购工作的协调。协调管理多批、多项、不同性质、不同品目的采购是一项复杂的系统工程,要建立强有力的管理机构。分标的基本原则是吸引更多的投标人参加投标,以发挥各供货商的专长,降低货物价格,保证供货的时间和质量。在此基础上,根据需求品种情况和供应商的情况,制订出切实可行的采购订货计划,包括选择供应商,制订订货策略、进货策略以及具体的实施进度计划等,具体解决什么时候订货、订购什么、订多少、向谁订、怎样订、怎样进货等问题。采购计划为整个采购订货画了一个蓝图。

(4)实施采购计划。把制订的采购订货计划分配落实到人,根据既定的计划实施采购,具体包括去联系指定的供应商、进行商务谈判、签订订货合同、进货实施、到货验收入库、支付货款以及善后处理等。为保证采购计划的执行,还应对采购活动进行监控,包括对采购的有关人员、采购资金、采购事物活动的监控。

(5)采购结果评价。在一次采购完成以后,要对这次采购进行总结评估,或者月末、季末、年末对一定时期内的采购活动进行总结,评估采购活动的效果、总结经验教训、找出问题、提出改进方法等。

问题思考

1.货物采购通常有哪些目的? 如何对货物采购进行分类?

2.货物的招标采购和非招标采购各包括哪几种方式? 怎样从中进行选择?

3.如何合理地对货物采购进行分标? 怎样有效地对货物采购进行管理?

4.2 货物的招标采购

4.2.1 货物招标采购程序及资格审查

1.货物招标采购的程序

货物采购公开招标是指,由采购方通过报刊、广播、电视等媒体公开发表招标广告,在尽量大的范围内征集供应商,对此感兴趣的符合资格要求的合格供应商均可进行投标竞争,采购方根据既定的评标方法和标准从投标人中择优选定中标供应商,并与之就货物的采购供应签订合同。货物采购采用公开招标,能够引起最大范围的竞争,可以使货物采购者以合理价格获得所需的设备和材料,可以促进供应商进行技术改造以降低成本、提高质量,有利于采购的公平和公正。根据我国有关规定,在中华人民共和国境内进行的、与工程建设有关的重要货物的采购,只要条件允许且经济合理,必须进行公开招标。

货物招标采购的程序分为成立招标工作小组或办理招标委托手续、编制招标文件、发出招标公告或邀请投标意向书、资格审查、供应商进行投标、开标、评标和决标等几个步骤,具体说明如下:

(1)成立招标工作小组或办理招标委托手续。即招标方成立招标工作小组,如果招标方拥有采购专家和评标能力,可自行按要求进行招标;否则,招标方须委托第三方,即招标代理机构进行招标,此时需办理好招标委托手续。

(2)编制招标文件。即招标工作小组或招标代理机构根据工程实施需要及拟采购的货物特点等,编制招标文件、制定评标标准、确定标底等。招标文件是招标过程中招标方与供应商沟通的法律文件,应内容完整、表述清晰,并符合国家的相关规定和要求。

(3)发出招标公告或邀请投标意向书。即按要求在公开的媒体上发布招标公告,尽可能让有意向的投标人都了解到招标信息。如果是邀请招标,则向选定的供应商发出邀请投标意向书。

(4)对投标人进行资格审查。即指在某些特定的采购情形下,为了减轻评标工作的压力,并使得某些竞争力较弱、无望中标的投标人省去编写投标文件的工作,提前对投标人的资格进行审查,审查通过后方可进行正式投标。资格审查环节也可以没有,而将此项工作放到评标中进行。如果有资格审查环节,在上一个环节发布的应是资格审查公告。

(5)投标文件编制。即获得投标资格的供应商购买招标文件,并按照招标文件的要求编写投标文件,确定投标报价。在此过程中,投标人对招标文件有疑问的,招标人应进行解答,并将投标人的疑问及招标人的解答告知所有投标人。投标文件编制完成后,应在招标人要求的时间和地点正式提交,超过截止时间的招标人则不予接受。

(6)开标。即在规定的时间和地点,在所有投标人参加的前提下,招标人当众启封所有投标文件并宣读其中的重要内容,由投标人签字认可。开标后即进入评标环节,投标人不允许再更改投标文件的内容。

(7)评标和决标。即评标专家小组依据事先制定的评标标准和方法,对投标文件进行评审并进行打分排序。如果评标专家对投标文件有疑问,可要求投标人进行澄清,但澄清不得实质上修改投标文件的内容。评标专家小组最后将评标结果写成评标报告,根据投标文件的排序推荐中标候选人。招标方根据评标报告进行决标,最终确认中标投标人并发出中标通知,双方在规定的时间和地点签署供货合同。

2.投标人的资格审查

与工程招标采购相似,货物采购招标过程中的资格审查也可分为资格预审和资格后审两种。资格预审是指招标人出售招标文件或者发出投标邀请书前对潜在投标人进行的资格审查,通常包括投标人资质的审查和所提供货物的合格性审查两个方面。资格预审一般适用于潜在投标人较多或者大型技术复杂货物(如复杂高端装备)的公开招标,以及需要公开选择潜在投标人的邀请招标。资格后审是指在开标后对投标人进行的资格审查,资格后审一般在评标过程中的初步评审开始时进行。对投标人的资格审查可以采取资格预审,也可以采取资格后审,招标人视具体情况而定。

对投标人资质的审查主要是指,审查投标人填报的资格证明文件,是否能证明其有资格参加投标,以及一旦投标被接受后有履行合同的能力。如果投标人本身就是招标货物的生产厂家,则必须具有履行合同所需的财务、技术和生产能力;如果投标人按合同提供的货物不是自己制造或生产的,则应提供货物制造厂家或生产厂家正式授权同意提供该货物的证明资料。要求投标人提交供审查的证明资格的文件,一般包括以下几方面内容:营业执照的复印件,法人代表的授权书或制造厂家的授权信,银行出具的资信证明,产品鉴定书,生产许可证,产品荣获国优、部优的荣誉证书,制造厂家的资格证明,贸易公司(作为代理)的资格证明,审定资格时需提供的其他证明材料。如果投标人本身就是货物的制造厂家,其资格证明除了厂家的名称、地址、注册或成立的时间、主管部门等情况外,还应包括以下内容:职工情况,包括技术工人、管理人员的数量和职称级别等;近期资产负债表;生产能力情况,包括生产项目、年生产能力,以及哪些货物可以自己生产,哪些自己不能生产而需要从其他厂家购买主要零部件;近3年投标货物主要销售给国内外单位的情况;近3年企业的年营业额;货物中易损件的供应条件;能反映企业经营情况的其他材料。

对所提供货物的合格性审查是指,投标人应提交根据招标要求提供的所有货物及其辅助服务的合格性证明文件,这些文件可以是手册、图纸和资料说明等。证明资料应说明以下情况:表明货物的主要技术指标和操作性能;为使货物正常、连续使用,应提供货物使用两年内所需的零配件和特种工具等清单,包括货源和现行价格情况;资格预审文件或招标文件中指出的工艺、材料、设备、参照的商标或样本目录等,通常仅作为基本要求的说明,并不作为严格的限制条件。投标人可以在标书说明文件中选用替代标准,但替代标准必须优于或相当于技术规范所要求的标准。

4.2.2 货物采购的招标文件及评标

1.货物采购的招标文件

货物采购的招标文件是投标和评标的主要依据,内容应当做到完整、准确,所提供的招标条件应当公平、合理,符合有关规定。货物采购的招标文件主要由招标书,投标须知,招标货物清单、技术要求及图纸,主要合同条款,投标书和其他需要说明的事项等部分组成。

(1)招标书。招标书包括:招标单位名称和地址;项目名称及简介;招标货物的名称、数量、技术规格、资金来源;交货的地点和时间,即获取招标文件或者资格预审文件的地点、时间及收取的费用;投标截止日期和地点;对投标人的资格要求等。

(2)投标须知。投标须知主要包括招标文件的说明,对投标者和投标文件的基本要求,以及评标、定标的基本原则等内容。

(3)招标货物清单、技术要求及图纸。对货物的技术参数和性能要求应根据实际情况确定,过高要求会增大费用,主要技术参数要全面、具体、准确,否则将会使投标报价差异过大,不利于评标;应明确货物的质量要求、交货期限、方式、地点和验收标准等,专用、非标准设备应有设计技术资料说明及齐全的整套图纸,以及可提供的原材料清单、价格、供应时间、地点和交货方式;投标单位应提供的备品、配件数量和价格要求;售前、售后服务要求。

(4)主要合同条款。主要合同条款包括货物价格及付款方式、交货条件、质量验收标准、技术培训、售后服务以及违约罚款等内容,条款要详细、严谨、清晰、准确,防止事后发生纠纷。

(5)投标书。投标书是投标单位遵守招标文件内容要求的一种书面承诺,它包括投标货物的数量及价目表格式,售前、售后服务内容和优惠条件等。

(6)其他需要说明的事项。招标人应当在招标文件中规定实质性要求和条件,说明不满足其中任何一项实质性要求和条件的投标将被拒绝,并用醒目的方式标明;没有标明的要求和条件在评标时不得作为实质性要求和条件。对于非实质性要求和条件,应规定允许偏差的最大范围、最高项数,以及对这些偏差进行调整的方法。国家对招标货物的技术、标准、质量等有特殊要求的,招标人应当在招标文件中提出相应的特殊要求,并将其作为实质性要求和条件。

2.货物采购的评标方法

1)评标方法的影响因素

货物采购的评标方法是根据项目实施的需要及采购对象的特点来制定的,通常应考虑如下主要因素:

(1)投标价。对投标人的报价,既包括货物生产制造的出厂价格,还包括投标人所报的安装、调试、协作等价格。

(2)运输费。运输费包括运费、保险费和其他费用(如对超大件运输时道路、桥梁加固所需的费用等)。

(3)交货期。以招标文件中规定的交货期为标准,如投标书中所提出的交货期早于规定时间,一般不给予评标优惠,因为当项目还不需要时会增加业主的仓储管理费和货物的保养费。如果迟于规定的交货日期,但推迟日期尚属在可以接受的范围之内,则在评标时应考虑这一因素。

(4)性能和质量。性能和质量主要比较设备的生产效率和适应能力,还应考虑设备的运营费用,即设备的燃料、原材料消耗、维修费用和所需运行人员费等。如果设备性能超过招标文件要求,使业主受益时,评标时也应将这一因素考虑在内。

(5)备件价格。对于各类备件,特别是易损备件,应将在两年内取得的途径和价格作为评标的考虑因素。

(6)支付要求。合同内规定了购买货物的付款条件,如果标书内投标人提出了付款的优惠条件或其他的支付要求,尽管符合招标文件规定的偏离,但也应在评标时加以计算和比较。

(7)售后服务。售后服务包括可否提供备件、进行维修服务,以及安装监督、调试、人员培训等可能性和价格。

(8)其他与招标文件偏离或不符合的因素等。

2)评标方法

基于上述货物采购需要考虑的因素,其评标方法通常有最低投标价法、综合评标价法、以寿命周期成本为基础的评标价法和打分法4种,具体说明如下:

(1)最低投标价法。采购简单商品、半成品、原材料,以及其他性能、质量相同或容易进行比较的货物时,投标价(应包括运杂费)可以作为评标时唯一的尺度,即将合同授予报价最低的单位。国内生产的货物,报价应为出厂价。出厂价包括货物生产过程中所消耗的各种资源费用以及各种税款,但不包括货物售出后所征收的销售税以及其他类似税款。如果所提供的货物是投标人早已从国外进口而目前已在国内的,则应报仓库交货价或展室交货价,该价格应包括进口货物时所交付的进口关税,但不包括销售税。

(2)综合评标价法。综合评标价法是指以投标报价为基础,将评标时所应考虑的其他因素折算为相应的价格,并在投标报价的基础上增加或减掉这些价格,形成综合评标价,然后再以各评标价中最低者为中标人。采购机组、车辆等大型设备时,大多采用这种方法。根据采购对象的差异,评标时,除投标价格以外的其他因素折算为相应价格的方式是不尽相同的,通常按如下方式操作:

①运费、保险及其他费用。按照铁路(公路、水路)运输、保险公司,以及其他部门公布的费用标准,计算货物运抵最终目的地所要发生的运费、保险费及其他费用,并将这些费用加到投

标价上去。

②交货期。评标时，以招标文件中"供货一览表"规定的具体交货时间作为标准，若投标书中的交货时间早于规定时间，评标时一般不给予优惠；如果迟于规定时间，则需计算折算价，并将其加到投标报价上。例如，每迟交货一个月，可按投标报价的一定百分比（货物一般为2%）计算折算价。

③付款条件。投标人应按照招标文件中规定的付款条件进行报价，对于不符合规定的投标，一般可视为非实质上响应性投标而予以拒绝。但在采购大型设备的招标中，如果投标人在投标致函中提出采用不同的付款条件可使其报价降低而供业主选择时，这一付款要求在评标过程中也应予以考虑。当投标人提出的付款要求偏离招标文件的规定不是很大，尚属可接受的范围之内时，应根据偏差程度计算给业主带来的费用增加（资金利息等），并按招标文件中规定的贴现率换算成评标时的净现值，作为评标价格的一部分加到在投标致函中提出的修改报价上。

④零配件和售后服务。零配件的供应和售后服务费用要视招标文件的规定区别对待。若这些费用已要求投标人包括在报价之内，则评标时不再考虑这些因素；若要求投标人单报这些费用，则应将其加到报价上。如果招标文件中没有做出上述任何一种规定，那么在评标时需按技术规范，要求投标人填报该设备在运行前两年可能需要的主要部件、零配件的名称、数量，计算可能需要的费用并将其加到报价上。售后服务费用如果需要业主自己安排，也应加到报价上去。

⑤性能和生产能力。投标设备应具备技术规范中规定的生产效率。投标人应在标书内说明其设备的保证运营能力或效率，若设备的性能、生产能力等技术指标没有达到技术规范要求的基准参数，凡每种参数比基准参数降低1%时，评标时应以投标设备实际生产效率单位成本为基础计算，在报价上增加若干金额。

根据以上各项因素的折算价格对投标价进行调整，计算出各标书的评标价，选出最低评标价者为中标单位。

（3）以寿命周期成本为基础的评标价法。在采购生产线、成套设备、车辆等运行期内各种后续费用（零配件、油料及燃料、维修等）很高的货物时，可采用以寿命周期成本为基础的评标价法。评标时应首先确定一个统一的设备评审寿命周期，然后根据各投标文件的实际情况，在投标报价上加上该寿命期内所发生的各项费用，再减去寿命期末的设备残值（扣除寿命期内各年折旧费后的设备剩余值）。在计算各项费用或残值时，都应按招标文件中规定的贴现率折算成现值。

这种评标方法本质上是在综合评标价法的基础上，加上一定运行期内的费用作为评审价格，这些费用通常由如下三部分构成：寿命期内所需的燃料费；寿命期内所需零配件及维修费用，零配件费用可按投标人在技术规范附件中提供的担保数字，或过去已用过可作参考的类似设备实际消耗数据为基础，并根据运行时间和采购价格来计算；寿命周期末的残值。

（4）打分法。打分法是预先对各评分因素按其重要性确定评分标准，按此标准对各投标人提供的投标报价和各种服务进行打分，得分最高者中标。货物采购的评分因素一般主要包括：投标价格，运输费、保险费和其他费用，交货期，付款条件，备件价格和售后服务，设备的性能、质量生产能力，技术服务和培训等几方面。评分因素确定后，应依据采购货物的性质、特点、生产的通用性,以及各因素对采购方总投资的影响程度,具体确定各种因素所占的比例(权重)和评分标准。例如,世界银行贷款项目通常采用的权重分配比例如表4-1所示。

表4-1　世界银行贷款项目货物采购评分因素及权重

评分因素	权重分配比例/分
投标价	65～70
零配件价格	0～10
技术性能、维修、运行费	0～10
售后服务	0～5
标准备件等	0～5
总分	100

打分法的优点在于简便易行,评标考虑的因素全面,可以将难以用金额表示的各项因素量化后进行比较,从中选出最好的投标书。但是,由于打分法是通过专家的主观评判来完成的,因此,必然存在一定的主观性和随意性。为提高打分法的科学性和结果的可靠性,要求评标专家应具备较高的专业知识水平和较为丰富的行业经验,同时,打分的标准也应尽可能地客观清晰,尽量减少主观偏向对打分结果的影响。

3.评标委员会及评标程序

1)评标委员会构成

评标委员会的成员由项目法人、招标代理机构及工程设计单位的相关专家组成,总人数为5人以上单数,其中受聘专家不应少于三分之二。评标委员会分成技术评审组和商务评审组,两个评审组各自相对独立地进行工作,以尽可能减少交叉影响,干扰评标专家的客观性和公正性。但技术评审组有义务向商务评审组提供其评标所必需的资料,商务评审组也有义务与技术评审组核对投标人的投标范围等内容。两个组的工作都独立完成后,再合到一起进行综合评定比较。

2)评标程序

货物的评标通常按如下的程序进行:

(1)评标委员会阅读标书,整理资料。技术评审组和商务评审组分别独立地阅读标书、整理资料,详细列出主要技术数据、性能和商务条款对照表及偏差表;对投标文件中不满足招标文件要求、不明确之处进行专门标注和记录,整理出需要投标人澄清的问题。

(2)投标书澄清。评标委员会对某一投标书中的疑问,约请投标人对投标书的内容进行澄清。澄清一般以召开澄清会的形式进行,经批准也可采取其他形式进行澄清。澄清后应以有效的书面文件(有授权人签字或法人公章及日期)作为投标文件的有效补充材料,澄清不得对原投标文件作实质性修改。

(3)初评。如对投标人的资质没有进行预审,首先要对投标人进行资格审查,排除不合格的厂商。评标小组对投标文件进行审查,检查投标文件是否对招标文件做出了实质性的响应,投标文件与招标文件有无实质性偏差,以确定其是否为有效的投标文件。对于投标文件与招标文件的主要技术和商务条款有实质性差异,或价格超出标底规定范围(一般为+5%,具体值可根据设备品种的情况而定)的投标人应予以排除,但进入详评阶段的投标人一般不应少于两家。各投标人投标价均超过标底值5%时,应按废标处理并重新招标。

(4)技术详评。技术详评因素应根据采购对象的特点确定,以设备采购为例,通常包括容量或能力、经济性能(包括热耗、电耗、效率等)、供货范围(含备品、备件等)、可靠性、寿命(包括易损件)、结构/配置特点(含材质、配置)、运行特性、检修条件、服务、制造质量和供货业绩等。技术评标采用技术评分和经济计算(计算评标价)相结合的方法,评标因素中不能以金额合理计算的,则采用打分的办法:技术评分选择其主要内容作为评标因素,评标因素的选取应从实际效果出发,但不宜过多,并根据各因素的重要程度合理确定每一因素所占的权重,常采用百分制计算。凡可用金额直接合理计算的评标因素,均应按其保证值折算成一定金额,投标人提出的保证值,应有同类设备的实测数据证明,否则评标专家应分析其保证值的可信度。

(5)商务详评。商务详评通常考虑的因素有:商务条款,供货范围,融资付款,币种折算,运输、仓储、保险、税费等,技术职务、人员培训,交货时间,比较报价等。对招标文件做出实质性响应的投标书进行商务评标时应采用评标价法,价格计算按照如下的方式进行:投标人应按招标文件规定的币种进行报价,若报价币种与招标文件规定不符,则对各投标人提供的不同币种的报价按开标前一天国家公布的汇率(卖出价)折算为招标文件规定的币种报价;对各投标人的融资、付款方式和付款条件按现值法折算至同一基准;以设备到达安装现场为基准折算各招标人的运输货、仓储费、税费、保险费;调整各投标人的供货范围(包括备品备件)至同一基准,增加或减少供货范围的设备价格,按本次招标其他投标人的最高报价或最新相同或类似设备合同价格进行折算;将各投标人的设计、技术服务、人员培训费用等折算至同一标准;根据各投标人报的价格增长指数调整交货年度至同一基准;按招标文件规定,计算其他需评价的商务费用。

(6)综合排序。根据商务组和技术组的评标结果,排出各投标书的优劣顺序,进行综合排序时应避免纯技术或纯经济的倾向,由技术组和商务组的组长等人共同确定投标书的排序,综合排序原则是:①评标价格低且技术评分高者优先。②评标价格相同而技术评分不同时,技术评分高者优先。③评标价格不同而技术评分相同时,评标价格低者优先。④评标价格高且技术评分也高或评标价格低且技术评分也低时,排序可采用下列方式:当技术评分相近,评标价格相差较大时,评标价格低者优先;当技术评分相差较大,评标价格相近时,技术评分高者优先;价格"相近"和分数"相近"尺度由评标小组提交给项目招标领导小组确定,一般可控制在评标价和技术评分的1%~2%范围内。对技术评分和评标价格,当有条件时也可以转换成同一价格形式进行综合排序。分组评定时采用评分法和计算评标价结合方式进行量化,综合评标时也可以将按评分法计算的各投标人技术评分差值合理换算为金额。根据投标总价、技术复杂程度,由评标委员会确定每一分值的金额,最终以综合评标价的高低衡量。

(7)推荐中标人确认。对推荐的中标人资格应进行复审确认,并将复审确认结果写入评标报告。

问题思考

1.货物招标采购主要包括哪些步骤？资格审查的目的和内容是什么？

2.货物采购的招标文件通常由哪些内容构成？评标方法常用的有哪几种？

3.货物招标采购的评标委员会如何构成？评标的程序是怎样的？

4.3　货物的非招标采购

货物的非招标采购主要包括询价采购、直接采购、竞争性谈判等方式，它们的操作方式过程及特点各不相同，分别适应于不同的情形。

4.3.1　询价采购

1.询价采购的定义

询价采购是一种购货方选定几个有关的国内外供应商(通常不少于三家)向他们发出询价单，并让他们报价，而后根据各个供应商的报价确定最后供应商的非招标采购方式，是一种货比三家的采购。询价采购包括国内询价采购和国际询价采购两种方式。询价采购具有如下优点：

(1)虽然选择供应商不是面向整个社会，而是筛选了一些比较有实力的供应商，并且数量不多，但是这些供应商的产品质量好、服务好、有过良好的合作且信用度高，采购风险相对较小。

(2)由于供应商数量少、范围窄，因而通讯联系、采购进货比较方便，采购程序也比较简单，采购周期短、成本低、效率高。

(3)不是召集所有供应商进行面对面谈判，而是向各个供应商发出询价单，这样不会导致因面对面竞争而发生价格扭曲、质量走样的情况。

由于询价采购的以上诸多优点，如今该方式已被广泛地应用于政府采购活动之中。不过，询价采购还是具有一定的局限性，由于购货方选择的供应商数量少、范围窄，因而可能遗漏掉许多优秀的供应商。

2.询价采购的实施步骤

询价采购一般包括确定供应商的选择范围、编制并发出询价函、供应商报价、评审、确定成交供应商等几个步骤，如图4-2所示。具体说明如下：

(1)确定供应商的选择范围。在对供应商充分调查的基础上，筛选出一些产品质量好、价格低、企业实力强、服务好、信用度高的供应商，所选择的供应商数量不应过多，这是询价采购最关键的一步。

(2)编制并发出询价函。与招标等采购方式不同，询价采购应尽量简化程序，提高效率，编制简单明了的询价函。询价函的主要内容应包括：货物名称、数量、技术参数要求，交货期限及地点，供应商应携带的资质证明材料，递交报价单的地点与截止时间等。

(3)编制好询价函后，发给至少三家以上的供应商。通常是分别向各个供应商发出询价

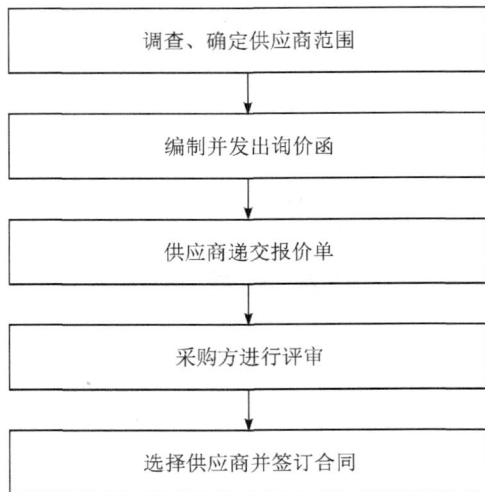

图 4 - 2　询价采购的流程

函,这样可以避免由于面对面的竞争所导致的价格扭曲、质量走样的现象,保证报价时的产品价格和质量比较客观、合理。

(4)供应商报价。按照询价函的要求,供应商应将报价单密封并在封口处加盖公章,于报价截止日前递交给购货方。

(5)对报价进行评审。购货方组织评审小组,对供应商的报价单进行详细分析和比较。对于一些专业性较强或非常规的货物,为了确保货物的质量、性能达到购货方要求,双方可以共同磋商,或现场考察货物的质量和运行环境。为了节约资金,可在原有报价的基础上与供应商进行两轮谈判,尽量做到少花钱、多办事、办好事。但也不能无限度地压价,因为这容易导致供应商之间的恶性竞争。

(6)确定成交供应商。确定最终的供应商后,购货方与其签订采购合同,明确采购货物名称、数量、金额、交货方式、履约期限、双方权利与义务、保修期、验收方法、付款方式及违约责任等重要事项。为了保证合同的履行,最后确定的供应商在签订合同时必须向购货方交纳规定数额的履约保证金。合同履行完毕,若质量无问题,购货方将保证金如数退还。

在询价采购过程中,如果邀请到的供应商不足三家,或三家报价均高于控制价格,则应根据具体情况采取二次询价或者改变采购方式来确定供应商。

3.询价采购的范围及应注意的问题

1)询价采购的范围

询价采购通常适用于以下情况:项目所需货物可采购现货为数量少、价值低的标准规格货物,可考虑采用询价采购方式;投标文件的审查所需时间较长、供应商准备投标文件费用高,或者供应商资格审查条件过于复杂,而项目所需货物又属于急需商品时,采用询价采购不失为一种更为经济的方法。各国通常对于询价采购的范围、金额等都做了明确的规定。例如,《中华人民共和国政府采购法》第三十二条规定,采购的货物规格、标准统一,现货货源充足且价格变化幅度小的政府采购项目,可以采用询价方式采购。再如,世界银行贷款项目规定,单个合同在 20 万美元以下且累计合同金额不超过 500 万美元的,经世界银行批准后,可采取国际或国内询价采购方式进行采购,但询价采购的金额占总贷款采购量的比例不能超过规定的限额。

2)询价采购应注意的问题

采用询价采购时,采购方应特别注意规避如下的问题:

(1)询价信息公开面较狭窄,局限在有限少数供应商。询价采购一般很少在政府指定的媒体上发布询价公告,只满足于三家的最低要求,排外现象较严重。很多询价项目信息不公开,不仅外地供应商无从知晓相关的采购信息,而且当地的供应商也会遭遇"信息失灵",从而为代理机构和采购人实施"暗箱操作"提供了空间。

(2)询价采购出现超范围采用,法律规定适用通用、价格变化小、市场货源充足的采购项目,实际工作中则是以采购项目的概算大小来决定是否采用询价采购。实际工作中,一些代理机构和采购人将询价作为主要采购方式,错误地认为只要招标搞不了的,就采用询价方式,普遍存在滥用、错用、乱用询价方式问题,还有些人借询价规避招标,采购效率和规模效应低下。

(3)询价过于倾向报价,忽视对供应商资格性审查和服务质量的考察。法律规定"采购人应按照符合采购需求、质量和服务且报价最低的原则确定成交供应商",但在实际中不少人片面地操作为"谁价格低谁中标",供应商在恶性的价格战中获利无几,忽视产品的质量和售后服务。

(4)确定被询价的供应商主观性和随意性大。被询价对象应由询价小组确定,但是往往会被采购人或代理机构代劳,在确定询价对象时凭个人好恶取舍,主观随意性较大。法律还规定从符合相应资格条件的供应商名单中确定不少于三家的供应商,一些采购人和代理机构怕麻烦不愿意邀请过多的供应商,只执行法律规定的"下限",从而影响了采购结果的质量。

(5)询价采购的文件过于单薄,有时就是一张报价表,基本的合同条款也被省略。法律规定询价采购应制作询价通知书,在一些询价采购活动中,询价方一般不会制作询价通知书,多采取电话通知方式,即使制作询价通知书,内容也不够完整,且规范性较差,价格构成、评标成交标准、保证金、合同条款等关键性的内容表述不全,影响了询价的公正性。有些甚至询价结束后采购双方不签合同,权利义务不明确,引发了不必要的纠纷。

(6)询价小组组成存在问题,采购代理机构人员介入小组,专家数量和比例不满足法定要求。法律规定"询价小组由采购人的代表和有关专家共三人以上的单数组成,其中专家的人数不得少于成员总数的三分之二"。询价的主体应是询价小组,但有些代理机构却直接操作,既不通知采购人代表参加,也不商请有关专家,还有些代理机构虽然依法组成了询价小组,但是小组的专业化水准较低,且有的小组的专家人数无法达到三分之二,不符合相关规定要求。

(7)询价采购的后续工作比较薄弱。不搞询价采购活动记录,不现场公布询价结果,询价方式随意性大。一些地方尝试采用电话询价、传真报价、网上竞价等方式搞询价采购,尽管这些方式有便利之处,但如果操作不严谨容易引发问题。例如,法律规定在询价过程中供应商一次报出不得更改的价格,采用非现场方式搞询价存在舞弊漏洞,采购方有机会随意更改任何一家供应商的报价,或者给有关供应商"通风报信"。

4.3.2　直接采购

1.直接采购的定义

直接采购也称单一来源采购,指购货人从一个供应商那里直接购买的采购方式。在采购方对供应商比较熟悉或者已经建立了固定采购关系的情况下,可以考虑采用直接采购。直接采购方式与询价采购方式一样,采购程序简单、采购周期短、采购成本低、效率高。但是,由于单一来源采购只同唯一的供应商签订合同,所以就竞争态势而言,采购方处于不利的地位,有可能增加采购成本;并且在谈判过程中容易滋生索贿受贿现象,所以,对于这种采购方法的使用,国内及国际上都规定了严格的适用条件。一般而言,这种方法的采用都是出于紧急采购的时效性或者只能从唯一的供应商或承包商取得货物、工程或服务的客观性;同时,在对货物价格、质量进行谈判时,要将成本核算和质量检验做好,并确定合理的价格,而后才签订采购合同。

2.直接采购的适用范围

《中华人民共和国政府采购法》第三十一条规定,符合下列情形之一的货物或服务,可以采用单一来源方式进行采购:只能从唯一供应商处采购的;发生了不可预见的紧急情况,不能从其他供应商处采购的;必须保证原有采购项目一致性或者服务配套的要求,需要继续从原供应商处添购,且添购资金总额不超过原合同采购金额10％的。按照国际惯例,如对于世界银行贷款项目,在如下情形下可以采取直接采购的方式进行获取采购:

(1)招标失败。在采用公开和限制程序情况下没有合适投标,且原招标合同条款未做重大改变。招标失败的原因或是无人投标,或是串通投标,或是投标由不符合参加条件的供应商所提出。

(2)采购标的来源单一。基于技术、工艺或专利权保护的原因,产品、工程或服务只能由特定的供应商、承包商或服务提供者提供,且不存在任何其他合理的选择或替代。

(3)紧急采购时效的需要。不可预见事件导致出现异常紧急情况,使公开和限制程序的时间限制难以得到满足,且出现该紧急事件的情况并非是由于采购方工作失误而引起的。

(4)连续性的重复购买。为了保证与现有设备配套的设备或备件的标准化方面一致,需要增加购买、重复建设或反复提供类似的货物、工程或服务,并且该原合同是通过竞争邀请程序授予且新合同授予同样的供应商,有必要采用直接采购的方式向原来的供货厂商增购货物,而且原合同货物必须适应要求,增加购买的数量应少于现有货物的数量,价格应当合理。

(5)涉及国防或政策性采购。采购涉及国防或国家安全、并断定单一来源采购为最适当的采购方法;或出于经济发展、就业、国内优惠等政策考虑情况下,也可适用单一来源采购。

(6)工艺技术要求。如果负责工艺设计的承包商要求从某供应商采购关键部件,并以此作为性能保证的条件,那么采购机构也可采用直接签订合同的采购方法。

(7)在商品市场上采购的产品或只有短时间内出现的条件极有利的采购,也可使用直接采购。

项目中哪些子项需要采用直接采购,金额多大,以及世界银行的相关要求,通常在贷款协定和评估报告中有具体规定,项目单位不得私自改变采购方式。不得以进行改变或调整时,要事先征得世界银行的批准。除了政府采购和世界银行贷款项目外,其他的项目采购是否采用直接采购,可以根据项目具体情况和有关规定而定。在直接采购中,因为供应商处于垄断的地位,因此要求购货方在谈判之前应做好充分的准备,如成本核算、质量检验等。

3.直接采购的实施步骤

按照我国政府采购法的规定,直接采购通常应按照如下的程序进行:

(1)采购预算与申请:采购人编制采购预算,填写采购申请表并提出采用单一来源采购方式的理由,经上级主管部门审核后提交财政管理部门。其中,属于因货物使用不可替代的专利、专有技术,或者公共服务项目具有特殊要求,导致只能从唯一供应商处采购的,且达到公开招标数额的货物、服务项目的,应当由专业技术人员论证并公示,公示情况一并报财政部门。

(2)采购审批:财政行政主管部门根据采购项目及相关规定,确定单一来源采购这一采购方式,以及采购途径(即是委托采购还是自行采购)是否符合要求。

(3)代理机构选定并组建协商小组:如果是通过代理机构进行采购,则选择代理采购机构的程序与公开招标的相同;代理机构选定后,由代理机构协助组建采购协商小组。

(4)进行谈判协商并做好记录:采购小组与供应商进行谈判协商。由于单一来源采购缺乏竞争性,在协商中应确保质量的稳定性、价格的合理性、售后服务的可靠性。由于经过了技术论证,因而价格通常是协商的焦点。协商小组应通过协商,帮助采购人获得合理的成交价并保证采购货物的质量。协商情况记录应当由协商小组人员签字认可,对记录有异议的协商小组人员,应当签署不同意见并说明理由。

(5)签发成交通知书:将谈判确定的成交价格报采购人,经采购人确认后签发成交通知书。

4.3.3 竞争性谈判

1.竞争性谈判的定义及适用范围

所谓竞争性谈判采购,是指在采购方与多个供应商进行直接谈判,并从中选择满意供应商的一种采购方式。这种采购方式主要用于紧急情况下的采购或特殊产品(如高科技产品)的采购。某些需要采用招标采购的项目,一旦出现了不可预见的紧急情况或灾难性事件,采用招标程序或任何其他采购方法就会延误时机。此时,如果至少有三个以上的供应商,就可以使用竞争性谈判进行采购。与招标采购相比,采用竞争性谈判方式进行采购的货物通常具有特别的设计、很少形成竞争性的市场、没有明确的价格等特点,因此在买卖双方对货物的制造、移交和服务的成本存在不同的估价时,就不可避免地要采用竞争性谈判。

竞争性谈判方式采购适用的范围是:依法制定的集中采购目录以内,未达到公开招标数额标准的货物;依法制定的集中采购目录以外、采购限额标准以上,且未达到公开招标数额标准的货物;达到公开招标数额标准,但由于其他原因经批准后采用非公开招标方式采购的货物。在实际采购中,竞争性谈判一般适用于以下条件:招标后没有供应商投标、没有合格标的,或者重新招标未能成立的;技术复杂或者性质特殊,不能确定详细规格或者具体要求的;采用招标所需时间不能满足用户紧急需要的;因艺术品采购、专利、专有技术或者服务的时间、数量不能确定等原因,不能事先计算出价格总额的。

2.竞争性谈判的实施步骤

按照《中华人民共和国政府采购法》的规定,竞争性谈判的货物采购方式可按下述程序进行:

（1）采购预算与申请。采购人编制采购预算，填写采购申请表并提出采用竞争性谈判的理由，经上级主管部门审核后提交财政局采购管理部门。财政行政主管部门根据采购项目及相关规定审批确定竞争性谈判这一采购方式，并确定采购途径是委托采购还是自行采购。

（2）选定代理机构并成立谈判小组。如果是通过代理机构进行采购，则首先需选定采购代理机构；谈判小组由采购人的代表和有关专家共三人以上的单数组成，其中专家的人数不得少于成员总数的三分之二。

（3）制定谈判文件。谈判文件应当明确谈判程序、谈判内容、合同草案的条款以及评定成交标准等事项。

（4）确定邀请参加谈判的供应商名单。谈判小组根据货物采购需求，从符合相应资格条件的供应商名单中确定并邀请不少于三家的供应商进行谈判。若公开招标货物时，招标过程中提交投标文件或者经评审实质性响应招标文件要求的供应商只有两家时，采购人、采购代理机构经本级财政部门批准后，可以与该两家供应商进行竞争性谈判采购。

（5）谈判。谈判小组所有成员集中与每一个被邀请的供应商分别进行谈判。在谈判中，任何一方不得透露与谈判有关的其他供应商的技术资料、价格和其他信息。若谈判文件有实质性变动，谈判小组应以书面形式通知所有参加谈判的供应商。谈判时，可以按照供应商提交投标文件的逆序或以抽签的方式确定谈判顺序。

（6）确定成交供应商。谈判结束后，谈判小组应当要求所有参加谈判的供应商在规定时间内进行最后报价，采购人从谈判小组提出的成交候选人中，根据符合采购需求、质量和服务相等且报价最低的原则确定成交供应商，并将结果通知所有参加谈判的未成交的供应商。

（7）谈判结果公示并发出成交通知书。将谈判结果进行公式，公示内容包括成交供应商名单、谈判文件修正条款、各供应商报价、谈判专家名单等。公示期满无异议，即可发出成交通知书。

3.谈判小组构成

在竞争性谈判采购中，谈判小组的角色和作用至关重要。他们是代表采购方与供应商进行谈判的主体，是代表采购方利益、反映采购方需求、具有相当的专业技术水平和谈判技巧的组织。在竞争性谈判采购过程中，谈判小组要分别与被邀请参加谈判的各家供应商进行面对面的谈判，以明确采购对象的详细技术规格和性能标准，了解采购对象的性质或附带的风险，并在此基础上提出比较接近实际的价格。

谈判小组由采购方的代表和有关专家组成。谈判采购方的代表应当是具备相应采购专业知识和技能，具有较丰富的政府采购实践经验，并且经采购方授权能够代表其从事采购活动的自然人，这些人通常是经过培训的专门负责采购业务的政府工作人员。有关专家是指采购方根据采购对象的具体技术要求和性能特点而邀请的，具有某一领域较高专业知识水平和实践经验的人士。这些专家通常都是某一行业协会的成员或是由行业协会推荐的专业人士。邀请这样的专家作为谈判小组成员，采购方可以凭借其专业知识更好地把握采购对象的详细技术规格、性能标准以及价格，并最终以理想的条件与某一供应商成交。为了真正发挥专家的作用，并使他们的意见能够充分地得以体现，其人数必须达到谈判小组成员总数的绝对多数，即达到成员总数的三分之二。同时，谈判小组的人数必须是单数，这一规定便于谈判小组在做出有关决议时能够以多数形成表决结果。

4.供应商名单及谈判准备

谈判小组依据法律法规和谈判文件的规定,对参加谈判的供应商的资格证明、谈判保证金等进行审查,以确定供应商是否具备参加谈判的资格。虽然通常只需在通过资格审查的供应商中确定不少于三家参加谈判,但根据"服务采购人,善待供应商"的理念,以及符合政府采购"公开、公平、公正"的精神,应当给每一个具有资格的供应商参加谈判的机会。所以,为确保公平,原则上通过资格性检查的供应商都应参加谈判。

谈判报价时间截止后,谈判小组应做好谈判的各项准备工作,包括:阅读谈判文件、熟悉评审标准;检查供应商报价文件的密封情况,对密封损坏的报价文件不予开启;审核报价文件的符合性,符合性不满足谈判文件要求的,作为无效报价文件处理;审核、分析、对比各有效报价文件,提出需要澄清、解释的问题清单;提出谈判要点,谈判要点根据项目而不同,但至少应当包含范围、质量、价格、技术方案、售后服务承诺等主要内容。

5.谈判

围绕事先确定的谈判要点,谈判小组全体成员集中与单一供应商分别进行谈判。逐家谈判一次为一个轮次,谈判轮次由谈判小组视情况决定。在谈判中,谈判的任何一方不得透露与谈判有关的其他供应商的技术资料、价格和其他信息。谈判小组对供应商谈判报价文件中含义不明确、同类问题表述不一致或有明显文字和计算错误的,可以要求供应商以书面形式加以澄清、说明或纠正,并要求其授权代表签字确认。

谈判文件如有实质性变动的,须经谈判小组三分之二以上成员同意并签字确认后,由谈判小组以书面形式通知所有参加谈判的供应商,并要求其授权代表签字确认(如不签字确认即被认为拒绝修改并放弃投标)。要求谈判供应商授权代表签字确认是为防止某些供应商因未中标而恶意投诉,声称自己根本不知道谈判文件已做过实质性调整。

谈判结束后,谈判小组应当要求所有参加谈判的供应商在规定时间内进行最终报价,采购中心组织现场公开唱标。谈判小组根据谈判文件中设定的评标标准,对最终报价进行评判并推荐出成交候选供应商,提交完整的谈判报告。谈判报告的内容和格式可参考评标报告。采购人从谈判小组提出的成交候选供应商中,根据符合采购需求、质量和服务相等且报价最低的原则确定成交供应商。

问题思考

1.货物的询价采购通常包括哪几步? 在实施中应注意什么问题?

2.直接采购适用于怎样的情形下? 其实施过程由哪些步骤构成?

3.在何种情形下会使用竞争性谈判进行采购? 如何做好竞争性谈判?

4.4 货物采购实施案例

4.4.1 案例:复杂的车辆招标采购案

2020年10月中旬,某新区采购中心受招商局的委托,为该局招标采购20辆公务用车。

1.招标采购的准备

新区采购中心所做出的招标准备工作如下：

（1）该局报送所需采购车辆的具体型号，项目经办人对定点采购积累的车型、价格等信息进行核对。考虑到该项目具有一定批量且招商局需求紧迫等原因，确定采用邀请招标方式。

（2）合同包划分。本次招标共分为两包，第一包为18辆 Q 型轿车，第二包为2辆 B 型轿车，这样分包旨在使供应商在其有竞争力的车型上充分发挥优势。

（3）新区采购中心办公室提供了 A、B、C、D 共4家供应商。

（4）制作招标文件。招标文件包括投标邀请、投标方须知、招标要求、合同条款、附件等内容。

（5）确定评标原则。由于车辆具体型号、配置等都已经确定，所以采用符合性检查基础上的最低价中标法，由各包报价最低的供应商中标。

2.招标过程

2020年10月30日下午16：00为截止时间，4家供应商前来购买标书。2020年11月2日该项目正式开标，4家供应商投标。开标后，新区采购中心和该局代表进行了询标，在不对标书实质性内容做出改动的前提下要求供应商澄清有关细节性问题。在符合性检查的基础上，根据最低价中标的原则，第一包 A 公司中标，第二包 B 公司中标。招商局本次车辆采购预算约为500万元，实际采购金额为470.42万元，节约率为5.9％。

3.决标后的插曲

事后才知道，这次所邀请的4家供应商存在微妙的关系，C 公司是某汽车制造股份有限公司在当地的三家总代理之一，A 公司是 C 公司的分销商；B、D 公司又是上述汽车制造股份有限公司在上海另外一家总代理的分销商。如果事先知道这种错综复杂的关系，直接邀请3家总代理前来竞标可能会取得更好的效果。对于邀请招标、询价等采购方式，供应商资质、信用的高低从某种程度上直接决定了采购工作的成败。

决标后，C 公司销售代表前往采购中心，出示制造商即上述汽车制造股份有限公司的"限价令"，A 公司的报价在制造商的限价之下，而 A 公司是 C 公司的分销商，根据"限价令"，C 公司不得向 A 公司供货。采购中心认为这是汽车制造、销售厂商之间的内部协议，不影响本次招标结果，届时 A 公司如不能按时供货将承担违约责任，并由候选的 C 公司自然替补。A 公司通过与各方进行沟通后，最终如期履约，决标后的插曲告一段落。

4.4.2 案例：曲折的广州格力废标案

1.广州格力丢掉1707万的采购项目

2008年11月4日，广州格力参与了"广州市番禺中心医院空调采购项目"子包二招标项目，参加投标的还有广州市水电设备安装有限公司、广东省石油化工建设集团公司、中建三局二建、广州市美术公司、广东省华侨建筑装饰公司等。格力以约1707万元的投标报价，以及技术和品牌竞争力等被评委推荐为排列第一的预中标供应商。

2008年11月5日，广州市政府采购中心向广州格力发送书面通知函："贵公司参加我中心组织的采购标的'广州市番禺中心医院空调采购项目'的投标，经项目评标委员会推荐，成为项目的中标候选供应商……"。然而，在半个月后，即2008年11月21日，广州市政府采购中心在其官方网站上公布的中标供应商却是报价金额为 2151 万元的广东省石油化工建设集团公司,其报价高出广州格力约 444 万元。

为何出现这种情况? 据称在 2008 年 11 月 7 日,采购人广州市番禺中心医院认为广州格力的投标文件"不符合招标文件中有星号标记的内容",所以不应中标。2008 年 11 月 14 日,广州市番禺区财政局政府采购办决定,由广州市政府采购中心对该项目进行复审。2008 年 11 月 18 日,广州市番禺区财政局邀请原评标委员会进行了复审核实,最终广州格力未能中标。

2. 对广州格力投诉的两次行政复议

广州格力就此事向相关部门进行了投诉,重申其投标文件完全符合招标文件的要求,认为采购中心组织的复审并没有法律依据,要求恢复其中标候选人资格,取消广东石化的中标资格。不过,广州市番禺区财政局于 2009 年 1 月 22 日做出处理决定,驳回投诉,为此,广州格力申请上级主管部门广州市财政局进行行政复议。

2009 年 4 月 22 日,广州市财政局做出行政复议,认为"在该项目中,原评审专家参与了评审,已经与该项目形成了利害关系,但番禺区财政局仅以原评审专家第二次评审结果作为认定事实的最终依据,推翻了原评审结论,认定事实依据不足且有失公正"。2009 年 6 月 9 日,广州市番禺区财政局按照相关回避原则,从专家库中抽取 7 名无利害关系的专家组成小组进行复审核实,其中 6 人认为格力投标文件不能满足招标文件星号标记条款的要求。以此为依据,广州市番禺区财政局于 2009 年 6 月 16 日发布投诉处理决定,认为投标供应商广州格力"不能满足本次争议采购项目招标文件的实质性要求"。

2009 年 9 月 18 日,广州市财政局做出第二次行政复议决定,维持番禺区财政局的决定。广州市财政局强调,在本次案件的招标中,仅进行一次评标,其余的两次均为核实。广州格力则认为,参与第三次评审活动的评标专家"根本就没有认真研究招标文件的内容,而且连招标文件的页码都没有搞清楚,提出的问题在招标文件所指页码中根本就查找不到,所谓的专家评审意见完全是采购人事先为集中采购机构所撰写的《情况说明》中的内容"。

3. 广州格力的投标文件是否有效

针对广州市财政局的行政复议结果,广州格力表示不服并将广州市财政局告上法院。2009 年 11 月 2 日,广州天河法院就"格力'废标案'"进行了开庭。据了解,导致广州格力被认为"投标文件不符合招标文件要求"的原因,主要是其投标文件不能满足招标文件星号标记条款的要求。广州市财政局的代理人表示,"格力的投标文件无效,自然就按照排名,由下一位预候选人中标",这完全符合《中华人民共和国招投标法》和《中华人民共和国政府采购法》的相关规定。

然而,广州格力的代理律师表示,《中华人民共和国政府采购法》第十七条的规定:"集中采购机构进行政府采购活动,应当符合采购价格低于市场平均价格、采购效率更高、采购质量优良和服务良好的要求。"另有相关规定要求,评标应当遵循的工作程序之一是:"对投标文件中含义不明确、同类问题表述不一致或者有明显文字和计算错误的内容,评标委员会可以书面形式(应当由评标委员会专家签字)要求投标人作出必要的澄清、说明或者纠正。"在庭审中,广州市财政局代理人反复强调,"预中标不等于中标,采购人或者任何单位对预中标企业有异议都可以提出。企业如果存在问题,就不能成为中标企业"。

继 2009 年 11 月 2 日格力"废标案"在广州天河法院开庭后,广州格力正式向广州市财政局递交《要求对政府采购违法行为从严查处的申请书》,要求对 2151 万元政府采购项目的违法行为依法给予行政处罚。申请书不仅详细描述了广州市政府采购中心在番禺中心医院"门诊楼变频多联空调设备及其安装"采购项目招标过程中的违法细节,而且格力提出的处罚要求更是多达五项。格力的申请书称,《中华人民共和国政府采购法》第三条以及《政府采购评审专家管理办法》第六条等规定,评标委员会成员名单应该连同中标结果一起在财政部门指定的政府采购信息发布媒体上公告。但至今,广州市政府采购中心没有对外公开发布任何一次的政府采购评审专家名单。

广州市财政局接到申请书后,明确表示,会对申请书中所提到的相关内容进行正式的回应。最终,经过法院的反复调解,上诉人广州格力空调销售有限公司于 2010 年 5 月 8 日自愿提出撤回起诉的申请。2010 年 5 月 14 日,法院裁定:"准许上诉人广州格力空调销售有限公司撤回起诉,裁定为终审裁定。"

问题思考

1.在"复杂的车辆招标采购案"中,招标方和投标方各存在什么问题?

2.在"曲折的广州格力废标案"中,招标方和投标方各存在什么问题?

3.在"曲折的广州格力废标案"中,广州市财政局的两次行政复议结果是否合理? 广州格力的投标文件是否具有有效性?

第5章
咨询服务采购的实施

本章导读

本章讨论与咨询服务采购实施的相关问题。首先,介绍了咨询服务采购的基本概念,包括咨询服务的特点和原则、咨询服务采购的内容及方式、咨询服务采购的合同类型与费用计算等。其次,探讨了咨询服务的招标采购,包括咨询服务常见的招标方式、招标的一般程序、招标文件的构成及内容等。再次,分析了咨询服务的选择方法,包括常用咨询服务选择方法,以及基于质量和费用的咨询服务招标实施步骤和操作要点。此外,归纳了设计招标、监理招标和勘察招标等几种典型的咨询服务采购。最后,用两个案例对比了咨询服务采购与一般服务采购的根本不同。

5.1 咨询服务采购概述

5.1.1 咨询服务的概念及特点

1.咨询服务的概念

咨询包含请教、询问、商议等意思,服务即指提供帮助,咨询服务的意思是为问题的解决提供帮助。从狭义上来讲,咨询服务是一种顾问及相应的客户服务活动,其内容是为客户提供咨询服务,这种服务的性质和范围通过与客户协商确定,客户(咨询方)提出问题或疑难,服务主体(服务人)给出建议或解决方案,双方通过协议对彼此的责任和义务进行约定。随着知识经济时代的到来,咨询服务产业和咨询服务贸易在各国国民经济中的比重日趋增大,在世界经济中的地位越来越重要。

从项目实施和管理的视角出发,咨询服务是指在项目实施的各个阶段,咨询人员利用相关的知识、技能和经验,及时、准确地回答用户提出的问题,提供智力服务,亦即咨询专家受客户委托为寻求解决项目实际问题的最佳途径而提供的智力服务。咨询服务对项目目标的顺利实现起着十分重要的作用,其本质就是帮助用户最大限度地减少决策失误。按照一般的产业划分方法,咨询服务属于第三产业范畴,它是知识密集型的高级智力服务行业,咨询人员通常是工程师、教授、研究员、会计师,或者其他具有专门知识的专家和技术人员。咨询专家或咨询公司不仅可以为客户提供专门的高新技术,如发明专利等,而且可以协助客户实施项目,如可行性研究、设计监理、财务分析、法律服务、项目招标、实施管理等,从而为客户实现预期的项目目标提供支持。

2.咨询服务的特点

与工程和货物相比,咨询服务通常具有如下特点:

(1)专业性。咨询服务是以智力服务于社会,咨询人员利用自己独有的技术、经验、信息等为客户提供的智力服务,具有很强的专业性,如法律咨询人员必须熟悉相关法律法规。因此,咨询人员必须拥有很强的专业背景知识和熟练的专业技能,这是咨询工作正确进行的基本条件。

(2)综合性。随着现代经济发展全球化、多元化和科学技术的不断进步,研究对象的日益庞大和复杂,以及影响事物变化的因素日益增多,用户需要咨询服务的问题也日趋复杂,往往涉及自然科学和社会科学中多种学科知识,所要决策的问题往往不是单一学科、单一技术和单一方法能够解决的,经常需要多种专业知识、技能和工具。这就要求咨询人将各种相关知识综合运用到委托任务中,才能得出正确的判断并提出问题的解决方案。因此,从某种意义上说,咨询工作的水平高低,往往不是依靠掌握某一项专业知识的多少,而是取决于综合分析能力的强弱。

(3)科学性。咨询服务业是知识密集型的高级智力服务行业,咨询工作自身的科学性是使决策科学化的重要保障。要使咨询工作科学化,必须拥有分析问题与解决问题的哲学方法、逻辑方法和学科方法,如文献法、市场调查研究方法、风险分析方法和网络控制方法等。

(4)独立性。咨询服务单位是独立自主的机构,它接受用户的委托,进行独立研究,不受外界的干扰或干预,向用户提供客观的方案。在咨询过程中,用户经常会从自己的角度出发提出各种要求,而这些要求有时不一定合理,咨询人员需要充分理解决策者的意图,但必须保持其自身高度的独立性,以保证最终得出符合客观实际的正确方案。

(5)选择性。咨询服务是为决策者提供所要咨询问题的发展策略、设计方案和实施方法等,简单的咨询需求一般只提供一个方案即可。面对复杂的咨询问题,对决策者来说仅仅只有一个方案意味着没有选择余地,难以分辨优劣,这就要求咨询服务人员为决策者提供多种方案,以便进行比较,分析论证每个方案的利弊,最终得出正确决策。

3.提供咨询服务应坚持的原则

咨询服务的上述特点要求咨询人或咨询单位在提供咨询服务时,必须坚持如下的基本原则:

(1)公正性原则。咨询单位在行使其委托权时,往往涉及项目有关各方的权益,一些单位和个人可能设法对咨询工作施加影响,使之对己方有利,这些影响可能导致不公正的结论或给项目造成损失。因此,咨询工程师应在任何时候都正直和公正地行使其职权,做到不偏不倚,不接受任何可能导致判断不公的报酬,这是保障高质量完成咨询任务的重要前提。

(2)系统分析原则。由咨询服务的综合性特点不难看出,咨询服务问题的复杂性决定了对事物进行科学分析,不仅要拥有丰富的科学知识和大量信息,分析方法还必须具有整体性和全面性。坚持系统分析的原则是指不能只抓住事物的一个方面,而应有全局观念,重视事物之间的相互联系和制约关系。尤其是面对日趋庞大且复杂的工程建设项目时,其影响因素众多,只有注重系统性原则才能保证咨询服务的质量。

(3)定性分析与定量分析相结合的原则。在咨询服务中,定性分析主要用于许多难以用数量表达的场合,在逻辑分析、判断推理的基础上,对客观事物进行分析与综合,从而找出事物发展的内在规律性,确定事物的本质。但由于咨询问题的复杂性,仅做定性分析是远远不够的,在对事物进行定性分析的同时,往往还需要运用数学、统计学、运筹学、计量学等学科知识对事物做出定量分析,通过数学图表和模型等方式来研究事物的本质。在咨询工作中采用定量分析的方法,对复杂事物进行数据处理,进行比较分析,可以使问题更为清晰,解决方案更为精确。

(4)静态分析与动态分析相结合的原则。静态分析基于对历史和现状的分析,通过观测和评价事物某一时点的状态,对项目所处的环境状态、项目的效益状况等进行分析评价。但是,由于项目的长期性、动态性等特点,事物是在不断变化的,因此在咨询服务的各个阶段,特别是在项目决策阶段,还要树立动态观念,如考虑资金时间价值、市场供求变化、技术发展变化、社会经济环境的变化等。

(5)统计分析与预测分析相结合的原则。通过统计分析,可以了解事物的发展状况,对项目的执行情况进行监控。通过对投资、质量进度等进行统计分析,并与计划进行比较,可以判断项目的进展情况,以便采取有针对性的应对措施,促进项目的顺利进行。但事物不是静止不变的,还必须通过科学的预测掌握未来的趋势,如对未来的社会经济环境状况、产业政策走向、技术发展趋势、市场需求变化、原材料供应、配套条件约束、资金市场等进行预测。预测分析是咨询服务的重要方法,是项目决策的基础。

5.1.2 咨询服务采购的内容及方式

咨询服务采购属于无形采购,是指通过招标或其他方式聘请咨询公司或咨询专家来完成项目所需的各种服务,包括项目的可行性研究、项目的设计、项目管理、施工监理、技术支持和人员培训等服务。咨询服务采购是业主为了满足项目的实施需要,选择咨询公司的过程。与货物和工程采购相比,咨询服务采购具有以下特点:咨询服务采购的对象通常是无形产品,其质量和内容难以像货物和工程那样定量描述,有时很难精确描述其技术规格;重视咨询公司的能力和质量(这主要由咨询公司的技术和专门知识决定),而不是价格,而且,越是智力投入高、对专业技术水平有特别要求的咨询服务项目,价格因素在评审中占的比例就越低;有的咨询服务项目(如设计、专题咨询)涉及某些特定技术或艺术,往往与知识产权的保护息息相关,能够满足要求的咨询公司的范围受到一定的限制,因此只能通过邀请协商等方式进行。

1.咨询服务采购的内容

咨询服务采购的业务范围非常广泛,总体上说,常见的咨询服务主要包括项目投资前研究、准备性服务、执行服务、技术援助等内容。

(1)项目投资前研究。项目投资前研究是指在确定项目之前进行的调查研究,其目的在于确定投资的优先性和部门方针,确定项目的基本特性及其可行性,提出和明确项目在适应政府政策、经营管理和机构方面所需的变更和改进。

(2)准备性服务。准备性服务是指为了充分明确项目内容和准备实施项目所需的技术、经济和其他方面的工作,通常包括编制详细的投资概算和营运费用概算、工程详细概算、工程详细设计、交钥匙工程合同的实施规范、土建工程和设备招标采购的招标文件。准备性服务还包括与编制采购文件有关的服务,如保险要求的确定、专利人和承包人的资格预审、分析投标文件并且提出投标建议等。

(3)执行服务。执行服务是指工程监理和项目管理,包括检查和督促工作、审核承包商和供货商出具的发票、提供与合同文件解释有关的技术性服务。

（4）技术援助。技术援助是指范围广泛的咨询服务和支援性的服务。例如，编制开发计划和行业规划，包括组织和管理方面的研究、人员需求和培训方面的研究以及协助实施研究中提出的建议等。

咨询公司为建设项目提供咨询服务的具体内容与项目建设过程密切相关，从工程建设各阶段来说，可以包括项目决策阶段、建设准备阶段、项目实施阶段和总结收尾阶段的咨询服务，如图 5-1 所示。

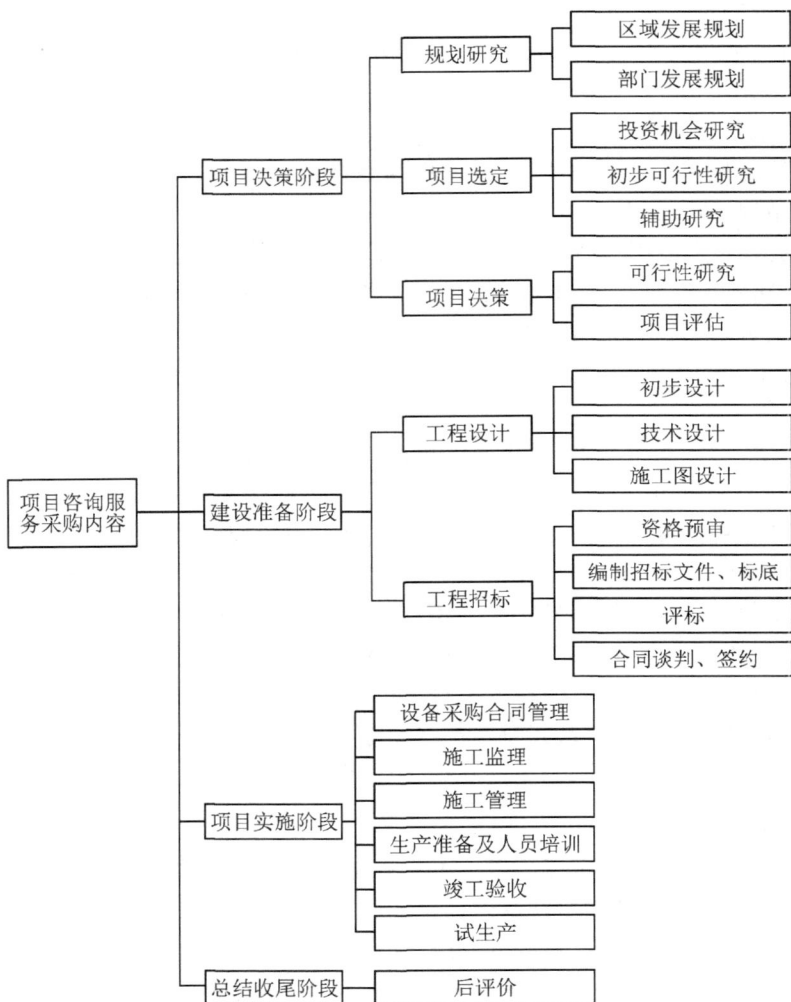

图 5-1　项目咨询服务采购内容

（1）项目决策阶段。在投资之前，工程咨询公司受客户委托从社会、经济、技术、财务、组织管理等方面进行一系列调查研究和分析论证，设计选择项目优化方案，减少投资风险，为投资行为做出正确的决策，以达到实现最佳效益的目的。这一阶段咨询服务采购内容主要包括区域及部门（行业）发展规划、投资机会研究、可行性研究和项目评估等。

（2）建设准备阶段。这一阶段的咨询服务采购主要是为项目进行建设做好各种准备工作，如办理审批手续，进行工程设计（包括初步设计、技术设计、施工图设计等），协助业主完成资格预审、编制招标文件、评标、合同谈判等系列工程采购工作。

（3）项目实施阶段。这一阶段的咨询服务采购主要是按合同为项目的施工、竣工和投产提供服务，以达到预期的项目目标，实现投资效益。例如，作为监理工程师需要承担设备采购合同管理、工程施工监理工作等。

（4）总结收尾阶段。这一阶段的咨询服务采购主要是在项目投产或运营一段时间之后，对项目建设的全过程、项目选择、建设方案、项目目标的完成情况，特别是经验和教训进行总结，即后评价，一般包括过程评价、效益评价、影响评价、持续性评价和综合评价等五个方面。

2.咨询服务采购的方式

咨询服务采购是项目采购的一个重要方面，与工程和货物采购相比，两者都采用了竞争性的评选，但从采购程序和合同法律的角度分析，两者在选聘和招标方面存在不同之处，具体表现在以下几个方面：

（1）咨询服务采购的业主在邀请之初提出的任务范围不是已确定的合同条件，而只是合同谈判的一项内容，咨询公司可以而且往往会对其提出改进建议。工程和货物采购时提出的采购内容则是正式的合同条件，投标者无权更改，只能在必要时按规定予以澄清。

（2）咨询服务采购的业主可开列符合要求的咨询公司短名单，并且只向短名单上的咨询公司直接发邀请，而工程和货物采购则大多要求通过公开广告直接招标。

（3）咨询服务采购应当以技术方面的评审为主选择最佳的咨询公司，不应以价格最低为主要标准；而工程和货物采购一般则是以技术达到标准为前提，将合同授予评标价最低的投标者。

（4）咨询公司可以对业主的任务大纲提出修改意见；工程和货物采购的投标文件必须以招标文件规定的采购内容和技术要求为标准，达不到标准的投标书即为废标。

（5）咨询公司的选聘一般不进行公开开标，不宣布应聘者的报价，对于晚于规定期限送到的建议书，也不一定是无效的；而工程和货物采购则要求公开开标，宣布所有投标者的报价，迟到的投标文件则作为废标。

此外，咨询服务采购还可采用方案竞赛的形式。方案竞赛是分派规划设计任务常用的方式，可以组织公开竞赛，也可仅邀请少数经预先选择的规划设计机构参加竞赛。一般的做法是由业主提出规划或设计的基本要求和投资控制数额，并提供可行性研究报告或设计任务书、场地平面图有关场地条件和环境情况的说明，以及规划管理部门的有关规定等基础资料，必要时还须组织查看现场；参加竞赛单位据此提出自己的规划或设计初步方案，连同该项规划或设计任务的主要人员配置、完成任务的时间和进度安排、总投资估算和设计费用等项，一并送交业主；然后由业主聘请有关专家组成的评选委员会，选出优胜单位，业主与它协商签订合同。对未中选的参赛单位，则给予适当的补偿。

设计方案竞赛与设计招标的不同点在于：参赛者不一定提出报价，只需提出设计方案；入选的参赛者可以获得资金支付，非入选者也可以得到一定的经济补偿，如果业主利用了参赛者的设计方案，而又委托其他人进行设计，则要给予另外的补偿；设计方案竞赛评比的第一名往往是设计任务的承担者，但也可以将所有的优秀方案，包括各个子系统的优秀方案综合起来，作为项目设计方案的基础，再以一定的方式委托设计者。

5.1.3 咨询服务采购的合同类型与计费方式

1.咨询服务采购的合同类型

按照付款方式的不同,咨询服务采购合同可以分为如下几种:

(1)总价合同。采用总价合同时,价格应当作为评选咨询公司的因素之一。总价合同的特点是合同项下的付款总额一旦确定,就不要求按照人力或成本的投入量计算付款。总价合同一般按议定的时间表或进度付款,管理上比较容易,但是谈判可能会比较复杂。总价合同的费用预算通常包括价格不可预见费,但是应当在谈判中检查其是否合理。合同之外的工作通常按计时费率另行支付。

(2)百分比合同。百分比合同通常用于建筑方面的咨询服务,也可用于采购代理和检验代理。在这种合同中,采购方基于估算的或实际的项目建设成本,或所采购和检验的货物的成本,确定支付给咨询公司的报酬。对这类合同应以服务的市场标准或估算的人月费用为基础进行谈判,或寻求竞争性报价。

(3)计时制合同。计时制合同主要用于复杂的研究、工程监理、顾问性服务,以及大多数的培训任务,服务范围和时间长短一般难以确定。付款是基于双方同意的人员(一般在合同中列出名单)按小时、日、周或月计算的费率,以及使用实际支出和双方同意的单价计算的可报销项目费用。

(4)不定期执行合同。在采购方需要"随叫随到"专业服务,以对某一特定活动提出意见,而提意见的程度和时间在事前无法确定的情况下,可使用不定期执行合同。这类合同通常用于复杂项目的实施、争议解决、机构改革、采购建议、技术攻关等,合同期限通常为一年或更长的时间。采购方和咨询公司就对专家付款的费率单价达成协议,并且按实际工作时间付款。

各种类型的咨询服务合同条款不尽相同,侧重也有所差异,但都围绕以下几个重要条款组成合同的主干:①货币。在国际咨询服务采购中,采购方发出的建议书邀请函应明确说明咨询公司要以何种货币单位表示其服务价格。咨询公司也可以不同的货币金额之和来报价,但使用的外币不应超过三种。②支付条款。采购方和咨询公司应在谈判期间就合同中的支付条款,包括支付金额、支付时间表和支付程序,达成一致。③价格调整。当合同期超过 18 个月时,应在其中包括一个价格调整条款,以针对国外或当地的通货膨胀对报酬进行调整。如果当地或国外通货膨胀很高或不可预测时,合同期少于 18 个月的合同也可包括价格调整条款。④利益冲突。咨询公司除得到合同规定报酬外,不应得到任何与该任务有关的报酬,咨询公司及其相关的单位和人员不得从事与合同项下与业主利益有冲突的咨询活动。⑤适用法律和争议解决。合同应包括涉及适用法律和争议解决机制的条款,一般使用国际商务仲裁。

2.咨询服务采购的计费方式

在咨询服务采购和合同谈判中,常见的计费方式有以下几种:

(1)人月费单价法。人月费单价法是用咨询人员每个人每个月所需费用乘以其相应的工作月数,再加上其他非工资性开支来计算咨询服务费的方法。这种方法广泛应用于工程项目的一般性计划、可行性研究、工程设计、建设监理和项目管理等咨询任务中,是国际竞争性咨询采购投标中常用的费用计算方法。

（2）按日计费法。按日计费法是按咨询人员的工作日数计算所需费用的计费方法，即以每日费率乘以相应的工作日数，加上其他非工资性的工作支出，如差旅费、办公费等，由雇主直接补偿。

（3）成本加固定酬金法。成本加固定酬金法是在经双方讨论同意的估算成本的基础上，再加一笔固定数目的报酬金额的计费方法。这里所说的成本包括咨询人员的工资与各种社会福利、公司管理费和可报销费用，而固定酬金包括不可预见费、投资利息、奖金和利润。由于这种收费方式的成本难以控制，因而在实际中采用得相对较少。

（4）总价法。总价法是咨询公司与采购方针对一项咨询任务经商定同意以总价计算咨询费用的方法。根据咨询任务的具体情况和双方协议，总价可分为固定总价和可调总价等形式。

（5）工程造价百分比法。工程造价百分比法是按工程项目建设总投资的某个百分比来计算咨询费用。一般情况下，工程造价低的项目取费百分比高一些，工程造价高的项目取费百分比低一些；工程难度大、技术复杂的项目取费标准高于工程难度小、技术不复杂的项目。

（6）顾问费。即雇主以支付顾问费的方式，聘用个人咨询专家或咨询公司在一段时间内提供咨询服务。顾问费的数额高低与咨询服务的性质、工作内容和价值有关，也与咨询专家的经验、专业知识和技术水平有关。顾问费的支付方式可以按月支付，或按双方事先商定的其他方式支付。

对于国际上使用最为广泛的人月费单价法计费方式，估算费用主要由酬金、可报销费用和不可预见费三部分组成。①酬金。咨询人员的酬金数额等于人月费率乘以人月数。人月费率也称月酬金，由咨询人员的基本工资、社会福利费、公司管理费、利润以及海外津贴与艰苦地区津贴组成。②可报销费用。可报销费用是为执行咨询服务任务而发生的工作费用，包括国际与国内交通旅行费、食宿费、通信费、资料费、办公设备费，以及使用当地提供的设施和服务所支付的费用。③不可预见费。不可预见费是指在酬金和可报销费用之外，在执行咨询任务过程中发生的额外费用。如由于工作量额外增加而导致的咨询专家酬金的增加；由于通货膨胀、汇率波动而引起的成本费用的增加等。该项费用是采购方的备用金，通常取酬金和可报销费用之和的 5%～10%，如果不发生上述情况，则咨询公司不能得到这笔费用。

问题思考

1.咨询服务有何特点？在提供咨询服务时应坚持的基本原则是什么？

2.咨询服务采购通常包括哪些内容？主要的采购方式有哪些？

3.咨询服务采购常见的合同类型有哪几种？咨询服务的费用如何计算？

5.2　咨询服务的招标采购

5.2.1　咨询服务采购的招标方式

咨询服务的招标方式理论上可分为公开招标、邀请招标和指定招标三种，分别说明如下。

1.公开招标

咨询服务的公开招标可以是国际竞争性公开招标,也可以是国内竞争性公开招标。咨询服务的国际竞争性招标,是指在全球范围内公开招标选择咨询公司。采用这种方式可以为一切有能力的咨询公司提供一个平等的竞争机会,采购方可以从众多的咨询公司中挑选一个最为理想的投标人,为其提供高质量和高效益的咨询服务。绝大多数国际金融机构如世界银行、亚洲开发银行等,都要求其贷款项目的咨询服务采用国际竞争性公开招标进行采购,并为此专门制定了选择咨询公司的规章、制度、办法和程序。如果把咨询服务的投标人限制在国内,则变为国内竞争性公开招标,国内竞争性公开招标竞争性较弱,通常是金额较小、较为简单的且需具备国内经验的咨询服务,才采用这种招标形式进行采购。如果项目的资金来源为世界银行等国际金融机构,那么,采用国内竞争性公开招标必须经过批准才可实施。

2.邀请招标

邀请招标也称有限竞争性招标,是业主利用自己的经验和调查研究获得的资料,根据咨询公司过去承担类似项目的经历和信誉等,选择数目有限的几家咨询公司发出投标邀请函,进行项目竞争。采用这种招标方式,参与竞争的公司数量少,招标工作量小,可以节约时间和费用。由于咨询服务自身具有不同于工程和货物的特点,在合同执行过程中,需要咨询公司及专家提供创造性的智力服务,所以,咨询服务选择时需侧重考虑咨询单位的技术资格能力和经验,选择方法也多采用邀请招标,即通过所谓的短名单来邀请咨询单位参与竞争。

3.指定招标

指定招标也称谈判招标,是由业主直接选定一家公司通过谈判达成协议,为其提供咨询服务。这种方式通常在一些特定情况下采用,例如,业主需要咨询公司承担严格保密的军事工程咨询任务,直接聘用有资格的相关公司;业主需要某些咨询公司独家拥有的专利技术;某咨询公司曾为业主进行过项目决策阶段的研究工作,并建立了良好的信誉,业主认为这个公司具有从事以后阶段的设计咨询任务的技术水平和能力,考虑到工作的连续性,节约再次招标的时间和费用,仍然继续委托该公司承担后续的工作任务。

咨询服务招标通常采用双信封制,要求投标者根据招标文件的要求,把其建议书的技术部分和报价部分分装两个信封同时密封投递。评标时,先评审技术部分的投标文件,满足要求后才开启报价部分的投标文件并进行评审。综合技术主要方面和报价方面的情况后按优先顺序进行排序,在此基础上进行决标定标,与中标的咨询公司签订合同。

5.2.2 咨询服务招标的一般程序

咨询服务的招标采购多以拟定短名单形式的邀请招标为主,其实施过程的常见程序如下:

1.拟定咨询服务工作大纲

咨询服务工作大纲是采购方对咨询服务工作的要求,是咨询公司编写咨询服务建议书的依据和基础,它必须界定服务提供者的职责和义务。咨询服务工作大纲中的大部分内容都会写入合同,作为确定合同中关于"服务"的定义和内容的组成部分,所以,其内容必须准确、简练、清晰,确保合同双方不会产生理解上的歧义,以免在合同执行过程中产生不必要的争议和纠纷。典型的工作大纲包括以下内容:

(1)概述。简述咨询任务的基本情况及其他有关背景资料。

（2）目标。说明该项咨询任务计划达到的目标。

（3）工作范围。详细说明咨询公司应当完成的咨询任务和具体要求。

（4）培训要求。如果需要人员培训，说明咨询公司在人员培训方面应该完成的工作。

（5）进度与报告。关于咨询工作进度计划和工作进展情况报告的要求。

（6）采购方的义务。说明采购方向咨询公司提供的有关资料、人员配合、设施和服务支持等。

2.估算咨询服务费

项目单位就拟议中的咨询任务，应做出费用估算。费用的估算应以咨询服务工作大纲为基础，其多少应视所要求的任务范围和目标，以及所需的各种人力、物力投入而定，包括人员的类别和水平，在现场和办公室工作所需时间、物质投入以及服务所需的其他事项等。咨询费用通常应包括咨询公司工作人员费用、当地工作人员费用、飞机票、旅途中住宿费用、车辆、办公设备、工程设备、电传服务、报告复印、调查过程中的花费、生活津贴或每日费用及国内旅行费用等。咨询服务费用有时可以按照经验进行粗略的估算。

3.确定咨询公司短名单

为了保证聘请到真正适合咨询任务需要的咨询公司，采购人要在较大范围内进行挑选、寻找与咨询任务相关的咨询公司，拟定一份候选公司较多的名单，称为长名单。在确定长名单后，对名单上的公司进行调查、分析，从中挑选出能力和水平更符合咨询任务要求的公司，然后再进行详细的分析，选出对咨询任务具有丰富经验的3～6家公司，形成所谓的短名单。确定短名单时主要考虑以下几个方面的因素：以往完成类似工程咨询任务的经验；与类似工程主管部门交往的经验；在类似项目所处气候、地理、社会文化条件下的经验；公司的综合实力，如资质、信誉、人员素质、资金、设备等。

4.制定评选方法和标准

在短名单准备好之后，应制定出咨询公司的评选方法和评选标准。常用的方法称为"双封制"，即咨询公司投标时，同时递交分别包装密封的"技术建议书"和"财务建议书"。评审时，先打开技术建议书进行评价，按评价结果排出咨询公司的名次。首先邀请排名第一的公司进行合同谈判，财务建议书只是在谈判时才被打开，作为谈判的内容之一。如果谈判达成协议，则其他公司的财务建议书将被原封退回。评价标准通常是以咨询公司及其工作人员的资历和经验、技术建议书的水平和质量，以及采购方对咨询公司的信任程度为主要考虑因素，而以咨询服务费为次要考虑因素，这与工程和货物采购评标将报价的高低作为主要评价标准是不相同的。

5.发邀请函及征求咨询服务建议书

采购方向短名单中的每一家咨询公司发出邀请函，介绍咨询任务的具体内容和要求，邀请他们以建议书的方式投标。邀请函一般包括以下内容：咨询任务简介；附件，包括工作大纲、合同草案、背景资料等；咨询公司评选方法与程序；关于预期工作量按人月数表示的说明；有关该任务的外部资助的细节和状况；要求咨询公司提供费用估算的资料；有关当地的相关法律资料；被邀请投标的咨询公司的名单；建议书编制使用的语言、提交的份数、递交地点和截止日期；合同谈判与工作开始日期；建议书的有效期；要求被邀请的公司以电传的方式确认已收到邀请函，明确是否愿意提交建议书；关于咨询公司访问雇主的执行机构、进行实地考察的说明；

雇主提供的协助与支持,如生活设施和服务等。同时,在邀请函中对建议书的编制内容提出具体的要求,咨询公司按要求编写技术建议书和财务建议书,并按规定的时间、地点递交。

6.建议书评审

受邀请的咨询公司根据招标文件的要求递交咨询服务建议书,采购方在收到咨询公司提交的建议书后,应对该咨询公司提出的工作方法、工作安排、拟任用的咨询人员的能力与经验、所提供的监管人员的水平、公司对此任务的重视程度、公司总体的资历与设施,以及可以从其他来源获得的帮助等,予以仔细的分析与评比。此外,还应适当考虑咨询人员对所要开展工作的国家的国情、习俗与语言的熟悉程度。在基于质量和费用即"双封制"的选择程序下,建议书的评审应分两个阶段进行,首先是质量,然后才是费用;进行了技术建议书的评审后,然后才能开启财务建议书并进行评审。

7.合同谈判与签订

根据建议书的评审结果,首先与排名第一的咨询公司接触,商签咨询服务合同有关事宜。由于招标过程重大的问题已通过澄清等手段解决,使得合同谈判的过程变得较为简单。在合同双方对合同稿共同确认后,合同的签订也就水到渠成了。合同签订后,还应尽快通知未中标单位。为了使合同谈判顺利进行,谈判前应准备好合同草本。在实际中,可以根据项目的性质选择一种合同范本。

5.2.3 咨询服务的招标文件

1.招标文件的构成

与工程和货物采购相似,招标文件在咨询服务采购中发挥着关键的作用,它是采购方与咨询公司在招标过程中沟通的法律文件,并对随后合同的执行产生重要影响。咨询服务的招标文件一般包括投标邀请书、咨询公司须知、技术建议书、财务建议书、工作大纲、业主为咨询公司提供的投入、标准合同格式、评标方法与评标标准等八个部分。各部分的具体内容如下:

(1)投标邀请书通常包括任务简要说明(提供背景方面的情况)、估计需提供咨询服务的期限、合同的类型、提交建议书的要求、选择和评审程序以及联系方式等。

(2)咨询公司须知通常包括咨询招标文件的澄清与修订、建议书的准备、建议书的提交和启封、建议书评审、谈判、授予合同等。

(3)技术建议书通常包括提交格式要求、公司业绩、咨询公司对工作大纲的建议与意见、咨询工作队伍的组成及任务安排、实施咨询服务的方法、工作计划的描述、咨询工作队伍的组成及任务安排、推荐的专业人员履历表格式、专业人员时间计划表、任务(工作)时间等。

(4)财务建议书通常包括提交格式要求、费用汇总、每项工作的价格分解、每项工作的报酬分解、每项工作的可补偿费用、其他费用、支付程序等。

(5)工作大纲通常包括项目概况、目标、咨询服务范围、培训、文件编制和报告、工作大纲附件等。

(6)业主为咨询公司提供的投入通常包括工作条件、生活条件、交通条件、其他条件等。

(7)标准合同格式通常包括合同协议书、通用合同条件、专用合同条件、附件等。

(8)评标方法与评标标准通常包括评标方法、评标标准、附表等。

2.投标邀请函与咨询公司须知

咨询服务招标文件的邀请函是寄给短名单上的每一家公司,邀请他们提交建议书的信件,有时也称为"建议书征求函",其作用是向被邀请的公司提供项目信息,邀请其对咨询项目投标。咨询公司须知是告知咨询公司在投标过程中应注意的重要事项,主要内容有:咨询服务招标项目的简单介绍、招标文件中应注意的问题、招标文件的基本组成;咨询服务招标文件的澄清与修订,规定了参加投标的咨询公司和业主之间在投标截止日期之前,对各自不清楚的问题如何澄清和修改,如业主对原招标文件有修改则构成补遗,具备同样的法律效力;咨询公司建议书的准备,建议书包括技术建议书和财务建议书两部分,这两部分建议书各自所包含的内容和选用的格式将在招标文件中做详细规定;咨询公司建议书的提交、接收和启封的程序和相关的规定;咨询公司建议书的评审,技术建议书和财务建议书的评审一般分开进行,为提高建议书评价的透明度,业主最好给出比较明确的评标、打分办法;标前谈判的规定,这是咨询服务项目采购必经的阶段,谈判可能会对原招标文件中的一些规定,如工作范围、实施方法、支付问题等做出相应的调整;谈判成功之后,授予合同的规定;咨询公司须知数据表,此表类似项目招标文件中或投标者须知中所包含的招标资料表,将咨询公司须知中关键的信息和数据单独列出。

3.技术建议书与财务建议书

咨询服务招标文件中的技术建议书是投标文件的最重要的部分之一。雇主(采购人)一般给出一些具体格式,要求参加投标的咨询公司遵守,但并不像项目采购招标文件规定的那么严格,应该给咨询公司足够发挥其想象力和展示各自特点和实力的空间。技术建议书是一封确认信,其格式类似投标书格式,咨询公司用此规定的格式确认技术建议书的内容。关于咨询公司对工作大纲以及采购方提供的数据、服务和设施的建议与意见,采购方一般不要做明确的要求,以便各参加投标的咨询公司能够充分展示自己的方案。咨询服务项目的成功与否,关键取决于提供咨询服务人员的素质,这也是采购方最为关心的内容,所以,采购方通常会要求参加投标的咨询公司必须提供参加咨询服务人员的详细情况。

咨询服务招标文件的财务建议书同样是投标文件的重要组成部分,采购方一般给出一些具体格式,要求参加投标的咨询公司填写。财务建议书的提交格式也是一封确认信,类似技术建议书格式。参加投标的咨询公司还应提出未来的支付程序,双方在中标后的谈判时再最终确定。

4.合同条件

咨询服务合同一般应包括如下主要条款:咨询服务名称,咨询服务的内容和要求、提供的方式,当事人的权利和义务,完成咨询任务的时间要求,对咨询成果的检验标准和方法,咨询费用的计取标准和方法、支付日期和方式,违约责任,争议的解决办法,协商一致的其他条款等。

问题思考

1.咨询服务常见的有哪几种招标方式? 其与工程和货物招标有何区别?

2.咨询服务招标的一般程序是什么? 招标文件通常包括哪些内容?

5.3 咨询服务的选择方法

5.3.1 咨询服务常用选择方法

咨询服务的选择方法,是指采购方选择咨询公司时主要的考量因素以及由此形成的具体操作方法。咨询服务的选择方法不仅决定了招标采购时的评标标准和权重设置,而且对整个采购过程的各个环节均会产生直接的影响。常用的咨询服务选择方法有基于质量和费用的选择方法、基于质量的选择方法、基于费用的选择方法和其他选择方法等。

1.基于质量和费用的选择方法

基于质量和费用的选择方法是指在选择咨询公司的时候,同时将咨询公司提供的咨询服务的质量和报价考虑在内,根据项目的需要将这两方面设置为不同的权重,分别进行评审后确定中标的咨询公司。采用该方法的咨询服务招标通常采取技术建议书和财务建议书双信封制,由评标专家先对技术部分进行评审,满足要求后再对报价部分进行评审,最后对两部分评标结果进行综合排序,从中选出中标咨询公司并与之签订咨询服务采购合同。

基于质量和费用的选择方法使得采购方可以兼顾咨询服务的质量和报价,根据项目实施的需要赋予两方面不同的权重,由此选择到最适合项目实施需要的咨询公司。通常,对于任务明确、技术要求简单、技术线路清晰、工作质量对项目整体实施影响不大的咨询服务任务,可以将报价权重设置的大一些;反之,对于那些任务构成复杂、技术要求高、工作涉及面广、对项目实施影响大的咨询服务任务,则应将技术建议书质量的权重设置的大一些。由于基于质量和费用的选择方法具有较高的灵活性,因而在咨询服务的采购中应用最为广泛。

2.基于质量的选择方法

基于质量的选择方法是指在选择咨询公司时,只考虑其提供咨询服务的质量,而不考虑其报价的高低和费用因素,采购方根据技术建议书的质量决定最终的中标咨询公司。这种选择方法一般适用于技术复杂程度高、工作质量对项目实施过程和结果会产生重大影响的咨询任务,这类咨询任务常见的有:项目的战略规划、复杂的工厂设计;咨询成果不是最好或不适当时会发生重大危险的任务,如大坝或桥梁的设计、港口的位置报告;可以用实质上不同方法执行的任务,以至于商务报价之间不具有可比性等。

基于质量的选择方法在使用时,可以要求咨询公司只提交技术建议书,无须提交财务建议书。对技术建议书进行评标确定中标咨询公司后,再根据咨询公司实际投入对咨询任务的费用进行谈判,最终确定合同价格。为了在技术建议书评标完成后,双方能够就合同价格尽快达成一致,基于质量的选择方法也可以采用技术建议书和财务建议书双信封制,咨询公司在财务建议书中根据其投入估算咨询任务的费用。采购方不对财务建议书进行评审,在对技术建议书进行评审选定咨询公司后,再根据该咨询公司提供的财务建议书对费用进行谈判,最终就价格达成一致并签署合同。

3.基于费用的选择方法

基于费用的选择方法是指在选择咨询公司时,重点考察其费用因素而将技术建议书放在次要位置,通常适用于比较简单的、标准化的常规性咨询任务,如项目审计、简单的工程设计等。在基于费用的选择方法的实施过程中,采购方需在建议书邀请函中规定咨询公司在技术规范方面应达到的最低合格分,投标人按双信封制分别提供技术建议书和财务建议书。业主先开启技术建议书并进行评审,选择达到最低技术合格分的所有咨询顾问,随后公开开启他们的财务建议书,从中选出价格最低的咨询公司,与其进行谈判并签订合同。对于那些技术建议书未达到最低技术合格分的咨询公司,无论其报价高低都应予以拒绝。

基于费用的选择方法还可用于预算固定的咨询服务采购中,亦即咨询服务的采购受到固定预算的约束。在这种情形下,采购方建议书邀请函应指明可获得的预算,并要求咨询公司以不同的信封,分别提交其按预算范围编制的最佳的技术和财务建议书。在这种方式下,业主应特别注意编制好任务大纲,以确保咨询公司可在预算约束的范围内能完成任务。在评审过程中,应拒绝超过预算的投标人,然后与技术建议书得分最高且不超预算的咨询公司进行谈判并签订合同。

4.其他选择方法

除了上述咨询服务的选择方法外,还存在一些其他的选择方法,适用于不同的现实情况。

1)基于咨询专家资历的选择方法

对于一些工作量较小的咨询任务,如果使用其他方式来准备和评审建议书,则费用太高,这种情况下,可采用基于咨询专家资历的选择方法。首先,由业主编制咨询任务大纲;其次,要求潜在的咨询专家提供意向书及相关经验和能力情况证明,并要求其同时提交一份合并技术和商务的建议书;再次,从投标人中挑选出最适当资质和相关业绩的咨询专家,与其进行谈判并签订合同。

2)基于单一来源的选择方法

基于单一来源的选择方法是在某些特殊情形下,直接与某一咨询公司签订合同,不进行竞争的选择方法。这种选择方法可应用于下述几种情形:

(1)咨询公司一直承担某项目的咨询服务工作,且该咨询公司在前期的工作令人满意,当该项咨询服务工作自然连续产生新的咨询任务时,就可以继续选择该咨询公司。

(2)情况比较紧急,由于时间关系必须迅速做出选择决策。

(3)工作量很小的咨询服务任务,采取其他方法由于采购本身的费用原因而显得不够经济。

(4)对该咨询服务任务而言,只有一家咨询公司是合格的,或者其具有特殊的经验,只能选择该咨询公司。

由于基于单一来源的选择方法缺乏竞争性,因此,采购方必须谨慎选用该方法,而且在使用过程中应特别关注其经济性、效率性,同时,应尽可能为所有潜在的咨询公司提供公平的竞争机会。

5.3.2 基于质量和费用的咨询服务招标过程

本小节以世界银行贷款项目为例,说明采用基于质量和费用的选择方法对咨询服务进行招标采购的详细过程,主要包括准备任务大纲、估算费用、确定咨询公司短名单、发送建议书征询文件、接收建议书、评审建议书、合同谈判及授予等主要步骤。

1.准备任务大纲

任务大纲是需要咨询公司所完成工作的说明文件,应明确规定咨询任务的目的、目标、工

作范围,并提供项目背景情况,以便于咨询公司准备他们的建议书。任务大纲应包括如下内容:

(1)简明扼要地说明咨询任务应达到的目标。

(2)咨询服务范围及具体任务,但通常由咨询公司自行决定实施办法。

(3)咨询汇报时间进度表,咨询汇报指咨询公司在工作完成后应提交的成果,时间进度安排需根据任务的多少、难易程度、季节变化等因素合理确定。

(4)采购方投入的人力、物力及其他资源,包括参与咨询的采购方配合人员,提供的办公室、交通工具、资料及其他服务和设施。

此外,任务大纲还应列明咨询任务所包括的各项服务及其预期成果,如果咨询服务包括知识转让或培训等内容,则应对其作特别说明并给出受训人数等细节内容,以使咨询顾问能够估算其所需投入的资源。

制定任务大纲的工作人员应熟悉国家政治、经济、社会及采购方情况,为了解咨询任务涉及的部门以及咨询任务在项目中所起的作用,工作人员还应实地调研项目所在地区的实际情况。任务大纲要有明确具体的结果要求,但不应过于详尽而使其失去灵活性,应为咨询公司留有机会和空间,以使其可以提出自己的工作方法和人员配备。同时,还应鼓励咨询公司在建议书中对任务大纲提出意见,以改进咨询任务的完成方式和质量。采购方和咨询公司各自的职责应在任务大纲中明确界定,经过修改后的任务大纲将会成为咨询合同的组成部分。鉴于任务大纲的重要性,其应由咨询任务所属领域的专业人员或公司来准备。

2.估算费用

估算费用以完成咨询任务所需资源的估价为依据,即各种人工工时、后勤保障等人力及物力投入。在进行费用估算时,必须熟悉任务大纲所界定的具体咨询任务的特点。在条件允许的情形下,费用估算应尽可能准确,但在条件不具备时,也可以根据经验按比例粗略估算。如世界银行对基础设施工程技术方面的咨询费用概算,约按工程概算的9%～15%计算,其中可行性研究的咨询费约为0.5%～2%,详细设计约为3%～6%,施工监理约为5%～8%。

费用估算是后续工作如确定咨询公司的短名单、评审咨询建议书、合同谈判等的基础。在发出邀请函时,如果不将价格作为选择过程的考量因素,则邀请信中要说明所需人月数或任务预算所作的估算;如果将价格作为考量因素,则邀请函通常应包括咨询任务所需的人月数,而不必提预算;如果需要对费用加以限制,则建议列出预算金额,以便使所有被邀请的咨询公司能提出有实际意义的技术性建议。在世界银行项目中,一般不会对咨询专家的人月费率或其他费率提出限制,因为这会使咨询专家的素质和调配受到影响,同时也是对最有经验、有能力从事这项工作的咨询专家的一种歧视。

3.确定咨询公司短名单

在确定短名单之前,采购方首先应尽量让有资格的咨询公司都知悉有关咨询服务的招标信息,同时,应让他们有机会表达参与投标竞争的意愿。为此,采购方应在一份国际性报刊、技术刊物或网站上刊登广告,征询有资格咨询公司的投标意向。在要求咨询公司提交投标意向时,要求对方提交的材料尽量简洁,只要能够判断公司是否有资格参与有关咨询业务的投标即可,而不应要求其提供过多的复杂材料,致使咨询公司对表达投标意向望而却步。采购方在准备短名单之前,从刊登征询投标意向广告之日起,应留出不少于14天的时间,以便具备资格的咨询公司有充足的时间表达其投标意向。

拟发送邀请函的咨询公司短名单,从表达要投标意向的咨询公司中选取。一般情况下,业主选择咨询公司时,准备的短名单不宜过长,主要原因有如下几条:对过多的建议书进行评审会非常耗时,甚至会因此导致不适当的评价;较好的咨询公司可能会因短名单过长、中标机会较低而不愿提出高质量的建议,而其他咨询公司也可能因为名单太长而积极性受挫;短名单太长会使提出建议而未被选中的咨询公司的总费用增加,而这些费用归根结底要由最终选中的咨询公司来承担,由此会增加采购方的采购成本。基于上述原因,一般建议采购方准备的短名单上的咨询公司不少于 3 家且不多于 6 家。

在准备短名单时,通常应考虑如下因素:业主应首先考虑那些表示过兴趣而又有相应资格的公司;短名单中的咨询公司来源分布应尽可能广泛。例如,在世界银行项目的咨询服务采购中,短名单中的 6 家公司要求来自不同国家,且至少有一家公司来自发展中国家,除非在发展中国家找不到有资格的公司。在特定情况下,世界银行可能会同意短名单上的公司数量少一些。例如,仅有很少的有资格的公司对咨询任务表示了兴趣,或者合同的规模还不足以引起广泛的竞争。对于世界银行贷款项目,业主准备好咨询顾问短名单后,就可以报世界银行审批,以便获得世界银行的"不反对"意见。一旦世界银行对短名单发出了"不反对"意见,借款人在未经世界银行同意的情况下,不得增加或减少短名单上公司的数量。

4. 发送建议书征询文件

在确定 3～6 家咨询公司的短名单后,采购方即可向名单中的咨询公司发出一份建议书征询文件,要求咨询公司提出咨询建议书。建议书征询文件一般包括:邀请函、咨询公司须知、技术建议书标准格式、财务建议书标准格式、任务大纲、标准合同书等。世界银行专门编制了标准的建议书征询文件,要求 20 万美元以上的咨询服务合同强制使用该标准文件;对于 20 万美元以下的小合同,也推荐使用标准建议书征询文件,以简化事前审查程序。

建议书征询文件中的邀请函应详细说明要寻求何种咨询服务、资金来源、业主单位的详细情况,提交建议书的日期、时间和地点,以及咨询顾问的选择方法和咨询服务的选择程序。咨询公司须知需就利益冲突、欺诈和腐败进行原则性说明,要求咨询公司提供专业的、客观的和公正的建议,并一直保持客户的利益至上,严格避免与其他任务间的冲突。在咨询公司须知中,采购方所提供的资料应尽可能完备,以使咨询公司可以准备一份合乎要求的建议书。同时,咨询公司须知还应介绍评选过程、注明评分标准和因素及其相应的权重和标准、规定建议书的有效期。

咨询公司可以在咨询公司须知资料表中规定的递交建议书日期的前一段时间,要求采购方澄清咨询服务建议书征询文件中的任何内容。任何澄清要求都应该用书面形式,或标准的电子方式送达资料表中指明的采购方地址。采购方将用书面形式或标准电子方式回答这些澄清要求,并将回答(包括对问题的解答但不需指明问题的来源)抄送所有的咨询公司。咨询公司应确认收到全部修改,如果这些修改实质上改变了任务大纲,采购方应延长递交建议书的截止日期,以便咨询公司有充分的时间在其建议书中考虑和反映这些修改。

5. 接收建议书

1)建议书准备

收到采购方建议书征询文件的咨询公司,需按照文件的要求准备技术建议书和财务建议书。技术建议书应按照规定的格式准备,递交了错误格式的技术建议书可能会导致其建议书被判定为非实质上响应而被拒绝。根据咨询任务的特点,咨询公司递交的技术建议书可以分为完整的技术建议书和简化的技术建议书两种,通常包括如下内容:

(1)概述咨询公司近来的经验,以及从事过的类似特点的任务。如果是联合体投标,则每一成员都应作此说明。对每一项咨询任务,概述中均要说明参与服务的咨询公司/专业人员的名称、服务时段、合同金额。

(2)对任务大纲的意见和建议,包括为提高完成任务的质量/效率方面的建议;关于采购方配合人员和设施的要求,包括需要由采购方提供的管理支持、办公室、当地交通、设备、数据等。

(3)说明完成咨询任务的方式、方法和工作计划,包括技术服务的方式和方法、组织机构、人员安排等,工作计划必须与工作时间表一致,工作时间表以横道图的形式说明各项咨询活动的时间安排。

(4)按专业分列的咨询专家表,分配给每个咨询专家的专业领域职位和任务。

(5)完成任务所需要人员估计(国内外专业人员的人月数),人月投入应按总部办公室和现场办公室、国外和国内专业人员分别说明。

(6)由提名的咨询专家本人或其授权代表签署的专业人员简历。

(7)在完整的技术建议书中,如果资料表说明培训是咨询任务的一个主要成分,则应详细说明所建议的培训方法和人员安排。

财务建议书应采用所附的标准格式进行编制,内容应列出与咨询任务有关的全部费用,包括:人员报酬(国外人员和当地人员,现场和总部人员)和资料表所列示的可报销费用。如果合适,这些费用应根据活动进行细分,并且按外币费用和当地货币费用进行区分。技术建议书中所述的全部活动和项目都必须分开单独报价,如果活动和项目没有报价,其费用将被认为已经包含在其他的活动和项目中。所估计的完成咨询任务所需的专业人员的人月数,或完成任务的预算应在资料表中列出,但二者不能同时列出。财务建议书应以咨询顾问自己估计的专业人员人月数或预算为基础。

2)建议书递交、接收和开封

技术建议书和财务建议书的递交函应该分别使用规定的格式,咨询公司的授权代表必须在技术建议书原件和财务建议书原件的每一页上签名。代表的书面授权书需附在建议书中,以说明授权人已被充分授权签署合同。在每一份技术建议书上均应标注"原件"或"副本"字样,代表签字的技术建议书和财务建议书应标注为"原件",全部建议书的副本都应从原件复制。如果技术建议书的原件和副本间存在不一致之处,须以原件为准。建议书应按照资料表所要求的份数在规定的截止时间之前送到指定的地址。

技术建议书的原件和全部副本应该全部封装在一个清楚地标注有"技术建议书"字样的密封信封内。同样,财务建议书原件也应该封装在一个清楚地标注有"财务建议书"字样的密封信封内,随后再注明项目编号和咨询任务的名称,以及"不要与技术建议书同时开启"的警句。技术建议书信封和财务建议书信封应再装入一个外信封中并加以密封,在外信封上应标注递交地址、项目号和名称,并清楚地标明"在指定的官员不在场时和在递交建议书的截止日期和时间之前不得开启"的字样。如果外信封没有按照规定密封和(或)标记,客户不承担该建议书放置错误、遗失和提前开启的责任,这种情况可能会导致建议书被拒绝。如果财务建议书信封没有按照上述要求分别封装和标记,可能会导致建议书被宣布为非实质响应而被拒绝。

建议书应递交到资料表所规定的地址,并由采购方在资料表规定的时间和日期之前签收,或在所延长的截止日期之前签收。递交建议书截止日期之后收到的建议书将被原封退回。技术建议书应在建议书递交截止日期之后立即开启,财务建议书则应保持原封并安全地保存。

6.评审建议书

对咨询公司建议书的评审应按邀请函中所规定的方法和标准进行,不得随意改变,通常分为技术建议书评审、财务建议书评审,以及技术与财务的综合评审三步。

1)技术建议书评审

每一个响应性的建议书都必须有一个技术得分。技术建议书通常根据下列五方面内容进行评价:

(1)咨询公司在咨询任务所涉及的领域中的一般经验。

(2)所建议的工作计划是否适宜及其质量水平如何。

(3)被提名担任该项工作的关键人员的资格和能力。

(4)咨询人同意的对项目单位的知识转让。

(5)在执行任务所需关键人员中本国人员的参与程度。

在实际评审中,上述五方面内容都是以打分的形式评审的,总分为 100 分,每项标准按 1～100 分的范围打分,并应在建议书邀请函中对所有咨询公司公开。如有必要,项目单位应将这些标准再详细划分为若干子标准,以利于评审。

上述五类内容所占权重将按任务种类的不同而各不相同,就详细的工程设计而言,咨询人经验应占更大比重,工作人员的资历所占比重就可以小一些;就建设的监督和其他项目实施性的服务而言,主要工作人员所占比重应大些。根据上述五类内容的分数,评定汇总,60 分以下为不及格,通常各咨询人所得总分都在 60 分到 90 分之间,按其得分多少依次加以排列。一般情况下,技术建议书得分最高者优先可以进行商务谈判。

对关键人员的评价,主要通过履历表审查建议的关键人员的资历和经验。履历表必须准确完整,并由咨询公司授权的官员和被推荐的专家本人签字。如果完成任务主要取决于关键人员的表现,则还应对关键人员进行面试。根据与任务的相关程度,对关键人员按以下三方面进行评价:①一般资格,包括所受教育及培训、资历、现任职务及在该公司工作的时间,以及相似的工作经历等。②是否胜任该项目的工作,包括在该行业、领域、学科的经验,与特定任务相关的教育程度、培训情况等。③在该地区的经历,对当地语言、文化、管理体制、政府机构的了解情况等。此外,还应考核整个咨询专家小组结构是否合理。

技术建议书评审的关键是对任务大纲的响应性,如果建议书对任务大纲中的重要方面不响应,或达不到邀请函规定书中规定的技术及得分,则将会被拒绝。技术建议书评审结束后,采购方应编制一份对技术建议书的评审报告,详细说明得出评审结果的依据和每份建议书的优缺点,并报世界银行审查和批准。所有与评审有关的记录,如个人评分表,应保存到项目及其审计结束。

2)财务建议书评审

在技术评审完成和世界银行发出不反对意见之后,采购方应将技术建议书得分通知相应的咨询公司。对于建议书未达到最低资格标准或被判定未实质上响应咨询服务建议书征询文件和任务大纲的咨询公司,采购方应告知其财务建议书在选择程序完成后将会被原封退回。对于技术建议书得分达到最低得分要求的咨询公司,采购人应书面通知其财务建议书开启日期、时间和地点,开启时间应给咨询公司有充足时间做好参加开启仪式的准备。财务建议书应在有咨询公司代表选择出席的场合下公开开启,开启前应检查财务建议书是否仍为密封完好,开启时应公开宣读各咨询公司的名称及其技术建议书得分。开启财务建议书后应公开宣读其总报价并进行记录,公开开启记录的复印件应送交给全部咨询公司和世界银行。

在财务建议书评审中,对于部分数量与总量不一致或者文字表示的数量与数字表示的数量不一致的情况,通常以前者为准。对于没有报价的技术建议书中所述的活动和项目,其费用应被认为已经包含在其他活动或项目中。如果财务建议书中的活动或项目数量与技术建议书中有不一致的情况,通常应按如下规则处理:如果咨询服务建议书征询文件中包括了以时间为基础的合同,评审委员会应纠正财务建议书中的数量,以使其与技术建议书中所述的数量相一致,并运用财务建议书中的相应单价修正建议书的总报价;如果咨询服务建议书征询文件中包括了总价包干的合同,其财务建议书中的数量将不进行修改,应按照资料表所述的来源和日期以银行卖出价将报价转换为单一货币。最低评标价的财务建议书将得到最高财务得分100分,其他财务建议书的财务得分应根据资料表所述的方法进行计算。

3)技术与财务的综合评审

建议书将根据资料表中所述的加权方法对技术得分和财务得分进行综合,计算出咨询公司建议书的总分:

$$总分=技术得分×T\%+财务得分×P\%$$

其中,$T\%$为技术建议书权重,$P\%$为财务建议书权重,$T\%+P\%=1$。总分最高的咨询公司将被邀请进行谈判。

在决定技术得分和财务得分权重时,需要考虑咨询任务的如下特点:咨询任务的复杂性、咨询任务对最终产品的影响、咨询公司提出建议书将导致可以进行比较的成果的可能性。采购方应根据咨询任务的上述特点,恰当地确定技术得分和财务得分的权重。要特别注意,评审建议书的首要目的是根据建议书的质量,选择一个最有资格和能力从事这项工作的咨询公司,所以,在通常情况下,财务得分的权重一般不宜过高,最好不超过30%。

7.合同谈判及授予

采购方与被选中的咨询公司在签订合同之前,应就咨询任务进行合同谈判,谈判内容包括以下6个方面:讨论咨询公司提出的工作计划,咨询任务大纲定稿,明确提供咨询服务的专业人员,讨论并协商采购方应投入的资料、设施和人员,制定工作进度表,确定合同类型等。

1)提供咨询服务的专业人员的确定

谈判将在资料表所规定的日期和地址进行。作为参加谈判的先决条件,被邀请的咨询公司应确认其建议书中所列的全部专业人员将参与咨询服务。除非双方同意,因选择程序的过分延误而使得专业人员替换不可避免,或因死亡或因病失去工作能力等原因,采购方在合同谈判时一般不考虑专业人员的替换。如果不是上述情况,或者不能确认建议书中承诺的专业人员可以随时提供所需的服务,该咨询公司将被认为不合格,采购方有权取消其谈判资格,将与排在下一位的咨询公司进行合同谈判。

2)技术及财务谈判

技术谈判包括对技术建议书中的技术实现方法、工作计划、组织机构与人员配备,以及咨询公司对改进任务大纲的建议等内容。采购方和咨询公司将共同确定任务大纲、人员配备、工作时间表、后勤支持和递交报告等具体内容,这些内容将在合同的"咨询服务说明"项中反映。

应特别注意,要清晰地定义为了保证咨询任务满意地完成需要客户所做出的投入和所提供的设施。财务谈判通常包括以下几个方面:确定人/月收费率、国际旅行费用、其他可报销外汇费用、当地费用、付款安排等。此外,财务谈判还应包括对咨询公司的纳税义务及其在合同中反映方式的澄清,并在服务费用中反映双方所同意的技术修改。除了极个别的原因外,财务谈判将不涉及人员报酬单价和其他建议的单价。

3) 合同的授予

在与咨询顾问谈判完成后,采购方应将合同授予所选择的咨询公司,及时予以公布并通知递交了建议书的全部咨询公司。合同签字后,采购方应将没有开启的财务建议书退还给未选中的咨询公司。在公开合同授予之前,与建议书评审和合同授予建议有关的信息不应透露给递交了建议书的其他咨询公司,或与选择程序无关的其他人员。咨询公司不正常地使用与选择过程有关的保密信息将导致其建议书被拒绝,咨询顾问还应遵守世界银行反腐败和反欺诈政策的有关规定。如果谈判失败,采购方将邀请第二高分的咨询公司进行合同谈判。

问题思考

1.咨询服务选择的常用方法有哪些,各自适用于什么样的情形下?

2.基于质量和费用的咨询服务招标过程主要包括哪些步骤?基于该选择方法的咨询服务招标成功的关键是什么?

5.4　典型的咨询服务采购

5.4.1　设计招标

设计招标即是通过招标的方式选择适当的设计单位完成项目的设计任务。设计的优劣对项目建设的成败有着至关重要的影响,以招标投标方式委托设计任务,能够让设计的技术和成果作为有价值的商品进入市场,打破国家、地区、部门的界限开展设计竞争,有利于采用先进的技术和工艺、降低项目造价、缩短建设周期和提高投资效益。因此,在项目设计采购中,除了采用特定专利技术、专有技术或者对建筑艺术造型有特殊要求的工程设计,且经有关部门批准可以进行直接发包的情况以外,其他均应采用招标方式委托设计任务。

1.设计招标的特点

一般工程项目的设计分为初步设计和施工图设计两个阶段进行,对技术复杂而又缺乏经验的项目,在必要时还要增加技术设计阶段。为了保证设计指导思想连续地贯彻于设计的各个阶段,一般多采用技术设计招标或施工图设计招标,而不单独进行项目的初步设计招标。招标人应依据工程项目的具体特点决定发包的工作范围,可以采用设计全过程总发包的一次性招标,也可以选择分单项或分专业的发包招标。

设计招标不同于工程项目实施阶段的施工招标、材料供应招标、设备订购招标,其特点表现为承包任务是投标人通过自己的智力劳动,将招标人对建设项目的设想变为可实施的蓝图;而施工、材料、设备等的招标则是投标人按设计的明确要求完成规定的物质生产劳动。因此,设计招标文件对投标人所提出的要求不那么明确具体,只是简单介绍工程项目的实施条件,预期达到的技术经济指标、投资限额、进度要求等。投标人按规定分别报出工程项目的构思方案、实施计划和报价,招标人通过开标、评标程序对各方案进行比较后确定中标人。鉴于设计任务本身的特点,设计招标可采用设计方案竞选的方式招标。

设计招标与其他招标在程序上的主要区别表现为如下几个方面:

(1)招标文件的内容不同。设计招标文件中仅提出设计依据、工程项目应达到的技术指标、项目限定的工作范围、项目所在地的基本资料、要求完成的时间等内容,而无具体的工作量。

(2)对投标书的编制要求不同。投标人的投标报价不是按规定的工程量清单填报单价后算出总价,而是首先提出设计构思和初步方案,并论述该方案的优点和实施计划,在此基础上进一步提出报价。

(3)开标的形式不同。开标时不是由招标单位的主持人宣读投标书并按报价高低排定标价次序,而是由各投标人自己说明投标方案的基本构思和意图,以及其他实质性内容,而且不按报价高低排定标价次序。

(4)评标原则不同。评标时不过分追求投标价的高低,评标委员更多关注于所提供方案的技术先进性、所达到的技术指标、方案的合理性,以及对工程项目投资效益的影响。

2.设计招标文件的内容

设计招标文件是指导投标人正确地提出设计方案并编制报价的依据,既要全面介绍拟建工程项目的特点和设计要求,还应详细提出应当遵守的投标规定。在设计招标时,招标文件通常由招标人委托有资质的中介机构准备,其内容通常包括以下几个方面:投标须知,包括所有对投标要求的有关事项;设计依据文件,包括设计任务书及经批准的有关行政文件复制件;设计要求文件(项目说明书),包括工作内容、设计范围和深度、建设周期和设计进度要求等方面内容,并告知建设项目的总投资限额;合同的主要条款;设计依据资料,包括提供设计所需资料的内容、方式和时间;组织现场考察和召开标前会议的时间、地点;投标截止日期;评审比较投标书的基本原则;招标可能涉及的其他有关内容。

在设计招标文件中,"设计要求文件"对项目设计提出明确的设计要求或设计大纲,因而是最重要的文件部分。该文件主要包括以下内容:设计文件编制的依据,国家有关行政主管部门对规划方面的要求,技术经济指标要求,平面布局要求,结构形式方面的要求,结构设计方面的要求,设备设计方面的要求,特殊工程方面的要求,其他有关方面的要求,如环保、消防等。

3.设计招标应注意的事项

在进行项目的设计招标时,为确保招标成功、选择到合适的投标人,通常须注意如下主要事项:

(1)编制设计要求文件应严格、完整、灵活。编制设计要求文件应兼顾三个方面,第一,严格性,文字表达应准确、清晰,不会产生歧义和误解;第二,完整性,任务要求全面、完整,不要有遗漏;第三,灵活性,要为投标人发挥设计创造性留有充分的空间和自由度。

(2)提供的设计依据资料尽可能完整。招标阶段要求投标人提出设计方案的时间较短,在招标文件中可以以附件的形式尽可能提供较详细的编制方案的基础资料和数据,减少投标人调研这些数据的时间,以便集中精力考虑投标方案。当招标范围不包括勘察任务时,应提供项目所在地的工程地质、水文地质、气象、测量、周围环境条件等基础资料,其详细程度应满足对投标内容深度的要求。

（3）对投标文件的编制要求。由于各投标人对建设项目的理解不同，可能提交的方案格式和内容差异很大，为了便于评审比较和有利于投标人编制投标文件，以及判定投标文件是否对招标文件做出了实质性响应，应尽可能在招标文件中说明范围和要求。

（4）投标方案的设计深度要求。招标人在进行设计招标时，主要是通过工程设计方案、工程造价控制措施、设计质量管理和质量保证、技术服务措施和保障、投标单位的业绩和信誉、对招标文件的响应等方面的竞争，择优选择设计单位。因此，对投标文件要求的内容不宜过深、过多，应根据工程的实际情况突出重点，更多的细节性的要求可在中标人开始和实施设计工作时再通过共同探讨确定。这样做的好处是，既可以避免让所有投标人花费太多时间和精力编制投标书，也可以简化评标的内容，集中评审比较方案的科学性和可行性。

（5）经济技术指标分析的深度。招标文件中通常都要说明招标人预先设置的建设项目总投资限额、应满足的主要功能指标、预期的工程进度计划等，对投标人提出的工程投资估算、经济评价或概算分析不应要求得太详细。因为评标的重点是考察投标人设计方案的合理性及造价控制措施的有效性，经济技术指标的分析深度满足要求即可。

（6）可研招标设计方案。具体工程设计招标因招标人前期完成工作的深度不同，对投标人报送的投标设计方案内容要求不同。在已完成可研基础上的设计招标，投标书内容应是反映建筑物和构筑物的形式、结构特点，以及与外部环境的协调和配合；而可研招标设计方案，则偏重于项目范围的总体布局合理性。采用后一种方式进行大型工程项目设计招标时，重点应放在厂区总体布置的科学性、功能的满足程度、场地利用率的合理性等方面。

（7）建设项目的地址。只有将初步可行性研究包括在设计招标的工作范围以内时，才进行选址比较。如果以可行性研究或初步设计为依据的设计招标，应按照初步可行性研究确定的地址编制投标文件，无特殊理由，投标人不得要求另选厂址。

（8）设计报价在评标中所占的比重。对工程建设项目投资控制的重点应放在设计阶段，设计指导思想和方案优劣的差异对工程总投资的影响很大，而设计费在其中所占比例很小，因此设计招标的主导思想应是基于设计方案优劣的选择。所以，可考虑设计报价不作为竞标的比较内容，以免影响最优投标方案的选择。对于中小型工程的设计招标应在同等设计方案水平的基础上，再进行设计报价的比较，如果作为竞标内容，该项评标的权重不应过大。

4. 设计招标的评标

工程设计投标通常由技术标和商务标两部分组成，对投标文件的评审必须严格按照招标文件确定的评标标准和评标方法进行。评标委员会应当在符合城市规划、消防、节能、环保的前提下，对投标文件的经济、技术、功能和造型等进行比选、评价，以确定符合招标文件要求的最优设计方案。通常，如果招标人不接受投标人技术标的设计方案，投标文件即被淘汰，不再进行商务标的评审。对投标书的评审通常按如下五方面进行：

（1）设计方案的优劣，主要包括设计指导思想是否正确；设计产品方案是否反映了国内外同类工程项目较先进的水平；总体布置的合理性，场地利用系数是否合理；工艺流程是否先进；设备选型的适用性；主要建筑物、构筑物的结构是否合理，造型是否美观大方并与周围环境相协调；"三废"治理方案是否有效；以及其他有关问题。

（2）投入、产出经济效益比较，主要包括建筑标准是否合理；投资估算是否超过限制；先进的工艺流程可能带来的投资回报；实现该方案可能需要的外汇投入等。

（3）设计进度快慢，主要是看设计进度计划能否满足招标人制订的项目建设总进度计划的要求。

（4）设计单位的资格及社会信誉，主要包括设计单位是否具备完成设计任务的资格，以及在以往完成设计委托合同中的表现及业绩。

（5）报价的合理性，即在方案水平相当的投标人之间再进行设计报价的比较，评审设计任务总报价和各分项报价的合理性。

设计招标评标方法通常采用综合评估法。一般由评标委员会对通过符合性初审的投标文件，按照招标文件中规定的评分方法进行综合评审。评标委员会应当在评标完成后，向招标人提出书面评标报告。依法必须招标的项目，招标人应当确定排名第一的中标候选人为中标人。排名第一的中标候选人放弃中标，因不可抗力提出不能履行合同，不按照招标文件要求提交履约保证金，或者被查实存在影响中标结果的违法行为等情形，不符合中标条件时，招标人可以按照评标委员会提出的中标候选人名单排序依次确定中标人。工程设计投标方案的编制需要投入大批的人员智力劳动，此外，建筑工程设计投标文件一般包括效果图、展板、模型、沙盘、多媒体演示文件等，所需投标费用不菲，所以，招标人应对设计方案评审合格的未中标人给予适当的经济补偿。如发包人欲采用未中标人技术方案中的部分内容，应当征得对方的书面同意，并支付合理的使用费。

5.4.2　监理招标

1.监理的工作内容

监理合同的标的，是监理单位为发包人提供的监理服务。监理服务的业务范围非常广泛，从工程建设各阶段看，包括立项阶段、设计阶段、施工阶段和保修阶段；在每一阶段内，又包括投资、质量、工期的控制，以及合同管理和有关单位间工作关系的协调。按照工作性质划分，监理工作可包括如下内容：

（1）工程技术咨询服务，包括：可行性研究，各种方案的成本效益分析，编制特殊工程的建筑设计标准，准备技术规范和提出质量保证措施等。

（2）工程招标，包括：协助发包人选择承包商，组织设计、施工、设备采购招标等。

（3）技术监督和检查，包括：检查工程设计、材料和设备质量，对操作或施工质量进行监理和检查等。

（4）施工管理，包括：质量控制、成本控制、计划和进度控制及施工安全控制等。

按照建设不同阶段划分，监理工作可包括如下内容：

（1）立项阶段，包括：项目的投资机会研究；建设项目的可行性研究；参与设计任务书的编制等。

（2）设计阶段，包括：提出设计要求；参与评选设计方案；参与选择勘察、设计单位，协助发包人签订勘察、设计合同；监督初步设计和施工图设计工作的执行，控制设计质量，并对设计成果进行审核；控制设计进度以满足建设进度要求，并监督设计单位实施；审核设计概（预）算，实施或协助实施投资控制；参与工程主要设备选型；协调设计单位与有关各方的关系等。

（3）施工招标阶段，包括：编制招标文件和评标文件；协助评审投标书，提出决标评估意见；协助发包人与承建单位签订承包合同等。

（4）施工阶段，包括：协助发包人编写开工报告；审查承建单位各项施工准备工作，发布开工通知;督促承建单位建立、健全施工管理制度和质量保证体系,并监督其实施;审查承建单位提交的施工组织设计、施工技术方案和施工进度计划,并督促其实施;组织设计交底及图纸会审,审查设计变更;审核和确认承建单位提出的分包工程项目及选择的分包单位;复核已完工程量,签署工程付款证书,审核竣工结算报告;检查工程使用的原材料、半成品、成品、构配件和设备的质量,并进行必要的测试和监控;监督承建单位严格按技术标准和设计文件施工,控制工程质量,重要工程要督促承建单位实施预控措施;监督工程施工质量,对隐蔽工程进行检验鉴证,参与工程质量事故的分析及处理;分阶段进行进度控制,及时提出调整意见;调解合同纠纷和处理索赔事宜;督促检查安全生产、文明施工;组织工程阶段验收及竣工验收,并对工程施工质量提出评估意见等。

(5)保修阶段,包括:协助组织和参与检查项目正式运行前的各项准备工作;对保修期间发现的工程质量问题,参与调查研究,弄清情况,鉴定工程质量问题的责任,并监督保修工作等。

2.监理招标的特点

监理招标即是通过招标的方式选择监理单位,完成项目实施过程的监督管理工作。监理招标的标的是"监理服务",与工程项目建设中其他各类招标的最大区别在于监理单位不承担物质生产任务,只是受招标人委托对生产项目建设过程提供监督、管理、协调、咨询等服务。监理招标具有如下基本特点:

(1)招标宗旨是对监理单位能力的选择。监理服务是监理单位的智力劳动投入,服务工作完成的好坏不仅依赖于执行监理业务是否遵循了规范化的管理程序和方法,更多地取决于参与监理工作人员的业务专长、经验、判断能力、创新想象力及风险意识。因此招标选择监理单位时,鼓励的是能力竞争,而不是价格竞争。如果对监理单位的资质和能力不给予足够重视,只依据报价高低确定中标人,那么最终将无法选择到最能胜任工作的监理单位,进而为项目实施过程的有效监控和管理埋下隐患。

(2)报价在选择中居于次要地位。工程项目的施工、物资供应招标选择中标人的原则是,在技术上达到要求标准的前提下,主要考虑价格的竞争性。而监理招标对能力的选择放在第一位,因为当价格过低时,监理单位很难把招标人的利益放在第一位,为了维护自己的经济利益采取减少监理人员数量或多派业务水平低、工资低的人员的措施,其后果必然导致对工程项目的损害。另外,监理单位提供高质量的服务,往往能使招标人获得节约工程投资和提前投产的实际效益,因此过多考虑报价因素得不偿失。但是,从另一个角度来看,服务质量与价格之间应有相应的平衡关系,所以,招标人应在能力相当的投标人之间再进行价格比较。

(3)邀请投标人较少。选择监理单位一般采用邀请招标,且邀请数量以3~5家为宜。因为监理招标是对知识、技能和经验等方面综合能力的选择,因此每一份标书内都会提出具有独特见解或创造性的实施建议,但又各有长处和短处。如果邀请过多投标人参与竞争,不仅会增大评标工作量,而且定标后还要给予未中标人一定的补偿费,与在众多投标人中好中求好比较,往往会产生事倍功半的效果。

监理招标发包的工作内容和范围既可以是整个工程项目的全过程,也可以按不同实施阶段的工作内容或不同合同内容分别委托给几家监理单位。划分合同包的工作范围时,应考虑以下几方面因素的影响:①工程规模。中小型工程项目,有条件时可将全部监理工作委托给一个单位;大型或复杂工程则应按设计、施工等不同阶段及监理工作的专业性质分别委托给几家监理单位。②工程项目的专业特点。不同的施工内容对监理人员的素质、专业技能和管理水平的要求不同,应充分考虑专业特点的要求,如将土建和安装工程的监理工作分开招标,甚至有特殊基础处理时将该部分从土建中分离出去单独招标。③需要监理工程的难易程度。工程项目建设期间,招标人与第三人签订的合同较多,对易于履行合同的监理工作可并入相关工作的委托监理内容之中。如将采购通用建筑材料购销合同的监理工作并入施工监理的范围之内,而设备制造合同的监理工作则需委托专门的监理单位。

3.监理招标的项目范围

按照我国的相关规定,下列建设项目必须实行监理招标:

(1)国家重点建设工程,指对国民经济和社会发展会产生重大影响的骨干项目。

(2)大中型公用事业工程,指项目总投资额在3000万元以上的下列工程项目:供水、供电、供气、供热等市政工程项目,科技、教育、文化等项目,体育、旅游、商业等项目,民生、社会福利等项目,其他公用事业项目。

(3)成片开发建设的住宅小区工程,指建筑面积在5万平方米以上的住宅建设工程、高层住宅及地基、结构复杂的多层住宅项目。

(4)利用外国政府或者国际组织贷款、援助资金的工程,指使用世界银行、亚洲开发银行等国际组织贷款资金的项目,使用国外政府及其机构贷款资金的项目,使用国际组织或者国外政府援助资金的项目。

(5)国家规定必须实行监理的其他工程,如项目总投资额在3000万元以上,关系社会公共利益、公众安全的基础设施项目。

在一般情形下,如下工程项目可以不进行监理招标:工程项目位于偏远地区,且现场条件恶劣,潜在投标人少于3个;工程所需主要施工技术属于专利性质或特殊技术,并且在保护期内或有特殊要求;与主体工程不宜分割的追加附属工程或者主体加层工程;停建、缓建后恢复建设,且监理企业未发生变更;法律、法规、规章规定的其他情形。

4.监理招标应考虑的因素及招标文件

1)选择监理单位应考虑的主要因素

招标人在选择监理单位及其监理工程师时,应考虑以下因素:

(1)专业技能。咨询监理单位的专业技能主要表现为各类技术、管理人员的专业构成及等级构成,具有的工作设施与手段,以前的工作实践等。考虑这个因素,主要是判断拟选的咨询监理单位能否有足够的能力来承担监理任务。

(2)经验。经验主要包括对一般工程项目的实际经验和对特殊工程项目的经验,可要求监理单位及其个人提供以往所承担工程项目的一览表,如果必要的话,招标人可以前往实地核实、了解。

(3)声誉。咨询监理单位在科学、诚实、公正方面是否具有良好的声誉,是决定选择的一个不可忽视的因素。监理单位在专业方面的名望、地位如何,以及在以往服务过的工程项目中的信誉情况,都是招标人在决定自己选择时所应考虑的因素。

(4)理解力。它主要是根据与初选咨询监理公司的面谈,来判断每个公司及其有关人员对于招标人的要求是否能显示出良好的理解力。理解力是保证所聘用监理工程师能够提出解决问题建议的重要条件。

(5)工作人员。招标人应考虑拟选择的监理单位是否有足够的可以胜任工作的人员,该单位是否有一个完整的专业人员队伍,中标后能否及时安排所需的工作人员。

(6)对项目所在地或所在国情况的了解。拟选择的监理单位对于委托项目所在地或所在国的条件和情况是否了解熟悉,在选择外国或外地咨询监理单位时,应当特别考虑这项因素。

(7)工作计划。拟选择的咨询监理单位对于工程项目的组织和管理是否有具体的、切实有效的建议计划,以及对于在规定的工期和概算成本之内保证完成任务是否有详细完成任务的措施。

(8)合作情况。咨询监理单位是否能全心全意地与建设单位和承建单位合作。

(9)报价。这主要是看其报价是否合理。

2)监理招标文件

监理招标实际上是征询投标人对实施监理工作的方案建议。为了指导投标人正确编制投标书,招标文件应包括以下几方面内容:

(1)投标人须知,包括工程项目综合说明,主要内容有项目的主要建设内容、规模、工程等级、地点、总投资、现场条件、开竣工日期,委托的监理范围和监理任务大纲,投标文件的编制、递交,无效投标文件的规定,投标起止时间,开标、评标、定标时间和地点,投标文件的澄清与修改,评标的原则等。

(2)合同条件。

(3)工程技术文件,包括可行性研究报告及审批文件,有关技术规定,必要的设计文件、图纸和有关资料等。

(4)投标文件的格式,包括投标书格式、监理大纲、投标保证金格式、各类附表和证明文件等。

(5)其他事项。

5.4.3　勘察招标

勘察招标属于典型的咨询服务采购之一,是招标人委托投标人为建设项目的可行性研究、立项选址和设计工作,取得现场实际依据资料而进行的实地勘测和调查工作,有时可能还包括某些科研工作内容。在进行勘察招标时,项目需具备如下条件:有相关机关批准的设计任务书,有规划建筑管理部门同意建设的用地范围许可文件,有符合要求的地形图。由于建设项目的性质、规模、复杂程度及建设地点不同,设计所需的技术条件千差万别,设计前所需做的勘察和科研项目也就各不相同,勘察的工作内容通常有下列八类:自然条件观测、地形图测绘、资源探测、岩土工程勘察、地震安全性评价、工程水文地质勘察、环境评价和环境基底观测、模型试验和科研。

建设工程勘察招标文件一般包括下列内容:招标依据,即经批准的设计任务书及其他文件的复印件;项目说明书,在详勘阶段招标时要有建筑物或构筑物的结构类型、层数或高度、跨度、最大荷重、预计基础类型与埋深、特殊设备时下沉敏感性可能的影响,以及其他特殊要求等;合同主要条款的要求;对中标单位提供的配合条件;招标方式和对投标人的资质要求;组织踏勘工程现场和招标文件答疑的时间、地点;投标、开标、决标等活动的安排;其他应说明的事项。如果仅委托勘察任务而无科研要求,委托工作大多属于用常规方法实施的内容,任务明确具体,可以在招标文件中给出任务的数量指标,如地质勘探的孔位、眼数、总钻探进尺长度等。

勘察任务可以单独发包给具有相应资质的勘察单位实施,也可以将其包括在设计招标任务中。由于勘察工作所取得的工程项目所需技术基础资料是设计的依据,必须满足设计的需要,因此将勘察任务包括在设计招标的发包范围内,由有相应能力的设计单位完成或由其再去选择承担勘察任务的分包单位,这对招标人较为有利。与单独进行勘察招标比较,将勘察与设计打包进行总承包招标,不仅可以使招标人和监理在合同履行过程中省去协调的义务,而且能使勘察工作直接根据设计需要进行,满足设计对勘察资料精度、内容和进度的要求,必要时还可以进行补充勘察工作。

问题思考

1.设计招标有何特点,在招标评标过程中应注意哪些问题?

2.监理工作包括哪些内容,招标时应考虑的主要因素有哪些?

3.勘察招标文件通常包括哪些内容,其与设计招标和监理招标有何不同?

5.5 咨询服务采购实施案例

5.5.1 案例:水电工程超高压设备招标文件编制咨询服务招标

某水电工程,根据 2019 年 10 月在某市举行的省部协调会议纪要,工程的部分超高压设备进行国际竞争性招标,为此,需聘请合格的有经验的独立的咨询顾问编制招标文件。2019 年 12 月 18 日,公司向日本 X 公司、日本 A 公司、法国 B 公司、加拿大 C 公司、挪威 D 公司等 5 家公司发出邀请函及任务大纲。至规定期限 2020 年 2 月 28 日止,除日本 X 公司不参与该项目咨询竞争外,其余 4 家公司均提供了咨询服务建议书。

评标委员会由某水电开发公司、某勘测设计院共 11 人组成。根据邀请函和任务大纲的规定,对参与竞争的各咨询顾问从如下 5 方面进行评议评分:

(1)对超高压电器设备的一般经验(25):包括完成过类似项目的业绩,在中国或亚洲工作等方面的经验等。

(2)建议的工作计划是否适当(25):包括计划安排、工作人月数、往返次数、组织系统后方技术支持等因素。

(3)工作人员的资历、能力、经验(40):包括工作人员的学历、工作年限,以及在相似工程中积累的实践经验等。

(4)知识转让(5):主要考察在编制招标文件过程中向招标方转让核心知识、技术和经验的程度。

(5)当地人员参与(5):主要考察在编制招标文件过程中允许招标方当地人员参与的程度。

依据上述评分标准,4 家公司的最后得分见表 5-1,表 5-1 中评分结果理由及专家给出的相关评语如下:

(1)本项招标文件编制咨询任务中,500 kV 电缆标的难度较大,日本 A 公司和法国 B 公司对 500 kV 干式电缆和充油电缆均有经验,其余 2 家公司只有充油电缆方面的经验,对编制干式电缆技术规范有一定的困难。

(2)各咨询顾问对超高压设备都有一定的经验,但日本 A 公司和法国 B 公司在超高压设备的制造、运行方面实绩较多。

表 5-1 超高压电气设备招标文件编制咨询顾问评分汇总表

评分项	D公司	C公司	B公司	A公司
对超高压电器设备的一般经验(25)	17.80	18.70	20.10	22.60
建议的工作计划是否适当(25)	19.20	17.65	20.40	21.80
工作人员的资历、能力、经验(40)	26.35	26.30	32.90	32.40
知识转让(5)	3.60	4.40	4.00	5.00
当地人员参与(5)	4.00	4.30	4.50	4.10
总分	70.95	71.35	81.90	85.90

(3)挪威D公司缺乏干式电缆方面的经验和国外工程的工作经验;加拿大C公司的建议书对任务大纲的响应性稍差,人月数安排较多,且大多在对方国内工作。

(4)法国B公司对任务大纲的响应性稍差,在华协助中方编标的时间过少,仅有2.25人月,大多数时间在对方国内工作,不利于编标协调和对中方传授技术。

(5)日本A公司的技术服务建议书较全面,但缺乏巨型电站的经验。

基于上述评分,评标委员会最终建议由日本A公司作为本工程超高压电器设备采购编标咨询顾问。

5.5.2 案例:湖北荆门公务车辆维修服务招标

2020年底,湖北省荆门市新一轮公务车辆维修服务商公开招标的评标活动只用了半天时间就顺利完成了,在公示期内没有人提出异议,参与者对招标过程与结果都比较满意。这次成功的招标活动得益于相关部门的深入调研、认真筹备、精心规划和周密组织,具体总结如下。

1.招标前的深入调研及认真筹备

在招标前,监管部门和政府采购中心联合组成专家小组,对荆门市车辆维修服务行业进行了深入的调查,详细了解了该行业的基本情况。荆门市城区拥有三级以上汽车维修资质的企业110多家,其中拥有二级资质的企业近60家,而拥有一级资质的不到10家。在这60多家拥有二级以上资质的企业中,维修车位在6个以上的不到30家,企业为一般纳税人的有近40家。其中,采用计算机管理、零配件进销渠道清晰、会计制度健全的企业不多,大多数企业对车辆故障的判断还停留在凭个人经验的阶段,而非专业工具即电脑检测,自己拥有车辆安全成套检测设备的企业只有3家。与此同时,专家小组还对各企业的硬、软件情况进行摸底,将企业的资质、注册资本、厂地及生产车间和工作车位、主要维修工具及设施设备、技术人员等情况进行造册登记。

为了保证招标活动的顺利进行,也便于日后对该车辆维修服务的监管,专家小组还充分征求各方对这次公务车辆维修定点服务商招标工作的意见,先后召开了3次会议:一是采购人代表座谈会,征求采购人对该项工作的意见;二是全体潜在服务商的座谈会,通知所有具备资质的服务商参会,广泛征求他们的意见;三是报名服务商的调研会,具体征求他们关于评标标准的设计、招标方法的设定、评标分值的分配以及考核内容的确定等方面的意见。同时征求获取招标文件服务商的意见,有异议的可以在一定期限内提出,集体进行答疑,没有意见则说明投标者全部接受招标文件的要约。在此基础上,专家小组还分别走访了 4 个相关部门,即车辆维修的主管部门交通局以及地方税务局、会计局和反贪局,主要了解报名服务商中有没有违反国家相关法规的行为等问题。前期准备工作结束后,负责部门还将所有报名服务商的基本情况进行公示,并发给各个报名服务商,在行业内进行相互监督,没有异议的予以签章确认。

2.招标过程的精心规划和周密组织

在以往的招标中,都是以服务商的投标优惠率(价)作为主要的评标标准与依据,投标优惠率(价)高,其中标的概率就高。于是,服务商就玩起了数字游戏,投标时使劲往高处报,先高报优惠率(价)获取中标资格;而在履约中,抬高进货价,在虚假进货价的基础上再按投标报价优惠率(价)给采购人。如果采购人的经办人不认真或与之串通,就会获取高额利润。为了防止投标服务商玩这种游戏,在服务商准入条件的设置、评标方法的拟定等方面就要想办法堵住漏洞。

首先,严格设置准入条件。服务商有健全的财务会计制度是基本门槛,并在招标文件中明确,同时请会计管理部门的人员进行实地查看,一是看有没有健全的会计机构和人员,或者是委托经财政部门批准的代理记账机构实行代理记账,查看会计和出纳人员的会计证、委托协议和受托公司的合法资格证(财政部门核发);二是看有没有按国家统一会计制度规定开展会计核算,查看总账、明细账、银行存款日记账及会计报表;三是看有没有健全的内部会计控制制度,查看货币资金、存货等内部会计控制制度。只有达到了上述 3 项要求,才允许报名。

其次,科学设定评标指标。通过进销价率、进销价指数、优惠率及平均优惠率等 4 个指标的设定和准入条件的设置,以及与日常的监管相结合,基本上可以防范服务商玩数字游戏。在投标前,认真开好标前会,凡是报名且获得招标文件的服务商都要求参加标前会的答疑,由招标组织者对招标文件的每个名词、概念、各项指标进行认真讲解,对相关公式进行模拟演算。服务商也可充分质疑,由招标组织者进行解答。

🤔 问题思考

1."水电工程超高压设备招标文件编制咨询服务招标"案例中的评分方法及结果是否合理? 为什么不考虑投标公司的报价?

2."湖北荆门公务车辆维修服务招标"案例中采取的是什么样的招标方式? 该案例招标成功的关键是什么?

3.招标文件编制咨询和公务车辆维修均为服务采购,为什么这两种类型的服务采购会有如此大的差异?

第6章
项目合同的法律基础

📝 **本章导读**

　　本章介绍项目合同的有关法律基础知识。首先,介绍了合同及项目合同,包括合同的基本原则与特点,项目合同的类型及相关利益主体等。其次,论述合同的订立过程,包括合同订立主体,合同形式及内容,合同要约与承诺,合同成立及缔约过失责任。进一步地,说明合同的效力,包括合同生效的法律后果,效力待定合同、无效合同及可撤销合同等。再次,讨论合同的担保问题,包括担保的分类及特点,常见担保方式及其适用的现实条件,对现实中常用的 FIDIC 等合同条件进行了解释。最后,给出四个合同订立的代表性实际案例。

6.1　合同及项目合同

6.1.1　合同的基本概念

1.合同的概念及特征

　　合同又称契约,是平等主体的自然人、法人或其他组织之间,设立、变更、终止民事法律关系的协议。对合同有广义和狭义两种理解,广义的合同不仅包括民法上的债权合同、物权合同、身份合同,而且也包括行政法上的行政合同,劳动法上的劳动合同等;狭义的合同仅指《中华人民共和国民法典》调整范围内、民事领域,涉及财产流转关系的合同,即债权合同。

　　合同具有如下特征:

　　(1)合同是平等主体间达成的协议。合同主体地位的平等性是指各方主体在合同订立和履行关系中,都有平等地享有民事权利和承担义务的资格,都有独立、自由、自主表达意思的权利,都平等地受法律的保护和约束,任何一方不得将自己的意志强加给另一方。

　　(2)合同是双方或者多方法律行为。合同是一种法律行为,因为合同依法成立后能够引起民事法律关系的设立、变更或者消灭。例如,甲和乙依法订立房屋买卖合同,就是一种法律行为,因为在甲和乙之间设立了以房屋买卖为标的的权利义务关系。法律行为有单方法律行为和双方或多方法律行为。单方法律行为是以一方当事人的意思表示产生相应法律效果的行为;双方或者多方法律行为则是两个或者两个以上的当事人意思表示一致的法律行为。合同是双方或者多方法律行为。

　　(3)合同内容界定了当事人的权利义务关系。合同法律行为所引起的合同法律关系就是合同的内容,即设立、变更、终止民事权利义务关系;设立就是从无到有在当事人之间确立民事权利义务关系;变更就是将当事人之间已经存在的民事法律关系内容加以局部调整;终止就是将当事人之间已经存在的民事权利义务关系予以解除。无论设立、变更或者终止，都是当事人特定的民事活动，都可以通过订立合同来实现。

依法成立的合同对当事人具有法律约束力，即当事人应当按照合同的约定履行自己的义务，不得擅自变更或者解除合同。如果不履行合同义务或者履行合同义务不符合约定，就要承担违约责任。

2.合同的分类

根据分类标准的不同，合同有不同的分类结果。合同常见的分类方式及分类结果如下：

(1)根据合同双方是否互负义务，合同可分为双务合同和单务合同。双务合同是指当事人双方互负对待给付义务的合同，如买卖合同、保险合同、工程施工合同等；单务合同，是指合同当事人仅有一方负有给付义务的合同，如赠与合同、借用合同。

(2)根据合同当事人取得权益时是否付出相应代价，合同可分为有偿合同与无偿合同。有偿合同是指当事人享受合同约定的权益，须向对方当事人偿付相应代价的合同，买卖合同、租赁合同、工程施工合同等为有偿合同；无偿合同是指当事人一方享有合同约定的权益，但无须付出相应代价的合同，赠与合同、借用合同即为无偿合同。有的合同既可以是有偿的，也可以是无偿的，取决于当事人的约定，如委托、保管、运输等合同。在有偿合同中，义务人承担的注意义务的程度一般比无偿合同中义务人的注意义务程度高。

(3)根据法律上是否赋予合同以特定名称，合同可分为有名合同与无名合同。有名合同是指法律上已经确定了一定的名称及规则的合同，如《中华人民共和国民法典》中确定的买卖合同、保管合同、运输合同、建设工程合同等；无名合同是指法律上尚未确定一定的名称与规则的合同。需要注意的是，无名合同并不是说它没有名称，而是说其名称不是由法律明确规定的，是当事人选定的。事实上，有名合同也是从无名合同发展而来的，当某些合同在长期的适用中逐步规范，就可能在法律上获得肯定，发展成为有名合同。

(4)根据合同的成立是否以标的物的交付为标准，合同可分为诺成合同与实践合同。诺成合同是指当事人各方的意思表示一致即可成立的合同，买卖合同、建设工程合同、租赁合同等皆为诺成合同；实践合同是指除当事人各方意思表示一致以外，还须交付标的物才能成立的合同，借用合同、保管合同等为实践合同。区分诺成合同与实践合同的意义在于二者的成立要件不同。诺成合同只要双方当事人意思表示一致，合同即告成立；实践合同除双方当事人意思表示一致外，还需要标的物的交付，合同才告成立。

(5)根据合同的成立是否以采用法律要求的形式为标准，合同可分为要式合同与不要式合同。要式合同是根据法律规定必须采取特定的形式方可发生法律效力的合同，融资租赁合同、建设工程合同为要式合同；不要式合同是指当事人订立合同无须采用特定形式即可生效的合同，买卖合同、赠与合同为不要式合同。这里应指出的是，不要式合同并不排斥当事人采用书面、公证等特定形式，当事人基于慎重考虑也可自愿采用书面、公证等形式。

(6)根据合同的主从关系，合同可分为主合同与从合同。在有相互关联的若干合同中，凡不需要其他合同的存在为前提即可独立存在的合同，是主合同；凡需要以其他合同的存在为前提才能存在的合同，是从合同。如在担保借款合同中，借款合同是主合同，担保合同是从合同，没有借款合同，担保合同就无从成立，也没有任何意义。

(7)根据合同是否涉及第三人，合同可分为束己合同与涉他合同。束己合同是指当事人订立合同的目的是为自己设定权利，并取得利益。民事生活实践中，当事人订立合同的一般情况都是为实现自己的民事生活目的,为自己谋取利益的,所以大多数合同都是束己合同。但在一些情况下,订立合同的当事人订立合同的目的不是为自己取得利益,而是为了第三人的利益,这就是涉他合同。例如,投保人向保险公司投保订立的保险合同中约定受益人取得保险赔偿金,运输合同的托运人与承运人订立的货物运输合同中指定第三人为收货人等。

3.合同的基本原则

根据《中华人民共和国民法典》要求,合同当事人应遵循平等原则、自愿原则、公平原则、诚实信用原则和合法原则。这些基本原则对合同管理实践的指导意义在于,民事主体进行合同民事活动,要按照民法典基本原则所确认的基本价值取向订立合同、履行合同和正确处理合同争议;在合同问题没有具体法条时,应当依据民法典的基本原则对具体合同事实作出解释。

(1)平等原则。合同当事人的法律地位平等,一方不得将自己的意志强加给另一方。地位平等的当事人在权利义务对等的基础上,经充分协商达成一致,以实现互利互惠的经济利益。这一原则包括三方面内容:合同当事人的法律地位一律平等,没有高低、从属之分,不存在命令者与被命令者、管理者与被管理者;合同中的权利义务对等,当事人所取得财产、劳务或工作成果与其履行的义务应相当,不得无偿占有另一方的财产,侵犯他人权益;合同当事人必须就合同条款充分协商,取得一致,合同才能成立,任何一方都不得凌驾于另一方之上,不得把自己的意志强加给另一方,更不得以强迫命令、胁迫等手段签订合同,协商一致的过程、结果,任何单位和个人不得非法干涉。

(2)自愿原则。当事人依法享有自愿订立合同的权利,任何单位和个人不得非法干预。合同当事人通过协商,自愿决定和调整相互权利义务关系,包括:订不订立合同自愿,当事人依自己意愿自主决定是否签订合同;与谁订立合同自愿,在签订合同时,有权选择对方当事人;合同内容由当事人在不违法的情况下自愿约定;在合同履行过程中,当事人可以自愿协议补充、协议变更有关内容;双方也可以经过协议,自愿解除合同;可以约定违约责任,在发生争议时,当事人可以自愿选择解决争议的方式。自愿原则体现了民事活动的基本特征,是民事关系区别于行政法律关系、刑事法律关系的特有的原则,只要不违背法律、行政法规强制性的规定,合同当事人有权自愿决定。

(3)公平原则。当事人应当遵循公平原则确定各方的权利和义务,合同双方当事人之间的权利义务要公平合理,要大体上平衡,强调一方给付与对方给付之间的等值性,以及合同上的负担和风险的合理分配。具体包括在订立合同时,要根据公平原则确定双方的权利和义务,不得滥用权力,不得欺诈,不得假借订立合同恶意进行磋商;根据公平原则确定风险的合理分配;根据公平原则确定违约责任。

(4)诚实信用原则。当事人行使权利、履行义务应当遵循诚实信用原则,当事人在订立、履行合同,以及合同终止后的全过程中,都要诚实、讲信用、相互协作。具体包括在订立合同时,不得有欺诈或其他违背诚实信用的行为;在履行合同义务时,当事人应当遵循诚实信用的原则,根据合同的性质、目的和交易习惯履行及时通知、协助、提供必要的条件、防止损失扩大、保密等义务;合同终止后,当事人也应当遵循诚实信用的原则,根据交易习惯履行通知、协助、保密等义务,称为后契约义务。

(5)合法原则。合同的订立和履行,由当事人自主约定,采取自愿的原则。但是,自愿也不是绝对的,当事人订立合同和履行合同,应当遵守法律、行政法规,尊重社会公德,不得扰乱社会经济秩序,损害社会公共利益,即合法原则。比如,金融领域里发生的高息揽储情况,是违反有关金融法律、行政法规规定的,即使当事人双方自愿,该合同也是无效的,对违法者还应当依法追究法律责任。

6.1.2 项目合同

1.项目合同的概念

项目合同是指参与项目建设活动的具有平等民事主体的诸方(业主、承包人、监理单位等)为了一定的项目建设目的,在平等自愿、协商一致的基础上,订立的明确各自权利与义务的一份协议,如项目设计合同、项目施工合同、项目监理合同等。狭义的项目合同是指发包人与承包人就项目的实施所达成的合同,即承包人进行项目施工建设,发包人支付价款,通常包括项目勘察、设计和施工等;广义的项目合同包括了项目实施过程中,所有与项目或项目建设有关的,以工程、货物和服务等为标的的合同,既包括工程勘察、设计、施工合同,还包括监理、货物等合同。需要注意的是,监理合同的性质属于委托合同,货物采购合同的性质属于买卖合同。

项目合同的客体是项目以及与项目实施有关的工程、货物和服务。这里所称工程是指建设工程,包括建筑物和构筑物的新建、改建、扩建及其相关的装修、拆除、修缮等,涉及房屋、铁路、公路、机场、港口、桥梁、矿井、水库、电站、通信线路等;与项目实施有关的货物,是指构成工程不可分割的组成部分,且为实现工程基本功能所必需的设备、材料等;与项目实施有关的服务,是指为完成项目所需的勘察、设计、监理等服务。

狭义的项目合同的主体是发包人和承包人。发包人,一般为项目的建设单位,即投资建设该项目的单位,通常也称作"业主"。根据我国建设项目法人责任制的相关规定,由国有单位投资建设的经营性项目,由依法设立的项目法人作为发包人。国有建设单位投资建设的非经营性的建设项目,应当由建设单位为发包人。承包人即实施建设项目的勘察、设计、施工等业务的单位,包括对建设工程实行总承包的单位和承包分包工程的单位。另外,监理合同的主体是委托人和监理人,货物采购合同的主体则是采购方和供货方。

2.项目合同的类型

项目实施一般包括可研、设计、施工、监理、材料设备采购等一系列过程,因此,广义的项目合同通常包括工程勘察、设计、施工、监理、材料设备采购合同等。现实中常见的主要合同类型有如下几种:

(1)勘察设计合同,即指勘察人、设计人完成工程勘察设计服务,发包人支付勘察设计费的协议。勘察服务包括制订勘察纲要,进行测绘、勘探、取样和试验等,查明、分析和评估地质特征和工程条件,编制勘察报告和完成发包人委托的其他任务。设计服务包括编制设计文件和设计概算、预算,提供技术交底、施工配合、参加竣工验收或发包人委托的其他服务。

(2)工程施工合同,即指施工人完成工程的建筑安装工作,发包人验收后,接受该工程并支付价款的合同。建筑安装工作包括建筑物和构筑物的新建、改建、扩建及其相关的装修、拆除、修缮等,涉及房屋、铁路、公路、机场、港口、桥梁、矿井、水库、电站、通信线路等领域。工程施工合同的内容通常包括工程范围、建设工期、中间交工工程的开工和竣工时间、工程质量、工程造价、技术资料交付时间、材料和设备供应责任、拨款和结算、竣工验收、质量保修范围和质量保证期、双方相互协作等条款。

(3)工程监理合同,即指监理人完成工程的监理服务,委托人支付报酬的合同。监理服务指监理人对建设工程勘察、设计或施工等阶段进行的质量控制、进度控制、投资控制、合同管理、信息管理、组织协调和安全监理、环保监理等的服务活动。

（4）货物采购合同，即指供货人按照需求，提供工程建设所需要的货物及相关服务，采购人支付货款的合同。这里所称的货物，是指构成工程不可分割的组成部分，且为实现工程基本功能所必需的设备、材料等。

项目从立项决策、建设实施到投产运营，涉及众多参与方，各方之间的权利义务关系都需要用合同来确定和约束。建设项目各阶段涉及的合同关系如表6-1所示。由表6-1可见，决策阶段的合同主要有咨询合同、借款合同、土地征用与拆迁合同、土地使用权出让与转让合同等，涉及的利益主体包括业主、咨询公司、银行、政府、土地转让方等；在建设实施阶段，合同类型包括勘察合同、设计合同、施工合同、监理合同、货物采购合同、招标代理合同、担保合同、保险合同、供用电（水、气、热力）合同、借款合同、租赁合同、融资租赁合同、运输合同、技术合同、保管合同、仓储合同等，相关利益主体有业主、勘察单位、设计单位、施工单位、监理单位、供应商、招标代理机构、担保公司、保险公司、供电（水、气、热力）公司、银行、出租方、运输公司、科研院所、保管机构、仓储机构等；在投产运营阶段，合同主要有供用电（水、气、热力）合同、销售合同、租赁合同、运营管理合同、物业管理合同等，涉及的利益主体包括业主、供电（水、气、热力）公司、用户、承租方、物业公司等。

表6-1 项目实施各阶段主要合同关系

项目实施阶段	合同类型	合同主体
决策阶段	咨询合同、借款合同、土地征用与拆迁合同、土地使用权出让与转让合同等	业主、咨询公司、银行、政府、土地转让方等
实施阶段	勘察合同、设计合同、施工合同、监理合同、货物采购合同、招标代理合同、担保合同、保险合同、供用电（水、气、热力）合同、借款合同、租赁合同、融资租赁合同、运输合同、技术合同、保管合同、仓储合同等	业主、勘察单位、设计单位、施工单位、监理单位、供应商、招标代理机构、担保公司、保险公司、供电（水、气、热力）公司、银行、出租方、运输公司、科研院所、保管机构、仓储机构等
运营阶段	供用电（水、气、热力）合同、销售合同、租赁合同、运营管理合同、物业管理合同等	业主、供电（水、气、热力）公司、用户、承租方、物业公司等

3. 不同视角下的项目合同关系

1）基于业主视角的项目合同关系

业主作为项目采购的买方，是项目的所有者，可能是政府、企业、其他投资者，也可能是几个企业的组合，或政府与企业的组合（如合资项目、BOT项目的业主）。业主根据对项目的需求，确定项目的整体目标，这个目标是所有相关合同的核心。要实现项目的目标，业主需要将建设项目的勘察、设计、各专业工程施工、设备和材料供应、建设过程的咨询与管理等工作委托出去，这样就需要与有关单位签订如下合同：

（1）咨询（监理）合同，指业主与咨询（监理）公司签订的合同，咨询（监理）公司负责项目的可行性研究、设计监理、招标和施工阶段监理等某一项或几项工作，业主对其进行相应的支付。

（2）勘察设计合同，指业主与勘察设计单位签订的合同，勘察设计单位负责工程的地质勘察和技术设计等工作，并据此获得业主支付的报酬。

（3）供应合同，指业主与供应商签订材料或设备的购买合同，供应商提供项目实施所需要的材料和设备，业主按商定的价格支付相应的款项。

（4）工程施工合同，指业主与承包商签订的工程施工合同，一个或几个承包商承包或分别完成土建、机械安装、电器安装、装饰、通信等施工任务，业主对承包商支付相关款项。

（5）贷款合同，指业主与金融机构签订的合同，后者向业主提供资金保证，按照资金来源的不同，可能有贷款合同、合资合同或 BOT 合同等。

基于业主视角的建设项目上述合同关系汇总如图 6-1 所示。

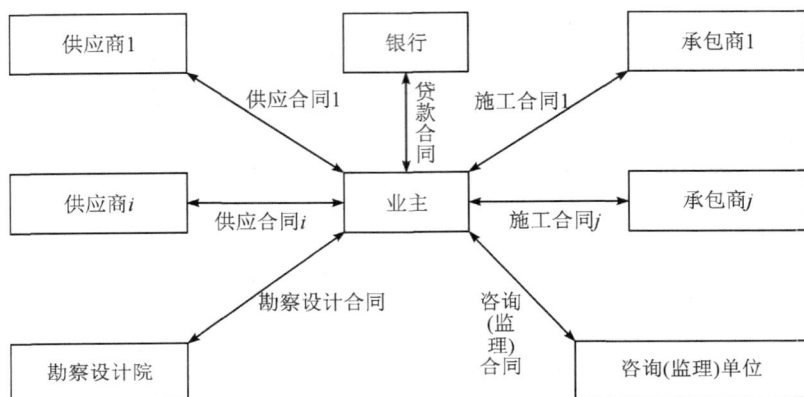

图 6-1　基于业主视角的主要合同关系

2）基于承包商视角的项目合同关系

承包商是建设项目的另一个主要主体，从承包商的视角出发，通常存在如下主要合同关系：

（1）工程承包合同。工程承包合同由承包人与业主（发包人）签订，这是承包人签订的最主要的合同之一，没有承包合同，承包人也就没有诸如分包、材料采购等合同。

（2）分包合同。对于一些大的工程，承包商常常必须与其他承包商合作才能完成项目。经业主同意，承包商可以将承接到的工程中的某些专业工程或工作分包给另一承包商来完成，并与分包商签订分包合同。承包商在承包合同下可能订立许多分包合同，而分包商仅完成他所分包的工程，向承包商负责。同时，工程分包虽然经业主同意，但不能解除承包人对分包工程的责任。

（3）供应合同。供应合同指承包商为采购工程实施所必要的材料和设备，而与供应商签订的合同。

（4）运输合同。运输合同指承包商为解决材料和设备的运输问题而与运输企业签订的合同。

（5）加工合同。加工合同指承包商将建筑构配件、特殊构件加工任务委托给加工单位，由此而签订的合同。

（6）租赁合同。在建筑工程中，承包商需要许多施工设备、运输设备、周转材料。当有些设备、周转材料在现场使用率较低，或自己购置需要大量资金投入，而自己又不具备这个经济实力时，可以采用租赁方式，与租赁单位签订租赁合同。

（7）劳务供应合同。劳务供应合同指承包商与劳务供应商之间签订的合同，由劳务供应商向工程提供劳务。

（8）保险合同。保险合同指承包商按施工合同要求对工程进行保险，与保险公司签订的合同。

基于承包商视角的建设项目主要合同关系汇总如图6-2所示。

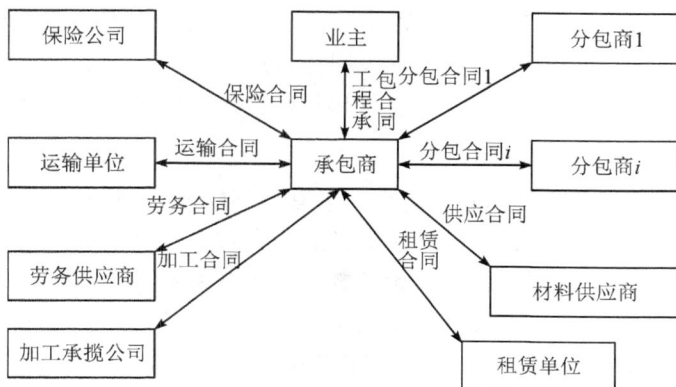

图6-2　基于承包商视角的主要合同关系

问题思考

1. 合同有何主要特征？如何对合同进行分类？合同的基本原则有哪些？
2. 常见的项目合同有哪些类型？合同是如何把相关利益方联结在一起的？

6.2　项目合同的订立

项目合同的订立、执行及终结是个动态的过程，它始于合同的订立，终于适当履行和任务完成，中间可能涉及合同的效力产生、担保、变更、转让、解除、消灭等环节。合同的订立是合同生效并执行的基础，也是项目合同管理的起点。合同订立的审慎、完备、合法，可以为项目顺利执行、经济效益提升创造良好的前提条件。下面分别从合同的订立主体、合同的形式及内容、合同的要约与承诺、合同的成立及缔约过失责任等方面进行介绍。

6.2.1　合同的订立主体

订立合同的主体也是合同关系的主体，又称为合同当事人，包括自然人、法人和其他组织。当事人订立合同，需要具备相应的资格。《中华人民共和国民法典》对合同当事人的资格及委托代理人订立合同做出了明确规定：当事人订立合同，应当具有相应的民事权利能力和民事行为能力；当事人依法可以委托代理人订立合同。

1.当事人的民事权利能力

合同的当事人包括自然人、法人和其他组织等。民事权利能力是指法律赋予民事主体享有民事权利和承担民事义务的能力,也就是民事主体享有权利和承担义务的资格,是作为民事主体进行民事活动的前提条件。自然人的权利能力始于出生,终于死亡。自然人订立合同,应当具备相应的民事权利能力。一般说来,自然人民事权利能力不受限制,除非违背法律的强制性规定。比如,未成年人不具备工作的权利能力,不能签订工作合同。法人的权利能力从成立时产生,到终止时消灭。法人的民事权利能力与自然人有很大不同:自然人的民事权利能力是普遍、一致和平等的,通常没有多少差别;而法人的民事权利能力的大小、范围,取决于成立的宗旨和任务,差别可能是很大的。某些民事权利能力只有自然人才能享有,如婚姻、收养、继承等,而某些民事权利能力只有法人才能享有,如烟草、黄金等只有法人才能经营。

2.当事人的民事行为能力

民事行为能力是指民事主体以自己的行为享有民事权利、承担民事义务的能力,也就是民事主体以自己的行为享有民事权利、承担民事义务的资格。自然人的民事行为能力可以根据年龄和智力状况分为完全民事行为能力、无民事行为能力和限制民事行为能力三种情况。

(1)完全民事行为能力。法律规定,18 周岁以上的公民是成年人,具有完全民事行为能力,可以独立进行民事活动,是完全民事行为能力人。

(2)无民事行为能力。无民事行为能力是指公民不具有以自己的行为参与民事法律关系、取得民事权利和承担民事义务的资格。按照法律规定,未满 8 周岁的未成年人、8 周岁以上不能辨认自己行为的未成年人,以及不能辨认自己行为的成年人为无民事行为能力人。

(3)限制民事行为能力。限制民事行为能力又称不完全民事行为能力,按照法律规定,8 周岁以上的未成年人(包括 8 周岁,但是不包括 18 周岁)、不能完全辨认自己行为的成年人(如精神病人)是限制民事行为能力人。

法人的民事行为能力在性质上与自然人的民事行为能力是一样的,是法人通过自己的行为参与民事活动、享有民事权利、承担民事义务的能力,是法人能够以自己的意思进行民事活动的资格。法人的民事权利能力与民事行为能力范围是一致的,一般都取决于其业务范围或者经营范围。法人的民事行为能力可以通过法人的法定代表人、代表机构或者代理人实现。

3.民事代理特点及形式

自然人、法人进行民事活动,一是亲自实施某种民事法律行为,二是通过代理人实施某种民事法律行为。通过代理人实施民事法律行为,就涉及民事代理。《中华人民共和国民法典》规定,代理人在代理权限内,以被代理人的名义实施民事法律行为;被代理人对代理人的代理行为,承担民事责任。这一规定表明了代理的几个特点:代理人在代理权限内进行代理活动;代理人以被代理人的名义进行代理活动;代理人的代理活动是实施某种民事法律行为;代理人代理活动产生的法律后果由被代理人承担。

当事人的民事代理通常可表现为如下几种形式:

(1)法定代理。基于法律的直接规定而产生的代理称为法定代理,无民事行为能力人、限制民事行为能力人的法定代理人是其监护人。

(2)指定代理。依照法律规定因人民法院或者其他部门的指定而产生的代理为指定代理。在没有法定代理人、对法定代理人有争议,或者法定代理人无正当理由不能代理的情况下,才会产生指定代理。比如,对担任监护人有争议的,由未成年人的父、母的所在单位或者未成年人住所地的居民委员会、村民委员会在近亲属中指定。

(3)委托代理。委托代理是按照委托人的委托而产生的代理。委托代理是代理中适用最广泛、最普遍的一种形式,除具有人身关系性质的民事活动外,一般民事活动都可以实行委托代理。委托代理可以采用口头形式,也可以采用书面形式。如果是书面形式的委托代理,应当签发授权委托书。

6.2.2 合同的形式及内容

1.合同的形式

合同的形式是指当事人订立合同的合意的表达方式,合同形式通常包括书面形式、口头形式和其他形式等三种。

(1)书面形式。书面形式即指合同书、信件和数据电文(包括电报、电传、传真、电子数据交换和电子邮件)等可以有形地表现所载内容的形式,这种形式明确肯定、有据可查,对于防止合同争议和解决纠纷有积极意义。书面形式合同最通常的是当事人对合同有关内容进行协商订立的,并由双方签字(或者同时盖章)的合同文本,也称作合同书或者书面合同。一般来说,作为合同书应当符合如下条件:必须以某种文字、符号书写;必须有双方当事人(或者代理人)的签字(或者同时盖章);必须规定当事人的权利、义务。合同可以信件的方式订立,包括平信、邮政快件、挂号信以及特快专递等多种形式,也可以是电报、电传、传真的书面形式,还可以是电子数据交换和电子邮件的形式。

(2)口头形式。口头形式即指当事人面对面谈话或者利用通信设备(如电话)交谈的形式。口头合同是老百姓日常生活中广泛采用的合同形式,其优点是直接、简便、快速。数额较小或者现款交易通常采用口头形式,如在自由市场买菜、在商店买衣服等。口头形式合同的缺点是没有凭证,发生争议后难以取证,不易分清责任。

(3)其他形式。其他形式合同是指除了书面形式和口头形式之外,以其他形式订立的合同,包括根据当事人的行为或者特定情形推定合同成立,或者默示合同等。如租赁房屋的合同,在租赁期满后,承租人未表示退房而是继续交房租,出租人仍然接受租金,则可以根据双方当事人的行为推定租赁合同继续有效。再如,当乘客乘上公共汽车时,尽管乘客与公交公司之间没有明示协议,但可以依当事人的行为推定运输合同成立。

2.合同的内容

合同的内容是当事人权利义务的体现,其存在形式就是合同的条款,合同条款要尽量明确、具体、齐备、完整、协调。当事人订立合同,既可以逐条约定合同条款,也可以参照相关示范文本订立,还可以选择某一方提出的格式条款。合同的内容由当事人约定,一般包括以下条款:当事人的名称或者姓名和住所,标的,数量,质量,价款或者报酬,履行期限、地点和方式,违约责任,解决争议的方法等。

1)合同的主要条款

合同的条款是合同中经双方当事人协商一致、规定双方当事人权利义务的具体条文。合同条款是否齐备、准确,决定了合同能否成立、生效以及能否顺利地履行并实现订立合同的目的。合同的主要条款及内容由当事人约定,一般应包括如下八方面内容:

（1）当事人的名称或者姓名和住所。当事人是合同的主体，是每一个合同必须具备的条款。合同中如果不写明当事人，谁与谁做交易都搞不清楚，就无法确定权利的享受和义务的承担，发生纠纷也难以解决。合同中不仅要把应当规定的当事人都规定到合同中去，而且要把各方当事人名称或者姓名和住所都规定准确、清楚。

（2）标的。标的是合同当事人的权利义务指向的对象，是合同成立的必要条件，是一切合同的必备条款。没有标的，合同不能成立，合同关系无法建立。合同的种类很多，合同的标的也多种多样，一般包括有形财产、无形财产、劳务、工作成果等。合同对标的的规定应当清楚明白、准确无误，对于名称、型号、规格、品种、等级、花色等都要约定得细致、准确、清楚，防止差错。特别是对于不易确定的无形财产、劳务、工作成果等更要尽可能地描述准确、明白。

（3）数量。在多数合同中，数量是必备条款，没有数量，合同是不能成立的。对于有形财产，数量是对个数、体积、面积、长度、容积、重量等的计量；对于无形财产，数量是个数、件数、字数以及使用范围等多种量度；对于劳务，数量为劳动量；对于工作成果，数量是工作量及成果数量。一般而言，合同的数量要准确，要选择使用双方共同接受的计量单位、计量方法和计量工具。根据不同情况，要求不同的精确度，允许的尾差、磅差、超欠幅度、自然耗损率等。

（4）质量。质量指标准、技术要求，包括性能、效用、工艺等，一般以品种、型号、规格、等级等体现。合同中应当对质量问题尽可能地规定细致、准确和清楚。国家有强制性标准规定的，必须按照规定的标准执行。如有其他质量标准的，应尽可能约定其适用的标准。当事人可以约定质量检验的方法、质量责任的期限和条件、对质量提出异议的条件与期限等。

（5）价款或者报酬。价款或者报酬，是一方当事人向对方当事人所付代价的货币支付。价款一般指对提供财产的当事人支付的货币。报酬一般是指对提供劳务或者工作成果的当事人支付的货币。价款或者报酬应当在合同中规定清楚或者明确规定计算方法。如果有政府定价和政府指导价的，要按照规定执行。

（6）履行期限、地点和方式。履行期限是指合同当事人履行义务的时间界限。履行期限直接关系到合同义务完成的时间，涉及当事人的期限利益，也是确定合同是否按时履行或者迟延履行的客观依据。不同的合同，其履行期限的具体含义是不同的。买卖合同中卖方的履行期限是指交货的日期，买方的履行期限是交款日期；运输合同中承运人的履行期限是指从起运到目的地卸载的时间；工程建设合同中承包方的履行期限是从开工到竣工的时间。正因如此，期限条款应当尽量明确、具体，或者明确规定计算期限的方法。履行地点是指当事人履行合同义务和对方当事人接受履行的地点。履行地点往往是确定运费、风险、所有权转移以及诉讼管辖的依据，因此，履行地点在合同中应当规定得明确、具体。履行方式是指当事人履行合同义务的具体做法，如买卖合同的交付方式和付款方式、运输合同的运输方式等。履行方式与当事人的利益密切相关，合同中应当明确规定履行方式，并考虑方便、快捷和防止欺诈等因素。

（7）违约责任。违约责任是指当事人一方或者双方不履行合同或者不适当履行合同，依照法律的规定或者按照当事人的约定应当承担的法律责任。违约责任是促使当事人履行合同义务，使对方免受或少受损失的法律措施，也是保证合同履行的主要条款。当事人为了保证合同义务严格按照约定履行，为了更加及时地解决合同纠纷，可以在合同中约定违约责任，如约定定金、违约金、赔偿金额以及赔偿金的计算方法等。

（8）解决争议的方法。解决争议的方法是指合同争议的解决途径，对合同条款发生争议时的解释以及法律适用等。解决争议的途径主要有和解、调解、仲裁、诉讼等。当事人可以约定解决争议的方法。解决争议方法的选择对于纠纷发生后当事人利益的保护非常重要,应该慎重对待,并且要约定得具体、清楚。比如选择仲裁,要明确约定仲裁机构和仲裁事项,不能笼统地规定"采用仲裁解决";否则,将无法确定仲裁条款的效力。

2)合同的示范文本

合同的示范文本,是指由合同当事人、有关业务主管部门、专家学者等就某一种或者某一类合同所制定的具有各种必要条款的合同文本样式,具有指导性、内容完备性等特点。实践中,合同示范文本可以提示当事人在订立合同时更好地明确各自的权利义务,使订立的合同更加规范,同时减少合同中缺款少项、容易引起纠纷的情况。建设项目领域的勘察、设计、施工、监理、咨询等合同,一般都有相关部门制定的示范文本,订立该类合同时可参考选用。

3)格式条款及格式合同

格式条款,是当事人为了重复使用而预先拟定,并在订立合同时未与对方协商的条款,又称为格式合同、定式合同等,是某些行业在频繁地、重复地交易过程中为了简化合同订立程序而形成的。这些行业往往具有垄断性,如水、电、热力、燃气、邮电、电信、保险、铁路、航空、公路、海运等行业。使用格式条款的好处是简捷、省时、方便、降低交易成本;其弊端在于,提供商品或者服务的一方往往利用其优势地位,制定有利于自己而不利于对方的条款,这一点在消费者作为合同相对方时特别突出。关于格式条款,通常有如下规定:

(1)格式条款及提供者义务。采用格式条款订立合同的,提供格式条款的一方应当遵循公平原则确定当事人之间的权利和义务,并采取合理的方式提请对方注意免除或者限制其责任的条款,按照对方的要求,对该条款予以说明。

(2)格式条款无效的情形。在格式条款中,提供格式条款一方免除己方责任、加重对方责任、排除对方主要权利的,该条款无效。

(3)对格式条款的解释。对格式条款的理解发生争议,按通常理解予以解释,这对保护采用格式条款订立合同的公民、小企业是有利的。有两种以上解释的,应当做出不利于提供格式条款一方的解释,这也是公平原则的体现。非格式条款一般是在格式条款外另行商定的条款,或对原来的格式条款重新协商修改的条款,是当事人特别约定的,如果与格式条款不一致,应采用非格式条款。

6.2.3 合同的要约与承诺

合同本质上是一种合意。当事人协商一致、订立合同的过程,是经过要约、承诺完成的。通俗地讲,向对方提出合同条件做出签订合同的意思表示称为"要约",而另一方如果表示接受就称为"承诺"。一般而言,一方发出要约,另一方做出承诺,合同就成立了。当然,有时要约和承诺往往难以区分,很多合同也是经过反复磋商才得以达成。

1.合同的要约

1)要约的概念

要约是希望和他人订立合同的意思表示,在不同的情况下也可以称为"发盘""发价"等,发出要约的一方称"要约人",接收要约的一方称"受要约人"。要约需要满足以下两个核心要件:

(1)要约的内容必须具体确定,即要约的内容必须是确定的和完整的。所谓确定的是要求要约的内容必须明确清楚,不能模棱两可、产生歧义;所谓完整的是要求要约的内容必须满足构成一个合同所必备的条件,一经被受要约人承诺,合同即可成立。

（2）要约必须具有缔约目的并表明经承诺即受此意思表示的拘束。缔约的意思表示能否构成要约的关键在于，这种意思表示是否表达了与被要约人订立合同的真实意愿。如甲对乙说："我打算五万元把我现在开的那辆车卖掉"，这尽管是特定当事人对特定当事人的陈述，也不构成一个要约。

2）要约邀请

要约邀请，又称要约引诱，是邀请或者引诱他人向自己发出订立合同的要约的意思表示，如寄送的价目表、拍卖广告、招标广告、招股说明书、商业广告等。要约邀请可以是向特定人发出的，也可以是向不特定的人发出的。要约邀请与要约不同，要约是一个一经承诺就成立合同的意思表示，而要约邀请只是邀请他人向自己发出要约，自己如果承诺才成立合同。

在理论上，要约与要约邀请有很大区别，但事实上往往很难区分。当事人可能原意是发出要约，但由于内容不确定只能被看作是一个要约邀请。当事人可能原意是发出要约邀请，但由于符合了要约的条件而会被判定为是一个要约。实践中，寄送的价目表、拍卖公告、招标公告、招股说明书、商业广告等一般不具备要约的要件，视为要约邀请。但商业广告的内容符合要约规定的，视为要约。比如某广告："我公司现有某型号的水泥1000吨，每吨价格500元，先来先买，欲购从速"，该广告可视为要约。

3）要约的生效

要约达到受要约人时生效。关于要约的生效时间，国际上通常有"投邮规则"、"到达规则"和"了解规则"三种理解。我国采用"到达规则"，即要约到达受要约人时生效。需要说明的是，这种"到达"并不是指一定实际送达到受要约人或者其代理人手中，而是只要送达到受要约人通常的地址、住所或者能够控制的地方（如信箱等）即为送达。数据电文是现代化的通信工具传送的信息，发出就已到达。采用数据电文形式订立合同，收件人指定特定系统接收数据电文的，该数据电文进入该特定系统的时间，视为到达时间；未指定特定系统的，该数据电文进入收件人的任何系统的首次时间，视为到达时间。

4）要约的撤回

要约可以撤回。要约的撤回，是指在要约发出之后但在发生法律效力以前，要约人欲使该要约不发生法律效力而做出的意思表示。要约得以撤回的原因是，要约尚未发生法律效力，所以不会对受要约人产生任何影响，不会对交易秩序产生任何影响。撤回要约的条件是，撤回要约的通知在要约到达之前或者同时到达受要约人。此时要约尚未生效，而撤回要约的通知生效了，因此要约得以撤回。如果撤回要约的通知在要约之后到达受要约人，则要约已经生效，此时能否使要约失效，要看是否符合要约撤销的条件。

5）要约的撤销

要约可以撤销。要约的撤销，是指要约人在要约发生法律效力之后、受要约人承诺之前，欲使该要约失去法律效力的意思表示。要约的撤销与撤回不同：要约的撤销发生在要约生效之前，而要约的撤销发生在要约生效之后；要约的撤回是使一个未发生法律效力的要约不发生法律效力，要约的撤销是使一个已经发生法律效力的要约失去法律效力；要约撤回的通知只要在要约到达之前或与要约同时到达就发生效力，而要约撤销的通知要在受要约人发出承诺通知之前到达受要约人，且不一定发生效力。注意，如下两种情形下，要约不得撤销：要约人确定了承诺期限或者以其他形式明示要约不可撤销；受要约人有理由认为要约是不可撤销的，并已经为履行合同做了准备工作。

6)要约的失效

要约的失效,也可以称为要约的消灭或者要约的终止,指要约丧失法律效力,要约人与受要约人均不再受其约束。要约失效通常有以下几个情形:

(1)对要约的拒绝。受要约人接到要约后,通知要约人不同意与之签订合同,则拒绝了要约。在拒绝要约通知到达要约人时,该要约失去法律效力。

(2)要约人撤销要约。要约被撤销,要约失效。

(3)受要约人未在承诺期限内承诺。如果要约中确定了承诺期限,表明要约人规定了要约发生法律效力的期限,超过这个期限不承诺,要约的效力当然归于消灭。

(4)受要约人对要约的内容做出实质性变更。受要约人对一项要约的内容做出实质性的变更,视为反要约。提出反要约就是对要约的拒绝,使要约失去效力,要约人即不受其要约的拘束。

2.承诺

1)承诺的概念

承诺是受要约人同意要约的意思表示,即受要约人同意接受要约的全部条件以缔结合同的意思表示。在一般情况下,承诺生效后,合同即告成立。承诺必须具备一定的条件,具体如下:

(1)承诺必须由受要约人做出。受要约人是要约人选定的交易相对方。第三人进行承诺不能视为承诺,只能视作对要约人发出了要约。

(2)承诺须向要约人做出。如果承诺不是向要约人做出,则做出的"承诺"不视为承诺,达不到与要约人订立合同的目的。

(3)承诺的内容须与要约保持一致。这是承诺最核心的要件,承诺必须是对要约完全的、单纯的同意,必须在内容上与要约的内容一致。如果受要约人在承诺中对要约的内容加以扩张、限制或者变更,便不能构成承诺,而应当视为拒绝要约的同时提出了一项新的要约。当然,如果仅仅是表述的形式不同,而不是实质的不一致,则不应当否定承诺的效力。对于合同标的、数量、质量、价款或者报酬、履行期限、履行地点和方式、违约责任和解决争议方法等的变更,是对要约内容的实质性变更。承诺对要约的内容做出非实质性变更的,除要约人及时表示反对或者要约表明承诺不得对要约的内容做出任何变更的以外,该承诺有效,合同的内容以承诺的内容为准。

(4)承诺必须在承诺期限内做出。如果要约规定了承诺期限,则承诺应在规定的承诺期限内做出,如果要约没有规定承诺期限,则承诺应当在合理的期限内做出;否则,做出的"承诺"不能视为承诺,只能视为新要约。

承诺应当以通知的方式做出,但根据交易习惯或者要约表明可以通过行为做出承诺的除外。承诺一般以通知的方式做出,可以是口头形式或者书面形式。承诺也可以行为的方式做出,比如预付价款、装运货物或在工地上开始工作等。如果要约人在要约中规定承诺需用特定方式的,承诺人做出承诺时,必须符合要约人规定的承诺方式。

2)承诺的期限

要约中规定了承诺期限的,承诺必须在要约规定的期限内到达要约人。因为超过承诺期限,则要约失效。要约没有规定承诺期限的,如果是对话方式做出的,必须即时承诺才有效。如果当时不立即表示接受,则在对话结束后,该要约即失效,除非要约人在对话中约定了其他情况。要约没有规定承诺期限的,如果以非对话方式做出,承诺应当在合理期限内到达。该"合理期限"根据通讯方式和通常标准确定。

对于以通讯方式发出要约的,如果在要约中规定了承诺期限,要约人与受要约人需确定承诺期限的起止时期,以决定何时不再受要约限制、是否做出承诺、何时做出承诺、以何种方式做出承诺等。参考国际惯例,我国法律规定,以信件做出的要约,其承诺期限自信件中载明的日期起算,如果信件中没有载明日期则从信封上的日期起算;以电报做出的要约,则从电报交发时起算;对于电话、传真等快速通讯方式做出的要约,承诺期限从要约到达受要约人时起算。

3)承诺的生效

《中华人民共和国民法典》对承诺的生效采用与要约一样的方式,即到达生效。承诺不需要通知的,根据交易习惯或者要约的要求做出承诺的行为时,承诺生效。采用数据电文形式订立合同的,承诺到达的时间适用要约生效的规定。承诺一旦生效,合同即告成立。

4)承诺的撤回

承诺的撤回是指受要约人阻止承诺发生法律效力的意思表示。由于承诺一经送达要约人即发生法律效力,合同即刻成立,所以撤回承诺的通知应当在承诺通知到达之前或者与承诺通知同时到达要约人。如果撤回承诺的通知晚于承诺的通知到达要约人,则承诺已经生效,合同已经成立。

5)承诺的逾期

承诺应在承诺期限内做出,超过有效的承诺期限,要约已经失效,对于失效的要约发出承诺,不能发生承诺的效力,一般应视为新要约。当然,要约人若及时通知受要约人该承诺有效的,则认为该承诺有效。受要约人在承诺期限内发出承诺,按照通常情况能够及时到达要约人,但因其他原因承诺到达要约人时超过承诺期限的,除要约人及时通知受要约人因承诺超过期限不接受该承诺的以外,该承诺有效。

受要约人在要约的有效期限内发出承诺通知,依通常情形可于有效期限内到达要约人而迟到的,对这样的承诺,如果要约人不愿意接受,即负有对承诺人发迟到通知的义务。要约人及时发出迟到通知后,该迟到的承诺不生效力,合同不成立。如果要约人怠于发迟到通知,则该迟到的承诺视为未迟到的承诺,具有承诺的效力,合同成立。

6.2.4 合同缔约过失责任

1.合同的成立

1)合同成立的时间

采用不同方式所订立的合同,其成立时间不同:采用要约、承诺的方式所订立的合同,承诺生效时合同成立;采用合同书形式所订立的合同,自双方当事人签字或者盖章时合同成立;采用信件、数据电文等形式所订立的合同,当事人可以在要约或者承诺中提出签订确认书的要求,合同在最后签订确认书时成立。注意,当事人不能在承诺生效后即合同成立后提出签订确认书的要求。

2)合同成立的地点

采用不同方式所订立的合同,其成立地点不同:采用数据电文形式订立合同的,收件人的主营业地为合同成立地点;没有主营业地的,其经常居住地为合同成立地点。当事人另有约定的,按照其约定。当事人采用合同书形式订立合同的,双方当事人签字或盖章的地点为合同成立的地点。

3）合同的推定成立

法律、行政法规规定或者当事人约定采用书面形式订立的合同，当事人应当采用书面形式订立合同；否则，应当推定合同不成立。但是，形式不是主要的，重要的在于当事人之间是否真正存在一个合同，如果合同主要义务已经得到履行，只要合同不违反法律的强制性规定，就是有效的。同样，合同书中如果没有双方当事人的签字盖章，就不能最终确认当事人对合同的内容协商一致，不能证明合同的成立有效。但是，签字盖章也只是形式问题，实质上应当追求当事人的真实意思，当事人既然已经履行，合同当然成立，除非违背法律的强制性规定。

2.缔约过失责任

缔约过失责任，指在合同订立过程中，一方因违背依诚实信用原则所应负的先合同义务，导致对方信赖利益损失而应当承担的民事责任。缔约过失责任是一种合同前的责任，不同于合同中的违约责任。

1）违背诚实信用原则的赔偿责任

根据自愿原则，当事人可以自由决定是否订合同、与谁订合同、订什么样的合同。为订立合同与他人进行协商，协商不成的，一般不承担责任。但是，当事人进行合同的谈判，应当遵循诚实信用原则。有下列情况之一，给对方当事人造成损失的，应当承担损害赔偿责任：

（1）假借订立合同，恶意进行磋商。所谓"假借"就是根本没有与对方订立合同的目的，与对方进行谈判只是借口，目的是损害对方或者第三人的利益，恶意地与对方进行合同谈判。比如，甲知道乙有转让餐馆的意图，甲并不想购买该餐馆，但为了阻止乙将餐馆卖给竞争对手丙，却假意与乙进行了长时间的谈判。当丙买了另一家餐馆后，甲中断了谈判。后来乙只得以比甲出价更低的价格将餐馆转让了。

（2）在订立合同中隐瞒重要事实或者提供虚假情况。

（3）其他违背诚实信用原则的行为。

负有缔约过失责任的当事人，应当赔偿受损害的当事人。赔偿应当以受损害的当事人的损失为限。这个损失包括直接利益的减少，如谈判中发生的费用，还应当包括受损害的当事人因此失去的与第三人订立合同的机会的损失。

2）泄露商业秘密的赔偿责任

商业秘密是指不为公众所知悉、能为权利人带来经济利益、具有实用性并经权利人采取保密措施的技术信息和经营信息。如果订立合同的过程中知悉到商业秘密，无论合同是否成立，都不得泄露或者不正当地使用。泄露或者不正当地使用该商业秘密给对方造成损失的，应当承担损害赔偿责任。当然，在一般的合同订立过程中，没有必要将当事人双方在合同谈判的过程中交换的信息都作为商业秘密来处理。即使是很有价值的信息，如果不是商业秘密，当事人均可以使用这些信息。

问题思考

1.合同的订立对主体有何要求？常见的合同形式和内容有哪些？

2.为什么说合同的订立本质上是合同主体的要约与承诺过程？在什么情形下，相关主体要承担缔约过失责任？

6.3　合同的效力

合同的效力,是指已经成立的合同在当事人之间产生的法律约束力,也就是通常说的合同的法律效力。合同的成立只意味着当事人就合同的内容达成了意思表示一致,但是否生效还要看是否符合法律规定和双方的约定。

6.3.1　合同的生效

1.合同生效的法律效果

合同生效是指合同产生法律约束力。合同生效后产生的法律效果主要体现在如下几方面:

(1)在当事人之间产生法律效力。合同一旦生效,当事人依法受合同的约束,应当依照合同的约定,享有权利、承担义务,这是合同的对内效力。在客观情况发生变化时,当事人必须依照法律或者取得对方的同意,才能变更或解除合同。

(2)对第三人产生一定的法律约束力。合同一旦生效,任何单位或个人都不得侵犯当事人的合同权利,不得非法阻挠当事人履行义务。这是合同的对外效力。

(3)当事人违反合同的,将依法承担民事责任。

2.合同生效的条件

合同生效应该具备下列条件:

(1)当事人具有相应的民事权利能力和民事行为能力。

(2)合同的意思表示真实。

(3)不违反法律或者社会公共利益。

这是合同生效的必要条件,如果不具备以上要件,所订立的合同不会生效,其效力状态可能是待定的、无效的或可变更、可撤销的。

3.合同生效的时间

不同情形下合同生效的时间不同,具体分如下三种情形:

(1)成立生效。依法成立的合同,自成立时生效。也就是说,合同的生效,原则上是与合同的成立一致的,合同成立就产生效力。这也是实务中最常见的一种情形,如果当事人对合同的生效没有特别约定,那么双方对合同的主要内容达成一致时,合同就成立并且生效。

(2)批准登记生效。法律、行政法规规定应当办理批准、登记等手续生效的,依照其规定。也就是说,法律、行政法规规定某些合同的生效要经过特别程序后才产生法律效力,这是合同生效的特别要件。例如,《中华人民共和国城市房地产管理法》规定,房地产转让、抵押,当事人应当依照规定办理权属登记,这意味着房地产转让合同、抵押合同,须经过有关部门办理登记以后才生效。

(3)约定生效。法律规定了约定条件和约定期限两种情形。合同的双方当事人可以对合同的效力附条件,即双方当事人在合同中约定某种事实状态,并以其将来发生或者不发生作为合同生效或者解除的限制条件。所附条件可分为生效条件和解除条件。生效条件即条件成就之前,合同的效力处于不确定状态,当条件成就后,合同生效;解除条件是指对具有效力的合同,当约定的条件成就时,合同的效力归于消灭。当事人对合同的效力可以约定附期限,附生效期限的合同,自期限届至时生效;附终止期限的合同,自期限届满时失效。

6.3.2　效力待定合同

效力待定合同是指合同虽然成立,但因其不完全符合合同的生效要件,效力处于不确定状态,一般须经权利人确认才能确定其效力。《中华人民共和国民法典》规定了三种效力待定合同,即限制民事行为能力人订立的合同、无权代理合同和无处分权人处分他人财产的合同。

1.限制民事行为能力人订立的合同

限制民事行为能力人订立的合同,经法定代理人追认后,该合同有效,但纯获利益的合同或者与其年龄、智力、精神健康状况相适应而订立的合同,不必经法定代理人追认。相对人可以催告法定代理人在一个月内予以追认。法定代理人未做表示的,视为拒绝追认。合同被追认之前,善意相对人有撤销的权利,撤销应当以通知的方式做出。当事人具有相应的民事行为能力是合同有效的必要条件之一。限制民事行为能力人(或无民事行为能力人,下同)所签订的合同从主体资格上讲是有瑕疵的,因为当事人缺乏完全的缔约能力和履约能力。要使这类合同生效,一个最重要的条件就是要经过其法定代理人的追认,在没有经过追认前,该合同虽然成立,但是并没有实际生效。

所谓追认,是指法定代理人明确无误地表示同意限制民事行为能力人与他人签订的合同。这种同意是一种单方意思表示,无须合同的相对人同意即可发生效力。为避免限制民事行为能力人签订的合同长期处于不确定状态,相对人可以催告限制民事行为能力人的法定代理人在一个月内予以追认,法定代理人未做表示的,视为拒绝追认。合同被追认之前,善意相对人拥有撤销该合同的权利。所谓"善意",是指合同的相对人在签订合同之时并不知道或者也不可能知道对方是限制民事行为能力人。倘若相对人明知对方是限制民事行为能力人而仍然与对方签订合同,那么相对人就没有撤销合同的权利。相对人做出撤销的意思表示时,应当用通知的方式做出,任何默示的方式都不构成对此类合同的撤销。

对于限制民事行为能力人签订的合同,并非所有的都必须经过法定代理人的追认。纯获利益的合同或者与其年龄、智力、精神健康状况相适应的合同,不必经法定代理人追认就具有法律效力。限制民事行为能力人接受奖励、赠与、报酬等的合同就属于"纯获利益"的合同,日常生活中购买书本、乘坐交通工具等就属于与其年龄、智力状况相适应的合同。不能完全辨认其行为的精神病人在其健康状况允许时,可订立某些合同,而不经法定代理人追认。

2.无权代理合同

1)一般的无权代理合同

行为人没有代理权、超越代理权或者代理权终止后以被代理人名义订立的合同,未经被代理人追认,对被代理人不发生效力,由行为人承担责任。无权代理合同有三种情形:根本没有代理权而签订的合同,是指签订合同的人根本没有经过被代理人的授权,就以被代理人的名义签订的合同;超越代理权而签订的合同;代理关系终止后签订的合同。对于无权代理合同,法律规定其效力为待定状态。经过被代理人追认,合同有效;未经被代理人追认,合同对被代理人不发生效力,由行为人承担责任。这种追认,是指被代理人明确向相对人做出的承认代理行为有效的一种单方意思表示。相对人可以催告被代理人在一个月内予以追认,被代理人未做表示的,视为拒绝追认。合同被追认之前,善意相对人有撤销的权利,撤销应当以通知的方式做出。

2)表见代理合同

所谓表见代理,是指对于无权代理合同,如果相对人有理由相信行为人有代理权,那么相对人就可以向"被代理"人主张该合同的效力,要求承担合同义务,受合同约束。表见代理本质上还是无权代理,表见代理制度是为保护合同相对人的利益,并维护交易的安全,依诚实信用原则使怠于履行其注意义务的"被代理"人直接承受无权代理合同的法律后果。比如,某公司管理制度混乱,导致其公章、介绍信等被他人借用或者冒用而订立了合同,该公司应承担合同责任。构成表见代理要求合同的相对人在主观上必须是善意的、无过失的。如果相对人明知或者理应知道行为人是无权代理,而仍与之签订合同,那么就不构成表见代理,合同相对人也就不能受到保护。

3)法人代表、负责人超越权限订立的合同

法人或者其他组织订立合同,是由法定代表人、负责人代表其进行谈判、签订合同,但是在现实经济活动中,却存在着法定代表人、负责人超越权限订立合同的情形。一般说来,法定代表人或者其他组织的负责人的行为就是法人或者其他组织的行为,他们执行职务的行为所产生的一切后果都应当由法人或者其他组织承担。对于合同的相对人来说,他只认为法定代表人或者其他组织的负责人就是代表法人或者其他组织。他一般并不知道也没有义务知道法定代表人或者其他组织负责人的权限到底有哪些,法人或者其他组织的内部规定也不应对合同的相对人构成约束力,否则,将不利于保护交易的安全。如果对法定代表人或者其他组织的负责人超越权限而订立的合同作无效处理,将会严重地损害合同相对人的利益,助长一些法人或者其他组织借此逃避责任,谋取非法利益。因此,法律规定法定代表人或者其他组织的负责人超越权限的行为一般也有效。需要特别注意的是,在订立合同的过程中,合同的相对人如果知道或者应当知道法定代理人或者其他组织的行为超越了权限,而仍与之订立合同,则具有恶意,此时合同就不具有效力。

3.无处分权人处分他人财产的合同

所谓无处分权人,就是对归属于他人的财产没有进行处置的权利,或者虽对财产拥有所有权,但由于在该财产上负有义务而不能进行自由处分的人。例如,A将某物租赁给B使用,B却将该物非法转让给C,则B与C之间的买卖合同就属于因无权处分而订立的合同。因无权处分他人财产而签订的合同一般具有以下特点:

(1)无处分权人实施了处分他人财产的行为。这里所说的处分,是指法律意义上的处分,如财产的转让、赠与、设定抵押权等行为。财产只能由有处分权的人进行处分,无处分权人对他人财产进行处分是对他人财产的侵害。即使是对共有财产享有共有权的共有人,也只能依法处分其应有的部分,不能擅自处分共有财产。

(2)无处分权人处分他人财产而签订的合同,必须经过权利人的事后追认或者在合同订立后取得对财产的处分权。这里的权利人,是指对财产享有处分权的人。所谓追认是指权利人事后同意该处分财产行为的意思表示。这种追认可以直接向买受人做出,也可以向处分人做出。在权利人追认前,因无权处分而订立的合同处于效力待定状态,在得到追认以前,买受人可以撤销该合同;在追认以后,则合同将从订立合同时起就产生法律效力,任何一方当事人都可以请求对方履行合同义务。

6.3.3 无效合同

1.无效合同的特征

所谓无效合同就是不具有法律约束力和不发生履行效力的合同。一般合同一旦依法成立,就具有法律约束力,但如果违反法律、行政法规的强制性规定或者损害国家、社会公共利益,即使其成立,也不具有法律约束力。无效合同一般具有以下特征:

(1)具有违法性。一般来说,无效合同都具有违法性,它们大都违反了法律和行政法规的强制性规定和损害了国家利益、社会公共利益。例如,合同当事人非法买卖毒品、枪支等。无效合同的违法性表明此类合同不符合国家的意志和立法的目的,所以,对此类合同国家就应当实行干预,使其不发生效力,而不管当事人是否主张合同的效力。

(2)自始无效。所谓自始无效,就是合同从订立时起,就没有法律约束力,以后也不会转化为有效合同。由于无效合同从本质上违反了法律规定,因此,国家不承认此类合同的效力。对于已经履行的,应当通过返还财产、赔偿损失等方式使当事人的财产恢复到合同订立前的状态。

2.合同无效的情形

有下列情形之一的,合同无效:

(1)一方以欺诈、胁迫的手段订立合同,损害国家利益。所谓欺诈,就是故意隐瞒真实情况或者故意告知对方虚假的情况,欺骗对方,诱使对方做出错误的意思表示而与之订立合同。欺诈的种类很多,例如,出售假冒伪劣产品;提供虚假的商品说明书;在没有履行能力的情况下,对外签订合同骗取定金或者货款等。所谓胁迫,是指行为人以将要发生的损害或者以直接实施损害相威胁,使对方当事人产生恐惧而与之订立合同。比如,以生命、身体、财产、名誉、自由、健康等相威胁,采用殴打、散布谣言、诽谤对方等方式,使他人产生恐惧,迫使其签订合同。在经济生活中出现很多以此类合同的方式侵吞国有资产和侵害国家利益的情形,但是受害方当事人害怕承担责任或者对国家财产漠不关心,致使国有资产大量流失。因此,法律规定此类合同无效。

(2)恶意串通,损害国家、集体或者第三人利益的合同。所谓恶意串通的合同,就是合同的双方当事人非法勾结,为牟取私利而共同订立的损害国家、集体或者第三人利益的合同。例如,甲企业产品的质量低劣,销不出去,就向乙企业的采购人员或者其他订立合同的主管人员行贿,然后相互串通订立合同,使其将次品当成合格产品买入。在实践中比较常见的还有代理人与第三人勾结,订立合同,损害被代理人利益的行为。工程招投标过程中的"串标""围标"等亦属于"恶意串通"的情形,此类情形下形成的合同无效。

(3)以合法形式掩盖非法目的而订立的合同。此类合同中,行为人为达到非法目的以迂回的方法避开了法律或者行政法规的强制性规定,所以又称为伪装合同。例如,当事人通过虚假的买卖行为达到隐匿财产、逃避债务的目的就是一种比较典型的以合法形式掩盖非法目的的合同。由于这种合同被掩盖的目的违反法律、行政法规的强制性规定,并且会造成国家、集体或者第三人利益的损害,所以也属于无效合同。

(4)损害社会公共利益的合同。许多国家的法律都规定违反了公序良俗或者公共秩序的合同无效。《中华人民共和国民法典》也规定,违反法律或者社会公共利益的民事行为无效。

损害社会公共利益的合同实质上是违反了社会的公共道德,破坏了社会经济秩序和生活秩序。例如,与他人签订合同出租赌博场所。

(5)违反法律、行政法规的强制性规定的合同。法律、行政法规包含强制性规定和任意性规定。强制性规定排除了合同当事人的意思自由,即当事人在合同中不得合意排除法律、行政法规强制性规定的适用,如果当事人约定排除了强制性规定,则构成本项规定的情形;对任意性规定,当事人可以约定排除,如当事人可以约定商品的价格。应当特别注意的是,本项的规定只限于法律和行政法规,不能任意扩大范围。这里的法律是指全国人大及其常委会颁布的法律,如工程的建筑法、招标投标法等;行政法规是指由国务院颁布的法规,如工程领域涉及质量、安全等的管理条例等。注意,将违反地方行政管理规定的合同都认定为无效,是不妥当的。

3.无效的免责条款

合同中的免责条款是指双方当事人在合同中约定的,为免除或者限制一方或者双方当事人未来责任的条款。一般来说,当事人经过充分协商确定的免责条款,只要是完全建立在当事人自愿的基础上,在不违反社会公共利益的情形下,法律是承认其效力的。但是,对于严重违反诚实信用原则和社会公共利益的免责条款,法律是禁止的。通常如下两种免责条款无效:

(1)造成对方人身伤害的免责条款无效。对于人身的健康和生命安全,法律是给予特殊保护的,并且从整体社会利益的角度来考虑,如果允许免除一方当事人对另一方当事人人身伤害的责任,那么就无异于纵容当事人利用合同形式对另一方当事人的生命进行摧残,这与保护公民的人身权利的宪法原则是相违背的。在实践当中,这种免责条款一般都是与另一方当事人的真实意思相违背的,所以,对于此类免责条款应加以禁止。

(2)因故意或者重大过失给对方造成财产损失的免责条款无效。因故意或者重大过失造成合同一方当事人财产损失的免责条款无效,这是因为,这种条款严重违反了诚实信用原则,如果允许这类条款的存在,就意味着允许一方当事人可能利用这种条款欺骗对方当事人,损害对方当事人的合同权益,这是与《中华人民共和国民法典》的立法目的完全相违背的。需要注意的有两点:对于免除一方当事人因一般过失而给对方当事人造成财产损失责任的条款,可以认定为有效;必须是免除因故意或者重大过失给对方当事人造成财产损失的条款无效。也就是说,对于故意或者重大过失行为必须限于财产损失,如果是免除人身伤害的条款,无论当事人是否有故意或者重大过失,都依据本条第一项的规定应当使之无效。

6.3.4 可撤销合同

1.合同可撤销的情形

在如下三种情形下订立的合同,可撤销(或变更):

1)因重大误解而订立的合同

所谓重大误解,是指误解者做出意思表示时,对涉及合同法律效果的重要事项存在着认识上的显著缺陷,其后果是使误解者的利益受到较大的损失,或者达不到误解者订立合同的目的。但这种情况的出现,并不是由于行为人受到对方的欺诈、胁迫或者对方乘人之危造成的,而是由于行为人自己的大意、缺乏经验或者信息不通而造成的。因此,对于这种合同,不能与无效合同一样处理,而应由一方当事人请求变更或者撤销。

实践中,重大误解一般包括以下几种情况:

（1）对合同的性质发生误解，如当事人误以为出租为出卖，这与当事人在订约时所追求的目的完全相反。

（2）对对方当事人发生的误解，如把甲当事人误以为乙当事人与之签订合同。

（3）对标的物种类的误解，如把大豆误以为黄豆加以购买。

（4）对标的物的质量的误解直接涉及当事人订约的目的或者重大利益的，如误将仿冒品当成真品。

除此之外，对标的物的数量、履行地点或者履行期限、履行方式等发生误解，足以对当事人的利益造成重大损害的，也可认定为重大误解的合同。

2）在订立时显失公平的合同

所谓显失公平的合同，就是一方当事人在紧迫或者缺乏经验的情况下订立的使当事人之间享有的权利和承担的义务严重不对等的合同。标的物的价值和价款过于悬殊，责任、风险承担显然不合理的合同，都可称为显失公平的合同。实践中，在考察是否构成显失公平时，一般须把主观要件和客观要件结合起来。客观要件，即在客观上当事人之间的利益不平衡；主观要件，即一方当事人故意利用其优势或者另一方当事人的草率、无经验等订立了合同。

掌握显失公平制度还要搞清其与正常的商业风险的区别。在市场经济条件下，要求各种交易中给付和对价给付都达到完全的对等是不可能的，做生意都是有赔有赚，从事交易必然要承担风险，并且这种风险都是当事人自愿承担的，这种风险造成的不平衡如果是在法律允许的限度范围之内，就是商业风险。显失公平制度并不是为了免除当事人所应承担的正常商业风险，而是限制一方当事人获得超过法律允许的利益。

3）欺诈、胁迫或者乘人之危订立的合同

以欺诈、胁迫的手段订立的合同，如果损害国家利益的，是无效合同；如果未损害国家利益，受欺诈、胁迫的一方可以自主决定是否变更或者撤销该合同。乘人之危的情形下订立的合同，如果确实违背了对方的真实意思，受损害方可以申请变更或者撤销。

2.撤销权的行使

可撤销合同中，因重大误解而订立的合同、订立合同时显失公平的，误解方或者受害方有权请求撤销合同；一方以欺诈、胁迫手段或者乘人之危而订立的合同，受损害方有权请求撤销合同。撤销权人只能向人民法院或者仲裁机构申请变更或者撤销。在可撤销合同中，具有撤销权的一方当事人并非一定要求撤销合同，他也可以要求对合同进行变更；当事人请求变更的，人民法院或者仲裁机构不得撤销。

当出现下列两种情形之一时，具有撤销权的一方当事人的撤销权消灭：

（1）具有撤销权的当事人自知道或者应当知道撤销事由之日起一年内没有行使撤销权。

（2）具有撤销权的当事人知道撤销事由后明确表示或者以自己的行为放弃撤销权。

在可撤销合同中，撤销权人有权撤销合同，但是这种撤销权并非没有任何限制。如果撤销权人长期不行使其权利，不主张撤销合同，就会让合同长期处于不稳定的状态，这既不利于社会经济秩序的稳定，也不利于加快交易的发展；同时还可能使法院或者仲裁机构在判断是否准予撤销时，由于时间太长而无法做出正确的判断。这里规定撤销权人行使撤销权的期限为一年，起算时间自撤销权人知道或者应当知道撤销事由之日起计算，而不是由撤销事由发生之日起算。

撤销权是撤销权人的一种权利，可以行使，也可以放弃。撤销权人放弃撤销权有两种方式:第一种是撤销权人知道撤销事由后明确以口头或书面的方式表示放弃撤销权;第二种是撤销权人以自己的行为放弃了撤销权。例如,撤销权人在合同履行期限到来时,自动履行了合同中规定的义务或者向对方要求合同中规定的债权,再例如撤销权人向法院起诉对方当事人违约而不是申请撤销合同等,都是对撤销权放弃的行为。具有撤销权的当事人放弃撤销权后,造成的法律效果就是,该撤销权消灭,合同产生绝对的效力,该当事人不得再以相同的理由要求撤销该合同,而应按照合同的规定履行自己的义务,否则构成违约。

3.可撤销合同与无效合同的区别

可撤销合同与无效合同有相同之处,如都会因被确认无效或者被撤销后而使合同自始不具有效力,但二者是两个不同的概念。可撤销合同主要是涉及意思不真实的合同,而无效合同主要是违反法律的强制性规定和社会公共利益的合同;可撤销合同在没有被撤销之前是有效的,而无效合同在被确认为无效前也不具有效力;可撤销合同中的撤销权是有时间限制的,无效合同的确认没有时间限制;可撤销合同中的撤销权人有选择的权利,他可以申请撤销合同,也可以让合同继续有效,他可以申请变更合同,也可以申请撤销合同,而无效合同是无效的,当事人无权进行选择。

4. 合同无效或撤销后法律后果的界定

合同无效或者撤销后会涉及法律后果的界定,下面从合同的自始无效、争议解决条款的效力和财产后果的处理分别进行说明。

1)合同无效或被撤销后自始无效

无效的合同或者被撤销的合同自始没有法律约束力。所谓的自始无效,就是指合同被确认无效或被撤销后,将溯及既往,从合同成立之时就无效,而不是从确认无效或被撤销之日起无效。如果是合同部分无效,则不影响其他部分效力,其他部分仍然有效。这里有两层意思,具体如下:

(1)如果无效的部分条款与合同的其他内容相比较,是相对独立的,与合同的其他部分具有可分性,则这一部分条款的无效不影响合同其他部分的效力。如果部分无效的条款与其他条款具有不可分性,或者当事人约定某条款为合同成立生效的必要条款,那么该合同的部分无效就会导致整个合同的无效。

(2)如果合同的目的是违法的,或者根据民法典的原则或交易习惯,剩余部分的合同内容的效力对当事人已没有任何意义或者不公平合理的,合同应全部确认为无效。

2)不影响解决争议条款的效力

合同无效、被撤销或者终止的,不影响合同中独立存在的有关解决争议方法的条款的效力。合同无效或者被撤销后,要使当事人负返还财产、赔偿损失的民事责任。同样,在合同终止的情况下,双方当事人之间也有民事责任存在。对于如何划分这些民事责任,解决双方之间的民事争议,双方当事人在原合同中往往订有解决争议的条款存在,当事人希望用约定的解决争议的方法来解决双方之间的争议。这些条款的效力是独立于合同的效力的,合同的有效与否、变更与否或者终止与否都不影响解决争议条款的效力。

合同中常见的有关解决争议方法的条款有:

(1)仲裁条款。仲裁条款是仲裁协议的一种表现形式,是当事人在合同中约定的用仲裁方式解决双方争议的条款。《中华人民共和国仲裁法》规定,仲裁协议独立存在,合同的变更、解除、终止或者无效,不影响仲裁协议的效力。

(2)选择受诉法院的条款。《中华人民共和国民事诉讼法》规定,合同的双方当事人可以在书面合同中协议选择被告住所地、合同履行地、合同签订地、原告住所地、标的物所在地人民法院管辖,但不得违反本法对级别管辖和专属管辖的规定。当事人选择受诉人民法院的条款,不受其他条款的效力影响。

(3)选择检验、鉴定机构的条款。当事人可以在合同中约定,若对标的物质量或技术的品种发生争议,在提交仲裁或者诉讼前,应当将标的物送交双方认可的机构或科研单位检验或鉴定,以检验或鉴定作为解决争议的依据,这种约定出于双方自愿,不涉及合同的实体权利和义务,应当承认其效力。

(4)法律适用条款。对于具有涉外因素的合同,当事人可以选择处理合同争议所适用的法律,当事人没有选择的,不影响合同的效力。当然,对于中国具有专属管辖权的合同,与我国的社会公共利益、主权、安全等密切相关的合同只能适用中国的法律。

3)财产后果的处理

在合同无效或者被撤销的情形下,当事人仍应负相关民事责任。合同无效或者被撤销后,因该合同取得的财产,应当予以返还;不能返还或者没有必要返还的,应当折价补偿。有过错的一方应当赔偿对方因此所受到的损失,双方都有过错的,应当各自承担相应的责任。当事人恶意串通,损害国家、集体或者第三人利益的,因此取得的财产收归国家所有或者返还集体、第三人。

(1)返还财产。合同无效或者被撤销后,就意味着双方当事人之间没有任何合同关系存在,那么就应该让双方当事人的财产状况恢复到如同没有订立合同时的状态。所以,不论接受财产的一方是否具有过错,都应当负有返还财产的义务。

(2)折价补偿。虽然《中华人民共和国民法典》规定了以返还财产为恢复原状的原则,但是在有的情况下,财产是不能返还或者没有必要返还的,此时,为了达到恢复原状的目的,就应当折价补偿对方当事人。不能返还可分为法律上的不能返还和事实上的不能返还:法律上的不能返还,主要是受善意取得制度的限制,即当一方将受领的财产转让给第三人,而第三人取得该项财产时在主观上没有过错,不知道或者没有责任知道该当事人与另一方当事人的合同无效或者被撤销,善意第三人就可以不返还该原物,并且该原物也是不可替代的;事实上的不能返还,主要是指标的物灭失造成不能返还原物,并且原物又是不可替代的。在这些情况下,取得该财产的当事人应当依据该原物当时的市价进行折价补偿。没有必要返还主要包括两种情况:①如果当事人接受财产是劳务或者利益,在性质上不能恢复原状的,以当时国家规定的价格计算,以钱款返还;没有国家规定的价格,以市场价格或同类劳务的报酬标准计算,以钱款返还。②如果一方取得的是使用知识产权而获得的利益,则该方当事人可以折价补偿对方当事人。

(3)赔偿损失。在合同被确认无效或者被撤销后,凡是因合同的无效或者被撤销而给对方当事人造成的损失,主观上有故意或者过失的当事人都应当赔偿对方的财产损失。

(4)追缴财产。当事人恶意串通,损害国家、集体或第三人利益的,因此取得的财产收归国家所有或者返还集体、第三人。恶意串通是指合同当事人在订立合同过程中,为牟取不法利益合谋实施的违法行为。例如,在招标投标过程中,投标人之间串通,压低标价;在买卖中,双方抬高货物的价格以取贿赂等。恶意串通的合同一般都损害了国家、集体或者第三人的利益,是情节恶劣的违法行为。因此,这种合同在被确认无效后,在处理上不是一方赔偿另一方的损失或者互相赔偿损失,而是由有关国家机关依法收缴双方所得的财产,收归国家所有或者返还集体、第三人。

问题思考

1.合同生效会产生怎样的法律后果?为什么会出现效力待定合同?

2.在什么情形下订立的合同无效或者可撤销?合同无效或者撤销后法律后果如何界定?

6.4 合同的担保

6.4.1 合同担保概述

合同的担保是指合同当事人为了保障合同目的的实现,依照法律规定或合同的约定而设立的一种保证合同履行的法律制度。合同的担保制度通过债务人不履行债务时由担保人承担担保责任的方式保证合同履行。担保制度是合同法律制度的重要组成部分,通常有保证、抵押、质押、留置、定金五种基本的担保方式。

1.合同担保的特征

合同担保具有从属性和补充性两个特征。

1)从属性

担保的从属性,是指担保关系的成立、变更和消灭必须以一定的合同关系的存在为前提。被担保的合同关系是一种主法律关系,所设的担保关系是一种从法律关系。如果主合同尚未成立,担保权则无从成立;主合同无效,担保合同亦无效;主债权消灭,担保权亦随之消灭;主债权发生转移和变更,担保关系相应转移和变更。当然,担保有自己的成立、生效和消灭的原因,担保的不成立、无效或消灭,对其所担保的主合同不发生影响。担保合同被确认无效后,债务人、担保人、债权人有过错的,应当根据其过错各自承担相应的民事责任。

2)补充性

在担保法律关系中,义务人即担保人,可能是主债务人,也可能是第三人。但是,担保人并不因其承担了担保义务而取代主债务人的地位,主债务人也不因担保人的产生而免除给付的义务。债的担保增强了债权人债权实现的可能性,只有在主债务人不履行时,担保人才承担代为履行的义务,进而实现主债权。

2.合同担保的分类

1)约定担保和法定担保

根据担保的产生依据,担保可以分为约定担保和法定担保。约定担保又称为意定担保,是指依照当事人的意思表示,以合同的方式设立并发生效力的担保。约定担保具有自愿性,是否设定担保,采取何种形式设定担保,担保的债务的范围等完全依照当事人的意思而设立。保证、抵押、质押、定金等都属于约定担保。法定担保,是指无须当事人约定,直接依照法律的规定而成立并发生效力的担保。法定担保具有法定性,只要具备了法律规定的条件,法定担保即可成立,如留置。

2）人的担保与物的担保

根据担保的方式，担保可以分为人的担保、物的担保和金钱担保。人的担保又称信用担保，是指以第三人的信用保证债的履行的担保方式。比如保证，债务人不履行债务时，债权人有权请求保证人承担保证责任。物的担保，是以债务人或第三人的特定财产作为担保债权的标的，债务人不履行债务时，债权人可以将财产变价，并从中优先受偿，如抵押、质押、留置等。金钱担保，是指以金钱为标的物而设定的担保，如定金。金钱可以视为特殊的物，所以定金属于物的担保的一种特殊形态。

在同一债权上人的担保和物的担保共存的情况下，债权人应当按照与担保人的约定实现债权，如果没有约定或者约定不明确的，债务人自己提供物的担保与第三人提供物的担保在处理上是有区别的。被担保的债权既有物的担保又有人的担保的，债务人不履行到期债务或者发生当事人约定的实现担保物权的情形，债权人应当按照约定实现债权；没有约定或者约定不明确，债务人自己提供物的担保的，债权人应当先就该物的担保实现债权；第三人提供物的担保的，债权人可以就该物的担保实现债权，也可以要求保证人承担保证责任。提供担保的第三人承担担保责任后，有权向债务人追偿。

当物的担保为债务人自己所提供时，要求债务人首先用自己提供的财产来满足债权人的债权，不足部分再由保证人承担清偿责任；但是当物的担保是由第三人提供时，债权人就具有选择权，可以斟酌对自己有利的方式，选择行使担保物权，或是行使担保债权，而非必须先行使担保物权。

6.4.2　保证

1.保证及保证合同

保证是指保证人和债权人约定，当债务人不履行债务时，保证人按照约定履行债务或者承担责任的行为。保证涉及三方法律关系：一是债权人与债务人之间的主债权债务关系；二是保证人与被保证人之间的委托关系；三是保证人与债权人之间的保证关系。

保证人与债权人应当以书面形式订立保证合同。保证合同是保证人与债权人订立的，在债务人不履行债务时，由保证人承担保证责任的协议。保证合同的当事人是保证人和债权人，保证人和债权人可以就单个主合同分别订立保证合同，也可以协议在最高债权额限度内就一定期间连续发生的借款合同或者某项商品交易合同订立一个保证合同。保证合同应当采用书面形式。保证合同具有如下特征：

（1）保证合同是单务合同。在保证合同中，只有保证人承担债务，债权人不负对待给付义务。

（2）保证合同是无偿合同。在保证合同中，保证人对债权人承担保证责任，债权人对此不提供相应的代价。至于主债务人对此是否付出代价，因其不是保证合同的当事人，故不影响保证合同无偿的性质。

（3）保证合同是诺成合同。保证合同的成立需保证人和债权人就保证债务问题协商一致，但无须交付标的物。

（4）保证合同为要式合同。根据《中华人民共和国民法典》的规定，保证合同应当采取书面形式。

（5）保证合同为从合同。

保证合同通常应包括如下内容：被保证的主债权种类、数额；债务人履行债务的期限；保证的方式；保证担保的范围；保证的期间；双方认为需要约定的其他事项。保证合同可以在主合同成立之前订立，也可以在其成立之后订立。保证合同订立时若不完全具备上述内容的，事后仍然可以补充。

2.保证人

具有代为清偿债务能力的法人、其他组织或公民，均可以作保证人。保证是以保证人的信用担保债务人履行债务的，因而保证人只能是债务人以外的第三人，而不能是债务人自己。第三人作为保证人，应具有代为清偿债务的能力。对于保证人而言，保证合同是一种民事行为，且保证合同是无偿的单务合同，因而自然人作为保证人，须为完全民事行为能力人。法人和其他组织可以作为保证人，但并非所有的法人和其他组织都可以作为保证人，下列法人或其他组织不得作为保证人：

（1）国家机关不得为保证人，但经国务院批准为使用外国政府或者国际经济组织贷款进行转贷的除外。

（2）学校、幼儿园、医院等以公益为目的的事业单位、社会团体不得为保证人。

（3）企业法人的分支机构、职能部门不得为保证人，但企业法人的分支机构有法人书面授权的，可以在授权范围内提供保证。

同一债务有两个以上保证人的，保证人应当按照保证合同约定的保证份额，承担保证责任。没有约定保证份额的，保证人承担连带责任，债权人可以要求任何一个保证人承担全部保证责任，保证人都负有担保全部债权实现的义务。已经承担保证责任的保证人，有权向债务人追偿，或者要求承担连带责任的其他保证人清偿其应当承担的份额。两个或两个以上保证人担保同一债权的保证称为共同保证，有按份共同保证和连带共同保证两种情形。按份共同保证，是指共同保证人按照保证合同约定的保证份额承担保证责任；连带共同保证，是指各保证人与债权人没有约定保证份额的，则应当承担连带保证责任，债权人可以要求任何一个保证人承担全部保证责任。需要注意的是，连带共同保证的保证人不得以其相互之间约定各自承担的份额对抗债权人。

保证人在履行保证债务后，享有向债务人追偿的权利，追偿的范围以保证人履行保证债务的范围为限。人民法院受理债务人破产案件后，债权人未申报债权的，保证人可以参加破产财产分配，优先行使追偿权。按份共同保证的保证人按照保证合同约定的保证份额承担保证责任后，在其履行保证责任的范围内对债务人行使追偿权。连带共同保证的保证人承担保证责任后，向债务人不能追偿的部分，由各连带保证人按其内部约定的比例分担，没有约定的，平均分担。

3.保证方式

保证的方式有一般保证和连带责任保证两种。

1）一般保证

当事人在保证合同中约定，债务人不能履行债务时，由保证人承担保证责任的，为一般保证。一般保证的保证人在主合同纠纷未经审判或者仲裁，并就债务人财产依法强制执行仍不能履行债务前，对债权人可以拒绝承担保证责任。但有下列情形之一的，保证人不得拒绝承担保证责任：债务人住所变更，致使债权人要求其履行债务发生重大困难的；人民法院受理债务人破产案件,中止执行程序的;保证人以书面形式放弃前款规定的权利的。

一般保证是保证人仅对债务人不履行债务负补充责任的保证,在一般保证中,保证人享有先诉抗辩权。所谓先诉抗辩权,是指在主合同纠纷未经审判或仲裁,并就债务人财产依法强制执行以前,保证人有权对债权人的请求进行抗辩。在一般保证中,保证人承担保证责任的前提有两个:被担保的主债权已经法院审判或仲裁机构仲裁;主债务人的财产已经法院强制执行,仍不能履行全部债务。

2)连带责任保证

当事人在保证合同中约定保证人与债务人对债务承担连带责任的,为连带责任保证。连带责任保证的债务人在主合同规定的债务履行期届满没有履行债务的,债权人可以要求债务人履行债务,也可以要求保证人在其保证范围内承担保证责任。相比于一般保证人来说,连带责任保证的保证人承担的责任要更重。一般保证的保证人只在债务人不能履行债务时才承担保证责任;而对连带责任的保证人来说,只要债务人未履行债务,它就有义务承担保证责任,不论债务人能否履行债务,即连带责任保证的保证人不享有先诉抗辩权。

4.保证责任

1)保证责任范围

保证责任的范围,即保证人承担保证债务的范围。当事人可以在保证合同中对保证责任的范围进行约定,保证人仅在约定的范围内承担保证债务。当事人未明确约定保证责任范围的,应当对全部债务承担责任。这里的全部债务包括主债权及利息、违约金、损害赔偿金和实现债权的费用。

2)保证期间

保证期间是指保证人承担保证责任的存续期间。从保证人的角度来看,超过保证期间,保证人的保证责任免除,保证人不再承担保证责任。从债权人行使保证权的角度来看,保证期间是督促债权人积极行使保证权利的期间。当事人之间可以约定保证期间,没有约定保证期间的,保证期间为主债务履行期届满之日起 6 个月。

3)主合同转让或变更后的保证责任

在保证期间,债权人依法将主债权转让给第三人的,保证债权同时转让,保证人在原保证担保的范围内对受让人承担保证责任。但是,保证人与债权人事先约定仅对特定的债权人承担保证责任或者禁止债权转让的,保证人不再承担保证责任。在保证期间,债权人许可债务人转让部分债务未经保证人书面同意的,保证人对未经其同意转让部分的债务,不再承担保证责任。但是,保证人仍应当对未转让部分的债务承担保证责任。

在保证期间,债权人与债务人对主合同数量、价款、币种、利率等内容作了变动,未经保证人同意的,如果减轻债务人债务的,保证人仍应当对变更后的合同承担保证责任;如果加重债务人债务的,保证人对加重的部分不承担保证责任。债权人与债务人对主合同履行期限作了变动,未经保证人书面同意的,保证期间为原合同约定的或者法律规定的期间。债权人与债务人协议变动主合同内容,但并未实际履行的,保证人仍应当承担保证责任。

4)保证责任的消灭

当出现以下情形时,保证责任消灭:

(1)主债务消灭。保证债务为从债务,保证债务随主债务的消灭而消灭。因此,在主债务因履行、抵销、免除、混同等原因而消灭时,保证人的保证责任也消灭。

（2）保证期间届满而债权人未为请求。保证人承担保证责任并非是无期限的，保证人仅在保证期限内承担保证责任。对于一般保证，债权人在保证期限内未对债务人提起诉讼或者申请仲裁，则保证责任消灭；对于连带责任保证，债权人未在保证期限内要求保证人承担保证责任，则保证责任消灭。

（3）主合同当事人的瑕疵行为。其主要包括以下情形：债权人许可债务人转让部分债务未经保证人书面同意的，保证人对未经其同意转让部分的债务，不再承担保证责任；债权人与债务人协议变更主合同，未经保证人书面同意的，保证人不再承担保证责任；同一债权既有保证又有物的担保，债权人放弃物的担保的，保证人在债权人放弃权利的范围内免除保证责任。

（4）主合同当事人恶意串通或欺诈胁迫的行为，保证人不承担民事责任。

6.4.3　抵押

1.抵押与抵押合同

所谓抵押，是指债权人对于债务人或者第三人不转移占有的、作为履行债务担保的特定财产，在债务人到期不履行债务时，有权就该财产的变价优先受偿的担保方式。在抵押法律关系中，提供担保财产的债务人或者第三人为抵押人，享有抵押权的债权人为抵押权人，抵押人提供的担保财产称为抵押物。抵押作为一种担保方式，除具有担保的一般特征之外，还具有自身的特点，具体如下：

（1）不转移对标的物的占有。在设定抵押时，不以移转标的物的占有为前提，这是抵押区别于质押和留置的重要标志。正是不转移对标的物的占有，才使抵押既发挥了担保功能，又不影响抵押人对抵押物的占有或使用，同时又免除了抵押权人保管抵押物之累。所以，抵押被誉为最理想可靠的担保方式。

（2）以不动产、动产或权利为标的物。抵押财产既可以是不动产，也可以是动产或法律规定的可用于抵押的不动产权利。与之相比，质押和留置的标的物只能是动产或者动产权利。

（3）抵押权人享有标的物的优先受偿权。抵押权人在债务人不履行债务时，有权依据法律从抵押物的变价中优先受偿。

抵押的设立主要基于当事人之间所订立的抵押合同，根据我国法律的规定，抵押合同应当采用书面形式。抵押合同一般包括下列内容：被担保债权的种类和数额；债务人履行债务的期限；抵押财产的名称、数量、质量、状况、所在地、所有权归属或者使用权归属；担保的范围。需要注意的是，当事人不得在抵押合同中约定，债务履行期满债权人未受清偿时，抵押物归债权人所有。

2.抵押物

债务人或者第三者有权处分的下列动产、不动产和权利可以抵押：建筑物和其他土地附着物；建设用地使用权；以招标、拍卖、公开协商等方式取得的荒地等土地承包经营权；生产设备、原材料、半成品、产品；正在建造的建筑物、船舶、航空器；交通运输工具；法律、行政法规未禁止抵押的其他财产。下列财产不得抵押：土地所有权；耕地、宅基地、自留地、自留山等集体所有的土地使用权，但法律规定可以抵押的除外；学校、幼儿园、医院等以公益为目的的事业单位、社会团体的教育设施、医疗卫生设施和其他社会公益设施；所有权、使用权不明或者有争议的财产；依法被查封、扣押、监管的财产；法律、行政法规规定不得抵押的其他财产。

由于抵押物的设立,不仅涉及抵押人和抵押权人,而且还涉及抵押人的一般债权人和其他与抵押物有利害关系的人,因此,法律对抵押物的设立,要求具备严格的形式要件。根据法律规定,下列财产的抵押,应当办理抵押登记,抵押权自登记时设立:建筑物和其他土地附着物;建设用地使用权;以招标、拍卖、公开协商等方式取得的荒地等土地承包经营权;正在建造的建筑物。凡是以不动产或不动产权利为标的物设定的抵押,奉行登记生效原则,当事人不登记,不动产或不动产权利抵押的设定不发生效力。

《中华人民共和国民法典》的规定,以应当办理登记的抵押物之外的财产抵押的,可以自愿办理抵押登记,抵押权自抵押合同生效时设立,未经登记,不得对抗善意第三人。这一类抵押物包括:生产设备、原材料、半成品、产品;正在建造的船舶、航空器;交通运输工具。可以看出,凡是以动产为标的物设定的抵押,奉行登记对抗原则,抵押权自抵押合同生效时设立,不登记不得对抗善意第三人。另外需要注意的是,抵押人将生产设备、原材料、半成品、成品抵押的,无论是否登记,均不得对抗正常经营活动中已支付合理价款并取得抵押财产的买受人。这是因为该情形下的买受人已取得抵押物的所有权。

无论应当办理登记还是自愿办理登记的情形,抵押权的设立都依赖于抵押合同的生效。只是对于应当办理登记的抵押物(即不动产和不动产权利),抵押合同的生效以登记为要件;而对于自愿办理登记的抵押物(即动产),抵押合同的生效不以登记为要件。

3.抵押的效力

1)抵押的效力范围

抵押的效力范围包括抵押所担保的债权范围与抵押及于标的物范围。抵押所担保的债权范围,应由当事人约定,未约定或约定不明的,应包括主债权及其利息、违约金、损害赔偿金、保管担保财产和实现担保物权的费用。抵押及于标的物范围包括抵押物本身及其从物、添附物、孳息、从权利等。

2)抵押人对抵押物的权利

由于抵押权的设定并不移转抵押物的占有,因此在抵押权成立后,抵押人仍享有对抵押物占有、使用、收益的权利。订立抵押合同前抵押财产已出租的,原租赁关系不受该抵押权的影响。抵押权设立后抵押财产出租的,该租赁关系不得对抗已登记的抵押权。抵押人就标的物设立抵押权后,并不丧失对抵押物的所有权。因此,抵押人对抵押物仍享有处分权,但这种处分权是受到限制的。抵押期间,抵押人经抵押权人同意转让抵押财产的,应当将转让所得的价款向抵押权人提前清偿债务或者提存。转让的价款超过债权数额的部分归抵押人所有,不足部分由债务人清偿。抵押期间,抵押人未经抵押权人同意,不得转让抵押财产,但受让人代为清偿债务消灭抵押权的除外。财产抵押后,该财产的价值大于所担保债权的余额部分,可以再次抵押,但不得超出其余额部分。

3)抵押权人的权利

抵押权人依法享有转让并处分其抵押权的权利,包括抵押权的转让、抵押权的放弃、抵押权顺位的变更等。《中华人民共和国民法典》规定,抵押权不得与债权分离而单独转让或者作为其他债权的担保。债权转让的,担保该债权的抵押权一并转让,但法律另有规定或者当事人另有约定的除外。抵押权人可以放弃抵押权或者抵押权的顺位。抵押权人与抵押人可以协议变更抵押权顺位以及被担保的债权数额等内容,但抵押权的变更,未经其他抵押权人书面同意,不得对其他抵押权人产生不利影响。债务人以自己的财产设定抵押,抵押权人放弃该抵押权、抵押权顺位或者变更抵押权的,其他担保人在抵押权人丧失优先受偿权益的范围内免除担保责任,但其他担保人承诺仍然提供担保的除外。

抵押权人享有保全抵押权的权利,即在抵押权存续期间抵押物的价值受侵害时,抵押权人依法所享有的、保全其抵押权益的权利。抵押人的行为足以使抵押财产价值减少的,抵押权人有权要求抵押人停止其行为。抵押财产价值减少的,抵押权人有权要求恢复抵押财产的价值,或者提供与减少的价值相应的担保。抵押人既不恢复抵押财产的价值也不提供担保的,抵押权人有权要求债务人提前清偿债务。

在抵押权实现时,抵押权人以抵押物的变价优先享受清偿的权利。债务人不履行到期债务或者发生当事人约定的实现抵押权的情形,抵押权人可以与抵押人协议以抵押财产折价或者以拍卖、变卖该抵押财产所得的价款优先受偿。协议损害其他债权人利益的,其他债权人可以在知道或者应当知道撤销事由之日起,一年内请求人民法院撤销该协议。抵押权人与抵押人未就抵押权实现方式达成协议的,抵押权人可以请求人民法院拍卖、变卖抵押财产。抵押财产折价或者变卖的,应当参照市场价格。

4.抵押权的实现

抵押权的实现是指抵押权人行使抵押权以实现抵押物的价值,并从中优先受偿其债权的法律行为。抵押权的实现必须具备以下条件:必须以抵押权的有效存在为前提;债务人的债务已届清偿期;债务人未清偿债务或者发生当事人约定的实现抵押权的情形;债务未清偿不是由于债权人方面的原因。

抵押权可以以如下的方式实现,首先,抵押权人可与抵押人协商以抵押物折价或拍卖、变卖抵押物的方式实现抵押权;其次,只有在双方协商不成时,抵押权人才可向法院起诉,请求法院拍卖、变卖抵押物。抵押财产折价或者拍卖、变卖后,其价款超过债权数额的部分归抵押人所有,不足部分由债务人清偿。当同一财产上存在多个抵押权时,其拍卖、变卖抵押财产所得的价款依照下列规定清偿:抵押权已登记的,按照登记的先后顺序清偿,顺序相同的,按照债权比例清偿;抵押权已登记的先于未登记的受偿;抵押权未登记的,按照债权比例清偿。

6.4.4　质押

1.质押与质押合同

质押是指债务人或第三人将其动产或者权利移交债权人占有,以该动产或权利作为债权的担保,当债务人不履行债务时,债权人有权依法以该动产或权利折价,或者以拍卖、变卖该动产或权利所得价款优先受偿。在质押法律关系中,债务人或者第三人为出质人,债权人为质权人,交付的动产或权利为质押财产。质押以动产或权利为标的物,不动产不能出质。质押与抵押的根本区别在于质押会转移对标的物的占有。

《中华人民共和国民法典》规定了质押合同的形式和一般条款。设立质权时,当事人应当采取书面形式订立质权合同,合同一般包括下列条款:被担保债权的种类和数额;债务人履行债务的期限;质押财产的名称、数量、质量、状况;担保的范围;质押财产交付的时间。与抵押一样,质押合同也禁止"流质"条款,即质权人在债务履行期届满前,不得与出质人约定债务人不履行到期债务时质押财产归债权人所有。

质押所担保的债权范围与抵押类似,一般应由当事人约定,未约定或约定不明的,应包括主债权及其利息、违约金、损害赔偿金、保管担保财产和实现担保物权的费用。质押及于标的物的范围同样包括质物本身及其从物、添附物、孳息、从权利等。质押的实现方式也与抵押类似，有质物的拍卖、变卖和折价三种。质物折价或者拍卖、变卖后，其价款超过债权数额的部分归质押人所有，不足部分由债务人清偿。债务人履行债务或者出质人提前清偿所担保的债权的，质权人应当返还质押财产。债务人不履行到期债务或者发生当事人约定的实现质权的情形，质权人可以与出质人协议以质押财产折价，也可以就拍卖、变卖质押财产所得的价款优先受偿。质押财产折价或者变卖的，应当参照市场价格。

2.动产质押

动产质押的标的物简称为质物，是指出质人转移给质权人占有的标的物。按照我国法律的相关规定，质物必须具备如下条件：必须是动产，不动产不能作为质权的客体；必须是特定的动产，不特定的动产或者抽象的、一般的动产，不能作为质权的客体，对于金钱等种类物，只要能以一定的方式使之特定化，也可以作为质权的客体，如特户、封金、保证金等；必须是流通的动产，法律禁止流通的动产，不能作为质物；必须是出质人原则上有权处分的动产，出质人以其不具有所有权但合法占有的动产出质的，善意的质权人行使质权后，给动产所有人造成损失的，由出质人承担赔偿责任。根据我国法律的规定，动产质押的设立以质物的交付为要件，未转移对质物的占有，动产质押不生效，质权自出质人交付质押财产时设立。

因为在质押关系存续期间，质权人占有质物，因此质权人享有对质物的占有、孳息收取以及对质权的保全和放弃等权利，同时也负有妥善保管质物的义务，以及不得擅自处分和使用质物，未经出质人同意不得转质等。质权人的权利与义务如下：

（1）孳息收取权。质权人有权收取质押财产的孳息，但合同另有约定的除外，孳息应当先充抵收取孳息的费用。

（2）保全质权的权利。因不能归责于质权人的原因可能使质押财产损毁或者价值明显减少，足以危害质权人权利的，质权人有权要求出质人提供相应的担保；出质人不提供的，质权人可以拍卖、变卖质押财产，并与出质人通过协议将拍卖、变卖所得的价款提前清偿债务或者提存。

（3）放弃质权的权利。债务人以自己的财产出质，质权人放弃该质权的，其他担保人在质权人丧失优先受偿权益的范围内免除担保责任，但其他担保人承诺仍然提供担保的除外。

（4）妥善保管质物的义务。质权人负有妥善保管质押财产的义务，因保管不善致使质押财产毁损、灭失的，应当承担赔偿责任。质权人的行为可能使质押财产毁损、灭失的，出质人可以要求质权人将质押财产提存，或者要求提前清偿债务并返还质押财产。

（5）不得对质物擅自处分、使用和转质。质权人在质权存续期间，未经出质人同意，擅自使用、处分质押财产，给出质人造成损害的，应当承担赔偿责任。

3.权利质押

权利质押是指以依法可以转让的财产权利为客体而设定的质押。可以出质的权利有：汇票、支票、本票；债券、存款单；仓单、提单；可以转让的基金份额、股权；可以转让的注册商标专用权、专利权、著作权等知识产权中的财产权；应收账款；法律、行政法规规定可以出质的其他财产权利。这些权利可以分为证券债权、股权、知识产权、应收账款和一般债权，权利质押也适用动产质押的一般规定。

1）证券债权质押

以有价证券表示的权利为客体的质押，通常称为证券债权质押。证券债权质押的设定，由质权人与出质人双方订立书面质押合同，合同中应约定证券交付的时间。在质押合同订立后，出质人应当依法在合同约定的时间内将证券交付给质权人，权利质押自证券交付质权人占有之时起设立。以汇票、支票、本票、债券、存款单、仓单、提单出质的，当事人应当订立书面合同。质权自权利凭证交付质权人时设立；没有权利凭证的，质权自有关部门办理出质登记时设立。

需要注意的是，对于记名证券或者指示证券出质的，当事人还应当在证券上签名和背书，否则，不发生出质的效力。另外，若有价证券的兑现日期或者提货日期先于主债权到期的，质权人可以兑现或者提货，并与出质人协议将兑现的价款或者提取的货物提前清偿债务或者提存。汇票、支票、本票、债券、存款单、仓单、提单的兑现日期或提货日期先于主债权到期的，质权人可以兑现或者提货，并与出质人协议将兑现的价款或者提取的货物提前清偿债务或者提存。

2）股权质押

股权质押，又称股份质押、股票质押，是指以基金份额、股权为质押客体而设定的质权。以基金份额、股权出质的，当事人应当订立书面合同。以基金份额、证券登记结算机构登记的股权出质的，质权自证券登记结算机构办理出质登记时设立；以其他股权出质的，质权自工商行政管理部门办理出质登记时设立。基金份额、股权出质后，不得转让，但经出质人与质权人协商同意的除外。出质人转让基金份额、股权所得的价款，应当向质权人提前清偿债务或者提存。

股权质押的设定可以分为以下两种情形：

（1）以基金份额和在证券登记结算机构登记的股权出质的，除双方订有书面的质押合同外，还须在证券登记结算机构亦即证券交易所办理出质登记，股权质押自登记时设立。简言之，凡是以基金份额和上市公司、公开发行股份的公司的股票出质的，除当事人双方签订书面质押合同外，还须在证券交易所办理出质登记手续，质押自登记时设立。

（2）以其他股权出质的，亦即以基金份额或上市公司股票以外的股权，包括不公开发行股份的股份有限公司和有限责任公司的股权出质的，除双方当事人订有书面质押合同之外，还须依法向工商行政管理部门办理出质登记手续，质押自登记时设立。需要注意的是，以有限责任公司的股权出质的，应当适用《中华人民共和国公司法》有关股份转让的规定。

3）知识产权质押

知识产权质押，是指以知识产权中的财产权为客体的质押。以注册商标专用权、专利权、著作权等知识产权中的财产权出质的，当事人应当订立书面合同。质权自有关主管部门办理出质登记时设立。知识产权中的财产权出质后，出质人不得转让或者许可他人使用，但经出质人与质权人协商同意的除外。出质人转让或者许可他人使用出质的知识产权中的财产权所得的价款，应当向质权人提前清偿债务或者提存。根据《中华人民共和国民法典》的规定，以知识产权中的财产权出质的，除双方当事人签订书面质押合同之外，还应当在主管部门办理登记手续，质押自登记时设立。

4）应收账款质押

这里所谓的应收账款，是指债权人因提供一定的货物、服务或者设施而依法享有的请求债务人支付一定款项的权利。应收账款作为一般金钱债权，不仅包括已经形成的既得金钱债权，而且应当包括将来发生的期待的金钱债权,如公路、桥梁、电网等收费权。以应收账款出质的,当事人应当订立书面合同,质权自信贷征信机构办理出质登记时设立。应收账款出质后,不得转让,但经出质人与质权人协商同意的除外。出质人转让应收账款所得的价款,应当向质权人提前清偿债务或者提存。应收账款质押的设定,除双方当事人订立书面质押合同以外,还需要双方到信贷征信机构即中国人民银行信贷征信中心办理出质登记手续,应收账款质押自登记时设立。

6.4.5 留置

1.留置及其成立的条件

留置是指债务人未履行债务时,债权人可以留置已经合法占有的债务人的动产,并有权就该动产优先受偿。留置关系中,债权人为留置权人,被留置的财产为留置物。留置权的特征主要表现在:留置权是法定担保物权,留置权人根据法律的规定,直接于占有的债务人财产上取得留置权,无须当事人之间的约定,这是留置与抵押和质押的区别。留置的产生是以债权人事先占有债务人的动产为前提条件,留置物只能是动产,不能是不动产和权利。

取得留置权应当基于法律规定,并符合下列条件:

(1)必须是债权人合法占有债务人的动产。只有债权人以合法的原因占有债务人的动产时,才有可能发生留置权。比如,债权人因保管合同、仓储合同、运输合同、加工承揽合同、行纪合同而占有债务人的动产等。因侵权行为占有他人的动产,不发生留置权。债权人合法占有债务人交付的动产时,不知债务人无处分该动产的权利,债权人仍然可以行使留置权。

(2)必须是债权已届清偿期。债权人的债权未届清偿期,其交付占有标的物的义务已届履行期的,不能行使留置权,但是,债权人能够证明债务人无支付能力的除外。

(3)必须是留置物与债权属于同一法律关系。只有债权人的债权与债权人对于标的物的占有基于同一法律关系而发生,才可以成立留置权。相反,如果债权人对债务人动产的占有与债权人的债权基于不同的合同关系而发生,则不能成立留置权。需要注意的是,企业之间的留置可以不限于同一法律关系。这是因为,在商业实践中,企业之间相互交易频繁,追求交易效率,讲究商业信用,要运用包括留置在内的多种形式维护权益,如果严格要求留置物必须与债权基于同一法律关系,则有悖于交易安全迅速之原则。

(4)法律规定或者当事人约定不得留置的动产,不得留置。

2.留置的效力

留置权所担保的范围包括主债权和利息、违约金、损害赔偿金、留置物保管费用和实现留置权的费用。留置物的范围,除了留置物本身以外,还包括其从物、孳息和代位物,但从物未随同主物被留置的除外。留置的动产为可分物的,留置动产的价值应当相当于债务的金额。留置权人基于法律规定留置已经占有的动产,享有对留置物的占有、孳息收取等权利,同时也负有妥善保管留置物的义务,因保管不善致使留置财产毁损、灭失的,应当承担赔偿责任。

3.留置权的实现与消灭

留置权的实现方式与抵押和质押类似,有变卖、拍卖、折价三种方式。留置财产折价或者拍卖、变卖后,留置权人从所得价款优先受偿,价款超过债权数额的部分归债务人所有,不足部分由债务人清偿。需要注意的是,留置财产后,在留置权实现前,留置权人应当给债务人合理的履行债务时间。《中华人民共和国民法典》规定,留置权人与债务人应当约定留置财产后的债务履行期间;没有约定或者约定不明确的,留置权人应当给债务人两个月以上履行债务的期间,但鲜活易腐等不易保管的动产除外。债务人逾期未履行的,留置权人可以与债务人协议,以留置财产折价,也可以就拍卖、变卖留置财产所得的价款优先受偿。留置财产折价或者变卖的,应当参照市场价格。留置权实现时,留置物上还设有其他担保物权的,留置权人优先受偿。留置权人对留置财产丧失占有或者留置权人接受债务人另行提供担保的,留置权消灭。留置权因债权消灭、留置权实现、债务人另行提供担保、留置物灭失或留置权人对留置物丧失占有等原因而消灭。

6.4.6　定金

定金是指当事人为了促成合同的成立,或确保合同的履行,依据法律规定或双方的约定,由一方当事人按合同标的额的一定比例,向对方预先支付的金钱。一旦合同顺利达成或履行,定金抵作价款或者收回;若未达成定金之目的,则适用定金罚则。当事人可以约定一方向对方付定金作为债权的担保。债务人履行债务后,定金应当抵作价款或者收回。给付定金的一方不履行约定的债务的,无权要求返还定金;收受定金的一方不履行约定的债务的,应当双倍返还定金。

根据《中华人民共和国民法典》的规定,定金应当以书面形式约定,定金合同从实际交付定金之日起生效。定金应当以书面形式约定,当事人在定金合同中应当约定交付定金的期限。定金合同从实际交付定金之日起生效,定金合同是定金担保的法律基础,当事人订立定金合同时,应当明示"定金"二字;若当事人没有使用"定金"二字,依照当事人的意思,其担保的内容有担保双方当事人履行合同义务的效果,且以双倍返还来促使定金接受人履行自己的义务的,仍可成立定金合同。

定金的数额应由当事人自由约定,但不得超过法律规定的最高限额。当事人交付的定金超过限额的,超过的部分无效。定金的数额由当事人约定,但不得超过主合同标的额的百分之二十。若当事人一方不完全履行合同的,应当按照未履行部分所占合同约定内容的比例,适用定金罚则。

问题思考

1.合同担保有何作用及特征? 如何对合同担保进行分类?

2.保证、抵押、质押、留置和定金等担保方式,各自的特点和应用条件是什么?

6.5　常用合同条件

6.5.1　FIDIC 合同条件

1.FIDIC 组织

FIDIC 是国际咨询工程师联合会(Fédération Internationale Des Ingénieurs Conseils)的法文缩写。FIDIC 于 1913 年成立于比利时根特,现在的总部设在瑞士洛桑。该组织是目前最具权威性的被世界银行和其他国际金融组织认可的咨询工程师组织,其目的是共同促进成员协会的职业利益,以及向成员协会会员传播有益信息。1996年10月,中国工程咨询协会正式加入FIDIC,取得了在FIDIC的发言权和表决权,增加了开展国际交流、了解国外信息的渠道及开拓对外业务的机会。

FIDIC组织的主要职能机构有执行委员会、土木工程合同委员会、电气机械合同委员会、业主与咨询工程师关系委员会、职业责任委员会和秘书处。另外,FIDIC下属有四个地区性会员分会,它们是亚洲及太平洋地区会员协会、欧洲共同体会员协会、非洲会员协会组织和北欧会员协会组织。这些职能机构的主要任务是帮助会员提高服务水平,加强国际合作,起草有关文件,解决咨询工作中遇到的各种问题。

2.FIDIC合同条件的构成

FIDIC发布的标准化合同条件有5种,即《土木工程施工合同条件》(简称红皮书)、《电气与机械工程合同条件》(简称黄皮书)、《设计-建造与交钥匙工程合同条件》(简称橘皮书)、《业主/咨询工程师标准服务协议书》(简称白皮书)、《土木工程施工分包合同条件》(简称褐皮书)。以上这些文本被人们统称为"FIDIC彩虹族",具体说明如下:

(1)FIDIC红皮书。FIDIC红皮书即《土木工程施工合同条件》,因其封面为红色被称为红皮书。红皮书适用于土木建筑工程施工和设备安装的标准化合同,是国际通用的、权威性的土木工程施工合同条件。在国外,许多国家的工程都采用红皮书。在国内,凡接受世界银行贷款和其他国际金融组织贷款的涉外工程,一般也都采用红皮书;国内的很多投资项目也采用红皮书,或借鉴红皮书拟定合同条件。

(2)FIDIC黄皮书。FIDIC黄皮书即《电气与机械工程合同条件》,因其封面为黄色被称为黄皮书。黄皮书适用于大型工程项目的电气与机械设备从订购开始,经过加工制造、运输、安装、竣工、投入试运行,直至保修期满合同履行完毕为止的全过程。黄皮书包括通用条件(适用于任何类型机电工程合同的条款)和专用条件(适用于在需要时对合同通用条件中的规定进行修改)两部分,通常为总价合同。

(3)FIDIC橘皮书。FIDIC橘皮书即《设计-建造与交钥匙工程合同条件》,因其封面为橘色被称为橘皮书。橘皮书适用于由承包商设计的包含设备采购、安装及施工的交钥匙工程,不适用于由业主及其咨询工程师设计的项目,也不适用于承包商不对设计负责的项目。

(4)FIDIC白皮书。FIDIC白皮书即《业主/咨询工程师标准服务协议书》,因其封面为白色被称为白皮书。白皮书适用于工程项目的投资前研究、可行性研究、设计及施工管理、项目管理,是国际通用的业主与咨询工程师之间标准服务的协议书。该服务标的主要是要求咨询工程师依靠自身的专业技术或经验公平地作出决定或提供智力方案,不需其提供用于工程项目的材料、设备等。

(5)FIDIC褐皮书。FIDIC褐皮书即《土木工程施工分包合同条件》,因其封面为褐色被称为褐皮书。褐皮书适用于承包商选择分包商情形,合同条件稍加修改也可适用于分包商由业主指定的情形。褐皮书推荐与黄皮书一起使用,包括通用条件和特殊应用条件两部分。

1999年,为适应工程项目管理发展的实际需要,FIDIC发布了4种新版的合同条件,包括《施工合同条件》(新红皮书)、《生产设备与设计-建造合同条件》(新黄皮书)、《设计采购施工(EPC)/交钥匙工程合同条件》(银皮书)和《简明合同格式》(绿皮书),具体说明如下:

(1)FIDIC新红皮书。FIDIC新红皮书即《施工合同条件》,其封面为红色,为《土木工程施工合同条件》的升级版本。新红皮书适用于由业主或其代表设计的建筑或工程项目,主要用于单价合同。在这种合同形式下,通常由工程师负责监理,由承包商按照业主提供的设计方案施工。

（2）FIDIC新黄皮书。FIDIC新黄皮书即《生产设备与设计-建造合同条件》,其封面为黄色,为《电气与机械工程合同条件》的升级版本。新黄皮书适用于电气和（或）机械设备供货和建筑工程的设计与施工,通常采用总价合同。即由承包商按照雇主的要求,设计和提供生产设备和（或）其他工程,可以包括土木、机械、电气和建筑物的任何组合,进行工程总承包。

（3）FIDIC银皮书。FIDIC银皮书即《设计采购施工（EPC）/交钥匙工程合同条件》,其封面为银色。银皮书适用于以交钥匙方式提供工厂或类似设施的加工或动力设备、基础设施项目或其他类型的开发项目,采用总价合同。即由承包商进行所有的设计、采购和施工,最后提供一个设施配备完整、可以投产运行的项目。

（4）FIDIC绿皮书。FIDIC绿皮书即《简明合同格式》,其封面为绿色。绿皮书适用于投资金额较小的建筑或工程项目,根据工程的类型和具体情况,这种合同格式也可用于投资金额较大的工程,特别是较简单的、或重复性的、或工期短的工程。

3.FIDIC合同条件的应用

FIDIC合同条件是在总结了各个国家、各个地区的业主、咨询工程师和承包商各方经验基础上编制出来的,也是在长期的国际工程实践中形成并逐渐发展成熟起来的,是目前国际上广泛采用的高水平的、规范的合同条件。这些条件具有国际性、通用性和权威性。其合同条款公正合理、职责分明、程序严谨、易于操作。考虑到工程项目的一次性、唯一性等特点,FIDIC合同条件分成了通用条件和专用条件两部分。通用条件适于某一类工程,如红皮书适于整个土木工程（包括工业厂房、公路、桥梁、水利、港口、铁路、房屋建筑等）;专用条件则针对一个具体的工程项目,是在考虑项目所在国法律法规不同、项目特点和业主要求不同的基础上,对通用条件进行的具体化的修改和补充。

FIDIC合同条件在实际中的应用方式通常有如下几种:

（1）国际金融组织贷款和一些国际项目直接采用。在世界各地,凡世界银行、亚洲开发银行等国际金融组织贷款的工程项目,以及一些国家和地区的工程招标文件中,大部分全文采用FIDIC合同条件。在我国,凡亚洲开发银行贷款项目,全文采用FIDIC合同条件;凡世界银行贷款项目,在执行世界银行有关合同原则的基础上,执行我国财政部在世界银行批准和指导下编制的有关合同条件。

（2）合同管理中对比分析使用。许多国家在学习、借鉴FIDIC合同条件的基础上,编制了一系列适合本国国情的标准合同条件。这些合同条件的项目和内容与FIDIC合同条件大同小异,主要差异仅体现在处理问题程序以及风险分担规定上。鉴于FIDIC合同条件的各项程序是相当严谨的,处理业主和承包商风险、权利及义务也比较客观公正。因此,业主、咨询工程师、承包商通常都会将FIDIC合同条件作为一把尺子,与工作中遇到的其他合同条件相对比,进行合同分析和风险研究,制定相应的合同管理措施,防止合同管理上出现漏洞。

（3）在合同谈判中使用。FIDIC合同条件的国际性、通用性和权威性使合同双方在谈判中可以以"国际惯例"为理由,要求对方对其合同条款的不合理、不完善之处作出修改或补充,以维护双方的合法权益。这种方式在国际工程项目合同谈判中普遍使用。

（4）部分选择使用。即使不全文采用FIDIC合同条件,在编制招标文件、分包合同条件时,仍可以部分选择其中的某些条款、某些规定、某些程序,甚至某些思路,使所编制的文件更完善、更严谨。在项目实施过程中,也可以借鉴 FIDIC 合同条件的思路和程序来解决和处理有关问题。

需要说明的是,为使 FIDIC 发布的合同条件在实际中能够更好地应用,其在编制各类合同条件的同时,还编制了相应的"应用指南"。在"应用指南"中,除了介绍招标程序、合同各方及工程师职责外,还对合同每一条款进行了详细解释和说明,从而使得使用者能够更为全面、准确地理解相关条款的内容和含义。此外,每份合同条件的前面均列有有关专业术语的准确定义,适用于全部合同文件,不仅方便了使用者的了解使用,而且也有利于避免合同双方对术语理解歧义而产生争议,由此使得合同条件更为严谨可靠。

6.5.2　其他合同条件

1.我国的合同示范条件

为了指导工程项目合同当事人的签约行为,维护合同当事人的合法权益,依据《中华人民共和国民法典》《中华人民共和国建筑法》《中华人民共和国招标投标法》以及相关法律、法规等,我国相关部门如住房和城乡建设部、国家市场监督管理总局等,基于我国的基本情况,组织专家编写发布了《建设项目工程总承包合同(示范文本)》《建设工程施工合同(示范文本)》《建设工程设计合同(示范文本)》《建设工程咨询服务合同(示范文本)》《建设工程勘察合同(示范文本)》《工程担保合同(示范文本)》等一系列合同示范条件,供合同当事人选择使用。这些合同条件既考虑了与国际常用合同条件的对接,又体现了我国的特殊实际情况,为规范我国建筑市场主体行为,协调我国工程项目当事人利益,确保工程项目的顺利实施发挥了重要作用。

此处以 2021 年 1 月 1 日起执行的《建设项目工程总承包合同(示范文本)》为例,该合同示范文本由合同协议书、通用合同条件和专用合同条件三部分组成。

(1)合同协议书。合同协议书共计 11 条,主要包括:工程概况、合同工期、质量标准、签约合同价与合同价格形式、工程总承包项目经理、合同文件构成、承诺、订立时间、订立地点、合同生效和合同份数,集中约定了合同当事人基本的合同权利义务。

(2)通用合同条件。通用合同条件共计 20 条,主要包括:一般约定、发包人、发包人的管理、承包人、设计、材料及工程设备、施工、工期和进度、竣工试验、验收和工程接收、缺陷责任与保修、竣工后试验、变更与调整、合同价格与支付、违约、合同解除、不可抗力、保险、索赔、争议解决。通用合同条件是就工程总承包的实施及相关事项,对合同当事人的权利义务作出的原则性约定。这些条件既考虑了现行法律法规对工程总承包活动的有关要求,也考虑了工程总承包项目管理的实际需要。

(3)专用合同条件。专用合同条件是合同当事人根据不同建设项目的特点及具体情况,通过双方的谈判、协商对通用合同条件原则性约定细化、完善、补充、修改或另行约定的合同条件。

该合同示范文本为推荐使用的非强制性使用文本,适用于房屋建筑和市政基础设施项目工程总承包、承发包活动。合同当事人可结合建设工程具体情况,参照该示范文本订立合同,并按照法律法规和合同约定承担相应的法律责任及合同权利义务。

2.NEC 合同条件

NEC(New Engineering Contract)合同条件是由英国土木工程师学会(The Institution of

Civil of Engineers,ICE)于1993年发布的一个新版工程合同,其目的是尽可能规范化业主、承包商和咨询工程师的职责,将风险分配给最有能力管理风险的一方。该合同条件适用于各类型工程,已在一些国家或地区,尤其是在英国及英联邦成员国得到了广泛的应用,获得了业主、承包商、工程咨询公司的好评。

1)NEC合同条件的构成

NEC合同条件由一系列功能不同的合同构成,主要包括:

(1)工程与施工合同,用于业主和总承包商之间的主合同,也被用于总包管理的一揽子合同。

(2)工程与施工分包合同,用于承包商进行设计和建造的工程,适用于总承包商与分包商之间的合同。

(3)专业服务合同,用于业主与项目管理人、监理人、设计人、测量师、律师、社区关系咨询师等之间的合同。

(4)裁判者合同,用于指定裁判者解决任何NEC合同项下的争议的合同。

2)NEC合同条件的特点

NEC合同条件具有如下明显的特点:

(1)灵活性。NEC合同条件立足于工程实践,提供了目前所有正常使用的合同类型,其中存在六种计价方式,可使业主选择最适合自身项目的付款机制;主要选项可与次要选项任意组合,如对通货膨胀的价格调整、保留金等;承包商承担的工程设计的范围可以从10%变化到100%;分包工作量可在0~100%范围内调整;合同条件中省略了特殊领域的特别条款和技术性条款。

(2)清晰简洁。使用简单语言和简短句子,避免使用很专业的法律术语,仅在保险部分保留了少量法律用语;结构简单和条款编码系统合理、易于理解;提供了程序流程图;条款数目少且相互独立;尽量不使用模糊言辞,避免歧义,尤其是对参与各方的行为有准确的定义,以减少在谁做什么和如何做等方面的争议。

(3)促进良好管理。首先,引入了"合伙合作"的管理思想,力图把业主与承包商的争端降到最低;其次,建立起一种合作即收益、不合作即受罚的约束机制,使业主和承包商在问题产生伊始,即为找出解决问题的路径而积极协作,而非互相指责对方的错误,以期通过索要额外款而获利。

3.AIA合同条件

AIA(The American Institute of Architects)合同条件是由美国建筑师协会发布的,以大约10年为周期进行更新修订,目前正在使用中的合同文本共有90余个,几乎涵盖了各种承发包方式和建筑活动中的所有重要文书。AIA合同条件具有如下主要特征:

(1)适用范围广,合同选择灵活。AIA合同条件系列涵盖了所有项目采购方式的各种标准合同文件,内容涉及工程承包业的各个方面,并且形成了完整的体系,为业主提供了充分的选择余地,适用范围广泛。

(2)对承包商要求细致。合同文件中关于承包商职责的条款很多,要求非常细致,如合同中规定业主代表要对项目的实施进行检查和验收,但通过检查和验收并不等于免除了承包商的责任。

(3)对业主要求严格。AIA合同条件明确规定业主应在开工之前,按照承包商的书面要求向承包商提供一份合理证明其支付能力的资料,并且业主须向承包商提供现场勘查的报告并保证其准确性。

(4)适用法律范围较为复杂。美国是一个联邦国家,各州均有独立的立法权和司法权,AIA 合同条件中均有适用法律的有关条款,导致该合同条件的法律关系较为复杂,限制了其在其他国家及地区的使用。

(5)语言简练、清晰。为了便于在实际工程项目中应用,AIA 合同条件语言尽可能简练清晰,合同条件中多达四级的小标题将各项规定充分细化,往往一个小标题下只有一句话,非常简洁明确。

4.JCT 合同条件

JCT(The Joint Contracts Tribunal)合同条件是总价合同的标准文本,由英国工程承包界的权威机构"合同审定联合会"制定发布。JCT 对"标准合同"的定义为:"所有相互一致的合同文件组合,这些文本共同被使用,作为运作某一特定项目所必需的文件。"JCT 合同条件为一整套由各种类型的合同构成的文本,具体包括 12 种各类合同、4 种协议和抵押担保。这些合同文本包括:顾问协议;业主与总承包商之间的主合同;总承包商与分包商之间的分包合同;分包商与次分包商之间的次分包合同;业主与专业设计师之间的设计协议;标书格式,用于业主对总承包商的招标、主承包商对分包商的招标,以及分包商对次分包商的招标;货物供应合同格式;保证金和抵押合同格式。

问题思考

1.何谓 FIDIC 组织? FIDIC 合同条件包括哪些主要内容?

2.除了 FIDIC 合同条件,还有哪些常用的合同条件,它们各自的特点是什么?

6.6　项目合同订立案例

6.6.1　案例:伤残事故的处置

李某系安徽某县农民,2020 年春节后与几个同村的年轻人一起到浙江打工。因为不懂技术,又没有打工的经验,长时间找不到工作。4 月 3 日,李某来到建安建筑公司的建筑工地上,提出到工地上打工,只要包吃包住,工资少些也没有关系。工地的负责人见他可怜,就答应他,但是同时对他说明他没有建筑经验,每天在工地上上下下很危险,公司对他以后的一切伤亡事故概不负责,由李某自己负责。李某当时写下字据,保证伤亡由自己负责,不给公司带来任何麻烦。于是,李某在工地上打工。

天有不测风云。6 月 21 日,李某不慎从脚手架上摔下来。经过多家医院抢救,保住了腿脚,却留下右腿残疾,右腿肌肉严重萎缩,要靠拐杖才能行走,还有轻微的脑震荡。这次事故中,李家花的医疗费和住院费约 40400 元,李家亲属到杭州探病、照顾李某所花的车费、生活费共 4000 多元。

出院后,公司不让李某回到工地去,也不再发工资。李某回到家里,不能干农活,还要继续吃药养伤,李家欠下一大笔债务。李家觉得非常不公平,到建安建筑公司要求赔偿。建安建筑公司拒绝了这个要求,认为公司没有聘用李某,李某是自愿到工地干活,公司是照顾李某才让他到工地干活的,而且李某自己保证伤亡由自己负责。李家多次索赔都没有成功。在 2021 年 3 月,李某在家属和某律师事务所的免费帮助下到法院起诉。

6.6.2 案例:多余的短缺钢材

河北省建华建筑有限责任公司于 2020 年 11 月承包新月小区建设工程。当时由于钢材供应短缺,又没有存货,工程急等着施工。为此,建华建筑有限责任公司向河北省的两家钢材公司前进钢材有限责任公司、清华金钢厂和外省的内蒙古大成钢厂发出通知,在通知中说明:"我公司因为建设需要某型号的钢材 1000 吨,如贵公司有货,请速与我公司联系。我公司希望购买此类钢材。"

建华建筑有限责任公司于同一天收到三家钢材公司的复函,都说自己公司备有建华公司需要的钢材,并将价格一并通知了建华公司。前进钢材有限责任公司在发出复函的第二天,派本公司车队先行载运 200 吨钢材送往建华公司。

建华公司在收到三家公司的复函后,认为内蒙古大成钢厂所提出的价格更为合理,且其是老牌钢厂,产品质量信得过,所以于当天下午即去函称将向其购买 1000 吨钢材,请其速备货。内蒙古大成钢厂随即复函建华公司,说其有现货并于第三天将钢材运往河北。

在建华公司收到内蒙古大成钢厂的复函的第二天,前进公司的车队运送钢材到了建华公司,并要求建华公司收货并支付货款。建华公司当即函电内蒙古大成钢厂,请其仅运送 800 吨钢材到河北。内蒙古大成钢厂复电说,全部 1000 吨钢材已经发往河北。建华公司收到大成钢厂复电后,就对前进公司说,为照顾其损失,只收下其 100 吨钢材,其余的不收。前进公司对此不服,认为建华公司应当收取全部钢材。

建华公司再次向大成钢厂发函称,本公司将仅收其中的 900 吨钢材,对此造成的损失,如因大成钢厂多运送钢材而造成的损失,由大成钢厂自行负责。第三天,内蒙古大成钢厂的1000 吨钢材运到建华公司,建华公司仅收取了其中的 900 吨,剩余的 100 吨不予收货,为此双方发生纠纷。内蒙古大成钢厂和前进公司双双向人民法院起诉,要求建华公司承担赔偿责任。

6.6.3 案例:不能结算的转账支票

某经贸公司有一门市房一直空闲。一日,宋某上门要求租赁此房。经几次协商,双方于2020 年 5 月签订如下协议:经贸公司将门市房租给宋某,租期一年,租金为 30000 元,经贸公司为宋某提供办公设备,宋某独立地进行合法经营,合同期内,经贸公司为宋某提供账号一个,由宋某使用,经贸公司不得占用。

合同签订后,经贸公司即将门市房交给宋某使用,又在某信用社开立了账户,宋某在该账户内存入了约 10 万元现金。经贸公司从信用社购买 10 张转账支票,并在其中的 6 张上加盖了经贸公司的印鉴,交给宋某使用。

宋某自称是经贸公司的业务员,于同年 7 月两次到丁某处购买建筑材料,货款分别为4500 元和 8000 元,两次均以上述转账支票结算。丁某持该支票结算,货款顺利到账。同年 8月,宋某再次到丁某处购买建筑材料,货款为 25000 元,丁某接收了宋某给付的用以结算的盖有经贸公司印鉴的转账支票后,让宋某当即将货物提走。

丁某持该支票入账,信用社以印鉴不符为由将支票退回,此时宋某已不知去向。丁某与经贸公司多次交涉未果,诉至法院,要求经贸公司支付货款 25000 元。经贸公司辩称,宋某不是我公司业务员,其所持支票虽为我公司从信用社购买,但印鉴不是我公司加盖的,我公司未曾从丁某处购买货物,故不同意丁某的诉讼请求。

6.6.4 案例:无效的化肥采购合同

在 2021 年 1 月,某化肥厂业务员郭某出差时在火车上碰巧遇到某农资公司的经理匡某及其秘书李某,双方在火车上就开始谈论生意。郭某介绍了厂里的主要产品及其价格,匡某对该化肥厂的钾肥感兴趣,表示可以考虑买入一批,准备春耕季节的市场需求。下了火车后,郭某决定与匡某等同住一家宾馆。双方都看过对方的有关证件后,郭某拿出已经盖了合同专用章的合同文本,填写了有关事项,签名后递给匡某签名,匡某说不需要自己亲自签名,让秘书李某签名就行。李某按照匡某的意思签了名。签完名才想到没有合同专用章,郭某说不要紧,只要双方有意做生意就行。双方可以先签好合同,一式两份,等匡某和李某回到公司后再盖章,然后传真给郭某,当作最后文件。匡某同意合同上的约定,化肥厂出售 10 吨优质钾肥给农资公司,价格为每吨 2000 元,货款共 2 万元,化肥厂在 3 月 15 日之前送货上门,货到付款。

李某与匡某回到公司后,因为忙于年终收尾工作,把与郭某的合同一事忘记了。不久就放假过年了。郭某回到厂里通知销售部,准备在 3 月 15 日之前发货并且送到农资公司。3 月 12 日,化肥厂把货送到农资公司时,谁知农资公司却拒绝收货,说不知道与化肥厂有购销合同,已经从别的厂采购了相同的化肥。农资公司的经营人员通知经理匡某,匡某才想起与郭某的合同。但是,他为了维护公司的利益,随即说明签的只是合同草稿,没有盖章,合同还没有成立。后来又说该草稿是李某签的,李某既不是法定代表人,也不是业务员,签字无效。化肥厂把化肥卸下,堆在农资公司门口,用油布遮好,声明对方必须接收并如数付款。双方僵持不下。化肥厂到法院起诉,要求认定双方合同关系成立,判决对方履行合同。

问题思考

1.在"伤残事故的处置"案例中,李某的保证是否有效? 建安建筑公司应承担什么责任?

2.在"多余的短缺钢材"案例中,建华公司的采购工作有何问题? 前进公司的做法是否适当? 大成钢厂是否应为当前的局面承担损失?

3.在"不能结算的转账支票"案例中,经贸公司是否应向丁某支付货款? 经贸公司与宋某的协议存在哪些问题?

4.在"无效的化肥采购合同"案例中,秘书李某的签字是否有效? 匡某认定合同无效的理由是否成立?

第7章
项目合同的实施

📋 **本章导读**

本章介绍项目合同履行及实施的相关知识。首先,给出项目合同履行的基本概念,包括合同履行的一般原则、合同的适当履行、合同漏洞的补救和合同履行的抗辩权等。其次,说明合同的变更与转让,解释合同保全中代位权和撤销权行使的有关问题。再次,归纳合同终止的常见方式、合同的解除及其他终止方式的适用条件与法律效力。此外,讨论合同的违约及其归责,合同违约责任的承担方式,常见的违约类型及由此产生的违约责任。最后,用四个代表性案例对本章内容的现实情况进行说明。

7.1 项目合同的履行

7.1.1 合同履行的一般原则

合同的履行,是指合同债务人按照约定或法律规定全面、适当地完成其合同义务,实现债权人合同权利的行为。作为当事人双方各自合同利益实现和满足的途径,合同履行是实现合同目的、完成法律对合同关系调整的重要手段与基础。它既是合同法律效力的最集中体现,又是全部合同法律制度的核心。它是当事人追求的合同目的得以实现的根本途径,是合同法律效力的体现和必然要求。合同的履行是债务人完成的特定行为,是给付行为与给付结果的统一。合同的履行是合同消灭的主要原因。

合同履行的一般原则,是当事人履行义务、行使权利应共同遵守的基本行为准则,主要包括以下几个方面。

1.实际履行原则

实际履行原则,是指合同当事人必须严格按照合同规定的标的履行自己的义务,未经权利人同意,不得以其他标的代替履行或者以支付违约金和赔偿金来免除合同规定的义务。实际履行的基本含义可分为两个方面:一是当事人应自觉按约定的标的履行,不得任意以其他标的代替约定标的,尤其不能简单地用货币代替合同规定的实物或行为;二是当事人一方不履行或不完全履行时,首先应承担按约定履行的责任,不得以偿付违约金或赔偿损失来代替合同标的的履行,对方当事人有权要求其实际履行。

如果允许合同债务人随意以支付违约金和赔偿损失来代替实际履行,合同的法律效力也就不存在了,商品交易的秩序也就难以维持。当然,采用实际履行原则也并非坚持一切合同都必须实际履行,双方经协商可以变更或解除合同,债权人若并不要求必须实际履行,也可以用支付违约金和赔偿损失的方法免除债务人的合同义务。在贯彻实际履行原则时,应从实际出发,根据合同的性质和债权人的实际要求确定是否必须履行。在下列情况下,可以排除实际履行原则的适用:

(1)以特定物为标的的合同,当标的物毁损灭失时,实际履行标的已不可能。

(2)债务人不按期交付标的,使实际履行对债权人已不必要或损害债权人的利益。

(3)标的质量不符合合同要求,债权人放弃实际履行的请求。

2.全面履行原则

全面履行原则,又称适当履行原则或正确履行原则,它要求当事人按照合同约定的标的及其质量、数量,在合同约定的履行期限、履行地点,以适当的履行方式全面完成合同义务。法律谚语中有"契约必须遵守"的说法,即合同当事人应当按照合同约定,全部履行自己的义务。尽管其中的相关规定在用词上有"全部"和"全面"的差别,但实际上表达了相同的意思。可以认为,《中华人民共和国民法典》在合同履行的问题上确认全面履行原则是对合同法律基本原理的强调和重申。应该注意的是,全面履行原则尽管要求合同当事人严格履行合同义务,但这只是一个总体性的要求,要避免以单一、片面的观点来理解全面履行原则,而这也正是在合同的履行中规定另一个重要原则——诚实信用原则的原因。

全面履行原则和实际履行原则尽管有相同之处,但两者不是从同一个角度来认识履行的。按照实际履行原则,合同一经有效成立,合同当事人就必须按照合同标的履行,不允许以支付违约金或损害赔偿金代替实际履行。全面履行原则在要求合同当事人按合同标的履行合同义务这一点上和实际履行原则的要求相同,但其并不禁止合同当事人变更和解除合同,也允许通过承担违约责任来代替实际履行,因为这也是合同自由的一部分,是市场经济的内在要求。

3.诚实信用原则

诚实信用原则,是指当事人在履行合同义务过程中,秉承诚实、守信、善意,不滥用权利或者规避义务,根据合同的性质、目的及交易习惯来履行合同。诚实信用原则不仅要求当事人在履行合同过程中不滥用权利或规避义务,而且还要求在合同履行过程中确保当事人合同利益关系的平衡,并履行依据诚实信用原则所产生的附属义务。从字面上看,诚实信用原则就是要求人们在市场活动中讲究信用,恪守诺言,诚实不欺,在不损害他人利益和社会利益的前提下追求自己的利益。从内容上看,诚实信用原则并没有确定的内涵,因而有无限的适用范围,即它实际上是一个抽象的法律概念,内容富于弹性和不确定性,有待于就特定案件予以具体化,并随着社会的变迁而不断修正其所包含的价值观和道德标准。从功能上看,诚实信用原则兼有法律调节和道德调节的双重功能,在当事人就合同发生争执时,赋予法官较大的公平裁量权,如同给予了法官一张空白委任书,可以由法官根据合同履行过程中出现的具体情况,做出不同的解释,甚至据此调整合同当事人的权利、义务。

随着社会的发展、市场经济实践的丰富及理论研究的深化,人们越来越认识到,只有遵守诚实信用才是维护当事人自身利益的最佳方式,才是交易成功的最好保障。因此,诚实信用原则的适用范围逐步扩大,不仅适用于合同的履行,而且扩及合同的订立、解释及所有与合同有关的权利的行使及义务的履行,成为整个合同法律的基本原则。因此,诚实信用原则被奉为最高指导原则。根据诚实信用原则的要求,当事人在履行合同时至少应做到以下几点:

(1)债务人不得履行自己确知有害于债权人的合同,此种情形下,债权人可以请求撤销合同。

（2）在以给付特定物为义务的合同中，债务人在交付之前，应以善良管理人的注意，妥善保存该物。

（3）在发生不可抗力或者其他原因致使合同不能履行或者不能按预定条件履行时，债务人应及时通知债权人，以便双方协商处理合同债务。

（4）在合同就某一有关事项未规定明确时，债务人应依公平原则并考虑事实状况合理履行。

《中华人民共和国民法典》对诚实信用原则作了具体化规定，即根据合同的性质、目的和交易习惯履行通知、协助和保护等义务。在传统民法上，这些基于诚实信用原则而在合同履行过程中发展起来的义务被称为附随义务。此类义务并非自始确定，而是随着合同的发展，于具体情形下要求当事人一方有所为或有所不为，以维护相对人的利益，且于任何合同都可发生，而不受合同类型的限制。

4.情势变更原则

情势变更原则，是指合同成立后至履行完毕前，合同存在的基础和环境因不可归属于当事人的原因发生变更，若继续履行合同将显失公平，故允许变更合同或者解除合同。在这种情况下，法律允许当事人变更合同的内容或者解除合同，以消除不公平的后果。情势变更的实质，乃是诚实信用原则的具体运用。情势变更原则的适用应具备以下条件：

（1）有情势变更的事实。所谓"情势"是指在签订合同时作为合同基础的社会环境。任何合同都是当事人根据订约时的社会、经济环境而订立的，没有这种环境，或者是环境发生了变化，当事人就不可能签订同样的合同。判断签订合同的基础环境是否发生了变化，应以该变化是否导致当事人的合同目的不能实现作为标准。

（2）情势变更有不可预见的性质。如情势变更可以预见，当事人在签订合同时已将情势变更的因素考虑进去，则不能适用情势变更原则。当事人预见到情势变更，而在合同中约定了处理方法，属于合同所附条件，适用附条件法律行为的规定。

（3）继续维持合同效力会造成显失公平的后果。只有情势变更使合同的履行造成极大的不公平，才可适用情势变更原则。如果情势变更虽然引起了不公平的后果，但这种不公平并非很显著，当事人完全可以消化吸收这种后果，则不应适用情势变更原则。具体判断标准，应依据具体情况区别对待。

（4）该情势变更的发生不可归责于合同当事人。变更是合同当事人以外的原因引起的。如果情势变更可归责当事人，则该当事人应承担这种后果，而不能适用情势变更原则。

（5）情势变更发生在合同成立并生效以后且在履行终止以前。一方面，如果情势变更在合同订立时就已经发生，应认为当事人已经认识到发生的事实，则合同的成立是以已变更的事实为基础的，不发生合同成立后的情势变更问题。在订约时，已变更的情势对当事人不利，而当事人仍以其为合同的内容，则表明当事人自愿承担了风险，事后没有保护的必要。另一方面，情势变更必须发生在合同履行完毕以前，才能适用情势变更原则。如果在履行终止以后发生情势变更，因合同关系已经消灭，则不适用情势变更原则。

5.协作履行原则

协作履行原则，是指当事人不仅应适当履行自己的合同债务，而且应基于诚实信用原则的要求,协助对方当事人履行其债务的履行原则。合同的履行,只有债务人的给付行为,没有债权人的受领给付,合同的内容仍难以实现。不仅如此,在建筑工程合同、技术开发合同、技术转让合同、提供服务合同等场合,债务人实施给付行为也需要债权人的积极配合,否则,合同的内容也难以实现。因此,履行合同,不仅是债务人的义务,也是债权人的责任。只有双方当事人在合同履行过程中相互配合、相互协作,合同才会得到适当履行。

协作履行是诚实信用原则在合同履行方面的具体体现。一方面需要双方当事人之间相互协助,另一方面也表明协助不是无限度的。在合同履行中,协作履行的具体要求如下:

(1)一方当事人履行合同义务,另一方当事人应尽量为其履行创造必要的方便条件,以使其实际履行得以实现。

(2)一方当事人因客观情况发生变化需变更合同时,应及时通知对方,对方也应及时答复,共同协商出妥善的变更办法。

(3)一方当事人确实不能履行合同时,应及时向对方说明情况,对方接到通知后应积极采取补救措施,尽量减少或挽回损失。

(4)一方当事人因过错违约时,对方应尽快协助纠正,并设法防止或减少损失。

(5)合同履行过程中发生争议,双方应本着实事求是的态度,及时协商解决。

需要强调的是,协作履行原则并不漠视当事人的各自独立的合同利益,不降低债务人所应承担的责任。以协作履行为借口,加重债权人负担,逃避自己义务的行为,与协作履行原则是相悖的。

7.1.2 合同的适当履行

合同的适当履行,即当事人应当严格按照合同约定的标的、数量、质量,由适当的主体在适当的期限、适当的地点,按照适当的价款或报酬,以适当的方式全面、正确地完成合同义务。

1.履行主体适当

通常情况下,履行合同的主体就是合同当事人。但在某些情况下,根据合同的性质、特点和当事人的约定,合同的履行主体可以是第三人。

1)向第三人履行合同

向第三人履行的合同,又称利他合同,或者为第三人合同,指双方当事人约定,由债务人向第三人履行合同,第三人直接取得请求权的合同,合同的第三人亦称受益人。向第三人履行的合同在生活中比较多见。例如,投保人与保险人订立保险合同,可以约定保险人向作为第三人的被保险人、受益人履行,被保险人、受益人享有保险金请求权。

债权人与债务人订立向第三人履行的合同,债权人可以事先征得第三人的同意,也可以不告知第三人。债务人不向第三人履行合同的,债权人按照约定有权请求其向第三人履行,或者向第三人赔偿损失;第三人也有权请求债务人履行,或者赔偿损失。债务人瑕疵履行的,债权人有权请求其向第三人承担瑕疵履行责任,第三人也有权请求债务人承担瑕疵履行责任。向第三人履行的合同中,第三人对债务人虽取得债权人的地位,可以行使一般债权,但由于其不是合同当事人,合同本身的权利,如解除权、撤销权,第三人不得行使。

2)由第三人履行合同

由第三人履行的合同,又称第三人负担的合同,指双方当事人约定合同标的由第三人完成的合同。例如甲乙约定,甲欠乙的钱由丙偿付,即是由第三人履行的合同。第三人负担的合同以第三人的履行行为为标的,故双方签订由第三人履行的合同,债务人事先应当征得第三人的同意。债务人未征询第三人意见而签订合同,事后应征得第三人同意的,第三人也应向债权人履行。由第三人履行的合同以债权人、债务人为合同双方当事人,第三人不是合同的当事人。第三人只负担向债权人履行,不承担合同责任。第三人同意履行后又反悔的,或者债务人事后征询第三人意见,第三人不同意向债权人履行的,或者第三人向债权人瑕疵履行的,违约责任均由债务人承担。

2.履行标的适当

所谓履行标的适当,是指履行的标的应当完全符合合同约定的内容,未经当事人双方协议,任何一方不得任意变更当事人约定的标的。履行标的适当包括履行标的的数量适当、履行标的的质量适当和履行标的的价格适当三个方面。

1)履行标的的数量适当

履行标的的数量适当要求债务人履行合同时应当按照数量要求为全部履行,而不得仅为部分履行或者全部不履行。通常,依照合同约定,合同内容应当一次性全部履行时,原则上履行人不得分次履行,否则债权人有权拒绝接受。但是,倘若分次履行对债权人并无不利或不便时,依照诚实信用原则,债权人不得拒绝接受。

2)履行标的的质量适当

履行标的的质量适当要求债务人履行的标的应当符合合同所要求的品种、规格和标准。当事人在合同中没有约定或约定不明的,依合同有关条款或交易习惯确定。仍无法确定的,依国家标准、行业标准确定,没有国家标准、行业标准的,按照通常标准或符合合同目的的特定标准确定。这里的"国家标准"是指由国务院制定颁布的统一标准,包括国家强制性标准和国家推荐性标准,对前者,当事人必须遵守,不得违反,即使当事人之间有约定,该约定也不得违反国家的强制性规定;对后者,当事人之间的约定可以与之不同,但在未约定或约定不清时,即应按照该国家标准来确定质量要求。"行业标准"也称部门标准,是由有关行政主管部门对没有国家标准而又需要在全国某个行业范围内有统一的技术要求而制定的标准。这里的"通常标准",指的是同一价格的中等质量标准。

3)履行标的的价格适当

履行标的的价格适当要求当事人履行合同时应按照约定的价款或报酬履行,若价款或报酬不明确,则按照市场价格履行。这里的市场价格是订立合同时的履行地市场价格,而非履行合同时的履行地市场价格。对于执行政府定价或政府指导价的合同,合同履行期间如遇国家对该价格进行调整的,则遇履行情况的变化,当事人应按照调整后的价格来履行,即遇涨则涨,遇降则降。若债务人逾期履行合同,交货时遇价格上涨,合同的价格应按合同原规定的价格执行;遇价格下降,按下降后的新价格执行,即对违约的债务人,遇涨不涨,遇降则降。若债权人逾期提货或逾期付款,遇价格上涨,则按上涨后的新价格执行;遇价格下降,则按合同原规定价格执行,即对违约的债权人,遇涨则涨,遇降不降。此可称为价格罚款,目的是使违约方自己承担价格变化的风险。

3.履行地点适当

履行地点是债务人履行合同和债权人接受履行的地点。合同的履行地点既涉及合同履行费用的分配、风险的移转,又关系到违约与否的判断,以及诉讼管辖地的确定等与当事人利益相关的一系列重大问题。因此，明确合同的履行地点，对当事人双方均具有重要的法律意义。通常，合同的履行地点由当事人约定。当事人未约定或者约定不明的，依合同有关条款或交易习惯确定。若仍无法确定的，给付货币的，在接受货币一方所在地履行；交付不动产的，在不动产所在地履行；其他标的，在履行义务一方所在地履行。

4.履行期限适当

当事人应当在合同关系规定的期间或者日期履行债务和接受履行，任何一方不得无故逾期或迟延。通常，合同的履行期限由当事人在合同中明确约定。当事人未约定或者约定不明的，依合同有关条款或交易习惯确定。仍无法确定的，债务人可以随时履行，债权人也可以随时要求履行，但应当给对方必要的准备时间。

履行期限直接关系到合同义务完成的时间，在履行期后所为的履行属于合同的迟延或逾期履行，应承担相应的民事责任；履行期到来之前所为的合同履行是否属于适当履行，应视情况而定，若提前履行会损害债权人的利益，债权人可拒绝受领。债权人可以拒绝债务人提前履行债务，但提前履行不损害债权人利益的除外。债务人提前履行给债权人增加的费用，由债务人承担。

5.履行方式适当

履行方式是指债务人履行义务的方式，如一次性履行、分次分批履行、定期履行等。合同的履行方式是由法律规定或者合同约定的，或由标的物的性质所决定。凡要求一次性履行的合同内容，债务人不得分批履行；反之，凡要求分期分批履行的合同内容，债务人也不得一次性履行。履行方式没有明确规定或者约定的，当事人之间应依诚实信用原则达成补充协议，不能达成补充协议的，应按照有利于实现合同目的的方式履行。债权人可以拒绝债务人部分履行债务，但部分履行不损害债权人利益的除外。债务人部分履行合同内容给债权人增加的费用，由债务人承担。

6.合同的提前履行和部分履行

除了合同的适当履行外，在现实中，有时也会发生合同的提前履行和部分履行的情形。当出现这两种情形时，通常可按如下的方式来处理。

1）合同的提前履行

合同提前履行，是指债务人在合同约定的履行期限到来之前履行合同。当事人在合同中一般都对履行期间做出了明确的规定，债务人应当按照约定期限履行合同，但在有些情况下允许债务人提前履行合同。对此，我国法律规定，债权人可以拒绝债务人提前履行债务，但提前履行不损害债权人利益的除外，债务人提前履行合同给债权人增加的费用由债务人承担。

合同履行期限是债务人应当履行合同的时间，其起始应为合同生效之时或者之后。合同履行期限的确定，应依当事人的约定，未约定或者约定不明确的，应当依照法律的明确规定或者法律规定的原则确立。在履行期限届满以前，债务人履行或者债权人要求履行而会使相对人失去的利益，称为期限利益。当债务人享有期限利益时，可以抛弃期限利益而提前履行，但债权人不能要求债务人抛弃期限利益而提前履行。当期限利益既属于债权人又属于债务人时，当事人一方抛弃期限利益的，应该获得对方当事人的许可。抛弃的期限利益，利益人不得请求返还。对于侵害对方期限利益的，由侵害人负赔偿责任。

债权人可以拒绝债务人提前履行债务，是指债权人在享有期限利益的情况下，为了使自己的期限利益不受损害,可以拒绝债务人提前履行合同。提前履行不损害债权人利益,是指债权人在不享有期限利益的情况下,债务人提前履行不损害债权人的利益。增加的费用,是指因债务人提前履行合同而导致债权人要比债务人正常履行的情况下多支付的一部分费用。例如,甲方从乙方购买水泥,双方订立买卖合同,合同约定乙方在某日将水泥送到甲方租用的库房内,而乙方提前 3 天送货导致甲方多付了库房租金,多付的租金即为这种"增加的费用"。债务人提前履行合同给债权人增加的费用如果由债权人承担,那么实际是损害了债权人的期限利益,因此,该费用由债务人承担。这样一来,债权人的利益就没有因债务人的提前履行合同而受到损害。

2)合同的部分履行

《中华人民共和国民法典》规定,债权人可以拒绝债务人部分履行合同,但部分履行不损害债权人利益的除外。债务人部分履行给债权人增加的费用,由债务人承担。部分履行是指债务人没有按照合同约定履行全部合同义务而只履行了一部分合同义务。部分履行的构成要件主要包括以下几方面:

(1)部分履行是在履行期限内的履行,如果债务人在履行期限之前履行则为提前履行,如果是在履行期限之后履行则为迟延履行。

(2)可以部分履行的合同标的物是可分的,也就是说,在数量上可以分成不同的部分而不影响其性质和作用。

(3)部分履行有两种情况:一为债务人在履行期限内将应当一次履行的合同采用分批履行的办法而全部履行;二为债务人虽然没有分批履行但履行标的物的数量不够。

债务人应当全面履行合同义务。对于债务人部分履行债务的,债权人可以拒绝,因为部分履行债务往往会使债权人的合同目的不能真正实现。当然,如果部分履行不损害债权人利益的,那么债权人应当接受这种部分履行。部分履行不损害债权人利益中的"利益"主要是指债权人的履行利益,即债权人因债务人履行合同以后所得到的积极利益。债务人部分履行给债权人增加的费用,是指因债务人部分履行而导致债权人比债务人全部履行时多支付的费用。这部分费用应当由债务人承担,因为该费用的产生与债务人的部分履行行为之间具有因果关系。

7.1.3 合同漏洞及补救

1.合同漏洞的概念

合同当事人需要通过一定的文字来表达合同的内容,但是并不是所有当事人都能很好地表达自身的意思,即使相同的语言所表达的意思也会有差异。进一步讲,合同作为事先约定的文本,是对当事人后续合作事宜的一种预先安排,这种安排影响因素众多,很难预料也不可能完全预料到各因素的变化,上述原因及变化使得合同的漏洞难以避免。

所谓合同漏洞,是指当事人在订立合同时,由于疏忽大意或经验不足等,致使合同部分内容没有约定或约定不明,进而造成合同履行困难。出现合同漏洞可能有以下几个方面的原因:一是由于当事人的法律知识局限性和外部环境的不确定性、复杂性,使得当事人在订立合同时对某些条款会有所疏忽;二是为了能尽快达成协议,也会有意疏漏某些条款,同意将来再行协商,亦即合同漏洞是当事人为了追求效率有意遗留下来的;三是当事人约定的某些条款由于违反强制性规范或公序良俗、诚实信用原则等而无效,也会造成合同漏洞。当合同漏洞发生时,当事人双方应本着公平合理、诚实信用的原则进行适当的补救，以确保双方的利益并达成合作共赢。

2.合同漏洞的补救规则

合同是当事人双方合意的结果，所以，当合同条款出现不明确的情况时，首先应探求当事人的真实意思。基于这一原则，常用的合同漏洞补救规则如下：

(1)依当事人默示表达的真实意思补充。按照合同自由原则，合同的内容应当由当事人自由约定，即当事人继续通过协商达成的补充协议来填补合同的漏洞，这充分体现了合同自由原则。合同成立的根本标志在于当事人意思表示一致，通过当事人达成协议来解决当事人之间的争议，也是最有效的填补漏洞的方式。

(2)按有关条款和交易习惯推定。其含义为根据合同的其他条款、交易过程、交易习惯，推定空缺条款应具有的内容。亦即依据客观标准补充合同，推定第三人处于合同当事人的地位本应具有的期望，按照交易习惯或善意义务等原则确定其期望。

(3)依法律的规定补充。法律规定是合同中的法定默示条款。对于一些特定问题，由于其影响着合同的顺利进行或双方较大的利益，需要参照法律原则来进行调整。

我国法律规定，合同生效后，当事人就质量、价款或者报酬、履行地点等内容没有约定或者约定不明确的，可以协议补充；不能达成补充协议的，按照合同有关条款或者交易习惯确定。依法订立的补充协议是合同的组成部分，补充协议的内容与合同的有关内容不一致的，以补充协议的内容为准。交易习惯指在交易行为当地或某一领域、某一行业，通常采用并在与交易对象订立合同时所知道或者应当知道的做法。

3.合同漏洞的补充解释

尽管法律的补充规则有利于解决合同漏洞，但是法律不可能对所有的合同条款都做出补充规定。合同是当事人意思的表达，但有时表达的语言未必精准，所以在合同订立、履行过程中难免对其内容、适用范围等有疑义，这就使得合同的解释非常必要。所以，对合同的客观规范加以解释，即合同的解释也是合同漏洞补救的一个重要措施，而且这种方法更具有灵活性。

我国法律规定，当事人对合同条款的理解有争议的，应当按照合同所使用的语句、合同的有关条款、合同的目的、交易习惯以及诚实信用原则，确定该条款的真实意思。据此，依照诚实信用原则、探究当事人真实意图原则、整体解释原则、合同目的解释原则、参照交易习惯原则对合同予以解释。解释涉及价值判断的，要兼顾公平与效率，要以当事人在合同上所作的价值判断及利益衡量为出发点，依诚实信用原则并斟酌交易惯例加以确定，更好地体现公平和效率。

4.合同漏洞补救应注意的问题

《中华人民共和国民法典》规定了合同漏洞补救性规则，然而这些规则在运用中仍存在诸多值得注意的问题。补救性规则的适用是以合同有效成立为前提的，只有当合同中所空缺或不明确的条款是个别的、有限的，不足以影响合同本身的法律效力时，才可适用以使合同得到适当的履行。对于欠缺必要条款而导致不成立的合同、欠缺必要条款而导致无效的合同、欠缺全部主要条款或全部必要条款的合同，则没有进行补救的必要。填补合同漏洞必须按照法律规定的协议补充、习惯确定、补充合同解释等有序地进行。

运用参照习惯或惯例原则补救合同漏洞时应注意下述几个问题：习惯和惯例必须适法；习惯和惯例应是客观存在的；交易习惯是合同双方当事人共知或应当共知且没有其他合同条款

明确排斥的。习惯和惯例的内容是否被参照,取决于当事人双方的认知情况,只有在该习惯或惯例为当事人双方共知时,该习惯或惯例才具有参照的效力。一般来说,某一适法习惯通行于某一地区、行业、阶层或特定交易场所,而当事人双方共处于该地区、行业、阶层或特定交易场所内,则此种习惯或惯例即应当属于当事人已经知道或应当知道之列。

7.1.4　合同履行的抗辩权

所谓抗辩权,是指妨碍相对人行使其权利的对抗权。合同履行中的抗辩权,是指在符合法定条件时,当事人一方对抗对方当事人的履行请求权,暂时拒绝履行其义务的权利,包括同时履行抗辩权、先履行抗辩权和不安抗辩权。在双方当事人互相承担义务和享有权利的双务合同中,合同履行抗辩权是合同效力的表现。由于行使抗辩权只是在一定期限内中止履行合同,并不终止合同的履行效力,而在抗辩权事由消除后,责任人仍应履行其合同义务。双务合同履行中的抗辩权存在的基础在于双务合同的牵连性。

1.同时履行抗辩权

同时履行抗辩权,又称为不履行抗辩权,是指双务合同的当事人没有先后履行顺序的,一方在对方未履行义务以前,可拒绝履行自己义务的权利。同时履行抗辩权是诚实信用原则在合同履行中的体现,当事人互负义务,没有先后履行顺序的,应当同时履行。一方在对方履行之前有权拒绝其履行要求。一方在对方履行义务不符合约定时,有权拒绝其相应的履行要求。同时履行抗辩权的适用条件包括以下几点:

1)必须是由同一双务合同所产生的具有对价关系的义务

这一构成要件包括三层含义:同时履行抗辩权仅存在于双务合同中,因为同时履行抗辩权的根据在于双务合同功能上的牵连性,因而它适用于双务合同,而不适用于单务合同;同时履行抗辩权是基于同一双务合同的对价给付,如果双方当事人的义务不是基于同一双务合同而发生,而是基于两个以上的合同产生,那么,即使在事实上有密切关系,也不得主张同时履行抗辩权;同时履行抗辩权行使的前提必须是当事人双方互负义务,即双方所负的义务具有对价或者牵连,否则不成立同时履行抗辩权。

2)必须是双方互负的义务均已届清偿期

同时履行抗辩权,旨在使双方当事人所负的义务同时履行,所以,只有双方的义务同时届满到期时,才能行使同时履行抗辩权。如果一方当事人负有先履行的义务,另一方的义务履行在后,义务履行有先后之分,便不能适用同时履行抗辩权,而应适用于后履行抗辩权或先履行抗辩权。因此,是否为同时履行之自认至关重要。一般而言,当事人如果明确约定一方应先履行义务,只要该约定不违反法律的强制性规定,则排除同时履行抗辩权的适用。反之,如果当事人没有约定一方先履行,按照合同的性质也不能确定义务应先后履行的,则推定为同时履行。

3)必须是对方未履行义务或履行义务不符合合同约定

互负义务的一方若向对方请求履行义务时,须自己已经履行或提出履行,若自己未履行或提出履行,而要求对方履行,对方即可行使同时履行抗辩权,拒绝履行自己的义务,这就是同时履行抗辩权的真正意义。若一方已为部分履行,而请求对方为全部履行,对方也可行使同时履行抗辩权,但若已履行部分义务的一方请求对方为相应的部分履行,则对方不能行使同时履行抗辩权。若已为部分履行或全部履行的一方,其义务履行为适当履行,而请求对方为履行,对方则不可以行使同时履行抗辩权。

4）必须是对方的对待义务可能履行

设置同时履行抗辩权的目的,在于促进双务合同的当事人同时履行其义务。但是,同时履行是以履行可能为前提的,如果对方的履行为不可能时,无论是因可归责于或不可归责于对方的原因,同时履行的目的已无法实现时,则应适用其他的救济手段。在合同的履行过程中,一方当事人适用同时履行抗辩权必须要严格遵守相关规定。例如,在一方当事人履行存在瑕疵的情况下,另一方当事人不能适用同时履行抗辩权规则来维护自己的合法权益,只能寻求其他的途径。

2.先履行抗辩权

先履行抗辩权是指依照合同的约定或者法律的规定负有后履行义务的当事人,在负有先履行义务的一方当事人届满未履行义务或者履行义务有重大瑕疵的情况下,可以为了保护自己的合同利益,而拒绝履行自己的相应义务。当事人互负义务,有先后履行顺序,先履行一方未履行的,后履行一方有权拒绝其履行要求。先履行一方履行义务不符合约定的,后履行一方有权拒绝其相应的履行要求。先履行抗辩权确立的法律依据在于维护诚信原则和切实保护后履行一方的合法权益,也是对先履行一方未履行或虽先为履行但不符合约定的一种法律制裁。先履行抗辩权的适用条件包括以下两种情形:

1）必须是双务合同当事人义务的履行有先后履行顺序

这一适用条件包括几层含义:先履行抗辩权发生的合同必须是双务合同,在单务合同中不可能存在先履行抗辩权;双务合同的履行必须有先后顺序,这是先履行抗辩权的实质要件。所谓履行顺序即义务履行在时间上的先后次序,此种时间上的先后次序通常是由合同约定的,如买卖合同约定先付款后发货,或者相反,先交货而后付款,即为履行顺序的约定。如果虽属双务合同,但双方义务应当同时履行,则仅有同时履行抗辩权产生的可能,而不存在先履行抗辩权。如果合同中没有关于履行顺序的约定,但依交易惯例或合同的相关条款能够推导出履行的先后顺序,或法律直接规定有此方面的先后顺序,则可适用先履行抗辩权。

2）先履行一方未履行或其履行不符合合同约定

如果先履行一方已经履行了义务,即使后履行一方有不履行的情势发生,先履行一方只能通过违约请求保护其权益,而不能主张先履行抗辩权。未履行是指根本未履行义务,履行不符合合同约定是指瑕疵履行、加害给付、部分履行等形态。无论发生哪种情形,后履行一方均可主张先履行抗辩权。

先履行抗辩权可以以默示的方式行使,也可以以明示的方式行使,这取决于应当先履行一方是否向后履行一方提出履行请求。在先履行一方未构成违约时,先履行抗辩权的行使不需要明示。在先履行一方已构成违约并请求后履行一方履行时,先履行抗辩权的行使不需要明示而可在事后主张行使抗辩权;但若先履行一方在应当履行而未履行义务却请求对方为履行时,先履行抗辩权应当以明示的方式为之。先履行抗辩权的成立并行使,产生后履行一方可暂时中止履行自己义务的效力,对抗先履行一方的履行请求,以此保护自己的顺序利益和期限利益。在先履行一方采取了补救措施,变违约为适当履行的情况下,先履行抗辩权消失,后履行一方须履行其义务。若先履行抗辩权的行使条件消失而继续行使抗辩权,则使自己陷入违约的境地,应当承担违约责任。

3.不安抗辩权

不安抗辩权是指当事人互负义务,有先后履行顺序的,先履行一方有确切证据表明后履行一方丧失履行义务能力时,在后履行一方没有履行或者没有提供担保之前,有权中止合同履行的权利。后履行义务一方在对方中止履行后的合理期限内未提供适当担保的,先履行义务一方可以解除合同。应当先履行义务的当事人,有确切证据证明对方有下列情形之一的,可以中止履行:经营状况严重恶化;转移财产、抽逃资金,以逃避义务;丧失商业信誉;有丧失或者可能丧失履行义务能力的其他情形。当事人没有确切证据中止履行的,应当承担违约责任。

不安抗辩权的适用条件包括如下情形:

(1)双方当事人因同一双务合同而互负义务。不安抗辩权为双务合同的效力表现,其成立须双方当事人因同一双务合同而互负义务,并且该两项义务存在对价关系。

(2)后给付义务人的履行能力明显降低,有不能履行义务的现实危险。不安抗辩权制度保护先给付义务人是有条件的,只有在后给付义务人有不能为对待给付的现实危险、害及先给付义务人的债权实现时,才能行使不安抗辩权。所谓后给付义务人的履行能力明显降低、有不能为对待给付的现实危险,须发生在合同成立以后。如果在订立合同时即已经存在,先给付义务人若明知此情而仍然缔约,法律则无必要对其进行特别保护;若不知此情,则可以通过合同无效等制度解决。

(3)有先后的履行顺序,享有不安抗辩权之人为先履行义务的当事人。

(4)先履行义务人必须有充足的证据证明相对人无能力履行义务。

(5)先履行一方的义务已经届满清偿期。

(6)后履行义务未提供担保。

不安抗辩权一旦具备行使条件,先履行一方即可依法行使该抗辩权,但主张不安抗辩权的当事人负有两项义务,具体如下:

(1)通知义务。由于不安抗辩权是依据合同约定本来应当先履行义务一方,拒绝履行自己的给付义务,该权利的行使将极大地影响本应后履行义务一方的利益,使其合同目的暂时受阻,故为了平衡后履行义务一方的利益,法律规定先履行义务一方行使不安抗辩权时,应当以明示的方式行使,不能以默示的方式行使,即应及时通知后履行一方,并负有举证证明后履行一方履行能力明显降低、有不能为对待给付的现实危险的义务。如果先履行义务一方未以明示的方式行使不安抗辩权,在其履行期限届至时拒绝履行自己的义务,事后以不安抗辩权为由主张免除自己的违约责任,将不能得到支持。

(2)对方提供适当担保时,应当恢复履行。对方提供适当担保后,即意味着不安抗辩权的适用条件已经不再具备,因此,先履行一方应当恢复对合同义务的履行。

不安抗辩权具备其成立要件时,一旦先履行一方行使该权利,将会发生如下法律效力:拒绝履行效力,即先履行义务一方在后履行义务一方未为对待给付或提供适当担保前,有权拒绝自己的履行;恢复履行效力,即后履行义务一方恢复履行能力或者提供了适当担保时,先履行义务一方应当按照约定履行合同;解除合同效力,即后履行义务一方在约定的或合理的期限内未恢复履行能力并且未提供适当担保的,先给付义务人有权解除合同。

问题思考

1.合同履行的一般原则包括哪些内容？合同履行为什么要坚持这些原则？

2.合同的适当履行包括哪些方面？如何处理合同的提前履行或部分履行？

3.如何补救合同漏洞？怎样适当地行使合同履行的抗辩权？

7.2　项目合同的变更与转让

7.2.1　合同的变更

合同变更有广义与狭义之分。广义的合同变更是指合同主体和合同内容发生变化。合同主体的变更指的是新的主体取代原合同关系的主体，即新的债权人与债务人代替原来的甲乙双方，但是合同的内容并没有发生变化。对于这种变更，《中华人民共和国民法典》将其规定在合同转让之中。狭义的合同变更是指合同成立后，尚未履行或者尚未完全履行完毕之前，由当事人达成协议而对其内容进行修改和补充。一般所说的合同变更是指合同内容的变更，即狭义的合同变更。

1.合同变更的类型

从原因与程序上着眼，合同的变更在我国法律上有以下分类：

(1)当事人各方协商同意变更合同，即所谓协议变更。《中华人民共和国民法典》规定："当事人协商一致，可以变更合同。"合同是双方当事人意思表示一致的协议，它可以由双方当事人协商一致而产生，当然也可以由双方当事人协商一致而变更。因此，当事人协商一致是合同正常变更的唯一条件。

(2)情势变更情况下，当事人诉请变更合同或法院依职权裁决变更合同。所谓情势变更原则，是指在合同成立以后，作为该合同基础的事由，由于不可归责于当事人的原因，发生了并非当初所能预料的变化，此时，如果依然坚持原来合同的法律效力，必然产生显失公平的结果，有违诚实信用原则。因此，必须对原来的合同做出相应的变更。

(3)基于法律的直接规定变更合同。例如，企业法人分立、合并后的权利义务，由它变更后的法人享有或承担。当事人订立合同后合并的，由合并后的法人或者其他组织行使合同权利，履行合同义务。

(4)形成权人行使形成权使合同变更。所谓形成权，是指只要依照权利人一方的意思表示就能使权利发生、变更或者消灭的权利。例如，在选择之债中，享有选择权的当事人对选择权的行使，无疑使合同的内容发生了变更。

2.合同变更的条件

合同变更需满足如下条件：

(1)原已存在着合同关系。合同的变更，是改变原合同关系，如果无原合同关系，便无合同变更的对象。如果合同被确认无效，则不能变更原合同。如果合同具有重大误解或显失公平的因素，享有撤销权的一方可以要求撤销或变更合同。原合同中享有变更或者撤销权的当事人，如果只提出了变更合同，未提出撤销合同，那么在经过双方同意变更合同以后，享有撤销权的一方当事人不得再提出撤销合同,撤销权因合同的变更发生消灭。

（2）合同内容发生变化。合同内容的变更通常包括：标的变更；标的物数量的增减；标的物品质的改变；价款或酬金的增减；履行期限的变更；履行地点的改变；履行方式的改变；结算方式的改变；所附条件的增添或减少；单纯债权变为选择债权；担保的设定或消失；违约金的变更；利息的变化；等等。

（3）合同变更必须有当事人的变更协议。当事人达成的变更合同的协议也是一种民事合同,因此,也应符合有关合同订立与生效的一般规定。合同变更应当是双方当事人自愿与真实的意思表示。

（4）须遵守法律要求的方式。对合同的变更法律要求采取一定方式,须遵守此种要求。当事人协议变更合同,有时需要采用书面形式,有时则无此要求。债务人违约而变更合同一般不强求特定方式。

3.合同变更的特点

合同变更具有以下几个特点：

（1）合同变更是针对有效成立的合同而言的,对于尚未履行或尚未完全履行之前的合同未成立,当事人之间根本不存在合同关系,也就谈不上合同的变更。合同履行完毕后,当事人之间的合同关系已经消灭,也不存在变更的问题。

（2）合同的变更,仅仅涉及内容的局部变更,即只是对原合同关系的内容做某些修改和补充,而不是对合同内容的全部变更。如标的数量的增减、履行地点、履行时间、价款及结算方式的变更等,均属于合同内容的变更。如果合同内容已全部发生变化,则实际上已导致原合同关系的消灭,一个新合同的产生。如合同标的变更,由于合同的标的本身被认为是合同权利义务所指向的对象,属于合同的实质内容。合同标的变更,合同的基本权利义务也发生变化。所以,变更标的实际上就是结束了原来的合同关系。当然,仅仅是标的数量、质量、价款发生变化,一般不会影响到合同的实质内容,只是影响到局部内容,因此不会导致合同关系消灭的问题。

（3）合同变更以后,自然要产生新的合同内容,所以,就会涉及新合同的履行问题。事实上,合同的变更是在保留原合同的实质内容的基础上产生了一个新的合同关系,其在变更的范围内已使原来的债权债务关系得以消灭,而尚未变更的部分则依然有效,所以也可以说,合同的变更无非是原合同关系的一种相对消灭。

（4）在一般情况下,合同的变更与合同的订立一样,是双方的法律行为,双方当事人必须协商一致,并在原来合同的基础上达成新的协议；但是在基于法律的直接规定变更合同,或者在情势变更的情况下,无须征得对方当事人的同意,单方变更合同,也能产生法律上的效力。

4.合同变更的法律效力

合同变更会产生如下的法律效力：

（1）合同变更以后,被变更的部分即失去了法律上的效力；已变更的部分,在完成变更程序之后,即产生了新的债权债务。

（2）合同的变更只对合同未履行部分有效,不对合同中已经履行部分产生效力,除了当事人约定以外,已经履行部分不因合同的变更而失去法律依据,即合同的变更不产生追溯力,合同当事人不得以合同发生变更而要求已经履行的部分归于无效。

（3）合同变更以原合同关系的存在为前提，变更部分不超出原合同关系之外，原合同关系有对价关系的仍保有同时履行抗辩权；原合同债权所有的利益与瑕疵仍继续存在，只是在增加债务人负担的情况下，未经保证人或物上担保人同意，保证不生效力；物的担保不及于扩张的合同内容。

（4）合同变更不影响当事人要求赔偿损失的权利。《中华人民共和国民法典》规定："合同变更或者解除，不影响当事人要求损害赔偿的权利。"合同变更以前，一方因可归责于自己的原因而给对方造成损害的，另一方有权要求责任方承担赔偿责任，并不因合同变更而受到影响，但是，合同的变更协议已经对受害人的损害给予处理的除外。合同的变更本身给一方当事人造成损害的，另一方当事人也应当对此承担赔偿责任，不得以合同的变更是双方当事人协商一致的结果为由而不承担赔偿责任。

7.2.2　合同的转让

合同的转让，是指在合同内容不发生变更的情形下，合同主体的变更，即新的债权人和债务人代替了原合同的债权人和债务人。合同的转让包括权利转让、义务转移和权利义务一并转让三种情形。

1.合同权利转让

1）合同权利转让的概念

合同权利的转让又称债权让与，是指不改变合同权利的内容，由债权人将权利转让给第三人。债权人既可以将合同权利全部转让，也可以将合同权利部分转让。合同权利全部转让的，原合同关系消灭，产生一个新的合同关系，受让人取代原债权人的地位，成为新的债权人。合同权利部分转让的，受让人作为第三人加入原合同关系中，与原债权人共同享有权利。

从鼓励交易、促进市场经济发展的目的来看，法律应当允许债权人的转让行为。只要不违反法律和社会公德，债权人就可以转让其权利。但是，为了维护社会公共利益和交易秩序，平衡合同双方当事人的权益，我国法律对权利转让的范围进行了一定的限制，明确有以下情形之一的，债权人不得转让其权利：

（1）根据合同性质不得转让的权利。根据合同性质不得转让的权利，主要是指合同是基于特定当事人的身份关系订立的，合同权利转让给第三人，会使合同的内容发生变化，动摇合同订立的基础，违反了当事人订立合同的目的，使当事人的合法利益得不到应有的保护。比如，当事人基于信任关系订立的委托合同、雇佣合同及赠与合同等，都属于合同权利不得转让的合同。

（2）按照当事人约定不得转让的权利。当事人在订立合同时可以对权利的转让做出特别的约定，禁止债权人将权利转让给第三人。债权人应当遵守该约定不得再将权利转让给他人，否则其行为构成违约。

（3）依照法律规定不得转让的权利。例如，《中华人民共和国文物保护法》第二十五条规定，私人收藏的文物，严禁倒卖牟利，严禁私自卖给外国人。因此，公民违反《中华人民共和国文物保护法》的有关规定，将文物买卖合同中的权利转让给外国人的，其转让所有权的行为是无效的。

2）合同权利转让的效力

债权人转让合同权利的，应当通知债务人。未经通知，该转让对债务人不发生效力。债权人转让权利是法律赋予其的一项权利,债权人可以在不违反法律和公共利益的基础上处分自己的权利。但是,由于债权人和债务人之间存在合同关系,债权人的转让权利的行为会给债务人的履行造成一定的影响。因此,债权人在转让权利时需要通知债务人,当然也只需通知债务人,不需要征得债务人的同意。债务人接到债权人权利转让的通知后,权利转让就生效,随之会引起合同权利和义务关系的一系列变化,如原债权人被新的债权人替代或者新债权人的加入使原债权人已不能完全享有合同权利。因此,债权人一旦发出转让权利的通知,就意味着合同的权利已归受让人所有或者和受让人分享,债权人不得再对转让的权利进行处置,因此,原债权人无权撤销转让权利的通知。只有在受让人同意的情况下,债权人才能撤销其转让权利的通知。

《中华人民共和国民法典》规定,债权人转让主权利时应当将从权利一并转让,受让人在得到主权利的同时,也取得与债权人有关的从权利。考虑到有的从权利的设置是针对债权人自身的,与债权人有不可分离的关系,因此专属于债权人自身的从权利不随主权利的转让而转让。在合同权利转让后,债务人的抗辩权可以向受让人继续主张。债务人的抗辩权是其固有的一项权利,并不随权利的转让而消灭。所以,在权利转让的情况下,债务人可以向作为受让人的新债权人行使该抗辩权,受让人不得以任何理由拒绝债务人抗辩权的行使。此外,在合同权利转让时,如果债务人对债权人也享有权利,同时该权利已届清偿期,那么在这种情况下,债务人可以依照法律的规定向受让人行使抵销权。

2.合同义务转移

1)合同义务转移的概念

合同义务转移又称债务承担,是指债务人经债权人同意,将合同的义务全部或者部分地转让给第三人。合同义务转移分为两种情况:一是合同义务的全部转移,在这种情况下,新的债务人完全取代了旧的债务人,新的债务人负责全面地履行合同义务;另一种情况是合同义务的部分转移,即新的债务人加入原合同中,和原债务人一起向债权人履行义务。由于新债务人的履行能力、商业信誉等都会对债权人权利的实现产生重大影响,因此,债务人不论转移的是全部义务还是部分义务,都需要征得债权人同意。转移义务要经过债权人的同意,这也是合同义务转移与合同权利转让最主要的区别。

"合同义务转移"与"由第三人履行合同"的相同点主要在于:均由第三人实际履行了债务;均需要征得债权人的同意,合同履行过程中,债务人不得擅自向第三人转移合同义务,也不得未经债权人同意而由第三人代为履行合同。

"合同义务转移"与"由第三人履行合同"的不同之处主要在于:

(1)在"合同义务转移"中,如果债务人全部转移义务,则债务人就退出了原合同关系,第三人成为合同新的债务人;如果债务人部分转移义务,第三人加入原合同关系中,则和债务人共同履行义务。在"由第三人履行合同"中,第三人并未加入合同关系中,债权人不能把第三人作为合同的主体,直接要求第三人履行义务。

(2)在"合同义务转移"中,第三人成为合同关系的当事人,如果债务未能按照合同约定履行,债权人可以直接请求第三人履行义务,而不能再要求原债务人履行。在合同义务部分转移的情况下,债权人可以向债务人和第三人中的任何一方要求履行。在"由第三人履行合同"中,第三人履行有瑕疵的,债权人只能要求债务人承担违约责任,不能要求第三人承担违约责任。

2）合同义务转移的效力

当合同义务发生转移后，债务人的抗辩权可以由新债务人继续主张。债务人转移义务时，新的债务人取代了原债务人的地位，承担其履行义务的责任。原债务人从合同关系中退出后，其享有的抗辩权由新债务人承受，债务人的抗辩权不因债务的转移而消灭。此外，债务人转移义务的，新债务人应当承担与主债务有关的从债务，但该从债务专属于原债务人自身的除外。即债务人转移义务时，其从债务随着主债务的转移而转移，新债务人应当承担与主债务有关的从债务。比如，为了实现债权而设定的抵押权、质权等权利以及主债务的利息等从债务，都随着主债务的转移而转移给新的债务人承担。但是，有的从债务是专属于债务人本身的，这些从债务不随主债务的转移而转移。

3. 合同权利义务一并转让

合同权利和义务一并转让又称为概括转让、概括承受，是指合同一方当事人将其权利和义务一并转移给第三人，由第三人概括承受这些权利和义务。合同权利义务一并转让只出现在双务合同中，可分为意定概括转让和法定概括转让两种情况。

1）意定概括转让

意定概括转让是基于当事人之间的合同而产生的合同权利义务概括承受，即原合同当事人一方与第三人通过订立合同的方式约定将其在原合同关系中的权利义务全部或者部分转移给第三人，经原合同另一方当事人同意后，由该第三人全部或者部分享有合同债权并承担合同义务。如果未经对方同意，一方当事人就擅自一并转让权利和义务的，其转让行为无效。

合同关系的一方当事人将权利和义务一并转让时，除了应当征得另一方当事人的同意外，还应当遵守有关转让权利和义务转移的如下规定：

（1）不得转让法律禁止转让的权利。

（2）转让合同权利和义务时，从权利和从债务一并转让，受让人取得与债权有关的从权利和从债务，但该从权利和从债务专属于让与人自身的除外。

（3）转让合同权利和义务不影响债务人抗辩权的行使。

（4）债务人对让与人享有债权的，可以依照有关规定向受让人主张抵销。

（5）法律、行政法规规定应当办理批准、登记手续的，应当依照其规定办理。

2）法定概括转让

法定概括转让是基于法律的直接规定而产生的合同权利义务概括承受，如企业合并和分立，企业合并或者分立之后，原企业的债权债务依法一并移转给变更后的企业，仅需单独通知或者公告即可产生效力，而无须原合同另一方当事人同意。当事人合并一般指两种情况：一种情况是指两个以上的法人或者其他组织合并成为一个新的法人或者其他组织，由新的法人或者其他组织承担被合并法人或者其他组织的权利和义务；另一种情况是指一个法人或者其他组织被撤销后，将其债权债务一并转让给另一个法人或者其他组织。当事人分立是指一个法人或者其他组织被分为两个以上的新法人或者其他组织，原法人或者其他组织的权利和义务由新的法人享有连带债权，承担连带债务。

问题思考

1. 合同变更包括哪些类型，会导致什么样的法律后果？

2.当发生合同转让时,合同的权利和义务会产生怎样的变化?

3.合同的变更和转让有什么样的联系和区别?

7.3 项目合同的保全

7.3.1 合同保全的概念及特征

合同履行过程中,债务人的责任财产是其向债权人履行债务的根本性物质保障。债务人责任财产的充实与否,将直接影响到债权人债权利益的安全与否。合同保全制度,是指为防止因债务人财产的不当减少,进而致使债权人债权的实现受到危害而设置的保全债务人责任财产的法律制度。合同保全即为防止因债务人的财产不当减少而给债权人的债权带来危害,法律赋予债权人行使代位权或撤销权,以维护其债权的法律制度。合同保全制度的设立,对于保障合同债务的履行和债权的实现,从而保障市场秩序和交易安全,具有重要意义。

合同保全具有如下主要的特征:

(1)合同保全是债的对外效力的体现,也是合同相对性原则的例外。根据债的相对性和合同相对性的原理,合同债主要在合同当事人之间产生法律效力。法律赋予债权人在一定条件下行使代位权或撤销权,而行使这两项权利的直接后果就会对当事人以外的第三人产生效力,这就与合同相对性原则不同。因此,合同保全是合同相对性原则的例外。

(2)合同保全主要发生在合同有效成立期间,也即在合同生效之后到履行完毕前,合同保全措施均可以被采用。这说明合同保全措施的运用与合同履行期间债务人是否实际履行义务并没有必然的联系,但合同如果没有生效或者已被宣告解除、无效乃至被撤销的,债权人就没有了行使代位权或撤销权的事实和法律依据。

(3)合同保全的基本方法是代位权和撤销权的行使。这两种措施是通过防止债务人的财产不当减少或恢复债务人的财产,从而保证债权人权益的合法实现。根据合同保全原则,无论债务人是否实施了违约行为,只要债务人采取不正当的手段处分其财产,并且这种行为直接导致债权人的利益受到危害时,债权人就可以行使保全措施。因此可以说,合同保全的根本目的就在于保障合同债权人权利的实现。

基于合同保全是债的对外效力的体现,立法上设置合同保全制度就在于弥补合同担保、强制执行制度和违约责任制度在保证债权实现方面的不足。具体讲,合同保全制度可以有效地防止债务人的财产消极或积极的不正当减少。在实践中,经常看到在合同关系成立后,一些债务人在欠下债务时,不是想方设法偿还债务,而是采取一些不正当的手法故意躲债。有的是将个人财产非法转让给第三者;有的则明知可以从第三人处取得一定财产,却怠于行使权利,故意不取得;更有甚者还串通他人合谋隐藏、转移财产规避债务,合同保全制度的设置对上述避债行为会起到防范和遏制作用。由于合同保全制度使债权人对第三人产生效力,为缓解或减轻"三角债"问题提供了法律依据,也有利于充分保障债权人合法权益的实现。

7.3.2 代位权

代位权是为保持债务人的责任财产而设的,适用于债务人的财产应增加且能增加而因债务人的懈怠未增加的情形。简言之,债权人的代位权就是债权人代债务人之位以自己名义行使债务人权利的权利。

1.代位权的概念

因债务人怠于行使其到期债权,对债权人造成损害的,债权人可以向人民法院请求以自己的名义代位行使债务人的债权,但该债权专属于债务人自身的除外。代位权的行使范围以债权人的债权为限,债权人行使代位权的必要费用,由债务人负担。由此可见,代位权有以下几层含义:

(1)债权人以自己名义行使债务人的权利。代位权是以行使债务人权利为内容的,而不是行使自己权利的权利。因为债务人的权利是对于第三人的权利,债权人行使代位权也就涉及第三人,也就表现为对第三人行使权利。

(2)债权人在债务人怠于行使权利而危及自己的权利时行使。债权人的代位权是为保全债权的,行使的目的是使债务人应增加的财产能够增加,从而保障债权人利益的实现。因此,若债务人自己积极行使了自己的权利,则债权人不能行使代位权。

(3)债权人以自己的名义对债务人的义务人行使权利。代位权是债权人代债务人的地位对债务人的义务人行使权利的权利,因而代位权是债权人以自己名义行使他人的权利,债权人行使代位权是行使自己的权利,而不是作为债务人的代理人行使债务人的权利。所以,债权人代位权不同于债务人的代理人的代理权。

(4)债权人须有保全债权的必要。所谓有保全债权的必要,是指债务人怠于行使权利危及债权,使债权人的债权有不能实现的危险。因为代位权是以保全债权为目的的,若无保全债权的必要,也就无成立代位权的必要。例如,债务人虽怠于行使对第三人的权利,但债务人有足够的财产清偿债务,债务人不为清偿时,债权人请求法院强制执行,自可保障其债权的实现。此情形下,债权人自无保全债权的必要,也就不成立债权人代位权。

债权人提起代位权诉讼,应当符合下列条件:债权人对债务人的债权合法;债务人怠于行使其到期债权,对债权人造成损害;债务人的债权已到期;债务人的债权不是专属于债务人自身的债权。债权人代位权是为保障债务人的责任财产的增加而设的,因而其标的须为已存在的债务人对第三人享有的财产权,将来存在的、非财产权均不能为代位权的标的。因代位权是债权人代位行使的权利,所以具有专属性的、不得让与的权利,也不能成为债权人代位权的标的。专属于债务人自身的债权,是指基于抚养关系、赡养关系、继承关系产生的给付请求权和劳动报酬、退休金、养老金、抚恤金、安置费、人寿保险、人身伤害赔偿请求权等权利,均不得由债权人代位行使。

2.代位权行使的效力

代位权行使突破了合同的相对性,对债权人、债务人和第三人等的债权债务关系产生直接影响,其效力主要体现在以下几个方面:

(1)对于债务人的效力。代位权行使的效果直接归属于债务人。尽管第三人向债务人给付时,若债务人不受领,债权人需代为受领,但债权人受领后,应将其取得的利益归还债务人,债务人也需要请求债权人交付其受领的财产。因为代位权行使的是债务人的权利,因此所得利益为债务人的财产。

(2)对于第三人的效力。债权人代位权的行使是代债务人行使对第三人的权利,在此情形下第三人的地位不能较债务人自己行使权利时不利。因此,第三人对于债务人所有的在代位权行使前发生的抗辩,均可以之对抗债权人。

(3)对于债权人的效力。债权人行使代位权是代债务人行使权利,因行使代位权所得的财产为债务人的一般财产,所以债权人不能优先受偿,非经债务人同意也不能直接以代受领的财产受偿。

我国法律规定,代位权的行使范围以债权人的债权为限,债权人行使代位权的必要费用由债务人负担。这里的必要费用包括律师代理费和差旅费等,在代位权诉讼中,债权人胜诉的诉讼费用由次债务人负担,从实现的债权中优先支付。

7.3.3 撤销权

1.撤销权的概念

撤销权是指当债务人所为的减少其财产的行为危害债权实现时,债权人为保全债权而请求法院予以撤销的权利。撤销权也是合同相对性的例外,是指有撤销权的当事人基于法律规定事实出现时,请求法院所做出的宣告本合同之外债权效力丧失的行为。因债务人放弃其到期债权或者无偿转让财产,对债权人造成损害的,债权人可以请求人民法院撤销债务人的行为。债务人以明显不合理的低价转让财产,对债权人造成损害,并且受让人知道该情形的,债权人也可以请求人民法院撤销债务人的行为。撤销权的行使范围以债权人的债权为限,债权人行使撤销权的必要费用由债务人负担。

2.撤销权的成立要件

撤销权的成立要件分为客观要件与主观要件,并且根据债务人所为的行为是否有偿而有所不同。撤销权成立的客观要件为债务人实施了危害债权的行为,该要件包含以下意思:首先,须是债务人实施了行为且该行为是在债权成立后实施的,但事实行为与无效民事行为不在此列,因为事实行为无从撤销,无效民事行为无须撤销;其次,债务人的行为须为使其财产减少的财产行为,即债务人所为的不以财产为标的的行为,或者虽以财产为标的,但不为使其财产减少的行为,不得撤销;最后,债务人的行为须为有害债权,即债务人的行为足以减少其一般财产而使债权人不能完全受清偿,若债务人为其行为虽使其财产减少但仍不影响其对债权的清偿时,债权人不能干涉债务人的行为。

债权人撤销权成立的主观要件,是债务人与第三人主观上有恶意。对于撤销权的主观要件,依债务人所为的行为是有偿或无偿而有所不同。若为有偿行为,则须债务人为恶意,债权人的撤销权才成立,受益人为恶意时,债权人才得行使撤销权;而对于无偿行为,则不以债务人和第三人的恶意为要件。债务人有无恶意,一般应实行推定原则,即只要债务人实施行为而使其无法偿还到期债权,就推定为有恶意。至于受益人的恶意,则应由债权人证明,受益人的恶意以其是否知道其所为有偿行为会害及债权而定。

3.撤销权行使的效力

债权人行使撤销权,其撤销的效力依判决撤销而发生效力,其效力及于债务人、受益人及债权人。

(1)对于债务人,债务人的行为一经被撤销,视为自始无效。例如,为财产赠与的,视为未赠与;为放弃债权的,视为未放弃。

(2)对于受益人,已受领债务人的财产的,应当返还。原物不能返还的,应当折价返还其利益。受益人已向债务人支付对价的,可向债务人主张返还不当得利。

(3)对于债权人,行使撤销权的债权人要请求受益人将所得利益返还给债务人,不得请求直接返还给自己。但是撤销权的行使,其效力及于全体债权人。由于受益人返还的财产为债务人的所有债权的一般担保,因此行使撤销权的债权人不得从受领的给付物中优先受偿。如该债权人依强制执行程序请求受偿时,全体债权人可申请参与按比例分配。但是,若行使撤销权的债权人的债权与返还的财产发生抵销状态时,债权人得依抵销方式受偿。债权人行使撤销权的必要费用由债务人负担,第三人有过错的应当适当分担。

撤销权行使的期间为一年,自债权人知道或应当知道撤销事由之日起计算,但自债务人处分财产的行为发生之日起不得超过五年。期间届满,债权人的撤销权消灭。

问题思考

1.合同保全的主要特征有哪些,其有哪些重要的现实意义?

2.代位权包括哪些含义?代位权的行使会产生怎样的法律效力?

3.债权人在什么情形下可以行使撤销权,行使撤销权会带来什么后果?

7.4 项目合同的终止

7.4.1 合同终止概述

合同终止,又称为合同的消灭,是指合同关系不再存在,合同当事人之间的债权债务关系终止,当事人不再受合同关系的约束。合同的终止也就是合同效力的完全终结。根据法律规定,有下列情形之一的,合同即可终止:债务已经按照约定履行;合同解除;债务相互抵销;债务人依法将标的物提存;债权人免除债务;债权债务同归于一人;法律规定或者当事人约定终止的其他情形。

合同终止因终止原因的不同而发生不同的效力。根据《中华人民共和国民法典》规定,在消灭因合同而产生的债权债务的同时,通常也产生了如下效力:①消灭从权利。合同关系的终止,使合同的担保及其他从权利义务也归于消灭,如抵押权、违约金债权、利息债权和主债权等。②返还负债字据。负债字据又称为债权证书,是债务人负债的书面凭证。合同终止后,债权人应当将负债字据返还给债务人。如果因遗失、损毁等原因不能返还的,债权人应当向债务人出具债务消灭的字据,以证明债务的了结。

根据《中华人民共和国民法典》规定,因合同解除、法律规定或者当事人约定终止的其他情形而导致合同终止的,将消灭当事人之间的合同关系及合同规定的权利义务,但并不完全消灭相互之间的债务关系,对此,将适用以下条款:①结算与清理。《中华人民共和国民法典》规定,合同的权利义务终止,不影响合同中结算和清理条款的效力。由此可见,合同终止后,尽管消灭了合同,如果当事人在事前对合同中所涉及的金钱或者其他财务约定了清理或结算的方法,则应当以此方法作为合同终止后的处理依据,以彻底解决当事人之间的债务关系。②争议的解决。《中华人民共和国民法典》规定,合同无效、被撤销或者终止的,不影响合同中独立存在的有关解决争议方法的条款的效力。这表明了争议条款的相对独立性,即使合同的其他条款因合同无效、被撤销或者终止而失去法律效力,但是争议条款的效力依然存在。这充分尊重了当事人在争议解决问题上的自主权,有利于争议的解决。

依据诚实信用原则及交易惯例,合同当事人还负有一定义务,如通知、保密、协助义务,此种义务因发生在合同终止之后而被称为后合同义务。合同的权利义务终止后,当事人应当遵循诚实信用原则,根据交易习惯履行通知、协助、保密等义务。通知是指当事人在有条件的情况下应当将合同终止的有关事宜告诉合同对方当事人。协助是指当事人一方配合另一方做好善后工作。保密是指当事人在合同终止以后,对了解到的对方当事人的秘密不向外泄露。这些义务是原来义务的扩展,其依据的是诚实信用原则而非合同本身。

《中华人民共和国民法典》规定,债务已经按照约定履行时合同即可终止。债务已经按照约定履行,又称清偿(债务),指债务人按照约定的标的、质量、数量、价款或者报酬、履行期限、履行地点和方式全面、适当履行。合同中约定多项债务时,某项债务按照约定履行,仅产生该项债务消灭的效果,但并非终止合同。在双务合同中,只有当事人双方都按照约定履行,合同才能终止。债务已经按照约定履行通常包括如下三种情形:

(1)当事人约定的第三人按照合同内容履行。合同是债权人与债务人之间的协议,其权利义务原则上不涉及合同之外的第三人,合同债务当然应当由债务人履行,但有时为了实现当事人的特定目的,便捷交易,法律允许合同债务由当事人约定的第三人履行,第三人履行债务,也产生债务消灭的后果。比如,债务人乙和债权人甲约定,由第三人丙偿还乙欠甲的 10 万元人民币的债务,丙将 10 万元人民币偿还给甲后,该合同的权利义务亦终止。

(2)债权人同意以他种给付代替合同原定给付。合同的种类不同,债务的内容也不同。债务人应当按照合同约定的内容履行,但有时,实际履行债务在法律上或者事实上不可能。比如,债务履行时,法律规定该履行需经特许,债务人无法得到批准许可;或者标的物已灭失,无法交付;或者实际履行费用过高;或者不适于强制履行等。在实际履行不可能的情况下,经债权人同意,可以采用代物履行的办法,达到债务消灭的目的。比如,债务人乙按照合同约定,应当向债权人甲交付 100 吨吉林圆粒大米,由于乙收购遇到困难,不能交付,但乙有 100 吨天津圆粒大米,质量与合同约定的吉林大米基本相同,甲同意交付天津大米以代替吉林大米的交付,乙交付了天津大米,债务即消灭。有时代物履行可能会有差价,支付差价后,也产生债务消灭的后果。

(3)当事人之外的第三人接受履行。当事人约定由债务人向第三人履行债务,债务人向第三人履行后,也产生债务消灭的后果。比如,债务人乙欠债权人甲 1 万元人民币,债权人甲又欠第三人丙的钱,债权人甲请求债务人乙直接将欠款付给丙,乙同意,并按照其欠甲款的数额将钱付给了丙,从而消灭了其对甲的债务。

7.4.2　合同的解除

合同解除是终止合同的主要方式之一。合同解除是指合同有效成立后,当具备法定的或约定的条件时,因当事人一方或双方的意思表示,使合同关系自始灭失或仅向将来灭失的一种行为。合同解除包括约定解除和法定解除两类情形。

1.合同的约定解除

《中华人民共和国民法典》规定,当事人协商一致即可解除合同。根据自愿原则,当事人在法律规定的范围内享有自愿解除合同的权利。即当事人可以约定一方解除合同的条件,当解

除合同的条件成立时,便可以解除合同。约定解除包括如下两种情况:

(1)协商解除。协商解除指合同生效后,未履行或未完全履行之前,当事人协商一致,订立一个解除原来合同的协议。协商解除是双方的法律行为,应当遵循合同订立的程序,即双方当事人应当对解除合同意思表示一致,协议未达成之前,原合同仍然有效。如果协商解除违反了法律规定的合同有效成立的条件,比如,损害了国家利益和社会公共利益,解除合同的协议不能发生法律效力,原有的合同仍要履行。

(2)约定解除权。约定解除权是指当事人在合同中约定,合同履行过程中出现某种情况,当事人一方或者双方有解除合同的权利。解除权可以在订立合同时约定,也可以在履行合同的过程中约定,可以约定一方享有解除合同的权利,也可以约定双方享有解除合同的权利。当解除合同的条件出现时,享有解除权的当事人可以行使解除权解除合同,而不必再与对方当事人协商。

2.合同的法定解除

法定解除,指合同生效后,没有履行或者未履行完毕前,当事人在法律规定的解除条件出现时,行使解除权而使合同关系消灭。在如下五种情形下,可以解除合同。

1)不可抗力致使不能实现合同的目的

不可抗力是指不能预见、不能避免并不能克服的客观情况。不能预见、不能避免并不能克服是对不可抗力范围的原则规定,至于哪些可作为影响合同履行的不可抗力事件,我国法律没有具体规定,各国法律规定也不尽相同。一般说来,以下情况被认为属于不可抗力:

(1)重大自然灾害,包括地震、水灾等因自然界的力量引发的重大灾害,这些灾害的发生,常常使合同的履行成为不必要或者不可能,需要解除合同。

(2)战争,战争的爆发可能影响到一国以至于更多国家的经济秩序,使合同履行成为不必要。

(3)社会异常事件,主要指一些偶发的阻碍合同履行的事件,比如罢工、骚乱等。

(4)政府行为,主要指合同订立后,政府颁布新的政策、法律,采取行政措施导致合同不能履行,如发布禁令等。

不可抗力事件的发生,对履行合同的影响有大有小,有时只是暂时影响到合同的履行,可以通过延期履行实现合同的目的,对此不能行使法定解除权。只有不可抗力致使合同目的不能实现时,当事人才可以解除合同。

2)预期违约

预期违约是指在合同履行期限届满之前,当事人一方明确表示或者以自己的行为表明不履行主要债务。预期违约分为明示违约和默示违约。所谓明示违约,指合同履行期到来之前,一方当事人明确肯定地向另一方当事人表示他将不履行合同;所谓默示违约,指合同履行期限到来前,一方当事人有确凿的证据证明另一方当事人在履行期限到来时,将不履行或者不能履行合同,而其又不愿提供必要的履行担保。如果在一方当事人预期违约的情况下,仍然要求另一方当事人在履行期间届满才能主张补救,将给另一方造成损失,因此允许受害人解除合同。

3)迟延履行主要债务

迟延履行,是指债务人无正当理由,在合同约定的履行期间届满,仍未履行合同债务;或者对于未约定履行期限的合同,债务人在债权人提出履行的催告后仍未履行。债务人迟延履行债务是违反合同约定的行为,但并非就可以因此解除合同,只有符合以下条件,才可以解除合同：

(1)迟延履行主要债务。所谓主要债务，应当依照合同的个案进行判断，一般说来，影响合同目的实现的债务，应为主要债务。比如买卖合同，在履行期限内未交付的标的物是合同约定的主要部分或者关键部分，不能满足债权人的要求，应认为迟延履行主要债务。有时，迟延履行的部分在合同中所占物质比例不大，但却至关重要，比如，购买机械设备，债务人交付了所有的设备，但迟迟不交付合同约定的有关设备的安装使用技术资料，使债权人不能利用该设备，也应认为是迟延履行主要债务。

(2)经催告后债务人仍然不履行。债务人迟延履行主要债务的，债权人应当定一个合理期间，催告债务人履行。该合理期间根据债务履行的难易程度和所需要时间的长短确定，超过该合理期间债务人仍不履行的，表明债务人没有履行合同的诚意，或者根本不可能再履行合同，在此情况下，如果仍要债权人等待履行，不仅对债权人不公平，也会给其造成更大的损失，因此，债权人可以依法解除合同。

4)因迟延履行或者有其他违约行为不能实现合同目的

迟延履行不能实现合同目的，是指迟延的时间对于债权的实现至关重要，超过了合同约定的期限，合同的目的即会落空。通常以下情况可以认为构成根本违约的迟延履行：当事人在合同中明确约定超过期限履行合同，债权人将不接受履行，且债务人履行迟延已经超过该规定期限。履行期限构成合同的必要因素，超过期限履行将严重影响订立合同所期望的经济利益，比如季节性、时效性较强的标的物，像中秋月饼，过了中秋节交付，就没有了销路，继续履行债权人不能得到合同利益。

致使不能实现合同目的的其他违约行为，主要是指违反的义务对合同目的的实现十分重要，如一方不履行这种义务，将剥夺另一方当事人根据合同有权期待的利益。该种违约行为主要包括：完全不履行，即债务人拒绝履行合同的全部义务；履行质量与约定严重不符，无法通过修理、替换、降价的方法予以补救；部分履行合同，但该部分的价值和金额与整个合同的价值和金额相比占极小部分，对于另一方当事人无意义，或者未履行的部分对于整个合同目的的实现至关重要，比如，成套设备买卖，未交付关键配件，致使交付的设备无法运转。

5)法律规定的其他解除情形

除了上述四种法定解除情形，法律还规定了其他解除合同的情形。比如，因行使不安抗辩权而中止履行合同，对方在合理期限内未恢复履行能力，也未提供适当担保的，中止履行的一方可以请求解除合同。

3.合同解除权的行使

合同解除权的行使，是法律赋予当事人保护自己合法权益的手段，但该权利的行使不能无限制。一方面，法律规定或者当事人约定合同解除的条件，并不是说只要具备这些条件，当事人就必须解除合同，为了鼓励交易，对于非当事人的要求，又非必须解除的合同，应鼓励继续履行。另一方面，行使解除权会引起合同关系的重大变化，对于确有必要解除的合同，如果享有解除权的当事人长期不行使解除权，就会使合同关系处于不确定状态，影响当事人权利的享有和义务的履行。因此，解除权应当在一定期间行使。行使解除权的期限可分为以下两种情况：

(1)按照法律规定或者当事人约定的期限行使。法律规定或者当事人约定解除权行使期限的，期限届满当事人不行使的，该权利消灭。比如，如果当事人约定出现某种事由可以在一个月内行使解除权，那么在合同约定的事由发生一个月后，解除权消灭，当事人不能要求解除合同,而必须继续履行。

(2)在对方当事人催告后的合理期限内行使。法律没有规定或者当事人没有约定解除权行使期限的,不享有解除权的当事人为明确自己义务是否还需要履行,可以催告享有解除权的当事人行使解除权,享有解除权的当事人超过合理期限不行使解除权的,解除权消灭,合同关系仍然存在,当事人仍要按照合同约定履行义务。

如果具备单方解除合同的条件,或者法定解除合同的情形发生,对于确有必要解除的合同,享有解除权的当事人可以不经对方当事人同意,只需向对方做出解除合同的意思表示,就可以解除合同。关于解除合同的程序,相关规定如下:

(1)行使解除权应当通知对方当事人。为了防止一方当事人因不知道对方已行使合同解除权而仍然履行的行为,当事人根据约定解除权和法定解除权主张解除合同的,应当通知对方。合同自通知到达对方时解除。对方当事人接到解除合同的通知后,认为不符合解除合同的条件,不同意解除合同的,可以请求人民法院或者仲裁机构确认能否解除合同。

(2)按规定办理批准、登记等手续。法律、行政法规规定解除合同应当办理批准、登记手续的,未办理有关手续,合同不能终止。比如,《中华人民共和国中外合资经营企业法》规定:"合营企业如发生严重亏损、一方不履行合同和章程规定的义务、不可抗力等,经合营各方协商同意,报审查批准机关批准,并向国家工商行政管理部门登记,可终止合同。"

4.合同解除后的效力

合同解除主要会发生以下效力:

(1)合同解除向将来发生效力。即尚未履行的合同,终止履行。

(2)合同解除可以产生溯及力。对于已经履行的合同,根据履行情况和合同性质,当事人可以要求恢复原状、采取其他补救措施。其中,所谓根据履行情况,是指根据履行部分对债权人的影响,如果债权人的利益不是必须通过恢复原状才能得到保护,不一定采用恢复原状;当然,如果债务人已经履行的部分,对债权人根本无意义,可以请求恢复原状。所谓根据合同性质,指根据合同标的的属性。根据合同的属性不可能或者不容易恢复原状的,不必恢复原状。比如供应电、水、气的合同,对以往的供应不可能恢复原状;租赁合同,一方在使用标的后,也无法就已使用的部分做出返还。所谓恢复原状,指恢复到订约前的状态,恢复原状时,原物存在的,应当返还原物,原物不存在的,如果原物是种类物,可以用同一种类物返还。所谓其他补救措施,是指修理、更换、重作、减价等措施。

(3)合同解除后可以一并主张赔偿损失。合同解除后,确因一方的过错造成另一方损害的,有过错的一方应向受害方赔偿损害,不能因合同解除而免除其应负的赔偿责任。

5.FIDIC 新红皮书关于合同解除的相关规定

FIDIC 新红皮书规定,在下述情形下可以解除工程的施工合同。

1)因不可抗力或根据法律解除合同

当工程发生不可抗力事件后,承包商应及时向监理工程师发出不可抗力通知书。如果由于不可抗力导致整个工程的施工无法进行已经持续了 84 天,或者如果由于同样原因停工时间的总和已经超过了 140 天,则任一方可向另一方发出解除合同的通知。在这种情况下,合同将在通知发出 7 天后终止。一旦发生此类终止,监理工程师应决定已完成的工作的价值,并颁发包括下列内容的支付证书:

（1）已完成的且其价格在合同中有规定的任何工作的应付款额。

（2）为工程订购的且已交付给承包商，或承包商有责任去接受交货的永久设备和材料的费用，当业主为之付款后，此类永久设备和材料应成为业主的财产（业主也为之承担风险），承包商应将此类永久设备和材料交由业主处置。

（3）为完成整个工程，承包商在某些情况合理下导致的任何其他费用或负债。

（4）承包商将临时设备撤离现场并运回本国设备基地的合理费用（或运回其他目的地的费用，但不能超过运回本国基地的费用）。

（5）将完全是为工程服务的承包商的职员和劳工遣返回国的费用。

2）由业主解除合同

若发生如下情况，业主可以解除合同：

（1）承包商未能按约定提交履约保证金并保持其有效，或者无视监理工程师书面改正通知，拒绝纠正其违约行为。

（2）承包商明确表示放弃工程或证明他不愿继续按照合同履行义务。

（3）无正当理由而未能及时开工并继续施工，或者未能执行监理工程师所发的正当的整改通知。

（4）未按要求或未经过许可便擅自将整个工程分包出去或转让合同。

（5）破产或无力偿还债务，或停业清理。

（6）承包商通过贿赂行为谋取不正当利益。

业主据此终止合同后，有权根据索赔条款向承包商提出索赔，并有权扣留对承包商的进一步支付。在对已完成工程估价后，业主有权在估价数额中扣除业主蒙受的任何损失和损害赔偿费，在扣除这些款项后，业主应将剩余款项支付给承包商。

3）由承包商解除合同

若发生如下情况，承包商可以解除合同：

（1）承包商按约定发出停工通知后42天内，承包商没有收到合理的回应。

（2）在收到报表和证明文件后56天内，监理工程师未能颁发相应的支付证书。

（3）在合同约定的支付时间期满后42天内，承包商没有收到按业主开具的期中支付证书应向其支付的应付款额。

（4）业主基本上没有执行合同规定的义务。

（5）承包商中标后，业主在规定时间内未与承包商签订合同或者未经承包商同意转让合同。

（6）非承包商原因长期停工。

（7）业主破产或无力偿还债务，或停业清理的。

如果发生上述事件或情况，则承包商可在向业主发出通知14天后，终止本合同。此外，如果发生后两种情况，承包商可通知业主立即终止合同。承包商选择终止合同不应影响根据合同或其他规定享有的其他权利。

4）承包商未违约业主解除合同

FIDIC新红皮书中规定，即使承包商没有违约行为，业主仍然有权利随时解除合同。当这种情况出现时，承包商将停止一切进一步的工作（但监理工程师为保护生命、财产或工程的安全所指示进行的工作除外），向业主移交已经得到付款的文件、永久设备、材料及其他工作结果,并撤离现场上所有属于承包商的货物(为保障工程安全所需的货物除外),而后离开现场。此时,承包商有权按照 FIDIC 新红皮书的规定,要求业主支付因解除合同而给承包商造成的损失。

7.4.3 合同的其他终止方式

1.债务相互抵销

债务相互抵销是指当事人互负到期债务,又互享债权,以自己的债权充抵对方的债权,使自己的债务与对方的债务在等额内消灭。债务相互抵消分为法定抵销和约定抵销。

1)法定抵销

法定抵消是指法律规定有抵销条件,当该条件满足时当事人一方有意思表示即发生抵销效力。当事人主张抵销的,应当通知对方,通知自到达对方时生效,抵销不得附条件或者附期限。在当事人双方债权债务互为相等的情况下,抵销产生合同关系消灭的法律后果,但如果债务的数额大于抵销额,抵销不能消灭合同关系,而只是在抵销范围内减少债权。

法定抵销的条件如下:

(1)当事人双方互负债务互享债权。抵销发生的基础在于当事人双方既互负债务,又互享债权,这种互负债务互享债权,一般因两个法律关系而发生,但也不排除当事人双方基于多个法律关系而累计的对等债权债务。比如,甲欠乙建设工程款 200 万元,乙第一次向甲购货欠款 150 万元,第二购货欠 50 万元。甲可以乙两次共欠其的 200 万元货款债权,抵销其欠乙的 200 万元工程款。

(2)双方债务均已到期。只有履行期限届至时,才可以主张抵销,否则,等于强制债务人提前履行债务,牺牲其期限利益。但在特殊情况下,未届清偿期债权可以视为到期债权,依法抵销。比如《中华人民共和国破产法》规定:"破产宣告时未到期的债权,视为已到期的债权,但是应当减去未到期的利息。"

(3)债务的标的物种类、品质相同。种类相同,指合同标的物本身的性质和特点一致。比如都是支付金钱,或者交付同样的种类物;品质相同,指标的物的质量、规格、等级无差别,比如都是同一型号、等级的钢材。

(4)双方债务均为可抵销债务。抵销的债务须为可以抵销的债务,以下两种情形的债务不得抵销:法律规定不得抵销,主要指禁止强制执行的债务以及因侵权行为所生的债务等,比如,法院强制执行时,有权扣留、提取被执行人应当履行义务部分的收入,但应当保留被执行人及其所扶养家属的生活必需费用;按照合同的性质不得抵销,根据债务性质不得抵销的债务主要包括不作为债务、提供劳务的债务以及与人身不可分离的债务等,比如抚恤金、退休金、抚养费债务等。

2)约定抵销

约定抵销,指当事人双方协商一致,使自己的债务与对方的债务在对等额内消灭。当事人互负债务,标的物种类、品质不相同的,经双方协商一致,也可以抵销。法定抵销与约定抵销都是将双方的债务在对等额内消灭,但又存在如下区别:

(1)抵销的根据不同。法定抵销是基于法律规定,只要具备法定条件,任何一方可将自己的债务与对方的债务抵销;约定抵销,双方必须协商一致,不能由单方决定抵销。

(2)对抵销的债务的要求不同。法定抵销要求标的物的种类、品质相同;约定抵销标的物的种类、品质可以不同。

（3）对抵销的债务的期限要求不同。法定抵销当事人双方互负的债务必须均已到期；约定抵销，双方互负的债务即使没有到期，只要双方当事人协商一致，也可以抵销。

（4）程序要求不同。法定抵销，当事人主张抵销的应当通知对方，通知未到达对方，抵销行为不生效；约定抵销，双方达成抵销协议时，发生抵销的法律效力，不必履行通知义务。

2.债务人依法将标的物提存

提存是指由于债权人的原因，债务人无法向其交付合同标的物时，债务人将该标的物交给提存机关而消灭合同的制度。比如，债务人乙在合同约定的履行期限，准备向债权人甲交付货物，但却无法找到债权人，乙根据法律有关规定，将该货物交给提存机关，货物被提存后，债务即消灭。《中华人民共和国民法典》将提存作为合同权利义务终止的法定原因之一，规定了提存的条件、程序和法律效力。

1)提存的条件

提存应满足如下条件：

（1）因债权人原因致使到期债务无法履行。主要包括以下情形：①债权人无正当理由拒绝受领。比如，债权人受到了不可抗力的影响；债权人遇到了难以克服的意外情况，无法受领；债务人交付的标的物存在严重质量问题；债务人迟延交付致使不能实现合同目的；合同被解除、被确认无效等。②债权人下落不明，债务人无法给付，为消灭债权债务关系，债务人可以将标的物提存。③债权人死亡或者丧失行为能力而未确定继承人或者监护人。按照我国法律规定，债权人死亡，可以由其继承人享有债权；债权人丧失行为能力应当由其监护人代理行使债权，但是如果债权人的继承人和监护人没有确定，债务就不能因履行而消灭，为此，可以将标的物提存以终止合同。④法律规定的其他情形。比如，抵押人转让抵押物所得的价款，应当向抵押权人提前清偿所担保的债权或者向与抵押权人约定的第三人提存。

（2）标的物适于提存。提存的标的物应当是合同规定应当给付的标的物，主要是货币、有价证券、票据、提单、权利证书、物品。标的物不适于提存或者提存费用过高的，债务人依法可以拍卖或者变卖标的物，提存所得的价款。

（3）提存的主体合法。提存的主体为提存人与提存机关。一般情形下，提存人即为债务人，但提存人不以债务人为限，凡债务的清偿人均可为提存人。提存机关是法律规定的有权接受提存物并为保管的机关。依我国现行法的规定，拾得遗失物的，可向公安机关提存；定作人变卖留置物受偿后，可将余款向债权人所在地的银行办理提存；公证提存的，由公证处为提存机关；法院也可为提存机关。

2)提存的程序

提存应按下列程序进行：

（1）债务人向清偿地提存机关提交提存申请。

（2）债务人提交提存物。对债务人的提存请求经审查符合提存条件的，债务人应向提存机关或指定的保管人提交提存标的物，提存机关应予接受并进行妥善保管。

（3）提存机关授予债务人提存证书。提存机关在收取提存申请及提存物后，应向债务人授予提存证书。提存证书与清偿受领证书具有同等的法律效力。

（4）通知债权人受领提存物。在提存时，债务人应附具提存通知书，在提存后，应将提存通知书送达债权人。

标的物提存后,除债权人下落不明的以外,债务人应当及时通知债权人或者债权人的继承人、监护人。在债权人下落不明的情况下,应由提存机关履行通知义务。提存受领人不清或者下落不明、地址不详无法送达通知的,公证处应自提存之日起 60 日内,以公告方式通知。

3)提存的效力

标的物提存后,视为债务人在其提存范围内已经履行债务。标的物提存后,毁损、灭失的风险由债权人承担。提存期间,标的物的孳息归债权人所有,提存费用由债权人负担。债权人可以随时领取提存物,但债权人对债务人负有到期债务的,在债权人未履行债务或者提供担保之前,提存部门根据债务人的要求应当拒绝其领取提存物。债权人领取提存物的权利,自提存之日起五年内不行使而消灭,提存物扣除提存费用后归国家所有。在债权人对债务人负有到期债务的情形下,提存人提存时,应当向提存部门明确告知提存受领人所承担的给付义务的内容,以及对所提供的担保的要求。

3.债权人免除债务

债权人免除债务,指债权人放弃自己的债权。债权人可以免除债务的部分,也可以免除债务的全部。比如,债务人乙应当偿还债权人甲 2 万元人民币,甲表示乙可以少还或者不还,就是债权人免除债务。甲表示只需要偿还 1 万元,是债务的部分免除;甲表示 2 万元都不必偿还,是债务的全部免除。免除部分债务的,合同部分终止;免除全部债务的,合同全部终止。

债权人免除债务属于处分行为,因此债权人免除债权时应有处分权,否则不产生免除的效力;债务人因债权人免除行为取得利益时,无须为此支付对价;免除为非要式行为,免除的意思表示不需特定的方式,以书面形式或口头形式均可。债权人免除需具备如下条件:

(1)免除的意思表示应向债务人为之。免除作为一种单方行为,意思表示应由债权人或其代理人向债务人或其代理人为之,该意思表示到达债务人或其代理人时生效。向第三人为免除意思表示的,不产生免除的效力。

(2)债权人须具有处分能力。债权人免除债务人的债务是放弃自己的权利,所以,债务免除是债权人处分其债权的行为,债权人必须有处分能力。对于法律禁止放弃的债权而免除债务的,债权人的免除无效。

(3)免除不得损害第三人利益。债权人免除债务人的债务,虽然是债权人自己的权利,但该权利的行使不得损害第三人的利益。例如,已就债权设定质权的债权人不得免除债务人的债务而对抗质权人。

债权人免除债务会产生如下法律效力:

(1)债的关系绝对消灭。免除发生债务绝对消灭的效力,因免除使用而导致债权消灭,债权的从权利,如利息债权、担保债权等,也同时归于消灭。在债务被全部消除的情况下,有债权证书的,债务人可以请求返还债权证书。

(2)保证债务的免除。保证债务的免除不影响被担保债务的存在,而被担保债务的免除则使保证债务消灭。

(3)法律禁止放弃的债权不得为免除。例如,受雇人对雇用人的工伤事故赔偿请求权不得放弃。

4.债权债务同归于一人

债权和债务同归于一人亦称为混同,指由于某种事实的发生,使一项合同中,原本由一方当事人享有的债权,由另一方当事人负担的债务,统归于一方当事人,使得该当事人既是合同的债权人,又是合同的债务人。比如,甲公司与乙公司签订了房屋租赁合同,在乙公司尚未支付租金时,甲乙两个公司合并成立了一个新的公司,甲公司的债权和乙公司的债务都归属于新公司,原甲公司和乙公司之间的合同自然终止。

合同关系的存在,必须有债权人和债务人,当事人双方混同,合同失去存在基础,自然应当终止。合同终止,债权消灭,债权的从权利如利息债权、违约金债权、担保债权同时消灭。但当债权是他人权利的标的时,为保护第三人的利益,债权不能因混同而消灭。比如,甲建筑公司与乙房地产公司签订了房屋预售合同,甲交纳了一定比例的预付款后,取得了对预售的房屋的权利。随后甲将取得的预售房屋抵押给了丙银行。半年后,甲乙两个公司合并,如果此时甲乙之间的合同终止,就会损害抵押权人丙的利益,此种情况,甲乙的合同不能终止。

问题思考

1.常见的合同终止方式有哪些?债务已按约定履行通常包括哪几种情形?

2.合同的约定解除和法定解除有何区别?如何正确行使合同解除权?

3.债务相互抵销、债务人将标的物提存、债权人免除债务、债权债务同归于一人四种合同终止方式各自适用于什么样的现实情形?

7.5 项目合同的违约责任

当事人订立的合同如果满足生效的要件,双方就应当按约定履行合同。如果当事人不履行合同或者履行合同不符合约定,就要承担违约责任。从一定程度上说,违约责任是合同的核心,或者说合同的存在感就体现在违约责任上。因为如果当事人都正常完全地履行了合同,谁都不会惦记合同的存在;而只有某一方违约的时候,双方才会因违约责任界定而体会到合同的重要性。

7.5.1 违约与违约责任

《中华人民共和国民法典》规定,当事人一方不履行合同义务或者履行合同义务不符合约定的,应当承担继续履行、采取补救措施或者赔偿损失等违约责任,由此说明了违约责任的三个核心问题:一是说明了违约的形态,即不履行合同义务或者履行合同义务不符合约定则构成违约;二是说明了违约责任的归责原则,即只要违约,就需要承担违约责任;三是说明了承担违约责任的基本方式,主要包括继续履行、采取补救措施或者赔偿损失等。

1.违约

违约即违反合同。现实中违约形态表现多样,根据违约行为是发生在履行期限到来之前还是到来之后,可以将违约行为划分为实际违约和预期违约两种形态。

1)实际违约

实际违约行为可进一步分为如下的不履行和不适当履行两种。

(1)不履行。不履行是指合同履行期限届至时当事人没有履行合同义务。不履行,根据主、客观条件的不同,又分为拒绝履行和履行不能。拒绝履行是指履行期限到来之后,义务人无正当理由而拒绝履行合同义务的行为。义务人拒绝履行如果有正当理由,如义务人享有同时履行抗辩权、不安抗辩权、先诉抗辩权等,则其拒绝履行不构成违约。履行不能是指债务人在客观上已不具备履行能力,即使其做出努力也根本不可能履行。履行不能又有主观不能和客观不能之分。主观不能是指由于当事人主观上的过错原因导致合同不能履行,在此情况下,当事人要负违反合同的责任。客观不能是指由于客观情况的变化而使合同无法履行,这种客观情况如果构成不可抗力,则可免除违约责任。

(2)不适当履行。合同的不适当履行,也叫不完全履行或不正确履行,是指债务人虽然履行了合同义务,但其履行有瑕疵,不符合合同规定的要求,如履行义务不符合合同约定的数量、质量要求,履行地点、方法不当,以及超出履行期限等。

2)预期违约

当事人一方明确表示或者以自己的行为表明不履行合同义务的,对方可以在履行期限届满之前要求其承担违约责任。当事人在合同履行期到来之前无正当理由明确表示将不履行合同,或者以自己的行为表明将不履行合同,即构成预期违约。预期违约包括明示毁约和默示毁约。前者即声明毁约,指合同一方在履行期限届满之前以明确的、不附条件的语言声明将不履行合同义务。后者即事实毁约,通常指合同一方通过行为表明届期将不履行合同义务。

由于预期违约行为发生在合同履行期限届满之前,因此,另一方当事人可以在履行期届满之前要求预期违约方承担违约责任。预期违约的构成要件包括如下三条:预期违约的时间必须是在合同成立之后至履行期限届满之前;预期违约必须是对合同根本性义务的违反,即导致合同目的落空,体现为不履行合同义务;违约方不履行合同义务无正当理由。

2.违约责任

违约责任即违反合同的民事责任,是指当事人违反合同义务所引起的民事法律后果。违约责任具有以下特征:

(1)违约责任以有效的合同关系为前提。没有有效的合同,谈不上合同债务,也就谈不上产生债务不履行的违约责任。

(2)违约责任具有相对性。这是指违约责任只能发生在特定的合同当事人之间,合同关系之外的第三人不发生违约责任。比如在第三人代为履行的情况下,第三人不履行债务或履行债务不符合约定,仍由债务人承担违约责任,第三人不是合同关系的主体,不承担违约责任。

(3)违约责任可以由当事人在合同中依法约定,具有一定的任意性。但是,由于合同是基于当事人的合意而产生的,因此当事人可以在合同中约定一方违反合同时所应承担的责任,从而使依自己意志而为的合同约定成为承担合同责任的依据。

(4)违约责任是一种财产责任。合同关系以及合同债务的财产性决定了违约责任的财产性,违约责任是一种财产责任也体现在承担责任时不涉及人身制裁。通常,违约方承担违约责任的方式只能是以交付一定的财产如违约金、赔偿金来弥补受损失一方的损失,而不能用赔礼道歉等非财产责任来代替。

(5)违约责任具有补偿性。一方当事人违约,势必会造成另一方当事人经济损失。承担违约责任,旨在补偿另一方当事人的经济损失。

3.合同违约的归责

我国民事责任的归责原则,以是否考虑行为人的主观过错,分为两种:一是过错责任原则;

二是严格责任原则。所谓过错责任原则,是指应以行为人主观上有过错作为承担责任的依据。所谓严格责任原则,是指无论行为人主观上是否有过错,均应承担民事责任。根据我国现行法律的规定,承担侵权责任,以过错责任为主要原则;而承担违约责任,以严格责任为主要原则。根据严格责任的归责原则,只要一方当事人有违约行为存在,无论其主观上是否有故意或者过失,对方都可以要求其承担违约责任,除非满足免责事由。免责事由是指法律规定或合同中约定的,当事人对其违反合同、不履行合同义务或履行合同义务不适当免于承担违约责任的条件,包括法定的免责事由和约定的免责事由。

约定的免责事由亦称为约定的免责条款,是合同当事人在合同中事先约定的免除或限制当事人对未来可能发生的违约行为承担违约责任的条款。免责条款的约定是当事人意思自主的充分体现,但若免责条款的约定违反法律规定,损害国家、集体或第三人利益的,则该条款无效。法定的免责事由是指法律规定的免除或限制违约人承担违约责任的事由。法定的免责事由包括不可抗力和受害人的过错,具体如下:

①不可抗力免责。不可抗力,是指不能预见、不能避免并不能克服的客观情况。不可抗力造成违约的,违约方没有过错,因此通常是免责的,但法律规定因不可抗力造成的违约也要承担责任的除外。另外,当事人一方因不可抗力不能履行合同的,应及时通知对方,必要时应当提供不可抗力的证明。

②受害人过错免责。《中华人民共和国民法典》规定,当事人一方违约后,对方应当采取适当措施防止损失的扩大;没有采取适当措施致使损失扩大的,不得就扩大的损失要求赔偿。这一规定的目的在于防止损失的扩大。当事人一方违反合同的,另一方不能无动于衷,任凭损失的扩大,而应当采取积极措施,减少损失。对方没有及时采取措施致使损失扩大的,违约方无权就扩大的损失请求赔偿。因防止损失扩大支出的合理费用,由违约方承担。

7.5.2 违约责任的承担

承担违约责任主要有继续履行、采取补救措施、赔偿损失、支付违约金、适用定金罚则等方式。

1.继续履行

继续履行,亦叫实际履行,是指在一方当事人不履行合同义务或者履行合同义务不符合约定时,另一方当事人可要求违约人继续履行合同义务。我国法律对金钱债务和非金钱债务的继续履行分别做了如下规定。

(1)金钱债务的继续履行。对于当事人不履行金钱债务或者履行金钱债务不符合约定的情形,从实现合同目的的角度,鼓励采用继续履行的方式承担违约责任。当事人一方未支付价款或者报酬的,对方可以要求其支付价款或者报酬。

(2)非金钱债务的继续履行。当事人一方不履行非金钱债务或者履行得不适当,对方可以请求其履行,还可以请求其承担其他违约责任,如支付违约金、赔偿损失。如果非金钱债务在法律上或者事实上不能履行,或者履行费用过高,或者债权人在合理期限内未请求履行,则不宜采用继续履行的方式承担违约责任。

2.采取补救措施

采取补救措施作为承担违约责任的一种基本方式,主要是指当事人一方履行合同义务不符合合同约定时,对方可以依照法律规定或合同约定,请求违约方采取修理、更换、重作、退货、减少价款或报酬、补充数量、物资处置等措施,以防止损失发生或扩大。采取补救措施的责任形式,主要发生在质量不符合约定的情况下。

3.赔偿损失

赔偿损失是指合同一方当事人因未履行合同义务或履行合同义务不符合约定,导致对方损失时,依法向受害人承担赔偿其所受损失的一种责任形式。当事人一方不履行合同义务或者履行合同义务不符合约定的,在履行义务或者采取补救措施后,对方还有其他损失的,应当赔偿损失。承担赔偿损失责任的构成要件有:一是有违约行为,二是有损失后果,三是违约行为与财产等损失之间有因果关系。如果违约行为未给非违约人造成损失,则不能用赔偿损失的方式追究违约人的民事责任。

当事人一方不履行合同义务或者履行合同义务不符合约定,给对方造成损失的,损失赔偿额应当相当于因违约所造成的损失,包括合同履行后可以获得的利益,但不得超过违反合同一方订立合同时预见到或者应当预见到的因违反合同可能造成的损失。确定赔偿损失的范围需要坚持以下几个原则:

(1)完全赔偿原则。赔偿损失的范围可由法律直接规定,或由双方约定。在法律没有特别规定和当事人没有另行约定的情况下,应按完全赔偿原则,赔偿全部损失,包括直接损失和间接损失。直接损失指财产上的直接减少;间接损失又称所失利益,指失去的可以预期取得的利益。

(2)客观确定性原则。可得利益的求偿需坚持客观确定性,即预期取得的利益不仅主观上是可能的,客观上还需要是确定的。因违约行为的发生,使此利益丧失,若无违约行为,这种利益按通常情形是必得的。例如,建筑公司承建一商厦迟延10日交付,商厦10日的营业利润额即为可得利益。

(3)合理预见性原则。可得利益的求偿不能任意扩大,即不得超过违反合同一方订立合同时预见到或者应当预见到的因违反合同可能造成的损失。预见性有三个要件:一是预见的主体为违约人,而不是非违约人;二是预见的时间为订立合同之时,而不是违约之时;三是预见的内容为立约时应当预见的违约的损失,预见不到的损失,不在赔偿范围之列。

(4)过错相抵原则和损益相抵原则。所谓过错相抵,是指就损害的发生或者扩大,受害人自己也有过错的,可以减轻或者免除违约人的赔偿责任;所谓损益相抵,是指受害人基于损失发生的同一原因而获得利益时,则在其应得的损害赔偿额中,应扣除其所获得的利益部分。

(5)补偿性原则。赔偿损失是对合同当事人因违约而遭受损失的最基本的保障,其突出的特点表现在对受害方损失的补偿上,而非在惩罚违约方。所以,赔偿损失责任属于补偿性质的责任,一般不具惩罚性。例如,经营者提供商品或者服务有欺诈行为的,应当按照消费者的要求增加赔偿其受到的损失,增加赔偿的金额为消费者购买商品的价款或者接受服务的费用的三倍;增加赔偿的金额不足五百元的,为五百元。

4.支付违约金

支付违约金是违约责任中常见的一种责任形式,它是指一方当事人违反合同义务时,根据合同约定或法律规定向对方当事人支付一定数额的金钱的责任。当事人可以约定一方违约时,根据违约情况向对方支付一定数额的违约金,也可以约定因违约产生的损失赔偿额的计算方法。由法律规定的违约金为法定违约金,由当事人通过合同约定的违约金为约定违约金。在确定违约金责任时,应注意把握以下几点:

(1)当事人约定了违约金的,即使一方违约未给对方造成损失,也应当按照该约定支付违约金。即违约金责任并非以损害的发生为前提条件,即使违约的结果并未发生任何实际损失,也不影响对违约人追究违约金责任。

(2)当事人约定了违约金,一方违约,同时给对方造成损失时,确定违约金数额的参考标准就是损失的数额。如约定的违约金低于所造成的损失,当事人可请求人民法院或仲裁机构予以增加,如约定的违约金过分高于所造成的损失,当事人可请求人民法院或仲裁机构予以适当减少。

(3)当事人专门就迟延履行约定违约金的,该种违约金仅是违约方对其迟延履行所承担的违约责任,因此,违约方支付违约金后,还应当继续履行债务。

5.适用定金罚则

定金,是指合同一方当事人根据合同的约定预先付给另一方当事人一定数额的金钱,以保证合同的订立、成立,担保合同的履行,保留合同的解除权等。定金既可以作为担保方式,也可以作为一种承担违约责任的方式。当事人可以依照约定一方向对方给付定金作为债权的担保,债务人履行债务后,定金应当抵作价款或者收回。给付定金的一方不履行约定的债务的,无权要求返还定金;收受定金的一方不履行约定的债务的,应当双倍返还定金。

定金制度包括以下几方面内容:

(1)定金须由双方当事人在合同中明确约定。当事人不得单方面决定是否给付定金,而须由双方当事人协商确定。如在合同中未约定定金,任何一方不得强迫对方交付定金。

(2)债务人履行债务后,定金应当抵作价款或者收回。定金的目的是为保证合同履行,合同已经得到履行,定金的目的已经实现,此时,定金是收回还是抵作价款,可依据合同约定,或由双方当事人协商确定。

(3)支付定金的一方当事人不履行约定债务的,无权请求返还定金;收受定金的一方当事人未履行约定义务的,应当双倍返还定金。换言之,只要设立定金,无论谁不履行合同,都要损失与定金数额相等的金钱。

(4)在合同当事人既约定了违约金,又约定了定金的情况下,如果一方违约,对方当事人可以选择适用违约金或者定金条款,但二者不能并用。

一般说来,选择适用违约金条款或定金条款,都可以达到弥补因违约受到损失的目的。违约金相当于一方因对方违约所造成的实际损失,约定的违约金低于或者过分高于造成的损失的,当事人可以请求人民法院或者仲裁机构予以增加或适当减少。这样,守约方根据违约金条款,就可以补偿自己因对方违约所造成的损失。当然,在定金条款对守约方有利时,守约方也可以适用定金条款,按照定金罚则弥补自己的损失。

7.5.3 常见违约及违约责任

根据当事人的不同,项目合同的违约包括业主违约、承包商违约、勘察单位违约、设计单位违约和监理单位违约等。

1.业主违约及违约责任

1)施工合同中的业主违约

在施工合同履行过程中发生的下列情形,属于业主违约:因业主原因未能在计划开工日期前7天内下达开工通知的;因业主原因未能按合同约定支付合同价款的;业主违反合同约定,自行实施被取消的工作或转由他人实施的;业主提供的材料、工程设备的规格、数量或质量不符合合同约定,或因业主原因导致交货日期延误或交货地点变更等情况;因业主违反合同约定造成暂停施工的;业主无正当理由没有在约定期限内发出复工指示,导致承包商无法复工的;业主明确表示或者以其行为表明不履行合同主要义务的;业主未能按照合同约定履行其他义务的。

当业主发生违约时,承包商可向业主发出通知,要求业主采取有效措施纠正违约行为。业主应承担因其违约给承包商增加的费用和/或延误的工期,并支付承包商合理的利润。业主收到承包商通知后28天内仍不纠正违约行为的,承包商有权暂停相应部位工程施工,承包商按合同约定暂停施工满28天后,业主仍不纠正其违约行为并致使合同目的不能实现的,承包商有权解除合同,业主应承担由此增加的费用并支付承包商合理的利润。

承包商解除合同的,业主应在解除合同后28天内支付下列款项,并解除履约担保:合同解除前所完成工作的价款;承包商为工程施工订购并已付款的材料、工程设备和其他物品的价款;承包商撤离施工现场以及遣散承包商人员的款项;按照合同约定在合同解除前应支付的违约金;按照合同约定应当支付给承包商的其他款项;按照合同约定应退还的质量保证金;因解除合同给承包商造成的损失。合同当事人未能就解除合同后的结清达成一致的,按照合同约定处理。承包商应妥善做好已完工程和与工程有关的已购材料、工程设备的保护和移交工作,并将施工设备和人员撤出施工现场,业主应为承包商的撤出提供必要条件。

2)EPC合同中的业主违约

在EPC合同履行过程中发生的下列情形,属于业主违约:业主未能按时提供真实、准确、齐全的工艺技术和建筑设计方案、项目基础资料和现场障碍资料;业主未按照合同的约定调整合同价格、支付预付款、支付工程进度款、结算相关款项的;业主未能履行合同约定的其他义务与责任。业主违约之后,应根据承包商的要求采取补救措施,并赔偿承包商因业主违约所造成的损失。

3)勘察合同中的业主违约

在勘察合同履行过程中发生下列情形的,属于业主违约:合同生效后,业主无故要求终止或解除合同;业主未按合同约定按时支付定金或预付款;业主未按合同约定按时支付进度款;业主不履行合同义务或不按合同约定履行义务。

合同生效后,业主无故要求终止或解除合同,勘察单位未开始勘察工作的,不退还业主已付的定金或业主按照合同约定向勘察单位支付违约金。勘察单位已开始勘察工作的,若完成计划工作量不足50%的,业主应支付勘察单位合同价款的50%;完成计划工作量超过50%的,业主应支付勘察单位合同价款的100%。业主发生其他违约情形时,业主应承担由此增加的费用和工期延误损失,并给予勘察单位合理的赔偿。双方可在合同中约定业主赔偿勘察单位损失的计算方法或者业主应支付违约金的数额或计算方法。

4)设计合同中的业主违约

合同生效后,业主因非设计单位原因要求终止或解除合同,设计单位未开始设计工作的,不退还业主已付的定金或业主按照合同条款的约定向设计单位支付违约金；已开始设计工作的，业主应按照设计单位已完成的实际工作量计算设计费，完成工作量不足一半时，按该阶段设计费的一半支付设计费；超过一半时，按该阶段设计费的全部支付设计费。

业主未按合同条款约定的金额和期限向设计单位支付设计费的，应按合同条款约定向设计单位支付违约金。逾期超过 15 天时，设计单位有权书面通知业主中止设计工作。自中止设计工作之日起 15 天内业主支付相应费用的，设计单位应及时根据业主的要求恢复设计工作；自中止设计工作之日起超过 15 天后业主支付相应费用的，设计单位有权确定重新恢复设计工作的时间，且设计周期相应延长。

业主的上级或设计审批部门对设计文件不进行审批或合同工程停建、缓建，业主应在事件发生之日起 15 天内按合同条款的约定向设计单位结算并支付设计费。业主擅自将设计单位的设计文件用于合同约定工程以外的工程或交第三方使用时，应承担相应的法律责任，并应赔偿设计单位因此遭受的损失。

5）监理合同中的业主违约

在监理合同履行过程中发生的下列情形，属于业主违约：业主违反合同约定造成监理单位损失的，业主应予以赔偿；业主向监理单位的索赔不成立时，应赔偿监理单位由此引起的费用；业主未能按期支付酬金超过 28 天，应按约定向监理单位支付逾期付款利息。

2. 承包商违约及违约责任

1）施工合同中的承包商违约

在施工合同履行过程中发生的下列情形，属于承包商违约：承包商违反合同约定进行转包或违法分包的；承包商违反合同约定采购和使用不合格的材料和工程设备的；因承包商原因导致工程质量不符合合同要求的；承包商违反合同约定，未经批准私自将已按照合同约定进入施工现场的材料或设备撤离施工现场的；承包商未能按施工进度计划及时完成合同约定的工作，造成工期延误的；承包商在缺陷责任期及保修期内，未能在合理期限对工程缺陷进行修复，或拒绝或业主要求进行修复的；承包商明确表示或者以其行为表明不履行合同主要义务的；承包商未能按照合同约定履行其他义务的。

承包商发生违约情况时，监理人可向承包商发出整改通知，要求其在指定的期限内改正。承包商在指定的合理期限内不纠正违约行为，并致使合同目的不能实现的，业主有权解除合同。合同解除后，因继续完成工程的需要，业主有权使用承包商在施工现场的材料、设备、临时工程、承包商文件和由承包商或以其名义编制的其他文件，合同当事人应在合同中约定相应费用的承担方式。业主继续使用的行为不免除或减轻承包商应承担的违约责任。

因承包商原因导致合同解除的，则合同当事人应在合同解除后 28 天内完成估价、付款和清算，并按以下约定执行：合同解除后，按合同条款商定或确定承包商实际完成工作对应的合同价款，以及承包商已提供的材料、工程设备、施工设备和临时工程等的价值；承包商应支付的违约金；承包商应支付因解除合同给业主造成的损失；承包商应按照业主要求和监理人的指示完成现场的清理和撤离；业主和承包商应在合同解除后进行清算，出具最终结清付款证书，结清全部款项。

2）EPC 合同中的承包商违约

在 EPC 合同履行过程中发生的下列情形，属于承包商违约：承包商未能履行对其提供的工程物资进行检验的约定；承包商未能履行对施工检验的约定；承包商经三次试验仍未能通过竣工试验,或经三次试验仍未能通过竣工后试验,导致工程任何主要部分或整个工程丧失了使用价值、生产价值、使用利益;承包商未经业主同意,或未经必要的许可,或适用法律不允许分包的,将工程分包给他人;承包商未能履行合同约定的其他责任与义务。出现承包商违约的,承包商应迅速采取补救措施,并赔偿因违约给业主造成的损失。

3.勘察单位违约及违约责任

在勘察合同履行过程中发生的下列情形,属于勘察单位违约:合同生效后,勘察单位因自身原因要求终止或解除合同;因勘察单位原因不能按照合同约定的日期或合同当事人同意顺延的工期提交成果资料;因勘察单位原因造成成果资料质量达不到合同约定的质量标准;勘察单位不履行合同义务或未按约定履行合同义务的其他情形。

勘察单位违约后需要承担如下的违约责任:合同生效后,勘察单位因自身原因要求终止或解除合同,勘察单位应双倍返还业主已支付的定金或按合同约定向业主支付违约金;因勘察单位原因造成工期延误的,应按合同约定向业主支付违约金;因勘察单位原因造成成果资料质量达不到合同约定的质量标准,勘察单位应负责无偿给予补充完善使其达到质量合格;因勘察单位原因导致工程质量安全事故或其他事故时,勘察单位除负责采取补救措施外,应通过所投工程勘察责任保险向业主承担赔偿责任,或根据直接经济损失程度按合同约定向业主支付赔偿金;勘察单位发生其他违约情形时,勘察单位应承担违约责任并赔偿因其违约给业主造成的损失,双方可在合同中约定勘察单位赔偿业主损失的计算方法和赔偿金额。

4.设计单位违约及违约责任

在设计合同履行过程中发生下列情形的,属于设计单位违约:合同生效后,设计单位因自身原因要求终止或解除合同,设计单位应按业主已支付的定金金额双倍返还给业主,或设计单位按照合同约定向业主支付违约金;由于设计单位原因,未按合同约定的时间交付工程设计文件的,应按合同约定向业主支付违约金,违约金经双方确认后可在业主应付设计费中扣减;设计单位对工程设计文件出现的遗漏或错误负责修改或补充,由于设计单位原因产生的设计问题造成工程质量事故或其他事故时,设计单位除了负责采取补救措施外,应当通过所投建设工程设计责任保险向业主承担赔偿责任,或者根据直接经济损失程度按合同约定向业主支付赔偿金;由于设计单位原因,工程设计文件超出业主与设计单位书面约定的主要技术指标控制比例的,设计单位应当该按照合同约定承担违约责任;设计单位未经业主同意擅自对工程设计进行分包的,业主有权要求设计单位解除未经业主同意的设计分包合同,同时,设计单位应当按照合同约定承担违约责任。

5.监理单位违约及违约责任

因监理单位违反合同约定给业主造成损失的,监理单位应当赔偿业主损失。赔偿金额依据合同约定的方法计算;监理单位承担部分赔偿责任的,其承担赔偿金额由双方协商确定。监理单位向业主的索赔不成立时,监理单位应赔偿业主由此发生的费用。因非监理单位的原因,发生工程质量事故、安全事故、工期延误等造成的损失,监理单位不承担赔偿责任。

问题思考

1.合同违约包括哪些形态? 如何对合同违约进行归责?

2.合同违约责任的承担方式有哪些,各自适用于什么情形下?

3.按照合同主体划分,常见的项目合同违约有哪些?

7.6　项目合同实施案例

7.6.1　案例:无法转让的技术

2020 年 5 月 20 日,江苏省某县磁性材料厂与某区的应用技术研究所签订了一份技术转让合同。合同规定,由转让方应用技术研究所提供其发明的具有先进技术水平的 YY—4J、25WJSFT 单向电容运转导步调速电动机(附减速器)的全套技术及其设计图纸和必要的零件样品;受让方磁性材料厂支付转让费 50 万元,分两次支付;第一笔入门费交完后转让方应及时交付图纸、零件并向受让方进行技术交底;转让方承担该技术实施过程中的技术服务工作;受让方负责筹备资金并组织生产;产品通过鉴定合格投产后,转让方分享利润的 30%,分成期从产品正式投产之日起算三年为止;如因转让方的技术错误造成产品失败,转让方将全部费用退回受让方。

合同签订后,6 月 5 日,受让方支付了第一笔入门费 25 万元,并花 40 万元改造原有的设备,准备一旦转让方把技术及其图纸送到厂里,就马上组织研究、投产。就在这时,磁性材料厂听说该研究所正与某理工大学的机械研究所打官司,理工大学告该应用技术研究所侵犯其专利权,涉及的技术就是磁性材料厂要求转让的技术。不久法庭就判决应用技术研究所败诉,停止使用和转让该技术,赔偿理工大学机械研究所损失费。

受让方磁性材料厂马上停止了投产的准备工作,经过改造的设备因为没有相应的技术和设备与之配套也搁置没用了。于是磁性材料厂向应用技术研究所要求退还已经交付的第一笔转让费,并且赔偿改造设备所花的 40 万元。而应用技术研究所只退回 25 万元,不同意赔偿设备改造费。应用技术研究所认为自己并没有要求受让方改造设备,是磁性材料厂作出的改造设备的决定,自己不应该对此负责。受让方在咨询了律师的意见后到法院起诉,要求赔偿。

7.6.2　案例:杂乱的联合经营

2020 年 11 月 10 日,福建省某市一果蔬综合公司(简称综合公司)与上海市工业供销服务公司(简称服务公司)签订了一份联合经营建筑材料合同。合同规定,服务公司向综合公司提供 100 万元资金,综合公司负责具体的建材购销和运输业务。款到 6 个月后,全部资金返还,另付纯利润 10 万元。合同签订后,服务公司调查发现综合公司是个体工商户,资信无保证,提出终止合同。后经果蔬综合公司所在区领导出面说服,请出区里的一个工业公司、中国农业银行在该区的营业所与服务公司共同协商,又补签了一份协议,协议确定还款日期改为 2021 年 3 月 1 日,利润由 10 万元改为 12 万元。

合同修改后,工业公司和农行营业所分别在合同上签字盖章,农行营业所在其上签署:"保证:此合同 2021 年 3 月 1 日前返还利润和本金,监督资金使用。"之后,服务公司将从银行贷款的 100 万元汇至工业公司账户,该公司将其中 20 万元用于本公司一个下属工厂设备改造,另 80 万元划入综合公司账户。综合公司则将这 80 万元分别汇至江苏、浙江等地用于购买服装、自行车等。2021 年 3 月,服务公司派人前来催款,发现资金已被挪作他用,遂诉至法院,要求工业公司、综合公司及保证人农行营业所全面履行合同,返还全部本金及利润,并承担违约责任。

7.6.3　案例:难以装运的化工设备

2020 年 3 月,大智化工厂通过诗承国际贸易有限公司引进佳祥化工设备厂 200 万美元的化工设备,在商签合同时,大智化工厂考虑到配套设备的资金到位时间及工厂土建工程建设进展情况,主张在合同装运条款中加列"卖方在设备装运前需通知买方,并取得买方的同意后,方可装运"的条款。卖方同意,于是双方签订了采购合同。

随后卖方按合同的要求开始备货。2021 年 10 月完成第一批货物备货(其中 40%自产,60%外购)后,佳祥化工设备厂向诗承国际贸易有限公司发出装运通知,但是,大智化工厂以配套资金没有到位、附属设施无法开工为由,拒绝卖方发货。后经多次协商,大智化工厂同意在佳祥化工设备厂支付每年 2 万美元仓储费的前提下,接收第一批货物。鉴于当时当地化工市场不景气的情况,为避免损失,大智化工厂不再同意接收后几批的货物。最后,该合同以大智化工厂在为其产品找到了新的买家后,才得以继续执行。

7.6.4　案例:漫长的工程竣工移交

2013 年 2 月,武汉某建筑公司(以下简称建筑公司)与武汉某房地产开发公司(以下简称开发商)签订施工合同,承包开发商开发的武汉市某商住楼工程施工,层高 26 层,建筑面积 34000 余平方米,合同约定"工程完工并验收完毕时,全部工程款付至 90%,30 日内办理竣工工程结算","乙方(即建筑公司)在竣工验收后 10 日内向甲方(即开发商)移交完整的竣工图纸一套(含每户水电竣工图,竣工图纸必须准确真实地反映实际施工情况),延误一天,乙方支付违约金 2000 元"。商住楼于 2013 年 7 月开工,2015 年 6 月竣工。竣工后,建筑公司随即向开发商提交竣工结算资料,但开发商以种种原因拖延办理结算。

2018 年 2 月,建筑公司向武汉市中级人民法院起诉,请求法院判令开发商支付拖欠工程款本金及利息合计 2500 余万元。开发商应诉后,于 2018 年 3 月提起反诉,请求法院判令建筑公司支付逾期移交竣工图违约金 190 余万元。开发商认为,根据施工合同约定,建筑公司应在竣工验收后 10 日内向开发商移交完整的竣工图纸一套,延误一天,支付违约金 2000 元,建筑公司拖延移交竣工图纸达二年零八个月,应根据合同约定向开发商支付违约金 190 余万元。

建筑公司认为,双方签订的施工合同约定,"工程完工并验收完毕时,全部工程款付至90%,30 日内办理竣工工程结算"。这说明,工程验收完毕时,开发商就应付至全部工程款90%。根据双方诉讼过程中签署的结算资料及工程造价司法鉴定书,商住楼建设工程合同总价款为 3800 余万元。根据合同约定,商住楼于 2015 年 6 月 29 日竣工时开发商应向建筑公司支付全部工程款的 90%,即 3400 余万元,而截至上述日期,开发商只向建筑公司支付了 2900余万元,远未达到工程款的 90%,违反合同约定。根据施工合同约定,开发商支付 90%工程款的时间早于建筑公司移交竣工图纸的时间,在开发商未付清 90%工程款的情形下,建筑公司有权拒绝向开发商移交竣工图纸,直至开发商付清相应工程款。因此,建筑公司不存在未按期移交竣工图纸的违约行为,开发商要求建筑公司支付未按期移交竣工图纸的违约金 190 余万元的反诉请求不能成立。

问题思考

1.在"无法转让的技术"案例中,应用技术研究所应承担的责任有哪些? 磁性材料厂是否应承担部分决策失误的责任?

2.在"杂乱的联合经营"案例中,综合公司存在的主要问题有哪些? 工业公司和农行营业所是否应承担连带责任?

3.在"难以装运的化工设备"案例中,大智化工厂的做法是否适当? 佳祥化工设备厂为什么会陷入被动?

4.在"漫长的工程竣工移交"案例中,工程未能及时完成竣工移交的主要原因是什么? 建筑公司是否应为延迟移交竣工图纸承担责任?

第8章
项目索赔与合同纠纷处置

📝 **本章导读**

本章聚焦项目合同管理中的核心问题——索赔及合同纠纷处置。首先,论述项目合同分析及交底,包括合同总体分析及合同工作分析,以及合同交底的作用和步骤。其次,讨论项目变更及合同实施控制,包括项目变更的原因及后果,合同实施的控制监督、后评价及档案管理等。再次,分析项目索赔问题,包括索赔原因及类型、索赔程序与确定方法、索赔中应注意的要点等。进一步地,探讨项目合同纠纷的处置方法,包括纠纷类型及成因,以及四种常见的合同纠纷处置方式。最后,给出项目索赔与纠纷处置的四个代表性案例。

8.1 项目合同分析及交底

在签订了项目合同后,要使合同顺利实施,合同双方就必须共同完成各自的合同责任。对于承包商来说,一个有利的合同,在合同执行过程中如果管理不善,可能不一定会给自己带来好的经济效益;相反,一个不利的合同,通过有力的合同管理,可以从一定程度上挽回己方的不利局面并由此产生好的经济效益,而合同分析及交底是正确高效地实施项目合同管理的前提。

8.1.1 项目合同分析概述

合同分析是指从执行的角度分析、补充、解释合同,并进行合同结构分解,将合同目标和合同规定落实到合同实施的具体问题和具体事件上,用以指导项目实施的具体工作,以保证合同得以顺利履行。

1.合同分析的作用

对项目合同进行系统的分析,主要有以下几方面作用:

(1)统一对合同条款的理解和认识。多数项目合同条款繁杂、用词专业、法律概念不容易理解。在合同实施前,项目参与方及各层次管理人员对合同条文的解释必须有统一性。如果不能对合同条款做出统一的分析和解释,就不能将合同规定用最简单易懂的语言和形式表达出来,则极容易造成解释不统一,从而导致工程实施中的混乱。特别是对于复杂的合同,或承包商不熟悉的合同条件,或各方面合同关系比较复杂的项目,合同的分析与解释工作尤为重要。

(2)弄清同一项目中不同合同、同一合同中不同条款之间的关系。在同一个项目中,往往几份、十几份甚至几十份合同交织在一起,有着十分复杂的关系;同时,在同一合同中,对某一个问题的规定,往往同时涉及多条合同条款。因此,在合同实施中,必须弄清同一项目不同合同之间、同一合同不同条款之间的关系,才能确保合同的协调执行及多方权责利的实现。

(3)分析合同风险,制定风险对策。项目的实施过程会存在诸多的风险因素,这些风险有的可能在合同签订阶段已经合理分摊,但仍有相当的风险并未落实或分摊不合理。因此,在合同实施前如果不能透彻地分析风险,就不可能在实施中对风险有充分的准备并做到有效控制。特别是对己方应承担的风险,非常需要通过风险分析和评价,制定和落实风险回应措施,保证合同的顺利执行及利益的实现。

(4)落实合同责任,简化合同管理。要使项目按计划有条理地进行,必须在项目执行前将合同责任落实下来。由于各工作小组、管理职能人员等所涉及的活动和问题一般都不涵盖全部的合同文件,而仅为合同中的部分内容。因此,只需要掌握自己所负责的部分合同内容即可,这就需要对合同进行全面的分析,再向各工作小组和管理人员进行交底落实,由此简化合同的管理工作。

(5)为解决冲突和矛盾做好准备。由于合同中可能存在错误、矛盾和二义性解释,以及项目执行中出现合同未做出明确约定的情况,在合同实施过程中双方会发生冲突和矛盾。要解决好这些冲突和矛盾,维护己方的合理利益,首先必须做好合同的分析工作,充分理解和把握合同条款的含义。这样,当冲突和矛盾真的发生的时候,便可以做好准备、争取主动。

2.合同分析的基本要求

合同分析是为合同管理服务的,它必须符合合同的基本原则,反映合同的目的和当事人的主观真实意图。合同分析的基本要求如下:

(1)准确性和客观性。合同分析的准确性是指准确理解合同中的用语和措辞的含义,在合同中对某些词语做出定义的情况下,应严格按这些定义对合同条款做出解释。合同分析的客观性是指合同分析不能"自以为如何"和"想当然",而应依据合同解释的一般原则和国际惯例做出解释。例如,对合同风险的分析、合同双方责任和权利的划分,都必须实事求是地按照合同条款,依据合同精神进行解释,而不能以当事人的主观愿望解释合同。合同分析应准确、全面和客观,如果合同分析出现误差,则必然影响合同的顺利执行,进而导致合同实施中出现失误,引发矛盾和争执。

(2)合同双方的一致性。合同分析往往是合同的某一单方面对合同条款做出的解释。在分析过程中,有可能会发现合同条款中存在缺陷,这些缺陷可能对己方有利,也可能不利。无论是何种情况的合同缺陷,都应从维护合作伙伴关系的角度考虑,主动向对方提出,以澄清并使问题得到解决。所以,合同分析的结果应能为双方认可,如果有不一致,应在合同实施前解决,以避免合同执行中的争执和损失。

(3)简单性和可操作性。合同分析的结果应具有简单性和可操作性,分析结果必须采用使不同层次的管理人员、工作人员能够接受和明白的表达方式,使用简单易懂的语言,以使他们都能够准确理解和把握合同条款的内容。在此基础上,对项目不同层次的管理人员提供不同要求,提供相应的支持资料,以便于他们把合同的责任落实下去。

(4)细致性和全面性。合同分析的细致性,是指对合同的每一条款、每句话,甚至每个词都应认真推敲、仔细琢磨、全面落实。合同分析是一项非常细致的工作,不能只观其大略,在执行过程中,常常一个词,甚至一个标点就能关系到争执的性质,关系到一项索赔的成败,关系到工程的盈亏。合同分析的全面性,是指要全面、完整地理解条款的内容,而不能断章取义,特别是当不同文件、不同合同条款之间不一致,出现矛盾时,应按照合同文件的优先性原则做出解释,不能只看到对己方有利的部分。

3.合同分析的内容

在进行合同分析时,通常先进行合同总体分析,然后再进行合同工作分析及对特殊问题的扩展分析。

(1)合同总体分析。合同总体分析的目的在于确定合同规定的主要目标,划定各方的职责、义务和权限,分析各种活动的法律后果。合同总体分析的结果是项目实施的总的指导性文件,分析的重点是:承包商和业主的主要职责和义务;合同工作范围、合同价格、计价方法和价格补偿条件;工期要求和补偿条件;风险类别;合同双方的违约责任;合同变更方式和程序;项目验收方法;争执的解决方式等。在合同总体分析中,应对合同中的风险和执行中应注意的问题进行特别说明和提示。

(2)合同工作分析。合同工作分析必须将合同目标、要求和合同双方的责任与权利关系分解到具体的项目活动上,以便使项目有计划、有秩序地按合同实施。合同工作分析的主要结果是合同工作安排,实质上是项目合同实施计划。项目合同实施计划包括整体管理与协调计划、工作分解结构、实施组织设计、成本计划、质量计划、进度计划、沟通计划、人力资源计划、风险管理计划、采购计划和健康安全环境(health safety environment,HSE)管理计划等。

(3)合同特殊问题的扩展分析。在合同的签订和实施过程中,常常会有一些特殊问题的发生,会遇到一些特殊情况。它们可能属于在合同总体分析和工作分析中发现的问题,也可能是在合同实施过程中出现的新情况。这些问题和情况在合同签订时可能未预计到,合同中未明确规定或它们已超出合同的范围。

8.1.2 项目合同总体分析

合同总体分析是指通过分析将合同条款和规定具体地落实到一些带全局性的问题和事件上,用以指导具体工作,保证合同能够顺利实施。分析的主要对象是合同协议书和合同条件。合同总体分析的结果是项目实施的总的指导性文件,应将它以最简单的形式和最简洁的语言表达出来,以便进行合同结构分解和合同交底。合同总体分析在不同的时期,为了不同的目的,会有不同的内容,但一般包括如下内容。

1.合同的法律基础

通过分析订立合同所依据的法律、法规,了解适用于合同的法律基本情况(范围、特点等),可以指导整个合同实施和索赔工作。对合同中明示的法律应重点分析,有时还要注意分析基于当地社会、文化、宗教习俗而必须遵守的规则等。

2.合同的类型

合同按合同关系可分为工程承(分)包合同、联合体合同、劳务合同等;按计价方式可分为固定总价合同、单价合同、成本加酬金合同等。不同类型的合同,具体性质、特点、履行方式不一样,双方的责权利关系和风险分配不一样。这直接影响合同双方责任和权利的划分,影响工程施工中的合同管理和索赔/反索赔。

3.合同文件和合同语言

如果合同文件的范围和优先次序在合同实施中有重大变更,应做出特别说明;如果使用多种语言,则定义"主导语言"。

4. 承包商的责任

在项目合同中,承包商的责任主要包括:

(1)承包商的总任务,即合同标的。具体包括承包商在设计、采购、生产、试验、运输、土建、安装、验收、试生产、缺陷责任期维修等方面的主要责任,施工现场的管理责任,给业主的管理人员提供生活和工作条件的责任等。

(2)合同中的工程量清单、图纸、工程说明、技术规范的定义。在解释合同时,应考虑某些合同用语或工程用语在本行业中的专门含义和习惯用法。同时,工程范围应界定清楚,否则,会影响工程变更和索赔,特别是对于固定总价合同尤其如此。

(3)工程变更的程序。在合同实施中,工程变更通常要作工程变更流程图,并交付相关的职能人员。工程变更通常须由业主的工程师下达书面指令,出具书面证明,承包商开始执行变更,同时进行费用补偿谈判,在一定期限内达成补偿协议。这里要特别注意工程变更的实施、价格谈判和业主批准价格补偿三者之间在时间上的矛盾性,这对承包商常常会有较大的风险。

(4)工程变更的补偿范围,通常以合同金额一定的百分比表示。在这个范围以内,承包商无权要求任何补偿。通常这个百分比越大,承包商的风险越大,有时应对某些特殊规定进行重点分析。

(5)工程变更的索赔有效期,由合同具体规定,一般为 28 天,也有 14 天的。一般这个时间越短,对承包商管理水平的要求越高,对承包商越不利。

5. 业主的责任

在项目合同中,业主的责任主要包括:

(1)业主委托工程师监督管理项目执行过程并全权履行业主的合同责任。在合同实施中要注意合同规定的工程师的职权范围,同时每个合同又有它自己独特的规定,对此要做专门分析,业主一般不会给工程师全部的权利。

(2)业主和工程师有责任对平行的各承包商和供应商之间的责任界限做出划分,对这方面的争执做出裁决,对他们的工作进行协调,并承担管理和协调失误造成的损失。例如,设计单位、施工单位、供应单位之间的互相干扰应由业主承担责任。

(3)应及时做出承包商履行合同所必需的决策,如下达指令、履行各种批准手续、做出认可、答复请示,以及完成各种检查和验收手续等,应分析它们的实施程序和期限。

(4)应及时提供项目实施所必需的条件,如及时提供设计资料、图纸、场地、道路等。

(5)应及时按合同规定支付相关款项,及时接收已完工作等。

6. 合同价格

合同价格分析主要包括如下内容:

(1)合同所采用的计价方法及合同价格所包括的范围,如固定总价合同、单价合同、成本加酬金合同或目标合同等。

(2)工程计量程序,以及项目款(包括预付款、中间支付、竣工结算、最终结算)结算方法和程序。

(3)合同价格的调整,即费用索赔的条件、价格调整方法、计价依据、索赔有效期等规定,以及拖欠项目款的合同责任。

7.项目工期

在实际项目执行过程中,经常会遇到工期延误的问题,这会对合同实施和索赔造成很大影响,所以必须要高度重视。在合同分析时,应列出可能进行工期索赔的所有条款,重点分析合同规定的开竣工日期、主要项目活动的工期、工期的影响因素、获得工期补偿的条件和可能等。例如,有的合同规定,对工程暂停,承包商不仅可以进行工期索赔,还有费用索赔和终止合同的权利。

8.违约责任

在项目合同执行过程中,如果一方未遵守合同规定,造成对方损失,则应受到相应的合同处罚。因此,为避免和减少违约损失,就需要对违约责任条款进行重点分析,分析内容主要包括:由于管理上的疏忽造成对方人员和财产损失的赔偿条款;由于预谋或故意行为造成对方损失的处罚和赔偿条款;承包商不能按合同规定工期完成工程的违约金或承担业主损失的条款;由于承包商不履行或不能正确地履行合同责任,或出现严重违约时的处理规定;由于业主不履行或不能正确地履行合同责任,或出现严重违约时的处理规定,特别是对业主不及时支付工程款的处理规定。

9.验收、移交和保修

项目验收包括许多内容,如材料和机械设备的现场验收、隐蔽工程验收、单项工程验收、全部工程竣工验收等。在合同分析中,应对重要的验收要求、时间、程序以及验收所带来的法律后果作说明。关于项目移交,应重点分析移交程序,如果项目尚存在缺陷、不足之处以及应由承包商完成的剩余工作,业主可指令承包商限期完成,承包商应在移交证书上注明的日期内尽快地完成这些剩余工程或工作。关于项目保修,容易引起争执的是,在项目使用中出现问题的责任划分。如果质量问题是由于承包人的施工质量低劣、材料不合格、设计错误等原因造成的,则必须由承包人负责维修;如果是由于业主使用和管理不善造成的问题,则不属于维修范围,或承包商也必须修复,但费用由业主承担。

10.索赔和争执的解决

关于项目索赔和争执,应重点分析索赔的程序、争执的解决方式和程序,以及仲裁条款(包括仲裁所依据的法律、仲裁地点、仲裁方式和程序、仲裁结果的约束力等)等内容。

8.1.3　项目合同工作分析

1.合同工作分析

为了使项目有计划、有秩序地按合同实施,必须将项目合同目标、要求和合同双方的责权利关系分解落实到具体的合同实施工作上,这就是合同工作分析。在进行合同工作分析之前,首先应进行合同结构分解。合同结构分解指按照系统性要求,将合同标的分解成相对独立的单元。根据合同结构分解的一般规律和合同条件自身的特点,合同结构分解应遵循如下基本规则:

(1)保证合同条件的系统性和完整性。合同结构分解的结果应包括所有的合同要素,这样才能保证合同分解结果与合同条件相等同。

(2)保证各分解单元间界限清晰、意义完整、内容大体相当,这样才能保证分解结果明确有序且各部分工作量相当。

（3）易于理解和接受，便于应用。即尽可能充分尊重人们已经形成的概念和习惯，只有在根本违背合同原则的情况下才做出更改。

（4）便于按照项目的组织分工落实合同工作和合同责任。

合同工作分析是在合同总体分析和进行合同结构分解的基础上，依据合同协议书、合同条件、规范、图纸、工作量表等，确定各项目管理人员及各工作小组的合同工作，以及划分各参与人的合同责任。合同工作分析涉及承包商签约后的所有活动，其结果实质上是承包商的合同执行计划，它包括：项目工作结构分解，即项目活动的定义和活动逻辑关系的确定；技术会审工作程序；项目实施方案、总体计划和实施组织计划；项目详细的成本计划；等等。合同工作分析不仅应针对承包合同进行，而且还应包括各个分包合同的工作安排和各分包合同之间的协调。同时，应根据合同工作分析，落实各分包商、项目管理人员及各工作小组的合同责任。对于分包商，主要通过分包合同确定双方的责权利关系，以保证分包商能及时按质按量地完成合同任务。如果分包商违约或完不成合同，可对其进行合同处罚和索赔。而对承包商内部的各工作小组，可以通过经济责任制来保证合同任务的按时完成。落实工期、质量、消耗等目标后，应将其与工作小组经济利益挂钩，建立一套经济奖罚制度，以保证目标的实现。

2.特殊问题的扩展分析

合同不可能明确定义和解释项目执行中发生的所有问题，在项目合同的签订和实施过程中，常常会有一些特殊问题发生。例如，合同中出现错误、矛盾和二义性的解释；有许多问题合同中未明确规定，出现事先未预料到的情况；项目实施中出现超过合同范围的事件，包括发生民事侵权行为，整个合同或合同的部分内容由于违反法律而无效等。这些问题通常属于实际项目中的合同特殊问题。由于实际项目问题非常复杂，所以，对特殊问题的合同分析和解释常常反映出项目管理者对合同的理解水平，对本项目合同签订和实施过程的熟悉程度，以及其经历、处理工程问题的经验等。

由于项目合同条款多、相关的文件多，其中出现错误、矛盾、二义性难以完全避免；不同语言之间的翻译，不同利益和立场的人员，不同国家的合作者常常会对同一合同条款产生不同的理解。这些不同的理解又会导致项目执行过程中行为的不一致，最终产生合同争执。业主作为项目合同文件的起草者，应对合同文件的正确性负责，如果出现错误或含义不明，则应由工程师给出解释。通常情况下，由此造成承包商额外费用的增加，承包商可以提出索赔要求。按照一般的合同原则，承包商对合同的理解负责，即由于自己理解错误造成报价、施工方案错误，则由承包商负责。由于项目的实际情况较为复杂，对合同特殊问题的解释很难形成统一的规定性方法，甚至对一个特定的项目案例都有可能无法提出一个确定的、标准的、能为各方面接受的解决结果。因此，对合同的解释，人们通常只能通过总结过去项目案例和实际经验，提出一些处理问题的基本原则和程序。

（1）字面解释为准。任何调解人、仲裁人或法官在解决合同问题时，都不能脱离合同条款中的文字表示的意思。如果合同文件的规定清楚无误，并不含糊，则以字面解释为准，这是首先使用的，也是最重要的原则。

（2）基于合同签订前后双方的书面交流及行为进行解释。如果在合同签订前双方对此有过解释或说明，如业主对招标文件的答疑澄清，则这个解释是有效的；按照合同的目的解释合同，即对合同中出现矛盾、错误或双方对合同的理解不一致，不能导致违背、放弃或损害合同目标的解释结果;按合同双方共同的意向解释合同,即根据事实决定对合同的解释。

(3)整体地解释合同。将合同作为一个有机的整体,而不能只抓住某一条、某一个文件断章取义。当合同条款出现矛盾时,首先要决定每一个条款的目的、含义、适用范围,再将表面上有矛盾的条款的目的和含义、特指的范围进行对照,找出它们的一致性,以便得到不矛盾的解释。

(4)二义性的解决。如果经过上面的分析仍然没有得到一个统一的解释,则可采用如下原则:优先次序原则,当合同条款出现矛盾和含糊时,则根据它们的优先次序进行解释;对起草者不利的原则,即如果合同中出现二义性,可以认为二义性是起草者的责任,或是其有意设置的陷阱,应做出对起草者不利的解释。

8.1.4　项目合同交底

合同交底是指合同管理人员在对合同的主要内容做出解释和说明的基础上,通过组织项目管理人员和各工作小组负责人学习合同条文和合同分析结果,使每一个项目参与者都能够掌握合同中的主要内容、各种规定、管理程序,熟悉自身的合同责任和工程范围及各种行为的法律后果等,树立全局观念,使工作协调一致,避免执行中的违约行为。

1.合同交底的作用

合同交底是合同履行过程中的重要管理手段,通过合同交底,可以使执行合同的人员更好地明确合同标的,了解合同双方的责任、权利和义务,全面正确地履行合同,并能够避免违约导致的合同纠纷,更好地维护合同双方的合法权益。同时,加强合同管理工作,提高合同管理意识,可避免合同履行过程中的纠纷和违约现象发生,避免因合同没有全面正确履行造成的经济损失。

我国的许多企业,项目投标工作主要是由相关职能部门承担的,合同签订后再组建项目部。而项目部的许多人员并没有参与投标过程,不熟悉合同的内容、合同签订过程中的许多环节及业主相关信息。所以,合同交底又是向项目部各管理人员介绍合同签订的过程,以及其中重要情况和信息的过程。通过合同交底,可以使项目管理人员对项目的管理规则、运行机制有一个清楚的了解,建立项目部与企业各个职能部门的关系,加强项目与业主、设计单位、监理单位、供应商、分包商的联系,以便于后续项目的顺利实施。

此外,通过项目合同交底,还可以将具体的合同实施责任分解落实到各工作小组或分包商,使他们对合同实施工作表(任务单、分包合同)、施工图纸、设备安装图纸、详细的施工说明等有一个清晰的了解,并对项目实施的技术和法律问题进行解释和说明,如项目的质量、技术要求、实施中的注意事项、工期要求、消耗标准、相关事件之间的搭接关系、各工程小组(分包商)责任界限的划分、完不成责任的影响和法律后果等。

2.合同交底的内容

合同交底实质上就是通过逐层向有关部门和人员陈述合同意图、合同要点及合同执行计划,使合同责任落到实处。合同交底的内容离不开合同的内容,更离不开合同分析。合同交底的内容是以合同标的的预期实现为出发点,并最终要归结到合同标的的实现上来,具体包括如下几个方面:

(1)合同交底的双方。合同交底的双方,一方为合同签订人员和合同管理人员,另一方为合同的具体执行人员。在合同交底的过程中，双方人员是决定合同交底能否达到预期效果的关键，由于合同相关人员的专业知识水平不同，对合同的认知程度不同，因此，合同交底的过程是合同签订人员和合同管理人员向合同执行人员阐述合同意图、合同要点、合同执行计划的过程，也是合同执行人员向合同签订人员和合同管理人员提出问题、反馈问题的过程，最终达成统一认识，形成书面合同交底记录。

（2）合同意图的传达。合同意图就是合同的指向，即实现合同标的的目标。合同标的是合同意图的直接表达，通过合同标的可以使合同双方实现各自的利益需求。例如，买卖合同，购买方是为了取得商品，出卖方是通过出售商品获得利润；建设施工工程合同，发包方是为了获得建筑物或者结构物等，承包方是通过建造建筑物或结构物来获得劳动报酬。在合同交底时，合同签订人员和合同管理人员应清晰地将合同意图传达给合同执行人员，确保后者正确理解合同意图，为正确全面履行合同做好准备。

（3）合同要点的把握。合同要点是对合同标的的关键性描述，主要涉及数量、质量、价款或报酬、履行期限、方式、地点、违约责任、争议解决方式等方面的内容。一般来说，以上合同要点在合同中都已经明确约定，如果没有约定，根据相关法律的规定来执行。由于合同要点决定了合同执行结果能否满足对方的要求，因此，在合同交底时，应对合同要点进行重点详细阐述，保证合同执行人员对合同要点的彻底理解和把握。

（4）合同执行计划制订。合同的执行计划一般依据合同履行的过程来制订，合同执行计划可以确保项目组织能够有条不紊地按照合同内容来全面履行合同。由于多数项目合同周期长、金额大，因此，通常需要组织合同签订人员和管理人员对项目合同的履行时间，尤其是时间节点进行分析，制订出合同执行计划表，供合同执行人员参照执行。

3.合同交底的步骤及要求

1）合同交底的步骤

合同交底通常按如下步骤进行：

（1）企业合同管理人员向项目经理及项目合同管理人员进行合同交底，全面陈述合同背景、合同工作范围、合同目标、合同执行要点，并解答项目经理及项目合同管理人员提出的问题，形成合同交底记录。

（2）项目合同管理人员向项目职能部门负责人进行合同交底，陈述合同基本情况、合同执行计划、各职能部门的执行要点、合同风险防范措施，并解答各职能部门提出的问题，形成合同交底记录。

（3）各职能部门负责人向其所属执行人员进行合同交底，陈述合同基本情况、本部门的合同责任及执行要点、合同风险防范措施，并解答所属人员提出的问题，形成书面交底记录。

（4）各部门将交底情况反馈给项目合同管理人员，由项目合同管理人员对合同执行计划、合同管理程序、合同管理措施及风险防范措施进一步修改完善，最后形成合同管理文件，下发各执行人员，指导其管理活动。

2）合同交底的要求

合同交底要求合同管理人员按照项目管理程序，在项目实施前，逐级进行合同交底，使得每一个项目参与者都能够清楚地了解自身的合同责任，以及自己所涉及的工作应当由对方承担的合同责任，以保证在履行合同义务过程中自己不违约，并在对方违约时及时采取适当的措施维护自身的利益。同时，还应当将各种合同工作的责任分解落实到各分包商或工作小组直至每一个项目参与者,以经济责任制形式规范各自的合同行为,以保证合同目标的顺利实现。要达到合同交底的目的,落实合同责任,实施目标管理,应做好以下几方面的工作:

(1)在合同交底时,合同管理人员首先要组织大家学习合同和合同总体分析结果,应对合同的主要内容做出解释和说明。

(2)将各种合同工作的责任分解落实到各工作小组或分包商,使他们对合同实施工作表(任务单、分包合同)、施工图纸、详细施工说明,以及项目实施的技术和法律等问题,都有一个清晰的了解和认识。

(3)合同实施前,要与其他相关的各方面,如业主、工程师、承包商沟通,召开协调会议,协调落实与合同内容相关的各项工作安排。

(4)在合同实施过程中,必须对合同执行情况展开经常性的跟踪检查,及时发现执行过程中出现的问题,对其进行合理的解释并付诸实施。

问题思考

1.为什么要进行项目合同分析?项目合同分析的基本要求有哪些?

2.项目合同总体分析和项目合同工作分析各自的定位和侧重是什么?

3.合同交底有何现实意义?怎样做好合同交底工作?

8.2　项目变更与合同实施控制

8.2.1　项目变更

项目变更是指在项目实施过程中,由于项目执行情况的变化,对实施的程序、内容、数量、质量要求及标准等做出的变更。项目变更是一种特殊的合同变更,一般合同内容变更的协商,发生在履约过程中合同的变更之时,而项目变更则是标的变更在前,价款变更协商在后。在项目实施过程中,由于双方合同中已经授予工程师进行项目变更的权利,因此,工程师可直接行使合同赋予的权利发出项目变更的指令,根据约定,承包商应该先行实施该指令,然后双方再对变更项目内容的价款进行协商。

1.项目变更的原因

项目变更一般有以下几个方面的原因:

(1)由于设计人员、监理方人员、承包商事先没有很好地理解业主的意图,或设计的错误导致图纸修改,进而引起项目变更。

(2)由于项目环境的变化,预定的环境条件不准确,造成实施方案或实施计划变更,致使项目变更。

(3)由于产生新技术和知识,有必要改变原设计、原实施方案或实施计划,或由于业主指令及业主责任的原因造成承包商施工方案的改变,引起项目变更。

(4)由于政府部门对项目有新的要求,或者国家政策与社会环境的改变引起项目变更,如国家计划变化、环境保护要求、城市规划变动等。

(5)由于合同条款不完善或对合同文件不同的解释引起项目变更,这是合同出现争议最常见的因素。

项目变更会对合同的实施造成较大影响,主要表现在以下几个方面:首先,项目变更会导致设计图纸、成本计划、支付计划、工期计划、施工方案、技术说明和适用的规范等的修改和变化。其次,项目变更会引起合同双方之间、承包商的工作小组之间,以及总承包商和分包商之间合同责任的变化,进而引起与承包合同平行的其他合同如供应合同、租赁合同、分包合同的调整。最后,项目变更还有可能引起已完工程的返工、现场施工的停滞、施工秩序的混乱及已购材料的浪费。

2.项目变更的程序

项目变更的程序主要包括项目变更提出、项目变更审批、变更指令的发布执行等步骤。

(1)项目变更提出。根据项目实施的实际情况需要,业主、工程师及承包商等都可以提出项目变更。业主一般可通过工程师提出工程变更,工程师需要就变更内容与承包商协商,若业主方提出的工程变更内容超出合同限定的范围,则不能作为工程变更,属于新增工程;工程师根据项目进展的具体情况,本着节约成本和加快进度与保证质量的原则,认为确有必要时可提出项目变更;承包商提出项目变更通常有两种情况,一是项目遇到不能预见的地质条件或地下障碍,二是承包商为了节约项目成本或加快项目进度,提出变更请求。

(2)项目变更审批。由业主方提出的项目变更,涉及设计修改的应该与设计单位协商,并通过工程师发出。由承包商提出的项目变更,应交与工程师审查并批准。由工程师提出的项目变更可直接下达给承包商,但若工程师超出其权限范围发出变更指令时,应附上业主的书面批准文件,否则承包商有权拒绝执行。工程师在审批项目变更时,应与业主和承包商进行适当协商,在变更后应负责有关变更数量的计量与核实,以及提供有关现场的数据和证明材料。

(3)变更指令的发布执行。变更指令一般以书面形式发布。根据惯例,除非工程师明显超越合同赋予其的权限,承包商应该无条件地执行工程变更的指示,即工程师依据合同约定发布的工程变更书面指令,不论承包商是否有异议或变更工程价款是否确定,或对业主答应给予的付款金额是否满意,承包商都必须无条件地执行;即使工程变更价款没有确定,或者承包商对工程师答应给予付款的金额不满意,承包商也必须一边进行变更工作,一边根据合同约定寻求索赔或仲裁解决。在争议处理期间,承包商有义务继续进行正常的工程施工和有争议的变更工程施工,否则可能会构成承包商违约。

工程变更的一般程序如图8-1所示。

3.项目变更价款调整

按照我国的《建设工程工程量清单计价规范》(GB 50500—2013)的规定,项目合同中综合单价因工程量变更需要调整时,除合同另有约定者外,项目变更价款应按照下列办法确定:①工程量清单漏项或设计变更引起的新的工程量清单项目,其相应综合单价由承包商提出,经业主确认后作为项目结算的依据。②由于工程量清单的工程数量有误或设计变更引起工程量增减,属合同约定幅度以内的,应执行原有的综合单价;属合同约定幅度以外的,其增加部分的工程量或减少后剩余部分的工程量的综合单价由承包商提出,经业主确认后作为结算的依据。

根据上述基本原则,当项目发生变更时,如果合同中有相应的计价项目,原则上应采用合同中工程量清单的单价和价格,即按其相应项目的合同单价作为变更工程的计价依据。此时,可将变更工程分解成若干项与合同工程量清单对应的计价项目,然后根据其完成的工程量及

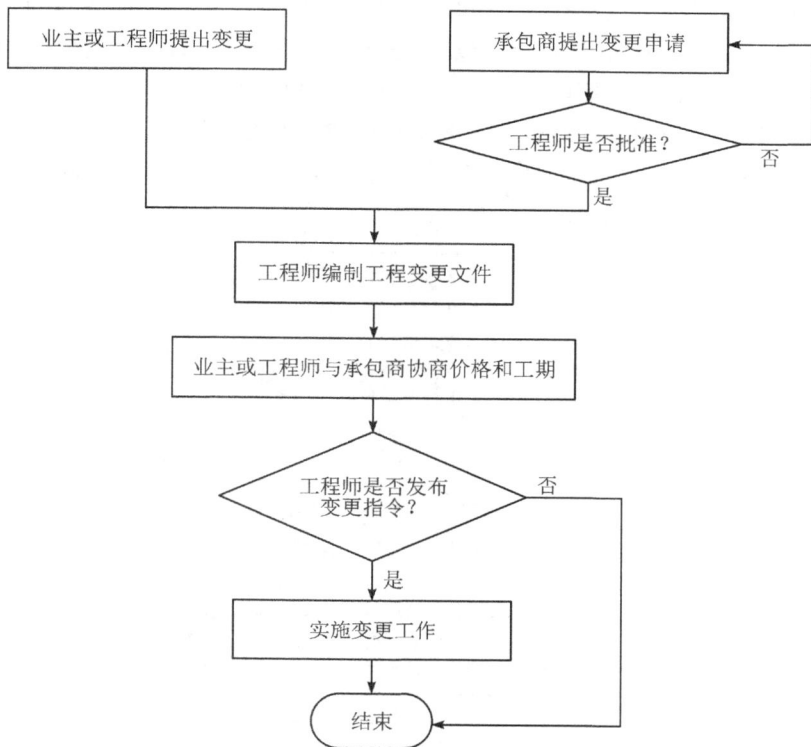

图 8-1　项目变更的一般程序

相应的单价办理变更工程的计量支付。采用合同中工程量清单的单价或价格有以下三种操作方式：直接套用，即从工程量清单上直接拿来使用；间接套用，即依据工程量清单，通过换算后采用；部分套用，即依据工程量清单，取其价格中的某一部分使用。在项目实施过程中，任何部分的标高、基线、位置、尺寸的改变引起的变更，以及设计变更或项目规模变化引起的工程量增减均可按上述原则定价。这是因为合同中工程量清单单价是由承包商投标时提供的，将其用于项目变更容易被业主、承包商及工程师接受，而且从合同意义上讲也比较公平。这样做既能保持合同履行的严肃性，有效地发挥通过招标产生的合同价格的作用，又能有效地避免双方协商单价时的争议，以及对合同正常履行带来的影响。

在项目变更时，如果合同中没有对应的计价项目，则需要双方协商单价和变更部分的价格。通常有以下两种做法：①以合同单价为基础，按照与合同单价水平相一致的原则确定新的单价或价格。该方法的特点是简单且有合同依据，但确定的结果会受到合同中原来单价的影响。如果原单价偏低，则得出的新单价也会偏低；反之，原单价偏高，则得出的新单价也会偏高。所以，其确定的单价只有在原单价合理的情况下才会相对合理，当原单价不合理（有不平衡报价）时，该方法对增加的工程量部分的定价是不合理的。②以概预算方法为基础，重新编制项目变更部分的报价。即采用现行的概预算定额，用综合单价分析表的形式，比照投标报价的编制原则进行编制。用这种方法确定项目变更的单价和价格，不会受到合同原价格是否合理的影响。

项目变更价款的确定程序如图 8-2 所示。当项目变更发生时，如果工程师认为合同中的单价适用于此项变更工程,可按合同中的单价作为此项变更工程的单价;如果变更内容与合同中工程的性质、数量、施工方法、地点差别较大,合同中单价不适用但可作为参照时,则参照合同中类似单价确定一个合理的新单价;如果变更内容差别过大致使合同中单价不能参照时,则由业主、工程师邀请承包商充分协商,确定一个合理的新单价。如果业主与承包商协商不能达成一致,则由工程师确定一个其认为合理的单价,并抄报业主。此外,在通常的合同条件中,会对有关项目变更价款做如下规定:

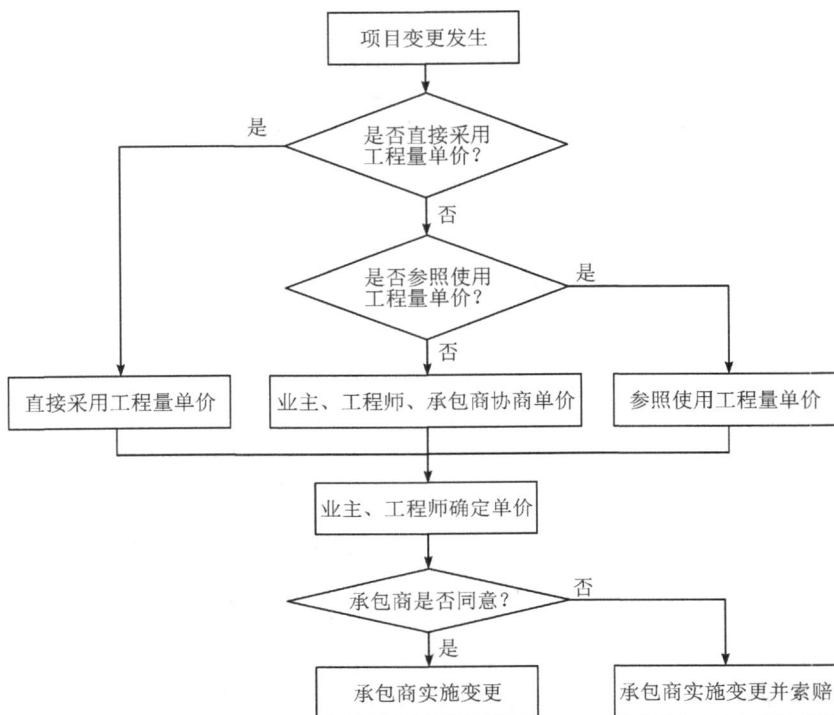

图 8-2 工程变更单价的确定程序

(1)承包商在项目变更发生后的 14 天内,可提出变更涉及的追加合同价款要求报告,经工程师确认后调整相应的合同价款。如果承包商在变更发生后的 14 天内,未向工程师提出变更工程价款的报告,视为该项变更不涉及合同价款的调整。

(2)工程师应在收到承包商变更合同价款报告后 14 天内,对承包商的要求予以确认或做出其他答复。工程师无正当理由不确认或答复时,自承包商的报告送达之日起 14 天后,视为变更价款报告已被工程师确认。

(3)工程师确认增加的项目变更价款作为追加合同价款,应与项目进度款同期支付。工程师不同意承包商提出的变更价款,可按合同约定的争议条款处理。

(4)因承包商自身原因导致的项目变更,承包商无权要求追加合同价款。

4.项目变更应注意的问题

在进行项目变更时,应注意如下问题:

(1)业主和工程师的认可权必须限制。业主常常通过工程师对材料的认可权提高材料的质量标准、对设计的认可权提高设计质量标准、对施工工艺的认可权提高施工质量标准。如果合同条文规定比较含糊或设计不详细,则容易产生争执。当认可超过合同规定的范围和标准时,承包商应争取业主或工程师的书面确认,进而提出工期和费用索赔。

(2)对业主(工程师)的口头变更指令,应在规定时间内以书面向工程师索取书面确认。对业主(工程师)的口头变更指令,按施工合同规定,承包商也必须遵照执行,但应在 7 天内以书面向工程师索取书面确认。如果工程师在 7 天内未予书面否决,则承包商的书面要求信即可作为工程师对该变更的书面指令。

(3)项目变更不能免去承包商的合同责任,而且对方应有变更的主观意图。对已收到的变更指令,特别是对重大的变更指令或在图纸上做出的修改意见,承包商应予以核实。对超出工程师权限范围的变更,承包商应要求工程师出具业主的书面批准文件。对涉及双方责权利关系的重大变更,必须有双方签署的变更协议。

(4)应注意项目变更的实施、价格谈判和业主批准三者之间在时间上的矛盾性。变更实施前,最好事先能就变更及价款的谈判达成一致。在商讨变更、签订变更协议的过程中,承包商最好提出变更补偿问题,在变更执行前就应明确补偿范围、补偿方法、索赔值的计算方法和补偿款的支付时间等。

(5)当出现导致项目变更的迹象时,应尽早督促工程师提出项目变更。在实际工作中,变更决策时间过长和变更程序太慢会引起如下两种现象,进而给承包商造成损失:一种是施工停止,承包商等待变更指令或变更会谈决议;另一种是变更指令不能迅速做出,而现场继续施工,造成更大的返工损失。这就要求变更程序尽量快捷,承包商应尽可能促使工程师及早下达变更指令。

(6)在项目实施中,承包商不能擅自进行变更。承包商在施工中发现图纸错误或其他问题需进行变更时,首先应通知工程师,经工程师同意或通过变更程序再进行变更;否则,承包商可能不仅得不到应有的补偿,而且还会给自身带来不必要的麻烦。

8.2.2　合同实施控制

合同实施控制是指为保证合同所约定的各项义务的全面完成及各项权利的实现,以合同分析结果为基准,对整个合同实施过程进行全面监督、检查、对比和调整的管理活动。在项目实施过程中,由于实际情况千变万化,导致合同的实施会与预定目标的偏离。当这种情况发生时,如果不及时采取措施,这种偏差便会由小到大、日积月累,对合同的履行造成严重的影响。基于上述原因,在项目实施时,需要对合同进行跟踪控制,以便及时发现偏差,及时作出调整,使之与总目标一致。

1.合同实施控制的依据及程序

合同实施控制的主要依据包括:合同和合同分析的结果,如各种计划、方案、合同变更文件等,它们是控制的基础,是合同实施的目标和方向;各种实际的工程文件,如原始记录、各种工程报表、报告、验收结果等;工程管理人员每天对现场情况的直观了解,如对施工现场的巡视、与各种人谈话、召集小组会议、检查工程质量的报表、报告等。

合同实施控制的程序通常分为如下三步:

(1)项目实施监测与跟踪。由于合同实施往往会受到外界干扰而偏离目标,为确保项目按照预定的计划、设计、施工方案实施,在合同实施过程中,首先必须对整个项目活动实施全面的监测与跟踪,广泛收集各类原始资料,如质量检查报告、项目进度报告、记工单、用料单、成本核算凭证等,以全面了解实际情况。

(2)对比分析。只有经过对比分析,才能发现计划执行的状况。所以,需要将监测收集到的项目资料和实际数据进行整理,然后将这些信息与项目目标(如合同文件、合同分析文件、计划、设计等)进行对比分析,从而检查两者是否存在差异以及差异的大小。

(3)纠偏处理。当出现差异时,就要分析差异的原因,有针对性地采取纠偏处理措施。差异表示工程实施偏离目标的程度,必须详细分析差异产生的原因及其影响,有效地采取纠偏措施进行处理;否则这种差异会逐渐积累,最终导致项目实施远离目标,甚至可能导致整个项目失败。

项目合同实施控制较为详细的流程见图 8-3。

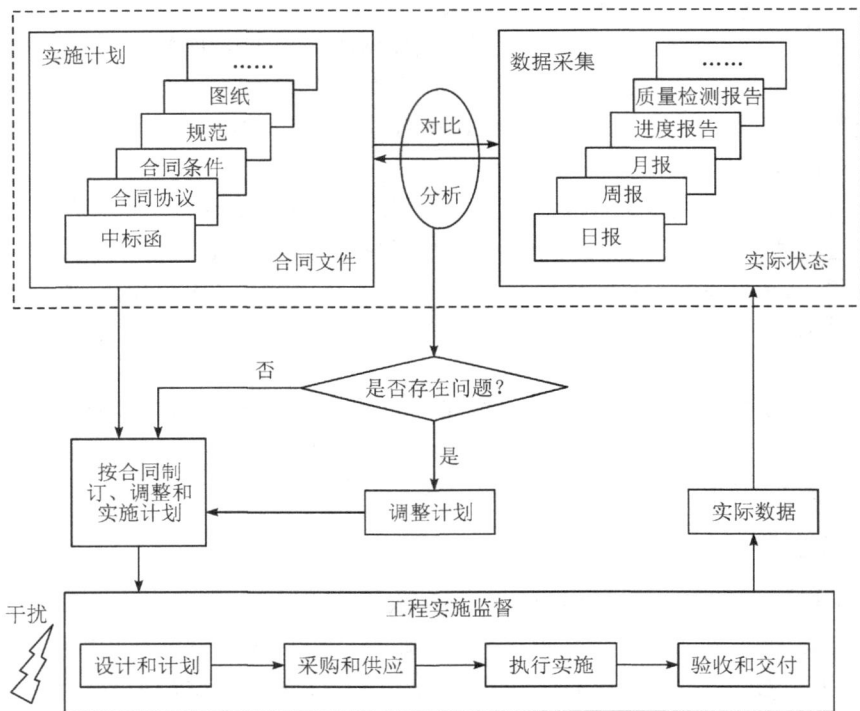

图 8-3 项目合同实施控制流程

2.合同实施控制的方法

项目合同实施控制的方法通常有被动控制和主动控制两种。

(1)被动控制。被动控制是控制者从计划的实际输出中发现偏差,对偏差采取措施,及时纠正的控制方式。因此,要求控制人员对计划的实施进行跟踪,将其收集的工程信息进行加工整理,再传递给控制部门,使控制人员从中发现问题,找出偏差,使得目标和计划的偏离一旦出现就能够加以纠正。被动控制实际上是在项目实施过程中、事后检查过程中发现问题及时处理的一种控制,因此仍为一种积极的并且十分重要的控制方式。

(2)主动控制。主动控制就是预先分析目标发生偏离的可能性,并拟订和采取各项预防性措施,以保证计划目标得以实现。主动控制是一种对未来的控制,它可以最大可能地改变即将成为事实的被动局面,从而使控制更加有效。当它根据已掌握的可靠信息,分析预测得出系统将要输出偏离计划的目标时,就制定纠正措施并向系统输入,由此避免偏离目标的发生。

被动控制与主动控制都是实现项目目标所必须采用的控制方式,有效的控制工作应以主动控制为主,同时还应进行定期、连续不断的跟踪并进行被动控制,由此将被动控制和主动控制有机地结合起来,只有如此,才能完成各项目标控制的根本任务。

8.2.3 合同实施的监督

1.不同主体的合同实施监督

项目的利益主体主要包括业主和承包商两方,在项目的实施过程中,业主通常又会委托工程师对承包商履行合同的情况进行监督。从不同的主体视角出发,合同实施的监督内容会有所不同,具体说明如下。

1)工程师(业主)的合同实施监督

业主雇用工程师的首要目的,即是对项目合同的履行进行有效的监督,因此,监督合同的实施是工程师最基本的职责。在项目执行过程中,工程师应该深入施工现场,或安排专人在现场执行项目实施监督工作,不仅要监督承包商完成合同责任,而且要为承包商完成合同责任提供指导,同时也要协助业主全面完成其合同责任。其具体的工作内容包括:

(1)督促业主按照合同的要求,为承包商履行合同提供支持和帮助。如为承包商进入项目实施现场创造条件,使承包商能够按时、充分、无障碍地进入项目实施现场;及时下达指令、图纸等,提供由业主供应的材料和设备。

(2)对承包商的工作进行监督,使整个项目实施过程处于监督之下,主要包括检查并防止承包商漏项、供应不足;对承包商的实施计划、实施方法(工艺)进行事前的认可和实施过程中的监督;确保承包商的材料、设备符合合同的要求;监督项目的实施进度及付款。

2)承包商的合同实施监督

承包商对合同实施监督的目的是保证自己能够按照合同的要求,完成相应的合同责任。其主要工作有:

(1)落实合同实施计划。即为各工作小组、分包商的工作提供必要的保证,如施工现场的安排,人工、材料、机械等计划的落实,工序间的搭接关系和安排,以及其他一些必要的准备工作。

(2)协调各方关系。在项目实施中,常常会由于一些合同中未明确划定的责任,造成承包商与业主、各承包商、材料和设备供应商之间,以及各分包商、工作小组与分包商之间发生互相推诿、扯皮,引起内部和外部的争执。因此,合同管理人员必须做好判定和调解工作,解决相互之间出现的协调问题。

(3)指导合同工作。在项目实施中,为了使各工作小组都有全局观念,合同管理人员有必要对各工程小组和分包商进行工作指导,将各方面在合同关系上联系起来,防止漏洞和弥补损失,以更有效地完成项目。

(4)合同实施情况的跟踪、偏差分析及处理。即通过对合同实施情况的分析,找出偏差,及时采取措施,做出调整,以使合同总目标能够实现。这项工作还可以使合同管理人员清楚地了解合同实施情况,对合同实施现状、趋向和结果有清醒的认识。

（5）进行工程变更与索赔管理。索赔作为一种重要的合同行为,加强索赔管理,无论是对承包商还是业主都是十分重要的。承包商成功的索赔不仅可以维护自身的经济利益,而且还可能带来可观的利润;而业主可通过反索赔来规避一些不合理的索赔对自身造成的损失。

（6）项目文档管理。向分包商发出的任何指令,向业主发出的任何文字答复、请示,业主方发出的任何指令,都必须经过规定的审查流程,记录在案。文档管理可为项目顺利实施和成功索赔,提供所需的证据资料。

（7）争议处理。承包商与业主、总（分）包的任何争议的协商和解决都必须有合同管理人员的参与,同时对解决方法进行合同和法律方面的审查、分析及评价,这样不仅保证工程施工一直处于严格的合同控制中,而且使承包商的各项工作更有预见性,更能及早地预测合同行为的法律后果。

2.合同实施跟踪

合同跟踪有两个方面的含义,一是承包商的合同管理职能部门对合同执行者（项目经理部或项目参与人）的履行情况进行的跟踪、监督和检查;二是合同执行者（项目经理部或项目参与人）本身对合同计划的执行情况进行的跟踪、检查与对比,在合同实施过程中,二者缺一不可。合同跟踪的依据一般包括:合同和合同分析的结果,如各种计划、方案、合同变更文件等,它们是比较的基础,是合同实施的目标和依据;各种实际的项目执行文件,如原始记录,各种工程报表、报告、验收结果、量方结果等;项目管理人员每天对现场情况的直观了解,如通过施工现场的巡视、与各种人谈话、召开小组会议、检查工程质量和量方等,这些都是最直观的感性知识,通常可以比通过报表、报告更快地发现问题,更能透彻地了解问题,有助于迅速采取措施减少损失。

合同跟踪的对象有:

（1）承包商的任务。承包商的任务包括承包商项目实施的质量,材料、构件、制品和设备等的质量,以及施工或安装质量,是否符合合同要求等;项目进度,是否在预定期限内施工,工期有无延长,延长的原因是什么等;项目工作数量,是否按合同要求完成全部施工任务,有无合同规定以外的施工任务等;成本的增加和减少。

（2）工作小组或分包商的任务。可以将项目实施任务分解交由不同的工作小组或发包给专业分包完成,但必须对它们实施的总体情况进行检查分析、协调关系,提出意见、建议或警告,保证项目总体质量和进度。在项目实施中,常常由于某一工作小组或分包商的工作质量不高或进度拖延,而影响整个项目的施工。合同管理人员在这方面应给他们提供帮助,如协调他们之间的工作,对工程缺陷提出意见、建议或警告,责成他们在一定时间内提高质量、加快进度等。

（3）业主及其委托的工程师的工作。业主和工程师应及时提供项目实施条件,如及时发布图纸、提供场地,及时下达指令、做出答复,及时并足额地支付应付的款项等。在项目实施中,承包商应积极主动地做好工作,如提前催要图纸、材料,对工作事先通知,这样不仅可以让业主和工程师及时准备,以建立良好的合作关系,保证项目的顺利实施,而且可以避免或减轻自己的责任。

（4）工程总的实施状况。工程总的实施状况包括项目整体施工秩序状况,在项目实施中是否存在现场混乱、拥挤不堪,承包商与业主的其他承包商、供应商之间协调困难,合同工作小组之间协调困难,出现事先未考虑到的情况和局面;已完工作是否通过验收,是否发生过大的质量事故,试运行是否成功或达到预定的生产能力等;施工进度是否按预定计划执行,主要活动是否按期完成,在周报和月报上的计划和实际进度是否有大的偏差;计划和实际的成本曲线是否出现大的偏离。

3.合同实施纠偏

通过合同跟踪,可能会发现合同实施中存在的偏差,即项目实施实际情况偏离了原定计划和目标,此时应该及时分析原因、采取措施、纠正偏差,否则,这种差异会逐渐积累,越来越大,最终导致项目实施远离目标,使承包商或合同双方遭受损失,甚至可能导致项目失败。

1)合同偏差分析的内容

在合同实施纠偏前,首先要进行偏差原因分析。合同实施情况偏差分析是指在合同实施情况追踪的基础上,评价分析合同实施情况、偏差的大小、影响程度及产生原因,预测合同实施情况未来发展趋势,以便对该偏差采取调整措施。合同偏差分析的内容包括以下几个方面:

(1)产生偏差的原因分析。通过对合同执行实际情况与实施计划的对比,不仅可以发现合同实施的偏差,而且可以探索引起差异的原因。分析方法有鱼刺图、因果关系分析图、成本量差、价差和效率差分析等。

(2)合同实施偏差的责任分析。分析产生合同偏差的原因是由谁引起的,应该由谁承担责任。责任分析必须以合同为依据,按合同规定落实双方的责任。

(3)合同实施趋势分析。即分析在不同措施下合同执行的结果与趋势,包括项目最终状况、总工期的延误、总成本的超支、质量标准、所能达到的生产能力(或功能要求)等;承包商将承担什么样的后果,如被罚款、被清算,甚至被起诉,对承包商资信、企业形象、经营战略的影响等;最终经济效益(利润)水平。

2)偏差处理的措施

根据合同实施偏差分析的结果,承包商可采取相应的调整措施进行纠偏。通常对偏差处理可采取以下四类措施:

(1)合同措施,如进行合同变更,签订新的附加协议、备忘录,通过索赔手段解决费用超支问题等。

(2)组织措施,如增加人员投入,调整工作流程或重新制订计划,派遣得力的管理人员等。

(3)技术措施,如变更技术方案,采用效率更高的实施方案等。

(4)经济措施,如增加投入,对管理人员进行经济激励等。

与合同签订前情况不同,在项目实施中出现任何问题和风险,承包商都应首先采取合同措施,而不是技术或组织措施。通常应考虑以下两点:如何保护和充分行使自己的合同权利;如何利用合同使对方的要求(权利)降到最低,即如何充分限制对方的合同权利。如果通过合同诊断,承包商已经发现业主有恶意,不支付项目款项或自己已经掉入合同陷阱中,或已经发现合同亏损,而且估计亏损会越来越大,则要及早确定合同执行战略,采取措施。在这种情况下,常常是承包商投入资金越多,项目完成得越多,承包商就越被动,损失会越大。等到项目完成、交付使用,则承包商的主动权就完全没有了。

8.2.4 合同实施后评价及档案管理

1.合同实施后评价

由于合同管理工作比较偏重于经验,只有不断总结经验,才能不断提高项目合同管理水平,因此,在合同实施完成后必须进行合同的后评价工作,这有助于总结合同签订和执行过程中的利弊得失和经验教训,为以后工程的合同管理工作提供借鉴。合同实施后评价工作包括的内容和实施流程如图8-4所示,具体包括合同签订情况后评价、合同执行情况后评价、合同管理情况后评价和合同条款后评价,并最终在此基础上形成合同实施后评价报告。

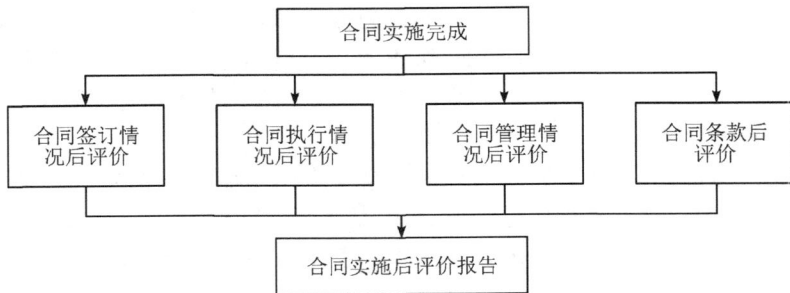

图8-4 合同实施后评价的内容及流程

1)合同签订情况后评价

项目在正式签订合同前,所进行的工作都属于签约管理,签约管理质量直接制约着合同的执行过程。因此,签约管理是合同管理的重中之重。评价项目合同签约情况时,主要考虑以下几个方面:①招标前是否对业主和项目进行了调查和分析,是否清楚、准确。例如,项目实施所需要资金是否已经落实,施工条件是否已经具备,初步设计及概算是否已经批准等。②投标时是否依据公司整体实力及实际市场状况进行报价,对项目的成本控制及利润收益是否有明确的目标、心中有数。③中标后是否逐条与业主进行了谈判,是否努力争取了较为宽松的合同条件,是否界定过不明确的合同条款并与业主进行了落实。④签约过程中的所有资料是否经过了严格的审阅、分类、归档,以便为后期的索赔提供依据。

2)合同执行情况后评价

在合同实施过程中,应该严格按照合同的规定,履行自己的职责,通过有序的施工管理工作对合同进行控制管理,而合同执行情况后评价即是对这方面工作的情况进行回顾总结,主要包括项目实施过程中的工期目标、质量目标、成本目标完成情况的评价。

(1)工期目标评价,主要评价合同工期履约情况和各单位(单项)工程进度计划执行情况;核实单项工程实际开、竣工日期,计算合同工期和实际工期的变化率;分析项目实施进度提前或拖后的原因。

(2)质量目标评价,主要评价实际工程质量的合格品率、实际质量的优良品率等指标,将实际工程质量指标与合同文件中规定的,或设计规定的,或其他同类工程的质量状况进行比较,分析变化的原因;评价设备质量,分析设备及安装工程质量能否保证投产后正常生产的需要;计算和分析项目质量事故的经济损失,包括计算返工损失率、因质量事故拖延建设工期所造成的实际损失,以及分析无法补救的质量事故对项目投产后投资效益的影响程度;分析有无重大安全事故发生,分析其原因和带来的实际影响。

(3)成本目标评价,主要评价物资消耗、工时定额、设备折旧、管理费等计划与实际支出的情况,评价项目成本控制方法是否科学合理,分析实际成本高于或低于目标成本的原因,包括主要实物工程量的变化及其范围;主要材料消耗的变化情况,分析造成超耗的原因;各项工时定额和管理费用标准是否符合有关规定。

3）合同管理情况后评价

这是对合同管理本身，如工作职能、程序、工作成果的评价，包括：合同分析的准确程度；合同管理工作对项目的总体贡献或影响；在投标报价和项目实施中，合同管理系统及其功能的协调问题，需要改进的地方，合同控制中的程序改进要求；索赔处理和纠纷处理的经验教训等。

4）合同条款后评价

这方面工作包括：合同签订和执行过程中所遇到的特殊问题的分析结果；本合同的具体条款，特别是对本工程有重大影响的合同条款的表达和执行的利弊得失；对具体的合同条款如何表达更为有利；等等。

2.合同档案管理

合同档案包括投标、中标书、信件及数据、合同书、电传、电报、传真、电子邮件、电子数据交换等。在合同实施过程中，业主、承包商、工程师、业主的其他承包商之间会有大量的信息交往，承包商的项目经理部内部的各个职能部门（或人员）之间也有大量的信息交往。承包商必须及时向业主（工程师）提交各种信息、报告、请示，这些是承包商证明其项目实施情况（完成的范围、质量、进度、成本等），并作为继续进行项目实施、请求付款、获得赔偿、工程竣工的条件。实践证明，任何项目都会有这样或那样的风险，都可能产生争执，甚至会有重大的争执，而做好现场记录和档案管理工作，能够为这些争执的合理解决提供所需的证据材料。

1）合同档案的基本要求

在项目实施中，与合同相关的资料面广量大，形式多样，主要包括：合同资料，如各种合同文本、招标文件、投标文件、总进度计划、图纸、工程说明等；合同分析资料，如合同总体分析、合同工作表、网络图、横道图等；工程实施中产生的各种资料，如业主的各种工作指令、工程签证、信件、会谈纪要和其他协议，各种变更指令、变更申请、变更记录，各种检查验收报告、鉴定报告；工程实施中的各种记录、施工日记等，官方的各种文件、批件，反映工程实施情况的各种报表、报告、图片等。对于这些合同档案资料的处理，其基本要求如下：

（1）专业对口、实用。不同专业的工作小组、不同的项目管理职能人员提供不同的资料，同时他们又需要不同的资料，因此，合同资料应满足各种专业工作的要求。

（2）能够反映实际情况。各种合同文件、项目文件、报表、报告要实事求是，反映客观，不能弄虚作假，各种计划指令、协调方案也要符合实际，切实可行。

（3）能够及时提供。资料过时，则会失去它的作用，造成损失。如索赔证据提供过迟，则会失去索赔机会；合同要求业主代表、工程师、承包商对函件应在规定的期限答复，否则承担相应的责任；工程师必须及时认可或拒绝承包商的建议文件、请示文件等。

（4）简单明了，便于理解。合同资料应该简洁、严谨、清晰、准确，不能含糊不清、模棱两可，造成不必要的误解和歧义，进而引发合同纠纷。

2）合同档案管理的任务

合同档案管理的主要任务包括如下几项：

（1）合同资料的收集。合同包括各类资料、文件；合同分析又产生许多分析文件；在合同实施中每天又产生大量的文档资料，如记工单、领料单、图纸、报告、指令、信件等。这些资料的收集工作必须落实下去，由相应的职能人员每天收集并提交给合同管理人员。

（2）合同资料的分类和整理。原始资料必须经过加工和整理，才能反映工程进展的状况，才能成为可供决策的信息，才能成为工程报表或报告文件，因此，合同资料必须进行适当的分类和整理，才能更好地发挥它们的作用。

（3）合同资料的储存。所有合同管理中涉及的资料不仅是为了目前的使用，而且必须保存好，以备将来查找和使用，以及为将来建立资料的档案系统提供信息。

（4）合同资料的提供、调用和输出。合同管理人员有责任向项目经理、业主报告项目的实施情况，向各职能人员和各工作小组、分包商提供所需资料，为项目的各种验收、索赔和反索赔提供原始材料和证据。

问题思考

1.为什么会产生项目变更？项目变更会导致哪些后果？

2.如何对合同实施进行监督控制，在此过程中工程师会发挥怎样的作用？

3.为什么要对合同实施进行后评价？合同档案管理有何现实意义？

8.3 项目索赔

项目索赔是承包商保护正当权益、弥补自身损失、提高经济效益的重要手段。在许多建设项目中，通过成功的索赔能使项目收入的改善达到整个造价的 10%～20%，有些项目的索赔额甚至超过了合同总价款本身。索赔管理以其花费较小、经济效果明显而受到承包商的高度重视。

8.3.1 项目索赔的相关概念

1.索赔概述

1）索赔的概念

索赔即索取赔偿，也就是指交易一方不履行或未正确履行合同规定的义务而使对方受到损失，对方向其提出赔偿的要求。项目索赔通常是指在项目合同履行过程中，合同当事人一方因非自身因素或对方不履行或未能正确履行合同而受到经济损失或权利损害时，通过一定的程序向对方提出经济或时间补偿要求。索赔是一种正当的权利要求，它是存在于承包方中一项正常的、大量发生而且普遍存在的合同管理业务，是一种以法律和合同为依据的、合理的行为。在项目进行过程的各个阶段均有可能发生索赔，尤其在实施阶段发生较多。在项目实践中，对承包商而言，索赔主要有以下几类情形：

（1）业主或工程师违约，未履行或未正确履行合同责任。如未按合同规定及时交付设计图纸造成项目拖延或未及时支付相关款项等。

（2）业主行使合同规定的权力。最常见的有业主或工程师行使合同赋予的权力指令变更工程和暂停工程施工等。

（3）发生应由业主承担责任的特殊风险事件。常见的如事先未能预料到的不利的自然条件、与勘查报告不同的地质情况、国际法令的修改、地震海啸、汇率变化等。

2）索赔的特征

索赔是以项目实施状况为依据，以合同责任为前提，是双向的、以对实际损失或支出补偿为目的的行为过程，其具有如下的主要特征：

（1）索赔是双向的，不仅承包商可以向业主索赔，业主同样也可以向承包商索赔。由于实践中业主向承包商索赔发生的频率相对较低，而且在索赔处理中，业主始终处于主动和有利的地位，可以直接从应付项目款中扣抵或没收履约保函、扣留保留金，甚至留置承包商的设备机具作为担保等来实现自己的索赔要求，因此，在项目实施中，大量发生的、处理比较困难的是承包商向业主的索赔，这也是索赔管理的主要对象和重点内容。

（2）只有实际发生了经济损失或权利损害，一方才能向对方索赔。经济损失是指发生了合同以外的额外支出，如人工费、材料费、机械费、管理费等额外开支；权利损害是指虽然没有经济上的损失，但造成了一方权利上的损害，如由于恶劣气候条件对项目进度的不利影响，承包商有权要求延长工期等。因此，发生了实际的经济损失或权利损害，应是一方提出索赔的一个基本前提条件。

（3）索赔是一种未经对方确认的单方行为，它与工程签证不同。在施工过程中，签证是承发包双方就额外费用补偿或工期延长等达成一致的书面证明材料和补充协议，它可以直接作为工程款结算或最终增减工程造价的依据；而索赔则是单方行为，对对方尚未形成约束力，这种索赔要求能否得到最终实现，必须要通过确认（如双方协商、谈判、调解或仲裁、诉讼）后才能实现。

归纳起来，索赔的本质特征是要求给予补偿（赔偿）的一种单方权利和主张，其依据是法律法规、合同文件及工程建设惯例，索赔方因非自身原因遭受了损失而且掌握了切实有效的证据。

索赔是一种正当的权利或要求，是合情、合理、合法的行为，是在正确履行合同的基础上争取合理偿付，不是无中生有、无理争利的行为。索赔同守约、合作并不矛盾或者对立，索赔本身就是市场经济合作的一部分，只要是符合有关规定的、合法的或者符合有关惯例的，就应该理直气壮地、主动地向对方索赔。大部分索赔都可以通过和解或调解等方式获得解决，只有在双方坚持己见而无法达成一致时，才会提交仲裁或诉讼至法院求得解决，即使是通过法律程序，也应当把它看成是遵法守约的正当行为。索赔的关键在于"索"，你不"索"，对方就没有任何义务主动地来"赔"。同样，"索"得乏力、无力，即索赔依据不充分、证据不足、方式方法不当，也是很难成功的。

3）索赔与违约的区别

索赔与违约有着很大的差别，索赔是对自己已完工作所发生的损失的权利主张，而违约是对对方违反合同约定所做的追偿。具体说来：

（1）索赔事件的发生，不一定在合同文件中有约定；而工程合同的违约责任，则必然是合同中所约定的。

（2）索赔事件的发生，既可以是一定行为造成的（包括作为和不作为），也可以是不可抗力事件所引起的；而追究违约责任，必须要有合同不能履行或不能完全履行的违约事实的存在，发生不可抗力可以免除当事人的违约责任。

（3）索赔事件的发生，可以由合同当事人一方引起，也可以由任何第三人的行为引起；而违反合同则是由于当事人一方或双方的过错造成的。

（4）一定要有造成损失的结果才能提出索赔，因此索赔具有补偿性；而合同违约不一定要造成损失结果，因为违约（如违约金）具有惩罚性。

(5)索赔的损失结果与被索赔人的行为不一定存在法律上的因果关系,如因业主(业主)指定分包人原因造成承包商损失的,承包商可以向业主索赔;而违反合同的行为与违约事实之间存在因果关系。

2.索赔的起因

引起项目索赔的原因繁多而复杂,主要包括以下几个方面:

(1)项目的特殊性。由于项目规模大、技术要求高、投资额度大、实施工期长,这使得项目在执行过程中存在诸多的不确定因素。而合同必须在项目开始前签订,因而它不可能对项目所有的问题都能做出合理的预见和规定。此外,业主在项目实施过程中还可能有许多新的调整和决策,这一切使得合同变更极为频繁,而合同变更必然导致项目工期和成本的变化,引起索赔事件的发生。

(2)主体的多元化。由于项目参与单位多,一个项目往往有业主、总承包商、监理单位、分包商以及材料设备供应商等众多单位参与,各方面的技术和经济关系非常复杂,相互联系并且相互影响,只要一方有个别失误,不仅会造成自己的损失,而且会影响其他合作者,造成他人损失,从而导致索赔和争执。

(3)环境的多变性。项目的技术环境、经济环境、社会环境以及法律环境在项目实施过程中经常会发生变化,使得项目计划实施过程与实际情况不一致,这些因素同样会导致项目工期和费用的变化。

(4)合同的复杂性。项目合同文件多样且复杂,经常会出现缺陷以及合同前后自相矛盾等问题,容易造成合同双方对合同文件理解不一致,从而出现索赔。

(5)竞争的激烈性。由于项目投标市场竞争激烈,承包商为了中标会压低投标报价,致使其利润水平降低,回旋余地变小。特别是在招标投标过程中,每个合同专用文件内的具体条款,一般是由业主自己或委托工程师、咨询单位编写后列入招标文件,编制过程中承包商没有太大的发言权,因而项目合同在实践中往往是业主与承包商风险分担不公,稍遇条件变化,承包商即处于亏损的边缘,这必然迫使承包商寻找一切可能的索赔机会来降低自己承担的风险。因此,索赔实质上是项目实施阶段承包商和业主之间在承担风险上的合理再分配,这也是目前国内外市场上索赔在数量、款额上呈增长趋势的一个重要原因。

3.索赔的分类

索赔分类随标准、方法的不同而不同,主要有以下几种分类方法。

1)按索赔当事人分类

按索赔的有关当事人分类,索赔可以分为以下几种:

(1)总承包合同索赔,即总承包商和业主之间的索赔,这类索赔大多是有关工程量计算、变更、质量和价格方面的争议,也有中断或终止合同等其他违约行为的索赔。

(2)分包合同索赔,即总承包商和分包商之间的索赔,其内容与总承包合同索赔大致相似,但大多数是分包人向总承包商索要付款或赔偿,以及总包人向分包人罚款或扣留支付款等。

(3)联营承包合同索赔,即联营成员之间的索赔。

(4)劳务合同索赔,即承包商与劳务供应商之间的索赔。

(5)其他合同索赔,如承包商与材料设备供应商之间的索赔。

2)按索赔目的分类

按索赔目的,索赔可分为工期索赔和费用索赔。

（1）工期索赔。由于非承包商责任的原因导致项目进度延误，要求批准顺延合同工期的索赔，称为工期索赔。工期索赔形式上是对权利的要求，以避免在原定合同竣工日不能完工时，被业主追究延期违约责任。一旦合同工期顺延批准后，承包商不仅免除了承担延期违约赔偿的风险，还可能因提前完工而得到奖励。

（2）费用索赔。费用索赔的目的是要得到经济补偿。当项目的客观条件发生变化导致承包商增加开支，承包商对超出计划成本的附加开支要求给予补偿，以挽回不应由他承担的经济损失就属于费用索赔。

3）按索赔事件的性质分类

按照索赔事件的性质，索赔可分为以下几类：

（1）项目延期索赔。因业主未按合同要求提供施工条件，如未及时交付设计图纸、施工现场、道路等，或因业主指令项目暂停或不可抗力事件等原因造成工期拖延的，承包商对此提出索赔；由于承包商原因导致工期拖延，业主可以向承包商提出索赔；由于非分包人的原因导致工期拖延，分包人可以向承包商提出索赔。

（2）项目变更索赔。由于业主或工程师指令增加或减少工程量，或增加附加工程、修改设计、变更施工顺序等造成工期延长或费用增加，承包商对此提出索赔。分包人也可对此向承包商提出索赔。

（3）项目终止索赔。由于业主违约或发生了不可抗力事件等造成项目非正常终止，承包商因蒙受经济损失而提出索赔；由于承包商或者分包人的原因导致项目非正常终止，或者合同无法继续履行，业主可以对此提出索赔。

（4）项目赶工索赔。由于业主或工程师指令承包商加快施工速度，缩短工期，引起承包商人、财、物的额外开支和施工降效而提出的索赔。

（5）意外风险和不可预见因素索赔。在项目实施过程中，因人力不可抗拒的自然灾害、特殊风险，以及一个有经验的承包商在订立合同时通常合理预见的不利施工条件或客观障碍，如地下水、地质断层、溶洞、地下障碍物等引起的索赔。

（6）其他索赔。如因货币贬值、汇率变化、物价、工资上涨、政策法令变化等原因引起的索赔。

这种分类能明确指出每一项索赔的根源所在，使业主和工程师便于审核分析。

4）按索赔处理方式分类

按索赔的处理方式和处理时间，索赔又可分为单项索赔和综合索赔。

（1）单项索赔。单项索赔是针对某一干扰事件提出的，在影响原合同正常运行的干扰事件发生时或者发生后，由合同管理人员及时处理，并在合同规定的索赔有效期内向业主或工程师提交索赔要求和索赔报告。

（2）综合索赔。综合索赔又称一揽子索赔，一般在项目竣工和移交前，承包商将项目实施过程中因各种原因未能及时解决的单项索赔集中起来，进行综合分析考虑，提出一份综合报告，由合同双方在项目交付前后进行最终谈判，以一揽子方案解决索赔问题。由于在一揽子索赔中，许多干扰事件交织在一起，影响因素比较复杂而且相互交叉，责任分析和索赔值计算都很困难，索赔涉及的金额往往又很大，双方都不愿意或不容易做出让步，使索赔的谈判和处理都很困难，因此，综合索赔的成功率比单项索赔要低得多。

4.索赔的依据和证据

总体而言,索赔的依据主要有以下三个方面:合同文件、法律法规和行业惯例。针对具体的索赔要求(工期或者费用),索赔的具体依据也不相同,其中合同文件是索赔最主要的依据,具体包括合同协议书、中标通知书、投标书及其附件、合同专用条款、合同通用条款、标准规范及有关技术文件、图纸、工程量清单、工程量报价单或预算书。

索赔证据是当事人用来支持其索赔成立或与索赔有关的证明文件和资料。索赔证据作为索赔文件的组成部分,在很大程度上关系到索赔的成功与否。证据不足或没有证据,索赔是不可能获得成功的。作为索赔证据,既要真实全面,又要具有法律证明的效力。在项目实施过程中,常见的索赔证据有:各种合同文件,施工记录,现场照片及声像资料,来往信件及电话记录,会谈纪要,气象报告和资料,项目进度计划,投标前业主提供的参考资料和现场资料,备忘录及各种签证,结算资料和有关财务报告,各种检查验收报告和技术鉴定报告等。

5.索赔的意义

对于项目管理来说,索赔具有如下重要意义:

(1)索赔是合同管理的重要环节。索赔和合同管理有直接的联系,合同是索赔的直接依据。整个索赔处理的过程就是执行合同的过程,项目开工后,合同人员应将每日合同实施的情况与原合同分析,若出现索赔事件,应当研究是否提出索赔。

(2)索赔有利于合同各方提高自身素质和管理水平。项目索赔直接关系到业主和承包商的利益,索赔和处理索赔的过程实质上是双方管理水平的综合体现。对业主来说,为使项目顺利进行,就必须加强自身管理,做好资金、技术等各项有关工作,保证各项问题及时解决;对承包商来说,要实现合同目标,取得索赔成功,争取自己的应得利益,就必须加强各项基础管理工作,对项目的质量、进度、变更等进行更严格、更细致的管理,进而推动自身管理水平的提高。

(3)索赔是合同双方利益的体现。从某种意义上讲,索赔是一种风险费用的转移或再分配,如果承包商利用索赔的方法使自己的损失尽可能地得到补偿,就会降低项目投标报价中的风险,使项目造价更趋于合理。作为承包商,要取得索赔,保证自己应得的利益,就必须做到自身不违约,全力保证项目质量和进度,实现合同目标。对应地,作为业主,要通过索赔的处理和解决,保证项目质量和进度,实现合同目标,使建设项目按期完工,早日投产取得经济收益。

(4)索赔是挽回成本损失的重要手段。在合同实施过程中,由于项目的主客观条件发生了与原合同不一致的情况,使承包商的实际成本增加,此时,承包商就应该而且必须通过索赔挽回损失。显然,索赔是以赔偿实际损失为原则的,承包商必须加强整个项目成本的分析和管理,以确保索赔的成功。

8.3.2 项目索赔的程序

索赔工作涉及双方的众多经济利益,是一项烦琐、细致、耗费精力和时间的过程,合同双方必须严格按照合同规定办事,按规定的索赔程序进行索赔工作,才能成功索赔。索赔工作程序是指从索赔事件产生到最终处理完成全过程所包括的工作内容和工作步骤,一般可分为以下几个步骤。

1.索赔意向通知

索赔意向通知是一种维护自身索赔权利的文件。在项目实施过程中,承包商发现索赔或意识到存在潜在的索赔机会后,要做的第一件事,就是要在合同规定的时间内将自己的索赔意向用书面形式及时通知业主或工程师,亦即向业主或工程师就某一个或若干个索赔事件表示索赔愿望、要求或声明。索赔意向通知,一般仅仅是向业主或工程师表明索赔意向,所以应当简明扼要。索赔意向通知通常只要说明以下几点内容:索赔事由发生的时间、地点、简要事实情况和发展动态,索赔所依据的合同条款和主要理由,索赔事件对工程成本和工期产生的不利影响。

FIDIC 合同条件及我国建设工程施工合同条件都规定,承包商应在索赔事件发生后的 28 天内将其索赔意向以正式函件通知工程师。如果承包商没有在合同规定的期限内提出索赔意向或发出通知,承包商则会丧失在索赔中的主动和有利地位,业主和工程师也有权拒绝承包商的索赔要求,这是索赔成立的有效的、必备的条件之一。因此,实际工作中,承包商应避免合理的索赔要求由于未遵守索赔时限的规定而导致无效。

2. 索赔资料的准备

从提出索赔意向到提交索赔文件,是属于承包商索赔的内部处理阶段和索赔资料准备阶段。此阶段的主要工作包括:

(1)跟踪和调查干扰事件,掌握事件产生的详细经过和前因后果。

(2)分析干扰事件产生的原因,划清各方责任,确定由谁承担,并分析这些干扰事件是否违反了合同规定,是否在合同规定的赔偿或补偿范围内,即确定索赔根据。

(3)损失或损害的调查或计算。通过对比实际与计划的施工进度和工程成本,分析经济损失或权利损害的范围和大小,并由此计算出工期索赔和费用索赔值。

(4)收集证据。从干扰事件产生、持续直至结束的全过程,都必须保留完整的文档记录,这是索赔能否成功的重要条件。在实际工作中,许多承包商的索赔要求都因没有或缺少书面证据而得不到合理解决,这个问题应引起承包商的高度重视。

(5)起草索赔文件。按照索赔文件的格式和要求,将上述各项内容系统地反映在索赔文件中。

索赔的成功很大程度上取决于承包商对索赔做出的解释和真实可信的证明材料。即使抓住合同履行中的索赔机会,如果拿不出索赔证据或证据不充分,其索赔要求也难以成功,从而大打折扣。因此,承包商在正式提出索赔报告前的资料准备工作极为重要。这就要求承包商注意记录和积累项目实施过程中的各种档案资料,并可随时从中提取与索赔事件有关的证明资料。

3. 索赔文件的提交

承包商必须在合同规定的索赔时限内向业主或工程师提交正式的书面索赔文件,即索赔报告。FIDIC 合同条件和我国建设工程施工合同条件都规定,承包商必须在发出索赔意向通知后的 28 天内或经工程师同意的其他合理时间内,向工程师提交一份详细的索赔文件和有关资料。如果干扰事件对项目的影响持续时间长,承包商则应按工程师要求的合理间隔(一般为28 天)提交中间索赔报告,并在干扰事件影响结束后的 28 天内提交一份最终索赔报告。如果承包商未能按规定时间提交索赔报告,就失去了该项事件请求补偿的索赔权利,此时他所受到损失的补偿,将不超过工程师认为应给予的补偿额,或把该事件损害提交仲裁解决时,仲裁机构依据合同和同期记录可以证明的损失补偿额。

4.工程师对索赔文件的审核

工程师是受业主的委托,对项目的实施进行组织、监督和控制工作的。在业主与承包商之间的索赔事件发生、处理和解决过程中,工程师是个核心人物。工程师在接到承包商的索赔文件后,必须以完全独立的身份,站在客观公正的立场上审查索赔要求的正当性,必须对合同条件、协议条款等有详细的了解,以合同为依据公平处理合同双方的利益纠纷。工程师应该建立自己的索赔档案,密切关注事件的影响和发展,有权检查承包商的同期记录材料,随时就记录内容提出他的不同意见或他认为应予以增加的记录项目。工程师根据业主的委托或授权,对承包商索赔的审核工作主要分为判定索赔事件是否成立和核查承包商的索赔计算是否正确、合理两个方面,并可在业主授权的范围内做出自己独立的判断。

5.工程师与承包商协商补偿额度

工程师核查后,初步确定应予以补偿的额度,这个额度往往与承包商索赔报告中要求的额度不一致,甚至差额较大,主要原因大多为对承担事件损害责任的界限不易划分清楚、索赔证据无法收集齐全、索赔计算的依据和方法分歧较大等,因此,双方应就索赔的处理进行沟通协商。通过协商达不成共识的,工程师有权单方面做出处理决定,承包商仅有权得到所提供证据获得工程师认可的经济补偿和工期延长。不论工程师通过协商与承包商达成一致,还是单方面做出的处理决定,批准给予补偿的款额和延长工期的天数如果在授权范围之内,则可将此结果通知承包商,并抄送业主。补偿款将计入下月支付工程进度款的支付证书内,业主应在合同规定的期限内支付,延长的工期加到原合同工期中去。如果批准的额度超过工程师的权限,则应报请业主批准。需要特别强调的是,工程师收到承包商送交的索赔报告和有关资料后应在28天内给予答复,或要求承包商进一步补充索赔理由和证据。如果工程师在28天内既未予答复也未对承包商做出进一步要求,则视为承包商提出的该项索赔要求已经被认可。

6.业主审查索赔处理

当索赔数额超过工程师权限范围时,由业主直接审查索赔报告,并与承包商谈判解决。工程师应参加业主与承包商之间的谈判,工程师可以作为索赔争议的调解人介入谈判工作。业主首先根据事件发生的原因、责任范围、合同条款审核承包商的索赔文件和工程师的处理报告,再依据项目实施的目的、投资控制、竣工投产日期要求,以及承包商在施工中的缺陷或违反合同规定等的有关情况,决定是否批准工程师的处理决定。例如,承包商某项索赔理由成立,工程师根据相应条款的规定,既同意给予一定的费用补偿,也批准延长相应的工期,但业主权衡了施工的实际情况和外部条件的要求后,可能不同意延长工期,而宁愿给承包商增加费用补偿额,要求其采取赶工措施,按期或提前完工,这样的决定只有业主才有权做出。索赔报告经业主批准后,工程师即可签发有关证书。对于数额比较大的索赔,一般需要业主、承包商和工程师三方反复协商决定。

7.承包商决定是否接受最终索赔处理

如果承包商同意接受最终的处理决定,那么索赔事件处理结束;如果承包商不同意,则可根据合同约定,将索赔争议提交仲裁或诉讼,使索赔问题得到最终解决。在仲裁或诉讼过程中,工程师作为项目全过程的参与者和管理者,可以作为见证人提供证据,进行答辩。项目实施中会发生各种各样、大大小小的索赔、争议等事件,需要强调的是,合同各方应该尽量争取在最早的时间、最低的层次、最大可能以友好协商的方式解决索赔问题,不要轻易提交仲裁或诉讼。这是因为对项目争议的仲裁或诉讼往往是非常复杂的,要花费大量的人力、物力、财力和精力,对项目实施也会带来不利影响。

上述索赔步骤详细汇总如图 8-5 所示。

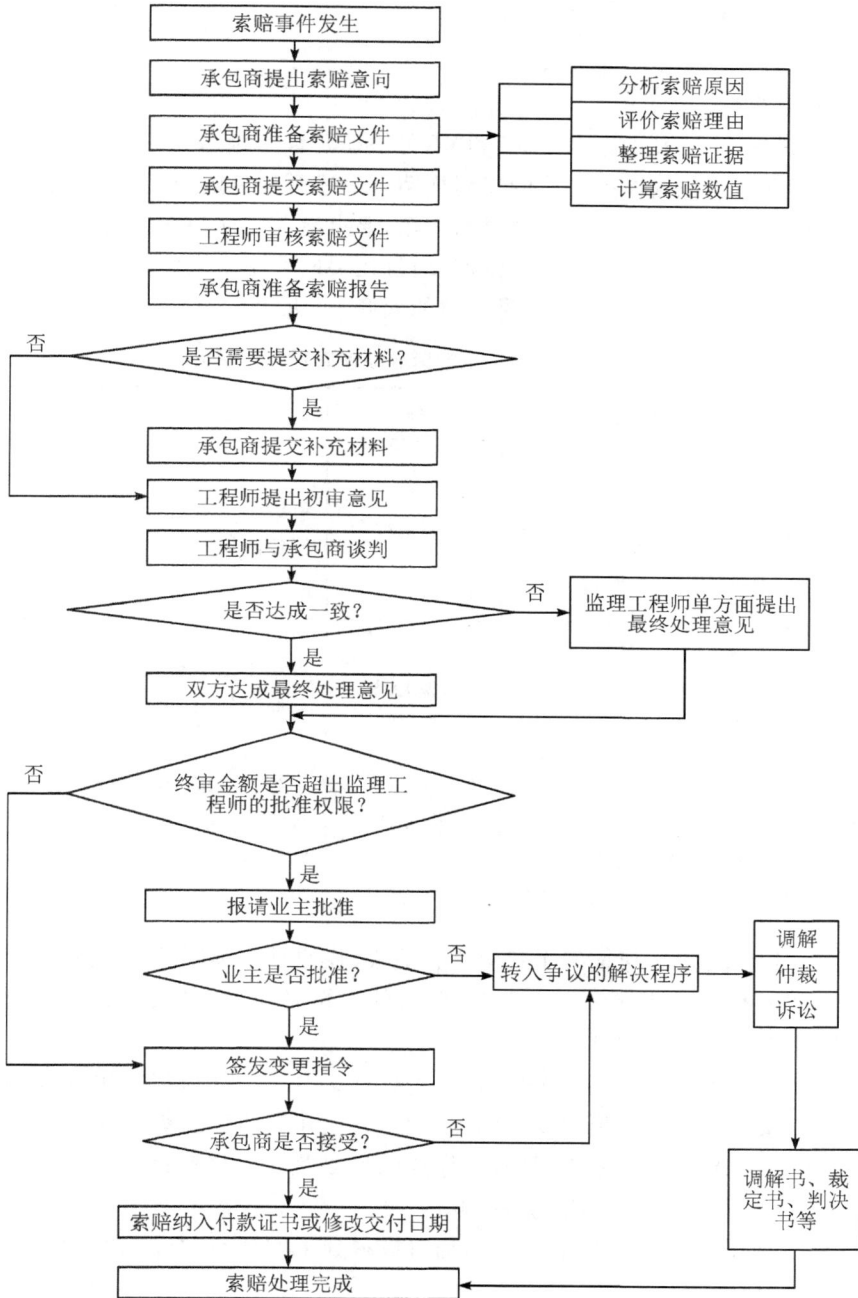

图 8-5　项目索赔的流程

8.3.3　索赔的确定方法

索赔的内容主要表现有工期索赔、费用索赔或者工期与费用同时存在的双索赔,下面分别介绍工期索赔和费用索赔的确定方法。

1.工期索赔

1)工期索赔的原则

项目工期延误可以分为"可原谅延误"和"不可原谅延误",前者是由于非承包商原因造成的工程拖期,后者则是承包商原因造成的工程拖期。上述两种工期延误处理原则完全不同,如果是"可原谅延误",则承包商可以向业主提出索赔,要求给予工期补偿或/和经济补偿;如果是"不可原谅延误",承包商不仅无权向业主索赔,而且还要向业主赔偿由于工期延误给业主造成的损失。上述两种延误的处理原则和结果汇总如表8-1所示。

表8-1　工期索赔处理原则

工期延误种类	延误原因	责任者	处理原则	索赔结果
可原谅延误	·修改设计 ·施工条件变化 ·业主原因拖期 ·工程师原因拖期	业主/工程师	可给予工期延长,可补偿经济损失	工期补偿、经济补偿
	·异常恶劣气候 ·工人罢工 ·天灾	客观原因	可给予工期延长,不给予经济补偿	工期补偿
不可原谅延误	·工效不高 ·施工组织不好 ·设备材料供应不及时	承包商	不延长工期,不补偿经济损失,向业主支付误期损失赔偿费	索赔失败、无权索赔

在项目实施过程中,工程拖期很少只由一方造成,往往是多种原因同时发生(或相互作用)而形成的,亦即双方都对工期延误负有责任,此时的工期延误称为"共同延误"。在这种情况下,通常依据如下原则处理工期延误:

(1)首先判断造成工程拖期的哪一种原因是最先发生的,即确定"初始延误"者,"初始延误"者对项目拖期负责。在初始延误发生作用期间,其他并发的延误者不承担拖期责任。

(2)如果"初始延误"是业主或工程师,且导致的后果是项目关键线路上的工作发生延误,则承包商既可得到工期延长,又可得到经济补偿。

(3)如果"初始延误"是客观原因,则承包商可以得到工期延长,但很难得到费用补偿。

2)工期索赔的分析

工期索赔分析包括延误原因分析、业主责任分析、网络计划分析、索赔结果分析等步骤。根据延误是由哪个主体(包括业主、工程师、承包商)引起,引起延误的活动是否在关键线路上,延误是否有业主的原因,最终的处理结果会有所不同。具体的情况说明如图8-6所示。

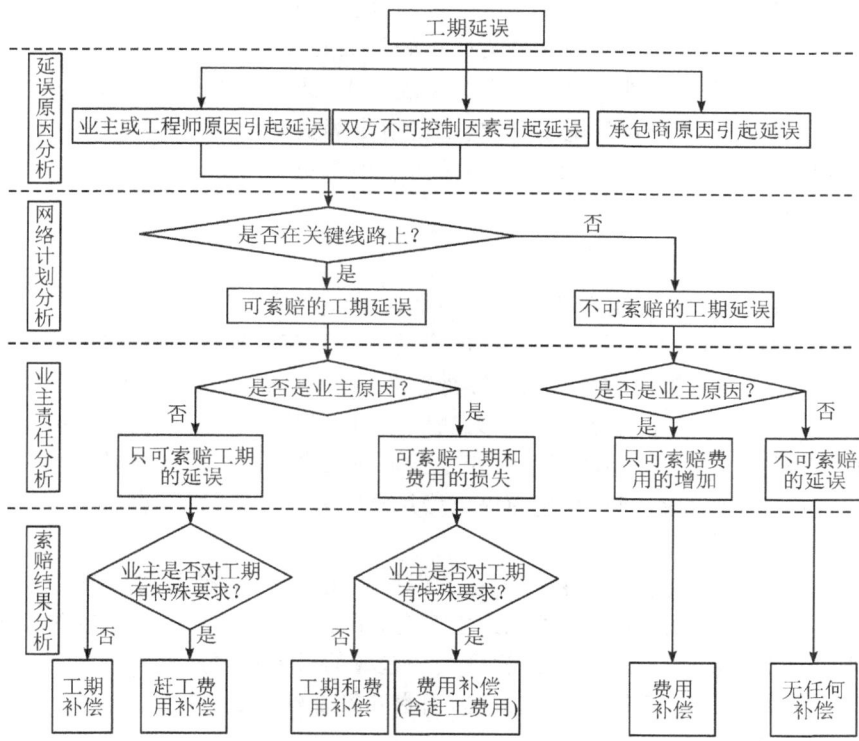

图 8 - 6　工期索赔分析

3)工期索赔的计算

项目工期索赔值的主要计算方法有网络分析法、比例类推法和直接法,具体说明如下:

(1)网络分析法。该方法的具体思路是,假设项目一直按原网络计划确定的实施顺序和时间施工,当一个或多个干扰事件发生后,使网络中的某个或某些活动受到干扰而延长了持续时间。将这些活动受干扰后新的持续时间代入网络中,重新进行网络分析和计算,即会得到一个新工期。新工期与原工期之差即为干扰事件对总工期的影响,即为承包商的工期索赔值。换句话说,网络分析法是利用进度计划的网络图,分析其关键线路。如果延误的工作为关键工作,则延误的时间为索赔的工期;如果延误的工作为非关键工作,当该工作由于延误超过时限而成为关键工作时,可以索赔延误时间与时差的差值;若该工作延误后仍为非关键工作,则不存在工期索赔问题。

(2)比例类推法。网络分析方法较为科学,但分析较为烦琐困难,需要计算软件的支持。在实际项目中,干扰事件常常仅影响某些单项工程、单位工程,或分部分项工程的工期,要分析它们对总工期的影响,可以采用更为简单的比例类推法。比例类推法可以分为以下两种情况:以合同价所占比例类推、按工程量进行比例类推。比例类推方法的特点是计算简单、方便,不需进行复杂的网络分析,所以用得也比较多;但缺点是结果常常不符合实际情况,不太合理,不太科学。例如,对于项目变更,特别是工程量增加所引起的工期索赔,由于干扰事件是在项目实施过程中发生的,承包商没有一个合理的计划期,而合同工期和价格是在合同签订前确定的,所以它们并不具有可比性。而且,项目变更指令还会造成施工现场的停工、返工,计划要重新修改,承包商要增加或重新安排劳动力、材料和设备,会引起施工现场的混乱和低效率,因此,项目变更的实际影响可能会比按比例法计算的结果要大得多。

(3)直接法。有时干扰事件直接发生在关键线路上,或一次性地发生在一个项目上,造成总工期的延误,这时可以通过查看施工日志、变更指令等资料,直接将这些资料中记载的延误事件作为工期索赔值。如承包商按工程师的书面工程变更指令,完成变更内容所用的实际工时即为工期索赔值。

2.费用索赔

费用索赔是指承包商在非自身因素影响下而遭受经济损失时向业主提出补充其额外费用损失的要求。因此,费用索赔应是承包商根据合同条款的有关规定,向业主索取的合同价款以外的费用。索赔费用不应被视为承包商的额外收入,也不应被视为业主的不必要开支。实际上,索赔费用的存在是由于建立合同时,还无法确定的某些应由业主承担的风险因素导致的结果。承包商的投标报价中一般不考虑应由业主承担的风险对报价的影响,因此,一旦这类风险发生并影响承包商的项目成本时,承包商提出费用索赔是一种正常的、合情合理的行为。

1)费用索赔的起因

引起费用索赔的原因是由于项目合同执行环境发生了变化,使承包商遭受了额外的经济损失。归纳起来,费用索赔产生的常见原因主要有:业主违约,项目变更,业主拖延支付项目款或预付款,业主要求项目赶工,业主或工程师责任造成的可补偿费用的延误,项目中断或终止,工程量增加,业主指定分包商违约,合同缺陷,国家政策及法律、法令变更等。

2)索赔费用的构成

索赔费用的主要组成部分同项目的计价内容相似,按国际惯例,直接费部分通常包括人工费、材料费和机械使用费,间接费部分包括现场管理费、保险费、利息等。一般承包商可索赔的具体费用如图8-7所示,具体说明如下:

(1)人工费。人工费包括施工人员的基本工资、工资性津贴、加班费、奖金以及法定的安全福利等费用。对于索赔费用中的人工费部分而言,是指完成合同之外的额外工作所花费的人工费;由于非承包商责任的工效降低所增加的人工费用;超过法定工作时间加班劳动;法定人工费增长以及非承包商责任工程延期导致的人员窝工费和工资上涨费等。

(2)材料费。材料费的索赔包括由于材料实际用量超过计划用量而增加的费用;由于非承包商责任工程延期导致的材料价格上涨和超期储存费用。材料费中应包括运输费、仓储费以及合理的损耗费用,但如果由于承包商管理不善,造成材料损坏失效,则不能列入索赔计价。

(3)机械使用费。机械使用费的索赔包括由于完成额外工作增加的机械使用费,非承包商责任工效降低增加的机械使用费;由于业主或监理工程师原因导致机械停工的窝工费。窝工费的计算,如租赁设备,一般按实际租金和调进调出费的分摊计算;如承包商自有设备,一般按台班折旧费计算,而不能按台班费计算,可能因台班费中包括了设备使用费。

(4)分包费用。分包费用索赔是指分包商的索赔费,一般也包括人工、材料、机械使用费的索赔,分包商的索赔应如数列入总承包商的索赔款总额以内。

(5)现场管理费。索赔款中的现场管理费是指承包商完成额外工作、索赔事项工作以及工期延长期间的现场管理费,包括管理人员工资、办公、通信、交通费等。

(6)利息。利息的索赔通常发生于下列情况:延期付款的利息;由于项目变更和项目延期

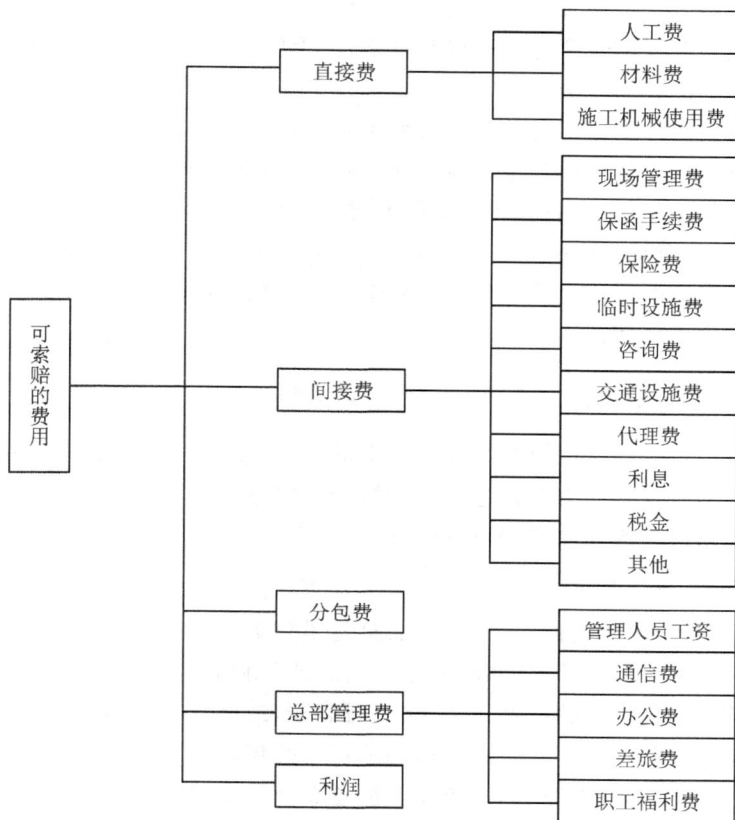

图 8-7　可索赔的费用分析

增加投资的利息;索赔款的利息;错误扣款的利息。至于具体利率应是多少,在实践中可采用不同的标准。

(7)总部(企业)管理费。索赔款中的总部管理费主要指的是项目延期期间所增加的管理费,包括总部职工工资、办公大楼、办公用品、财务管理、通信设施以及总部管理人员赴工地检查指导工作等开支。

(8)利润。一般来说,由于项目范围的变更、文件有缺陷或技术性错误、业主未能提供现场等引起的索赔,承包商可以列入利润。

3)费用索赔计算方法

费用索赔的计算方法有实际费用法、总费用法和修正的总费用法等。

(1)实际费用法。实际费用法是计算工程索赔时最常用的方法。这种方法的计算原则是以承包商为某项索赔工作所支付的实际开支为依据,向业主要求费用索赔。用实际费用法计算时,在直接费的额外费用部分的基础上,再加上应得的间接费和利润,即是承包商应得的索赔金额。由于实际费用法所依据的是实际发生的成本记录或单据,所以,在项目实施过程中准确地积累、记录费用发生情况非常重要。

(2)总费用法。总费用法就是当发生多次索赔事件以后,重新计算该项目的实际总费用,实际总费用减去投标报价时的估算总费用,即为索赔金额。一般认为在具备以下条件时,采用总费用法是合理的:已开支的实际总费用经过审核,认为是比较合理的;费用的增加是由于对方原因造成的,其中没有承包商管理不善的责任;由于该项索赔事件的性质以及现场记录的不足,难于采用更精确的计算方法。

(3)修正的总费用法。修正的总费用法是对总费用的改进,即在总费用计算的原则上,去掉一些不合理的因素,使其更加合理。修正的内容如下:将计算索赔款的时段局限于受到外界影响的时间,而不是整个施工期;只计算受影响时段内的某项工作所受影响的损失,而不是计算该时段内所有工作所受的损失;与该项工作无关的费用不列入总费用中;对投标报价费用重新进行核算,按受影响时间段内该工作的实际单价进行核算,乘以实际完成的该项工作的工程量,得出调整后的报价费用。

8.3.4　项目索赔的要点

承包商想要取得项目索赔的成功,获得更多的利益,就必须事先研究好索赔事宜,在做好自己工作的同时,尽量不给对方向自己索赔的机会。在此过程中,承包商特别要注意摆正对待索赔的态度、制定合适的索赔策略、处理好索赔与反索赔的辩证关系等问题。

1.摆正对待索赔的态度

索赔管理不仅是合同管理的一个环节,而且是承包商经营管理的一部分。如何看待和处理索赔,实际上涉及企业经营战略问题,是承包商对如下利益、关系和信誉的综合权衡:不能积极有效地进行索赔,承包商会蒙受经济损失;进行索赔,或多或少地会影响合同双方的合作关系;索赔过多过滥,会损害承包商的信誉,影响承包商的长远利益。因此对承包商而言,摆正对待索赔的态度尤其重要。在此方面,承包商要注意以下几个问题:

(1)承包商应以积极合作的态度完成合同责任,主动配合业主完成各项工程,建立良好的合作关系,为索赔的成功创造有利条件。

(2)对已经出现的干扰事件或对方违约行为的索赔,一般着眼于重大的、有影响的、索赔额大的事件,索赔次数太多、太频繁,容易引起对方的反感。

(3)在具体的索赔处理过程中要有灵活性,讲究策略,要准备并能够做出让步,应争取以和平、对双方都有利的方式解决索赔争端,力求索赔的解决双方都满意。

(4)承包商应在项目实施中抓好资料收集工作,为索赔(反索赔)准备证据;经常与监理工程师和业主沟通,遇到问题多书面请示,以避免自己的违约责任。

2.制定合适的索赔策略

索赔策略是承包商经营策略的一部分。对重大的索赔,必须进行相应的策略研究,作为制定索赔方案、索赔谈判和解决计划的依据,用来指导索赔小组的工作。索赔策略的研究和制定通常包括如下内容:

(1)索赔目标的确定。即提出索赔任务,明确索赔想要达到的目标;分析实现目标的基本条件,承包商应特别重视项目实施的管理,确保自身圆满地履行合同责任,使业主满意,这会对索赔起到一定的促进作用;分析实现索赔目标的风险,并有效地对这些风险进行控制。

(2)对业主的分析。分析对方的利益所在,可以研究双方利益的一致性、不一致性和矛盾性;分析合同的法律基础和对方的商业习惯、文化特点、民族特性;对业主的社会风俗、价值观念、传统文化、生活习惯,甚至包括业主本人的兴趣、爱好的了解和尊重,都会对索赔的处理和解决产生直接或间接的影响。

（3）承包商的经营战略分析。承包商的经营战略直接影响着索赔策略,例如,承包商应考虑如下问题:有无可能与业主继续进行新的合作,承包商是否打算在当地继续扩展业务,以及扩展业务的前景如何,承包商与业主之间的关系对在当地扩展业务有何影响。这些问题是承包商决定整个索赔要求、解决方法和解决期望的基本点,由此决定承包商对整个索赔的基本方针和策略。

（4）承包商的主要对外关系分析。在合同实施过程中,承包商有多方面的合作关系,如与业主、监理工程师、设计单位、业主的其他承包商和供应商、承包商的代理人或担保人、业主的上级主管部门或政府机关等的合作。承包商对各方面都要进行详细分析,并利用这些关系争取各方面的同情、合作和支持,造成有利于承包商的氛围,从各方面向业主施加影响。

（5）对业主反索赔的估计。项目实施过程往往较为复杂,当索赔事宜发生时,常常责任难以明确界定,因此,在承包商提出索赔后,业主一般会实施反索赔措施,如找一些借口提出罚款和扣款,在项目验收时更为严格,提出索赔,用以平衡承包商的索赔。所以,承包商在索赔前应对此有充分的估计和分析。

（6）对可能的索赔谈判分析。大多索赔需要谈判解决,索赔谈判是合同双方面对面的较量,是索赔能否取得成功的关键。一切索赔计划和策略都要在此付诸实施,接受检验,索赔（反索赔）文件在此交换、推敲、反驳。所以,承包商应对索赔谈判及其可能出现的结果进行充分的准备和细致的分析,以便做到有备无患、心中有数。

3.处理好索赔与反索赔的辩证关系

反索赔是相对索赔而言的,即是反驳、反击或防止对方提出的索赔,不让对方索赔成功或全部成功。对于反索赔的含义,一般有两种理解:一是认为承包商向业主提出补偿要求即为索赔,而业主向承包商提出补偿要求则认为是反索赔;二是认为索赔是双向的,业主和承包商都可以向对方提出索赔要求,任何一方向对方提出的索赔要求的反驳、反击都认为是反索赔。如果对方提出的索赔依据充分、证据确凿、计算合理,另一方应实事求是地认可对方的索赔要求,赔偿或补偿对方的经济损失或损害;反之,则应以事实为根据,以法律（合同）为准绳,反驳、拒绝对方不合理的索赔要求或索赔要求中不合理部分,这就是反索赔。

要成功地防止对方提出索赔,应采取积极防御的策略。例如:①严格履行合同中规定的各项义务,防止自己违约,并通过加强合同管理,使对方找不到索赔的理由和根据,使自己处于不能被索赔的地位。②如果在项目实施过程中发生了干扰事件,则应立即着手研究和分析合同依据,收集证据,为提出索赔或反击对手的索赔做好两手准备。③可以考虑采取积极的防御策略,即首先向对方提出索赔。因为在实际工作中,干扰事件的产生常常是双方均负有责任,原因错综复杂且互相交叉,一时很难分清谁是谁非。先提出索赔,既可以防止自己因超过索赔时限而失去索赔机会,又可以争取索赔中的有利地位,打乱对方的工作步骤,争取主动权,为索赔问题的最终处理留下一定的余地。

如果对方先提出了索赔要求或索赔报告,则自己一方应采取各种措施来反击或反驳对方的索赔要求。常用的措施主要有以下几种:①抓住对方的失误,直接向对方提出索赔,以对抗或平衡对方的索赔要求,达到最终解决索赔时互作让步或互不支付的目的。如业主常常通过找出项目的质量问题、进度延期问题等,对承包商处以罚款,以对抗承包商的索赔要求,达到少支付或不支付的目的。②针对对方的索赔报告,进行仔细、认真的研究和分析,找出理由和证据,证明对方索赔要求或索赔报告不符合实际情况和合同规定、没有合同依据或事实证据、索赔值计算不合理或不准确等问题,反击对方不合理的索赔要求或索赔要求中的不合理部分,减轻自己的赔偿责任,使自己不受或少受损失。

因此,完整的索赔管理应该包括索赔和反索赔两个方面,两者密不可分,相互影响、相互作用。通过索赔可以追索损失,获得合理的经济补偿,而通过反索赔则可以防止损失发生,保护自身的经济利益。如果把索赔比作进攻,则反索赔就是防御,没有积极的进攻,就没有有效的防御。同样,没有积极的防御,也就没有有效的进攻。在项目合同实施过程中,一方提出索赔,一般都会遇到对方的反索赔,对方不太可能立即予以认可。索赔和反索赔都不太可能一次成功,合同当事人须能攻善守、攻守相济,才能立于不败之地。

综上所述,索赔是双向的,不仅承包商可以向业主索赔,业主也同样可以向承包商索赔,因此反索赔也是双向的。例如,在项目实施过程中,承包商向业主提出索赔,而业主则反索赔;同时,业主又可能向承包商提出索赔,承包商则必须反索赔。由于项目实施过程的复杂性,索赔与反索赔之间的关系有时也是错综复杂的,对于干扰事件常常双方都负有责任,所以索赔中有反索赔,反索赔中又有索赔。业主或承包商不仅要对对方提出的索赔进行反驳,而且要反驳对方对己方索赔的反驳。

问题思考

1.在项目合同执行过程中,为什么会产生索赔问题?常见的索赔类型有哪些?

2.项目索赔包括哪些主要步骤?如何合理地确定(工期/成本)索赔的额度?

3.项目索赔面临的情况通常较为复杂,如何提高项目索赔的成功率?

8.4 项目合同纠纷的处置

合同的条款是双方当事人意思表示一致而达成的协议,但双方对合同条款的理解有可能会存在偏差,而且在合同执行过程中,由于种种原因,也可能会使实际情况发生变化,所有这些都有可能会引起合同纠纷。合同纠纷即是当事人对合同履行过程中的某些事项及内容意见不一致而发生的矛盾和冲突。合同纠纷是合同当事人不期望出现的一种状态,但由于涉及自身利益,又不得不在合同管理中积极地准备和应对。由于项目合同内容多、周期长,因而使得合同纠纷种类及原因十分复杂。当合同纠纷发生时,通常的处置方式有和解、调解、仲裁和诉讼。《中华人民共和国民法典》规定,当事人可以通过和解或者调解解决合同争议;当事人不愿和解、调解或者和解、调解不成的,可以根据仲裁协议向仲裁机构申请仲裁;当事人没有订立仲裁协议或者仲裁协议无效的,可以向人民法院提起诉讼。

8.4.1 合同纠纷的类型及原因

1.项目合同纠纷的类型

在合同履行过程中,所有的合同内容都有可能产生纠纷,所以,在现实中,合同的纠纷类型各式各样、纷繁复杂。从总体上讲,项目合同纠纷可以划分为质量方面的纠纷、支付方面的纠纷、工期方面的纠纷、合同终止方面的纠纷、安全方面的纠纷等类型,具体说明如下。

1)项目质量方面的纠纷

项目质量是当事人关注的焦点,因此是双方纠纷的多发领域。从项目实施的不同阶段看,项目质量纠纷包括实施过程的质量纠纷和保修过程的质量纠纷。项目实施过程中的质量纠纷常常包括:项目所用材料不符合合同约定的技术标准和要求;提供的设备性能和规格不符,或者不能生产出合同规定的合格产品,或者是性能试验不能达到规定的产量要求;项目施工和安装有严重缺陷等。这类质量争议在施工过程中主要表现为,工程师或业主要求拆除和移走不合格材料,或者返工重做,或者修理后予以降价处置。对于设备质量问题,则常见于在调试和性能试验后,业主不同意验收移交,要求更换设备或部件,甚至退货并要求承包人赔偿经济损失。在施工完成后的保修过程中,质量争议主要表现为缺陷修复。例如,业主要求承包人修复工程缺陷,而承包人拖延修复,或业主未经通知承包人就自行委托第三方对工程缺陷进行修复。在此情况下,业主要在预留的保修金中扣除相应的修复费用,承包人则主张产生缺陷的原因不在承包人或业主未履行通知义务且修复费用未经其确认而不予同意。

2)项目支付方面的纠纷

市场与经济环境改变会带来物价的变化,法律法规调整会造成政府定价、指导价的变化,项目实施过程中出现的变更、风险等都可能导致项目价款发生调整。合同条款中需要对何种情况之下可以调整价款以及如何调整价款,相应责任的分担等做出具体、明确的界定。如果合同界定不清楚,甚至出现了超出合同约定的情形,就可能导致出现合同价款调整的纠纷。例如,尽管项目合同中已列出了工程量,约定了合同价款,但实际实施中会有很多变化,包括设计变更、现场工程师签发的变更指令、现场条件变化,以及计量方法等引起的工程量增减。对于这些变化,承包人通常希望得到额外的付款,但工程师与业主可能会有不同意见,由此便会产生争议和纠纷。

在整个项目的实施过程中,业主在按进度支付时一般会根据工程师的意见,扣除那些他们未予确认的工程量或存在质量问题的已完工程的应付款项,这种未付款项累积起来往往可能形成一笔很大的金额,使承包人感到无法承受而引起争议和纠纷。在现实中,还有些业主在资金尚未落实的情况下就启动项目建设,致使承包人垫资施工,业主不支付预付款、尽量拖延支付进度款、拖延工程结算及工程审价进程,造成承包人的权益得不到保障并引起纠纷。

3)项目工期方面的纠纷

在绝大多数合同条件中,都约定了项目竣工逾期违约金,然而项目工期的延误,往往是由错综复杂的因素造成的。由于工期延误的原因可能是多方面的,要分清各方的责任往往十分困难,因此关于项目工期问题,也经常会产生争议和纠纷。例如,业主要求承包人承担工程竣工逾期的违约责任,而承包人则提出因诸多业主的原因及不可抗力等因素,工期理应相应顺延,有时承包人还可能就工期的延长要求业主承担停工、窝工的费用。

4)合同终止方面的纠纷

终止合同一般都会给某一方或者双方造成严重的损失,常见的终止合同有以下几种情形:

(1)由于承包人责任引起的终止合同。业主认为并证明承包人不履约,承包人严重拖延项目并证明已无能力改变局面,承包人破产或严重负债而无力偿还致使项目停滞等,在这些情况下,业主可能宣布终止与该承包人的合同,将承包人驱逐出项目现场,并要求承包人赔偿项目终止造成的损失,甚至业主可能立即通知开具履约保函和预付款保函的银行全额支付保函金额。承包人则否定自己的责任,并要求取得其已完项目付款,要求业主补偿其已运到现场的材料、设备和各种设施的费用,还要求业主赔偿其各项经济损失,并退还被扣留的银行保函。

(2)由于业主责任引起的终止合同。业主不履约、严重拖延应付项目款并被证明已无力支付欠款,业主破产或无力清偿债务,业主严重干扰或阻碍承包人的工作等,在这些情况下,承包人可能宣布终止与该业主的合同,并要求业主赔偿其因合同终止而遭受的损失。

(3)由于不可抗力引起的终止合同。由于不可抗力使任何一方不能履行合同规定的义务而终止合同,大部分政治因素引起的履行合同障碍都属于此类。尽管一方可以引用不可抗力宣布终止合同,但是如果一方对此有不同看法,或者合同中没有明确规定对这类终止合同的后果的处理办法,双方应通过协商处理,若达不成一致意见,则按争议处理的方式申请仲裁或诉讼。

终止合同造成的争议通常包括:承包人因这种合同终止造成损失而得不到足够的补偿,业主对承包人提出的就终止合同的补偿费用计算持有异议;承包人因设计错误或业主拖欠应支付的项目款从而造成困难,提出终止合同,业主不承认承包人提出终止合同的理由,也不同意承包人的责难及其补偿要求等。

2.项目合同纠纷产生的原因

在现实中,导致项目合同产生纠纷的原因有很多,形成过程也较为复杂,大致可以归纳为以下几方面。

1)合同形式选择不当

项目合同可以是书面形式、口头形式或其他形式。口头合同虽然具有简便、迅速、易行和缔约成本低等优点,但存在不易分清合同责任、举证困难、容易产生纠纷等缺点。与口头合同相比较,书面合同虽然具有形式复杂和烦琐、便捷性差、缔约成本高等缺点,但其也有安全、有凭有据、举证方便、不易发生纠纷等优点。因此,当事人在订立合同时,应根据合同标的的性质和特点,合同的权利义务内容,合同交易目的、性质和特点等选择适当的合同形式,才能有效地避免合同纠纷的发生。

更进一步地,项目合同按照不同的标准划分,还可以有不同的形式。例如,按计价方式的不同可以分为固定价格合同、可调价格合同和成本加酬金价格合同。在订立合同时,当事人应根据项目规模大小、工期长短、造价高低、复杂程度,以及当事人双方的风险承担能力和风险管理水平等多种因素,经过综合分析后,选择适当的计价合同形式,如果选择不当,便容易产生争议和纠纷。对工期长、造价高、工程复杂程度高、风险因素及其他难以控制的各种相关因素多的项目,若选择固定价格合同,就有可能在合同履行过程中因各种因素的变化和影响导致承包人项目实施成本上升,进而难以按照合同规定的固定合同价格完成,从而为合同的争议和纠纷埋下隐患。

2)主体缔约资格不符合规定

合同当事人订立合同时,必须具备相应的资格。例如,《中华人民共和国建筑法》对建筑施工企业、勘察单位、设计单位和监理单位等作为相关合同的当事人规定,除具备企业法人资格外,还必须取得相应等级的资质后,方可在其资质等级许可的范围内从事建筑活动,订立有关建设工程合同。资质等级实质上就是对从事建筑活动的企业和单位,在订立建设工程合同的过程中作为合同当事人的缔约资格的进一步规定。然而在现实中,一些从事建筑活动的企业或单位,超越资质等级或无资质等级承包工程,造成建设工程合同主体缔约资格不符合有关法律、法规的要求,进而导致这类合同在履行过程中,因为合同当事人的缔约资格不符合法律、法规的规定,致使合同无效或者被撤销、被变更并由此产生严重的合同纠纷。

3)合同条款不全,约定不明确

在合同履行过程中,由于合同条款不全、约定不明确而引起纠纷是相当普遍的现象。某些当事人在谈判或签订合同时,认为合同条款太多、事无巨细显得过于烦琐且没有必要,从而造成合同条款不全;一些合同虽然条款比较齐全,但其内容约定得不具体、不明确,从而导致合同履行过程中由于合同当事人无法有效履行合同而产生纠纷。例如,在建设项目合同签订时,合同当事人选择了固定价格合同形式,但在合同价格条款中,当事人只约定了合同价格采用固定价格,即通常所谓的合同价格"一次包死",却不具体约定"包死"的范围,导致承包人无法确定其承担的合同价格风险究竟有多大。在合同履行过程中,一旦发生承包人自己认为难以承受的风险,而且其认为该风险不在"包死"的固定合同价格范围之内,承包人便会要求业主调整合同价格以补偿其风险损失。但在固定合同价格下,这个要求往往得不到业主的认可,从而引发争议和纠纷。

4)缺乏对违约责任的具体规定

当事人订立合同时,应尽可能详细、全面地针对合同交易过程中各种可能的违约情形具体、明确地约定违约责任,包括违约行为的具体描述、违约责任的归属、承担违约责任的方式、违约责任程度或者确定违约责任大小的方式等。例如,当事人在订立合同时,如果对某种违约行为约定采用违约金作为违约责任的承担方式,那么,当事人就应当在合同中明确、具体地约定该种违约行为的具体表现、违约金的具体数额,或者比例的大小,或者确定因违约方违约所造成的损失赔偿额的计算方法等。否则,在合同履行过程中,一旦出现当事人违约的情形,当事人双方就可能对是否发生违约、违约方应该支付多少违约金等问题产生纠纷。再如,在订立建设工程施工合同时,当事人双方只在合同中约定承包人不能按合同约定竣工应当承担违约责任,但没有具体约定承包人每延误一天工期应支付给业主多少违约金,或者承包人每延误一天工期给业主造成的损失赔偿额如何计算等。而一旦承包人不能按期竣工,就可能造成合同双方当事人在违约金的具体数额问题上产生纠纷。

综上所述,合同纠纷的成因是错综复杂的,但绝大多数合同纠纷是合同当事人的主观原因造成的。为了有效预防或者避免合同纠纷,合同当事人应不断增强合同意识、增强运用法律手段保护自身权益的意识及能力,尽可能地控制导致合同产生纠纷因素的影响,把合同纠纷控制在最低范围内。

8.4.2　合同纠纷的和解

1.和解的概念和意义

和解是指在合同发生纠纷后,合同当事人在自愿互谅的基础上,依照法律、法规的规定和合同的约定,自行协商解决争议内容。和解的具体实施是由当事人双方自己或由当事人双方委托的律师进行的,在协商解决合同争议事项过程中,当事人双方依照平等自愿的原则,可以自由、充分进行意思表示,弄清争议的内容、要求和焦点所在,分清责任是非,在互谅互让的基础上,使合同争议得到及时、圆满地解决。

采用和解的方式解决纠纷具有如下的积极意义:

(1)有利于双方当事人团结和协作,便于协议的执行。合同双方当事人在平等自愿、互谅互让的基础上,就项目合同争议的事项进行友好协商,气氛比较融洽,有利于双方缓解矛盾,消除隔阂和对立,加强团结和协作;同时,由于协议是在双方当事人统一认识的基础上自愿达成的,因而可使纠纷得到比较彻底地解决,协议内容也比较容易执行。

(2)针对性强,便于抓住主要矛盾。由于项目合同双方当事人对事态的发展经过有亲身的经历,了解合同纠纷的起因、发展以及结果的全过程,便于双方当事人抓住纠纷产生的关键原因,有针对性地加以解决。

(3)简便易行,便于及时解决纠纷。项目合同争议的和解不受法律程序的约束,不像仲裁程序或诉讼程序那样有一套较为严格的法律规定,当事人可以随时发现问题,随时要求解决,不受时间、地点的限制,从而防止矛盾的激化,纠纷的逐步升级,便于合同争议的及时处理。

(4)可以避免当事人把大量的精力、人力、物力放在诉讼活动上。项目合同发生纠纷后,往往合同当事人各方都认为自己有理,特别在诉讼中败诉的一方,会一直把官司打到底,投入巨大的时间和精力。采用和解的方式可以避免这些问题的发生,对双方当事人都有好处,而且也有利于减轻仲裁、审判机关的压力。

2.和解的原则

项目合同双方当事人之间自行协商,采取和解的方式解决合同纠纷,应遵守如下原则:

(1)合法原则。该原则要求合同当事人采用和解的方式解决合同纠纷时,必须遵守国家法律、法规的要求,所达成的协议内容不得违反法律、法规的规定,也不得损害国家利益、社会公共利益和他人的利益。如果违背了合法原则,双方当事人即便达成了和解协议,也是无效的。

(2)自愿原则。该原则是指项目合同当事人对于采取和解的方式解决合同纠纷,是自己选择或愿意接受的,并非受到对方当事人的强迫、威胁或其他的外界压力。同时,双方当事人协议的内容也必须是出于当事人的自愿,决不允许任何一方给对方施加压力,以终止协议等手段相威胁,迫使对方达成只有对方尽义务,没有自己负责任的"霸王协议"。

(3)平等原则。该原则既表现为项目合同双方当事人在订立合同时法律地位平等,在合同发生争议时,双方当事人在自行和解解决合同争议过程中的法律地位也是平等的,不论当事人经济实力雄厚还是薄弱,也不论当事人是法人还是非法人的其他经济组织,双方当事人要互相尊重,平等对待,都有权提出自己的理由和建议,都有权对对方的观点进行辩论。同时,不允许以强欺弱,以大欺小,达成不公平的和解协议。

(4)互谅互让原则。该原则是指项目合同双方当事人在如实陈述客观事实和理由的基础上,要多从自身找原因,认识在引起合同纠纷问题上自己应当承担的责任,而不能片面强调对自己有利的事实和理由而不顾及全部的事实,或片面指责对方当事人,要求对方承担责任。即使自身没有过错,也不能得理不让人,要从互谅互让、协作共赢的角度考虑和解决问题。

3.和解的程序

用和解的方式解决项目合同纠纷所适用程序,与项目合同的订立、变更或解除所适用的程序大致相同。一般是在项目合同纠纷发生后,由一方当事人以书面的方式向对方当事人提出解决纠纷的方案,方案应该尽可能具体完整。另一方当事人对提出的方案可以根据自己的意愿,做一些必要的修改,也可以再提出一个新的解决方案,然后对方当事人又可以对新的解决方案提出新的修改意见。这样,双方当事人经过反复协商,直至达到一致意见,从而产生"承诺"的法律后果,达成双方都愿意接受的和解协议。对于项目合同所发生的纠纷用自行和解的方式来解决,应订立书面形式的协议作为对原合同的变更或补充。

4.和解应注意的问题

采用和解的方式解决合同纠纷应注意如下问题：

(1)分清责任。采用和解的方式解决项目合同纠纷的基础是分清责任。在自行和解解决合同纠纷的过程中，当事人双方要实事求是地分析纠纷产生的原因，不能一味地推卸责任；否则，不利于纠纷的解决。如果双方当事人都认为自己有理，责任在对方，则很难做到互谅互让，达成和解协议。

(2)坚持原则。在项目合同纠纷的协商过程中，不能进行无原则的和解，杜绝在解决纠纷中损害国家利益和社会公共利益的行为；对于违约责任的处理，只要项目合同中约定的违约责任是合法的，就应当追究违约方的违约责任，违约方应当主动承担违约责任，受害方也应当积极向违约方追究违约责任。

(3)及时解决。采取和解方式解决合同纠纷时应当注意及时性。由于和解不具有强制执行的效力，容易出现当事人反悔的情况。如果双方当事人在协商过程中出现僵局，争议迟迟得不到解决，就不应该继续坚持和解的解决办法，否则会使合同纠纷进一步扩大，特别是一方当事人有故意不法侵害行为时，更应当及时采取其他方法解决。

(4)注意和解技巧。首先，要求当事人双方坚持和解的原则，诚实信用、以礼相待。其次，要求当事人在意思表达准确的同时，要恰当使用协商语言，不使用过激的或模棱两可的语言。再次，在协商过程中，要摆事实、讲道理。此外，自行和解有时也可请第三人从中斡旋，但以双方当事人的意思一致作为达成协议的根据，第三人并不实质上参与当事人之间的协商。

8.4.3　合同纠纷的调解

1.调解的概念及意义

调解是解决项目合同纠纷的重要方式之一，也是我国解决项目合同纠纷的一种传统做法。它是指在合同发生纠纷后，在第三人的参加和主持下，对双方当事人进行说服、协调和疏导工作，使双方当事人互相谅解并按照法律的规定及合同的有关约定达成解决合同纠纷的协议。《中华人民共和国民法典》规定，当事人首先可以通过和解来解决合同纠纷，同时也规定了当事人还可以通过调解的方式来解决合同纠纷。两者的主要区别在于：前者是双方直接沟通，完全是通过当事人自行协商来达成解决合同纠纷的协议；而后者有第三人参加，主要是通过第三人的说服教育和协调来达成解决合同纠纷的协议。两者的相同之处在于：它们都是在诉讼程序之外所进行的解决合同纠纷的活动，达成的协议都是靠当事人自觉履行来实现的，不具有强制约束力。

利用调解解决合同纠纷具有如下重要的现实意义：

(1)有利于化解合同双方当事人的对立情绪，迅速解决合同纠纷。当合同出现纠纷时，合同双方当事人会采取自行协商的方式去解决，但当事人意见不一致时，如果不及时采取措施，就极有可能使矛盾激化。在我国，调解之所以成为解决项目合同争议的重要方式之一，就是因为调解有第三人从中做说服教育和劝导工作，化解矛盾、增进理解，有利于迅速解决合同纠纷。

(2)有利于各方当事人依法办事。用调解方式解决项目合同纠纷，不是让第三人充当无原则的和事佬，事实上调解合同纠纷的过程是一个宣传法律、加强法制观念的过程。在调解过程中，调解人的一个很重要的任务就是使双方当事人懂得依法办事和依合同办事的重要性。它可以起到既不伤和气,又受到一定的法制教育的作用,有利于维护社会安定团结和社会经济秩序。

(3)有利于当事人集中精力做好项目工作。通过调解解决项目合同纠纷,能够使双方当事人在自愿、合法的基础上,排除隔阂、达成调解协议,同时可以简化解决纠纷的程序,减少仲裁、起诉和上诉所花费的时间和精力,争取到更多的时间迅速集中精力进行经营活动。这不仅有利于维护双方当事人的合法权益,而且有利于避免和减少双方把时间和精力消耗到项目之外的事情上。

2.调解的种类

在我国,合同纠纷的调解解决主要包括如下四种方式:

(1)民间调解。民间调解即是指合同发生纠纷后,当事人共同协商,请有威望、受信赖的第三人,包括人民调解委员会、企事业单位或其他经济组织、一般公民以及律师、专业人士作为中间调解人,双方合理合法地达成解决纠纷的协议。民间调解主要体现为律师和专业人士的依法调解,律师和专业人士的调解是指律师和专业人士接受合同纠纷双方当事人的委托,居中公平主持调解,力争使双方达成协议。由于律师和专业人士本身良好的素质,具有一定的专业知识和法律水平,熟悉政策与规范,便于说服当事人,从而使当事人双方的纠纷在更加合乎法律和情理的情况下解决,这样有助于加强法律的宣传和教育作用,提高当事人的法制观念。实践证明,律师和专业人士主持调解处理非诉讼事件的方式既能方便当事人、省时省力,又能使问题得到及时合理的解决,免除了诉讼之累。需要指出的是,人民调解属于诉讼外的调解,双方达成的调解协议并不具有法律的强制力,它是依靠当事人自愿来履行的,如果当事人不愿调解、调解不成或者达成协议后又反悔的,可以向仲裁机构申请仲裁或向人民法院起诉。

(2)行政调解。行政调解指项目合同发生纠纷后,在有关行政主管部门参与下协商解决争端,达成协议的解决合同纠纷的方式。项目合同纠纷的行政调解人一般是一方或双方当事人的业务主管部门。业务主管部门对下属企业单位的生产经营和技术业务等情况比较熟悉和了解,他们能在符合国家法律政策的要求下,教育说服当事人自愿达成调解协议。这样既能满足各方的合理要求,维护其合法权益,又能使合同纠纷得到及时和彻底地解决。需要明确的是,业务主管部门调解解决不是法定的程序,因此必须在双方自愿的原则下进行,任何业务主管部门不得强制进行调解。参加业务主管部门行政调解的有关人员也必须实事求是,不能以行政命令和压服的方法迫使当事人达成调解协议。同民间调解一样,行政调解达成的调解协议,也不具有法律的强制力。当事人可以不接受调解,直接向仲裁机构申请仲裁或向人民法院起诉。

(3)仲裁调解。仲裁调解是指由仲裁机构主持和协调,对申请合同争议仲裁的当事人进行说服与调停,促使双方当事人互谅互让,自愿达成解决合同争议的调解协议。《中华人民共和国仲裁法》规定,仲裁庭在做出裁决前,可以先行调解,当事人自愿调解的,仲裁庭应当调解;调解不成的,仲裁庭应当进行裁决。所谓先行调解,就是仲裁机构先于裁决之前,根据争议的情况或双方当事人自愿而进行说服教育工作,以便双方当事人自愿达成调解协议,解决纠纷。《中华人民共和国仲裁法》还规定,调解达成协议的,仲裁庭应当制作调解书,调解书应当写明仲裁请求和当事人协议的结果。调解书由仲裁员签名,加盖仲裁委员会印章,送达双方当事人。调解书经双方当事人签收后,即发生法律效力,当事人不得反悔,必须自觉履行。在调解书签收前,当事人一方或双方反悔的,仲裁庭应当及时做出裁决。调解书发生法律效力后,如果一方不履行时,另一方当事人可以向有管辖权的人民法院申请强制执行。

（4）诉讼调解。诉讼调解又称法院调解，是指在审判人员的主持和协调下，双方当事人就合同争议进行平等协商，自愿达成解决合同争议的调解协议。当事人因合同争议起诉到法院之后，法院在审理案件过程中，应根据自愿、合法的原则进行调解，当事人不愿调解或调解不成的，法院应当及时裁决。当事人也可以在诉讼开始后至裁决做出之前，随时向法院申请调解。人民法院认为可以调解时也可以随时调解。当事人自愿达成调解协议后，法院应当要求双方当事人在调解协议上签字，并根据情况决定是否制作调解书。对不需要制作调解书的协议，应当记入笔录，由双方当事人、审判人员、书记员签名或者盖章后，即具有法律效力。多数情况下，争议双方达成协议后，法院应当制作调解书。调解书应当写明诉讼请求、案件的事实和调解结果。调解书由审判人员、书记员署名，加盖人民法院印章，送达双方当事人。调解书经双方当事人签收后，即具有法律效力。当事人必须履行调解书中确定的义务，否则，另一方当事人可以申请人民法院强制执行。对于已经生效的调解书，当事人不得提起上诉。调解未达成协议或者调解书送达前一方反悔的，调解即告终结，法院应当及时裁决而不得久调不决。

3.调解的原则

项目合同纠纷的调解，一般应遵守如下三个基本原则：

（1）自愿原则。项目合同纠纷的调解过程，是双方当事人弄清事实真相、分清是非、明确责任、互谅互让、提高法律观念、自愿取得一致意见并达成协议的过程。因此，只有在双方当事人自愿接受调解的基础上，调解人才能进行调解，如果纠纷当事人双方或一方根本不愿意用调解方式解决纠纷，那么就不能进行调解。另外，调解协议也必须由双方当事人自愿达成，调解人不能代替当事人达成协议，也不能把自己的意志强加给当事人。调解人在调解过程中要耐心听取双方当事人的意见，并对这些意见进行分析研究，在查明事实、分清是非的基础上，对双方当事人进行说服教育、耐心劝导，促使双方当事人互相谅解、达成协议。

（2）合法原则。首先要求项目合同双方当事人达成协议的内容必须合法，不得同法律和政策相违背。达成的调解协议，不得损害国家利益和社会公共利益，也不得损害其他人的合法权益。此外，在任何情况下，都必须要求调解人在调解活动中坚持合法原则，否则难以保证调解协议内容的合法性。比如，调解活动不讲原则，一味强调让步，或违反法律而达成的协议，结果既损害了当事人的利益，所达成的调解协议也没有任何法律保障。

（3）公平原则。即要求调解项目合同纠纷的第三人秉公办事、平等待人、公平合理地解决问题，尤其是在承担相应责任方面，决不能采用"各打五十大板"的无原则性的方式，而应实事求是，采取权利与义务对等、责权利相一致的公平原则。这样才能够取得双方当事人的信任，促使他们自愿达成协议。否则，如果偏袒一方压服另一方，只能引起当事人的反感，不利于纠纷的解决。当然，在处理具体问题时，要鼓励各方互谅互让，承担相应责任。

4.调解的程序及应注意的问题

1）调解的程序

调解建设工程合同纠纷，方法是多样的，但调解过程都应有步骤地进行，通常可以按以下程序进行：

（1）提出调解意向。纠纷当事人一方选择好调解方式之后，把自己的想法和方案提出来，由调解人向纠纷另一方当事人提出，另一方亦可将有关想法或方案告诉调解人。

（2）调解准备。调解人初步审核合同的内容，明确发生争议的问题，确定主持调解的人员，选择调解的时间、地点,确定调解的方式、方法。

(3)协调和说服。调解人召集当事人说明纠纷的问题、原因和要求,并验明提供的证据材料,双方当事人进行核对,在弄清事实情况的基础上,以事实为依据,以法律和合同为准绳,对当事人双方分别做说服工作。

(4)达成协议。如果双方当事人想法接近或经过做说服工作后缩短了差距,调解人可以提出调解意见,促使纠纷双方当事人达成协议,并制作调解书。

2)调解应注意的问题

在调解过程中,调解人应注意如下问题:

(1)实事求是、查清起因。调解必须以事实为根据,所谓以事实为根据,就是反映事情的本来面目。调解人应采取实事求是的态度,深入有关方面,进行认真的调查研究,查清项目合同纠纷发生的时间、地点、原因、双方争执的经过和执行后产生的结果,以及证据和证据的来源。在处理合同争议时,要认真听取各方面的意见,并加以深入分析和研究。涉及专业技术问题,还需委托有关部门做出技术鉴定,或邀请他们参加质量技术问题的座谈会,提出意见,判明是非和责任所在。

(2)分清责任、依法调解。法律、法规和政策以及项目合同是区分纠纷是非、明确责任的尺度和准绳,调解必须以法律和合同为准绳。这要求调解人要熟悉法律和合同的有关规定,依照法律和合同办事,分清责任。具体而言,包括两方面的含义:一方面是调解人在调解过程中必须严格按照法律规定的程序和原则进行,另一方面是协议的内容必须符合法律的规定,一定要依法调解。只有做到有法必依、公正调解,这样才能分清是非、明确责任,才能使当事人信服,顺利达成协议。

(3)协调说服、互谅互让。项目合同纠纷一般涉及各方的经济利益,有些纠纷还涉及企业的声誉。因此,一旦有了合同纠纷,不少当事人在调解过程中过分强调对方的过错,甚至隐瞒歪曲事实,谎报情况,这些都是对调解工作不利的因素。所以,调解人在调解工作中,要摆事实、讲道理,必须耐心地做好深入细致的说服教育和疏导工作,协调好双方的关系,促使双方当事人相互谅解,这样才能保证调解协议的顺利达成。

(4)及时调解、避免激化。调解必须及时,这对于解决合同纠纷非常重要。如果纠纷得不到及时解决,就有可能使矛盾激化。同时,也要防止一方恶意利用调解使纠纷复杂化的问题。项目合同纠纷发生后,不论当事人申请调解还是不申请调解,也不论当事人在调解中没有达成协议还是达成协议后又反悔,均不影响当事人依照法律规定向仲裁委员会申请仲裁或向人民法院提起诉讼。

8.4.4 合同纠纷的仲裁

1.仲裁概述

仲裁亦称"公断",即当事人之间的纠纷由仲裁机构居中审理并做出裁决的活动。仲裁是解决合同纠纷的最为常见方式之一,是指建设工程合同双方当事人发生争执、协商不成时,根据当事人之间的协议,由仲裁机构依照法律对双方所发生的争议,在事实上做出判断,在权利义务上做出裁决。实践证明,实行仲裁制度,可以及时、妥善、专业地解决项目合同纠纷,有利于巩固和发展双方当事人的协作关系,也有利于项目合同的执行。

采取仲裁的方式解决合同纠纷时,应坚持如下基本原则:

(1)独立的原则。仲裁机构在仲裁合同纠纷时,不受行政机关、社会团体和个人的干涉,严格地依照法律和事实独立地对经济纠纷进行仲裁,做出公正的裁决,保护当事人的合法利益。仲裁委员会是由人民政府组织有关部门和商会统一组建,但仲裁机构不是行政机关,也不是司法机关,属于民间团体,仲裁委员会独立于行政机关,与行政机关没有隶属关系,仲裁委员会之间也没有隶属关系。

(2)自愿的原则。仲裁机构对合同纠纷的仲裁,必须以双方当事人的自愿为前提。如果发生纠纷的双方没有选择仲裁的方式,仲裁机构就没有权利对纠纷进行仲裁。如果双方当事人同意选择仲裁的方式解决纠纷,必须用书面的形式将这一意愿表达出来,即应在纠纷发生前或后达成仲裁协议。

(3)一裁终局的原则。即裁决做出之后,当事人就同一纠纷再申请仲裁或者向人民法院起诉的,仲裁委员会或者人民法院不应受理。因此,仲裁裁决具有法律效力,当事人应该自觉履行,一方当事人不履行的,另一方当事人可以依照有关法律的规定向人民法院申请强制执行。

(4)先行调解的原则。先行调解就是仲裁机构先于裁决之前,根据争议的情况或双方当事人自愿而进行说服教育和劝导工作,以便双方当事人自愿达成调解协议,解决纠纷。

2.仲裁协议

仲裁协议是指经济活动的各方当事人,自愿选择以仲裁的方式解决他们之间可能发生的或者已经发生的经济纠纷的书面约定。仲裁协议是仲裁机构受理案件的唯一依据,是仲裁机构管辖案件的前提。没有仲裁协议,一方当事人申请仲裁的,仲裁机构不予受理。除非仲裁协议无效或者当事人放弃仲裁协议,否则,只要有仲裁协议,法院对案件就没有管辖权。也就是说,仲裁协议有排除法院管辖权的效力。同时,仲裁协议也是仲裁裁决可以具有强制执行力的前提。

仲裁协议包括合同中订立的仲裁条款,以及以其他方式在纠纷发生前或者发生后达成的请求仲裁的协议。仲裁协议通常有三种类型:仲裁条款,这种类型的仲裁协议常常在合同订立的同时订立;纠纷前合同外仲裁协议,即在纠纷发生前,双方当事人在合同之外单独订立的有关仲裁的协议;纠纷后合同外仲裁协议,即在纠纷发生后,双方当事人在合同之外单独订立的有关仲裁的协议。仲裁协议的内容通常包括:双方关于仲裁的意思表示,即当事人明确表示愿意将合同纠纷提交仲裁机构解决;仲裁事项及内容,即当事人共同协商确定的提交仲裁的合同争议范围及内容;仲裁委员会选定,即当事人明确约定仲裁事项由哪个仲裁机构进行仲裁。需要指出的是,在下列情形下,双方当事人所订立的仲裁协议无效:约定的仲裁事项超出法律规定范围的;无民事行为能力的人或者限制行为能力的人订立的仲裁协议;一方采取胁迫手段,迫使对方订立仲裁协议的。

3.仲裁程序

通过仲裁解决合同纠纷的一般程序如下:

(1)申请和受理。申请是指当事人向仲裁委员会依照法律的规定和仲裁协议的约定,将纠纷提请约定的仲裁委员会予以仲裁。根据《中华人民共和国仲裁法》的规定,当事人申请仲裁应当符合以下条件:有仲裁协议;有具体的仲裁请求和事实、理由;属于仲裁委员会的受理范围。在申请仲裁时,应当向仲裁委员会提交仲裁协议、仲裁申请书及副本。受理是指仲裁委员会依法接受对合同纠纷的审理。仲裁委员会在收到仲裁申请书之日起5日内,认为符合受理条件的,应当受理并通知当事人;认为不符合受理条件的,应当书面通知当事人不予受理并说明理由。仲裁委员会在受理仲裁申请后,应当在仲裁规则规定的期限内将仲裁规则和仲裁员名册送达申请人,并将仲裁申请书的副本和仲裁规则、仲裁员名册送达被申请人。

(2)组成仲裁庭。仲裁委员会在受理仲裁申请后,应当组成仲裁庭进行仲裁活动。仲裁庭有两种组成方式,一种是由三名仲裁员组成,即合议制的仲裁庭;一种则是由一名仲裁员组成,即独任制的仲裁庭。在具体的仲裁活动中,采取上述两种方法中的哪一种,由当事人在仲裁协议中协商决定。当事人约定合议制仲裁庭的,首席仲裁员由当事人共同选定或者共同委托仲裁委员会主任指定,然后双方各自再选定或者各自再委托仲裁委员会主任指定一名仲裁员,由此确定三名仲裁员。当事人约定独任制仲裁庭的,应当由当事人共同选定或者共同委托仲裁委员会主任指定。当事人没有在仲裁规则规定的期限内约定仲裁庭的组成方式或者选定仲裁员的,由仲裁委员会主任指定。仲裁庭组成后,仲裁委员会应当将仲裁庭的组成情况书面通知当事人。

(3)开庭和裁决。开庭,即开庭审理,是指仲裁庭按照法定的程序,对案件进行有步骤、有计划的审理。开庭审理是仲裁庭对案件审理的中心环节,这是因为开庭审理前的一切准备工作是为了开好庭,而且与案件有关的一切事实和证据,都要通过开庭予以揭示和审查核实,并据此对案件做出裁决。在开庭审理以前,仲裁委员会应当在仲裁规则规定的期限内将开庭日期通知双方当事人;经书面通知后,申请人无正当理由不到庭或者未经许可中途退庭的,可以缺席裁决。在仲裁过程中,原则上应由当事人承担对其主张的举证责任,在证据可能灭失或者以后难以取得的情况下,当事人可以申请证据保全。在仲裁过程中,当事人有权进行辩论。

4.法院对仲裁的协助和监督

法院对仲裁活动一般不予干涉,但是,仲裁活动需要法院的协助和监督,以保证仲裁活动得以顺利、合法地进行,从而保障当事人的合法权益。

1)法院对仲裁的协助

法院对仲裁的协助,主要表现在财产保全、证据保全和强制执行仲裁裁决等方面。

(1)财产保全。财产保全是指为了保证仲裁裁决能够得到实际执行,以免利害关系人的合法利益受到难以弥补的损失,在法定条件下所采取的限制另一方当事人、利害关系人处分财物的保障措施。财产保全措施包括查封、扣押、冻结以及法律规定的其他方法。

(2)证据保全。证据保全是指在证据可能毁损、灭失或者以后难以取得的情况下,为保存其证明作用而对证据采取一定的措施加以确定和保护的制度。证据保全是保证当事人承担举证责任的补救方法,其目的就是保障仲裁顺利进行,使得仲裁庭能够做出正确裁决。

(3)强制执行仲裁裁决。强制执行仲裁裁决是指仲裁机构经过对当事人之间争议的审理,依据争议的事实和法律,对当事人双方的争议做出的具有法律约束力的判定。但是由于仲裁机构没有强制执行仲裁裁决的权力,因此,为了保障仲裁裁决的实施,防止负有履行裁决义务的当事人逃避或者拒绝仲裁裁决确定的义务,《中华人民共和国仲裁法》规定,一方当事人不履行仲裁裁决的,另一方当事人可以依照民事诉讼法的有关规定向人民法院申请强制执行。

2)法院对仲裁的监督

为了提高仲裁员的责任心,保证仲裁裁决的合法性、公正性,保护各方当事人的合法权益,《中华人民共和国仲裁法》同时制定了人民法院对仲裁活动予以司法监督的制度。仲裁的司法监督范围有限且是事后的,如果当事人对仲裁决议没有异议,法院即对仲裁裁决采取不干预的做法;司法监督实现方式主要是允许当事人向法院申请撤销仲裁裁决和不予执行仲裁裁决。

(1)撤销仲裁裁决。当事人提出证据证明裁决有下列情形之一的,可以在自收到仲裁裁决书之日起6个月内,向仲裁委员会所在地的中级人民法院申请撤销仲裁裁决:裁决的事项不属于仲裁协议的范围或者仲裁委员会无权仲裁的;仲裁庭的组成或者仲裁的程序违反法定程序的;裁决所根据的证据是伪造的;对方当事人隐瞒了足以影响公正裁决证据的;仲裁员在仲裁该案时有索贿受贿、徇私舞弊、枉法裁决行为的。以上规定表明,当事人申请撤销仲裁裁决应当在法律规定的期限内向人民法院提出,并应提供证明有以上情形的证据。同时,并非任何法院都有权受理撤销仲裁裁决的申请,只有仲裁委员会所在地的中级人民法院对此享有专属管辖权。

(2)不予执行仲裁裁决。在仲裁裁决执行过程中,如果被申请人提出证据证明裁决有下列规定的情形之一的,经人民法院组成合议庭审查核实,裁定不予执行该仲裁裁决:当事人在合同中没有订有仲裁条款或者事后没有达成书面仲裁协议的;裁决的事项不属于仲裁协议的范围或者仲裁机构无权仲裁的;仲裁庭的组成或者仲裁的程序违反法定程序的;认定事实和主要证据不足的;适用法律有错误的;仲裁员在仲裁该案时有索贿受贿、徇私舞弊、枉法裁决行为的。

仲裁裁决被人民法院裁定不予执行的,当事人之间的纠纷并没有得到解决,因此,当事人就该纠纷可以根据双方重新达成的仲裁协议申请仲裁,也可以向人民法院起诉。

8.4.5 合同纠纷的诉讼

1.诉讼的概念

诉讼是指当事人对双方之间发生的纠纷未通过和解、调解或仲裁的途径解决,而交由法院做出判决,即经济审判机关在当事人和其他诉讼参与人参加下,对经济纠纷案件进行审理并做出裁决,以解决经济纠纷的活动。在此过程中,人民法院按照《中华人民共和国民事诉讼法》规定的程序,查清事实、分清是非、明确责任,认定双方当事人的权利、义务关系,最终解决纠纷。诉讼是解决项目合同纠纷最有效的手段和方式,因为诉讼由国家审判机关依法进行审理裁判,因此最具有权威性,裁判发生法律效力后,以国家强制力保证裁判的实现。通过诉讼解决项目合同纠纷具有如下三个特点:

(1)人民法院受理经济纠纷案件,任何一方当事人都有权起诉,而无须征得对方当事人的同意。

(2)当事人向人民法院提起诉讼,应当遵循地域管辖、级别管辖和专属管辖的原则,在不违反级别管辖和专属管辖原则的前提下,可以选择管辖法院。

(3)人民法院审理经济纠纷案件,实行二审终审制度。当事人对人民法院做出的一审判决、裁定不服的,有权上诉,但第二次判决即为终审判决。

2.诉讼的管辖

管辖是指人民法院之间受理第一审案件的分工和权限。经济纠纷案件的管辖主要有地域管辖、级别管辖和专属管辖。

(1)地域管辖。地域管辖是指同级人民法院对第一审案件的分工和权限。根据《中华人民共和国民事诉讼法》的规定,经济纠纷案件地域管辖的一般原则是"原告就被告",即由被告住所地人民法院管辖。被告为公民的,其住所地为户籍所在地,住所地与经常居住地不一致的,由经常居住地人民法院管辖;被告为法人或其他组织的,其住所地一般理解为主要办事机构所在地。合同纠纷案件可以实行协议管辖,即合同的双方当事人可以在书面合同中协议选择被告住所地、合同履行地、合同签订地、原告住所地、标的物所在地人民法院管辖,但不得违反《中华人民共和国民事诉讼法》对级别管辖和专属管辖的规定。

(2)级别管辖。级别管辖是指不同级别人民法院受理第一审经济纠纷案件的分工和权限。我国人民法院按其级别分为最高、高级、中级和基层人民法院四级。最高人民法院管辖在全国有重大影响的案件和它认为应该由其审理的案件,最高人民法院管辖的案件实行一审终审,所作判决、裁定一经送达即发生法律效力。高级人民法院管辖在本辖区有重大影响的案件。中级人民法院管辖以下三类经济纠纷案件:重大的涉外案件;在本辖区有重大影响的案件;最高人民法院确定由此管辖的案件。除上述案件外的其他案件都由基层人民法院管辖。

(3)专属管辖。专属管辖是指按照诉讼标的特殊性与管辖的排他性而确定的管辖,例如,因不动产纠纷提起的诉讼,由不动产所在地法院管辖;因港口作业中发生纠纷提起的诉讼,由港口所在地法院管辖。

3.诉讼一审程序

合同纠纷诉讼的一审程序如下:

(1)起诉。起诉是指当事人请求人民法院通过审判保护自己合法权益的行为,提起诉讼的当事人为原告;被提起诉讼、经法院通知应诉的当事人为被告。起诉必须符合下列条件:原告是与案件有直接利害关系的公民、法人和其他组织;有明确的被告;有具体的诉讼请求和事实、理由;属于人民法院的收案范围和受诉人民法院管辖;起诉应在诉讼时效内进行。

(2)受理。受理是指人民法院接到起诉状后,经审查,认为符合起诉条件的,应当在7日内立案,并通知当事人;认为不符合起诉条件的,应当在7日内裁定不予受理;原告对裁定不服的,可以提起上诉。

(3)审理前准备。审理前准备是指人民法院应当在立案之日起5日内将起诉状副本送达被告,被告在收到之日起15日内提出答辩状。人民法院在收到被告答辩状之日起5日内将答辩状副本送达原告,被告不提出答辩状的,不影响审判程序的进行。人民法院受理案件后应当组成合议庭,合议庭至少由三名审判员或至少由一名审判员和两名陪审员组成,不包括书记员。合议庭组成后,应当在3日内将合议庭组成人员告知当事人。

(4)开庭审理。审理经济纠纷案件,除涉及国家秘密或当事人的商业秘密外,均应公开开庭审理。开庭审理要经历以下几个阶段:宣布开庭、法庭调查、法庭辩论、法庭辩论后的调解、合议庭评议、判决。经过法庭调查和法庭辩论后,在查清案件事实的基础上,当事人愿意调解的,可以当庭进行调解,经过调解,双方当事人达成协议的,应当在调解协议上签字盖章。调解不成的,应当及时做出判决。根据《中华人民共和国民事诉讼法》的有关规定,第一审普通程序审理的案件应从立案之日起6个月内审结。有特殊情况需要延长的,由本院院长批准,可以延长6个月。还需要延长的,报请上级人民法院批准。

基层人民法院和它的派出法庭收到起诉状经审查立案后,认为事实清楚、权利义务关系明确、争议不大的简单经济纠纷案件,可以适用简易程序进行审理。在简易程序中,可以口头起诉、口头答辩,可以用简便方式传唤另一当事人到庭,原告、被告双方同时到庭的,可以当即进行审理,当即调解。简易程序中由审判员一人独任审判,不用组成合议庭,在开庭通知、法庭调查、法庭辩论上不受普通程序有关规定的限制。适用简易程序审理的经济纠纷案件,应当在立案之日起 3 个月内审结。

4.诉讼二审程序

当事人不服第一审法院判决、裁定的,有权向上一级法院提起二审上诉,具体程序如下:

(1)上诉。二审上诉必须在法定期限内提出:对判决提起上诉的期限为 15 日,对裁定提起上诉的期限为 10 日,逾期不上诉的,原判决、裁定即发生法律效力。当事人提起上诉后至第二审法院审结前,原审法院的判决或裁定不发生法律效力,第二审法院的判决裁定即为终审的判决裁定,当事人不得再上诉。

(2)审理。第二审人民法院应当组成合议庭开庭审理,但合议庭认为不需要开庭审理的,也可以进行判决、裁定。第二审人民法院对上诉案件,经过审理,按照下列情形分别处理:原判决认定事实清楚,适用法律正确的,判决驳回上诉,维持原判决;原判决适用法律错误的,依法改判;原判决认定事实错误,或者原判决认定事实不清,证据不足的,裁定撤销原判决,发回原审人民法院重审,或者查清事实后改判;原判决违反法定程序,可能影响案件正确判决的,裁定撤销原判决,发回原审人民法院重审。二审法院对判决、裁定的上诉案件,应当分别在案件立案之日起 3 个月内和 1 个月内审结。

5.强制执行程序

对于已经发生法律效力的判决、裁定、调解书等,当事人应当自动履行。一方当事人拒绝履行的,另一方当事人有权向法院申请执行。执行是人民法院依照法律规定的程序,运用国家强制力,强制当事人履行已生效的判决和其他法律文书所规定的义务的行为,又称强制执行。强制执行的程序如下:

(1)执行申请。当事人向人民法院申请执行时,应提交申请书,说明要求执行的事实理由、被执行人不履行的情况、执行根据、法律依据,并提交相应的法律文书。申请应在规定的期限内提出,从法律文书规定的履行期限的最后一日起计算,双方或一方当事人是公民的期限为 1 年,双方是法人或其他组织的为 6 个月。申请执行判决裁定的,应当向第一审人民法院提出;执行其他法律文书,应向被执行人住所地或者被执行人的财产所在地的人民法院提出。

(2)执行措施。执行工作由人民法院执行庭的执行员负责,执行员接到申请执行书后,只要申请执行的标的物是财物或者行为,就应当向被执行人发出执行通知,责令其在指定的期间履行。在执行通知指定的期间被执行人仍不履行的,应当采取措施,强制执行,强制执行措施有:查询、冻结和划拨被执行人的存款;扣留、提取被执行人的收入;查封、扣押、冻结、拍卖、变卖被执行人的财产;搜查被执行人的财产;强制交付法律文书指定的财物或者票证;强制迁出房屋或者强迫退出土地;强制办理财产权证照转移手续;强制执行法律文书指定的行为;强制支付迟延履行期间的债务利息或迟延履行金;强制执行被执行人的到期债权。

(3)执行中止和终结。执行中止是指在执行过程中,因有下列情形发生而使执行程序暂时停止的:申请人表示可以延期的;案外人对执行标的提出确有理由异议的;作为一方当事人的公民死亡,需要等待继承人继承权利或者承担义务的;作为一方当事人的法人或者其他组织终止,尚未确定权利义务承受人的;人民法院认为应当中止执行的其他情形,如执行中双方当事人自行达成和解协议的;被执行人提供担保并经申请执行人同意的,被执行人依法宣告破产的等。

执行终结是指在执行过程中出现了下列情形之一，使执行程序无法或无须继续进行而永久停止执行：申请人撤销申请的；据以执行的法律文书被撤销的；作为被执行人的公民死亡，无遗产可供执行，又无义务承担人的；追索培养费、抚养费、抚育费案件的权利人死亡的；作为被执行人的公民因生活困难无力偿还借款，无收入来源，又丧失劳动能力的；人民法院认为应当终止的其他情形。

问题思考

1. 项目合同纠纷的类型如何划分，主要原因有哪些？
2. 项目合同纠纷有哪几种常见的处置方式，这些处置方式各有何特点？
3. 如何合理地选择合同纠纷的处置方式，在此过程中要考虑哪些因素？

8.5 项目索赔与纠纷处置案例

8.5.1 案例：未达到质量要求的分包工程

2018 年 10 月，临安建筑工程公司（总包商）与西湖建筑工程公司（分包商）签订路基土石方、挖运、压实合同，将自己所承包工程的路基填土方部分分包给后者。合同签订后，西湖建筑工程公司进入场地施工，而临安建筑工程公司则派驻监理人员进场进行现场质量监督。2018 年 12 月，合同双方共同对已经完成的填土方工程量进行了勘测，测量结果为分包商已完成填土方 25000 立方米，随后，总包商支付给分包商 8 万元工程款。

2019 年 1 月，建设方（甲方）因路基填土施工中未上压路机，要求总包商停止施工，分包商停工一天后经总包商许可又继续施工。2019 年 2 月，甲方又一次因未上压路机导致路基填土压实密度不够，要求总包商停止施工，西湖建筑工程公司再一次停止了工程施工。2019 年 3 月，临安建筑工程公司对西湖建筑工程公司所完成的全部填土方工程进行了测量，经核实确认，分包商共完成填土方 50000 立方米，总包商应再向分包商支付 8 万元。

此后，到 2019 年 4 月，西湖建筑工程公司一直未得到临安建筑工程公司允许复工或返工的通知，故撤离了施工现场，并采用书面方式通知了后者。2019 年 5 月，总包商书面通知分包商复工，而分包商却以对方未按合同规定付够工程款为由拒绝复工，总包商无奈之下自己组织力量完成了剩余的路基填土方工程，并扣留分包商已完工程的款项 8 万元不予支付。

为此，分包商西湖建筑工程公司将总包商临安建筑工程公司告上了法庭。分包商认为：我方与总包商签订了道路土石方挖填工程承包合同，合同签订后，我方如期进入了场地，并在对方的监督指导下进行了正常施工，双方测量确认了已完成的填土方工程 50000 立方米，对方应支付我方工程款总计 16 万元，而对方仅支付了 8 万元，尚欠原告 8 万元，要求对方立即偿付所欠我方工程款，并承担违约责任。总包商却认为：分包商在填土方工程施工过程中不按规范、程序施工，导致甲方反复提出停工的要求，虽经我方多次警告，分包商仍不进行改进，自始至终未使用压实设备，质量未达到标准，造成返工，并致使我方损失 10 余万元；分包商严重违约，未按期完工，擅自无端终止合同，应承担一切经济后果。双方为此各执一词，争执不下。

8.5.2　案例：无法验收的厂房

2020 年 8 月,某制药厂因搬迁需要另行建设厂房,与某建筑工程公司签订了建设工程承包合同。合同约定:制药厂的全部厂房的总建筑面积为 5000 平方米,全部由建筑公司承建,制药厂提供建筑设计图纸,并对工程的竣工验收和结算进行了约定。工程的合同工期为 10个月。

合同签订后,双方都基本上履行了各自的责任。在竣工验收过程中,制药厂发现工程质量存在一定的问题,并提出了建议,记录在验收记录中,要求建筑公司在完善质量缺陷后,再进行竣工验收。工程经过维修和检修后,建筑公司再次提出竣工验收。在第二次验收过程中,制药厂又发现了一些在第一次验收中没有发现的问题,故再次要求建筑公司进行修复,但建筑公司却以自己已按制药厂的要求进行了质量完善为由,拒绝再一次进行修复。

为此,制药厂明确表示,如果建筑公司拒绝修复工程质量缺陷,将扣除建筑公司的维修保证金,并对建筑公司不履行职责的行为可能造成的损失保留索赔的权利。建筑公司则表示,如果制药厂拒付工程款,建筑公司将拒绝交付工程竣工验收的资料,并不向当地质量监督部门申报工程竣工验收手续。双方协商不成,争议一直持续了 3 个月。为了保证工程的如期投产,在不得已的情况下,制药厂在工程未经质量监督部门验收的情况下,将制药设备搬入新厂房并开始生产。2021 年 12 月,建筑公司以制药厂拒付工程款为由向人民法院提起诉讼,要求被告制药厂给付工程款及其利息。

8.5.3　案例：住宅楼工程施工的争议事件

某住宅楼工程地下 1 层,地上 18 层,建筑面积 22800 平方米。通过招投标程序,某施工单位(总承包方)与某房地产开发公司(发包方)按照《建设工程施工合同(示范文本)》(GF—2013—0201)签订了施工合同。合同总价款 5244 万元,采用固定总价一次性包死,合同工期 400 天。在工程的施工过程中,发生了以下四个争议事件。

事件 1:发包方未与总承包方协商便发出书面通知,要求工程必须提前 60 天竣工,遭到总承包方的拒绝。

事件 2:总承包方与没有劳务施工作业资质的包工头签订了主体结构施工的劳务合同。总承包方按月足额向包工头支付了劳务费,但包工头却拖欠作业班组 2 个月的工资。作业班组因此直接向总承包方讨薪,并导致全面停工 2 天。总承包方认为对方应向包工头讨薪,并要求作业班组立即复工。

事件 3:发包方指令将住宅楼南面外露阳台全部封闭,并及时办理了合法变更手续,总承包方施工 13 个月后工程竣工。总承包方在工程竣工结算时追加阳台封闭的设计变更费用 43万元,发包方以固定总价包死为由拒绝签认。

事件 4:在工程即将竣工前,当地遭遇了龙卷风袭击,本工程外窗玻璃部分破碎,现场临时装配式活动板房损坏。总承包方报送了玻璃实际修复费用 51840 元,临时设施及停窝工损失费 178000 元的索赔资料,但发包方拒绝签认。

8.5.4　案例：西非某排水渠工程变更及索赔

1998 年,我国某建筑公司通过国际公开竞标的方式,在西非某国获得了一个排水渠建设项目的土建承包合同。该排水渠工程位于该国首都,是穿过首都市中心的泄洪排污渠。该项目由世界银行与该国政府联合出资,合同金额为 852 万欧元。项目的监理单位是一家世界著名的咨询公司,合同条件采用 FIDIC 条款第四版《土木工程施工合同条件》。项目的工期要求为 1999 年 12 月 15 日开工,2002 年 6 月 19 日完工。由于投标竞争的激烈性,合同标价仅是工程师预算的 51%。1999—2001 年欧元大幅贬值,加之当地纳税增加等诸多不利因素的影响,使项目在开工之初就面临着巨大的经济困难和悲观的前景。

1. 工程变更

在该工程项目的实施过程中,主要变更有两个,具体如下。

(1)1 号变更令:排水渠原设计为梯形断面,因本项目地处该国首都市中心,拆迁工作难度相当大,其中有一家旅馆坚决不同意拆迁,业主也深感头疼。借此机会,项目部建议咨询工程师和业主:将梯形断面改为矩形,这样可以减少拆迁面积,避免项目地域内旅馆的拆除。业主随即同意让中方提出技术和财务方案。经过项目部全体人员的共同努力和总部的大力支持,很快报出了矩形水渠的技术和财务方案。经过 1 个多月的公关和谈判,咨询工程师及业主终于同意断面修改并在 6 个月后颁发了 1 号变更令,为整个项目增加合同金额 134 万欧元。

(2)2 号变更令:此变更令主要是关于追加工程内容,包括 2 个马道、1 个管道桥、Nima 箱涵、主渠道汇流口箱涵及爬梯、Mataheko 箱涵等十几个项目。特别值得一提的是,Mataheko 排水渠项目原是业主拟公开招标的世界银行贷款项目,由于中方工程进度好,形象得以树立,才使业主和世界银行破例以变更令的形式交给中方实施。2 号变更令使中方获得了重新报价和谈判的机会,追加合同金额 249 万欧元,而且,这些追加项目的利润率高达 30%。

2. 工程索赔

该项目在施工期间前后成功进行 6 次索赔,其中,4 次工程索赔、2 次保险索赔,累计金额达 113.3 万欧元,具体如下。

(1)针对业主的工程索赔。项目从 2000 年 9 月至 2002 年 6 月,先后向业主和咨询工程师递交了 5 份索赔报告,其中 4 份获得批准,为项目带来 107 万欧元资金流入。5 次索赔情况具体说明如下:水渠断面修改导致施工方法和施工组织的变化,索赔金额 110 万欧元,批准金额 72 万欧元;2000 年超常规降雨造成的损失,索赔金额 38 万欧元,批准金额 18 万欧元;施工场地拆迁延误损失,索赔金额 16 万欧元,批准金额 10 万欧元;2001 年超常规降雨造成的损失,索赔金额 22 万欧元,批准金额 7 万欧元;旧的电信桥拆迁延误损失,索赔金额 40 万欧元,未批准。

(2)向保险公司索赔。除了上述工程索赔外,公司还积极向承包工程一切险的当地保险公司展开保险索赔。两年半来,向保险公司递交了 2 次关于洪水损失的索赔报告。由于报告中引入了大量的现场损失证明材料及相关的录像与照片,使保险公司不得不按保单中的风险条款给予合理赔偿。2 次合计获得赔偿 6.3 万欧元,这是当初缴纳保险金的 2 倍。

在上述索赔过程中,公司着重做好了以下几方面的工作,从而有效地保证了索赔的成功:①密切注意施工过程中出现的可能引起索赔的事件,做好索赔的同期记录,在事件发生后及时地向咨询工程师和业主提交报告。②做好现场施工记录,如摄像与摄影,对于现场发生的非常规性工程内容及时让咨询工程师当场确认。③做好合同文件及信函保管工作,系统地积累施工资料,建立施工档案,在以后合同管理和索赔时参考使用。④组织利用好每月的三方会议,会议纪要是索赔不可或缺的支持性文件。⑤索赔事件发生后,在规定的时间内及时提交完整系统的索赔报告。

3.对外形象

良好的对外关系是做好包括合同管理在内的项目整体经营管理的重要保证。无论是变更令的操作,还是索赔的成功,如果没有与业主和咨询工程师融洽的合作关系,都是难以实现的。首先,施工形象、进度是对外商务工作的基础,没有良好的施工形象,是很难获得业主和咨询工程师信任的,当然也难以建立融洽的合作关系。其次,重承诺、守信用、坦诚相待是开展对外工作的基本法则。公司在施工过程中,通过上述两方面工作,树立了良好的对外形象,从而为项目合同管理的成功奠定了基础。

整个工程项目实施过程中的合同管理绩效可以汇总如下:

(1)排水渠原设计断面由梯形改为矩形,新增合同金额134万欧元;

(2)追加工程内容和议标项目,新增合同金额249万欧元;

(3)向业主索赔工程款107万欧元;

(4)向保险公司索赔6.3万欧元。

此外,借助于合同条件的汇率波动补偿条款,公司弥补了80%的汇率损失,大大减轻了欧元贬值对项目经济效益的不利影响。最终,通过项目组人员两年半的共同奋战,该项目提前3个月完工。工程实际结算额达到1450万欧元,从而实现税后纯利润约200万欧元。该国副总统亲自对本工程进行竣工剪彩,该项目为承包公司在西非市场赢得了良好的信誉。

问题思考

1.在"未达到质量要求的分包工程"案例中,总包商与分包商各自应承担什么责任? 总包商是否应向分包商支付8万元的第二笔工程款?

2.在"无法验收的厂房"案例中,建筑工程公司拒绝再一次对厂房进行修复完善是否适当? 导致厂房无法验收的主要原因是什么?

3.在"住宅楼工程施工的争议事件"案例中,你认为四个争议事件如何处理较为妥当,给出你的处理方案的理由。

4.在"西非某排水渠工程变更及索赔"案例中,为什么我方建筑公司能够多次索赔成功,并极大地改善项目的收益状况?

参考文献

[1] KERZNER H R. Project management：a systems approach to planning，scheduling，and controlling[M]. New York：John Wiley & Sons，2001.

[2] 格雷厄姆. 项目管理与组织行为[M]. 青岛：中国石油大学出版社，1988.

[3] 杨丽. 项目采购管理[M]. 北京：北京大学出版社，2013.

[4] 焦媛媛. 项目采购管理[M]. 天津：南开大学出版社，2006.

[5] 吴守荣. 项目采购管理[M]. 北京：机械工业出版社，2009.

[6] 邱小平，徐玖平. 项目采购管理[M]. 北京：经济管理出版社，2008.

[7] 杨志勇，简迎辉，鲍莉荣，等. 工程项目采购与合同管理[M]. 北京：中国水利水电出版社，2016.

[8] 白丽君. 项目采购管理[M]. 北京：中国物资出版社，2009.

[9] 刘北林. 项目采购管理[M]. 北京：中国物资出版社，2005.

[10] 徐杰，鞠颂东. 采购管理[M]. 3 版.北京：机械工业出版社，2014.

[11] 赖一飞，张清. 项目采购与合同管理[M]. 北京：机械工业出版社，2013.

[12] 胡文发. 项目采购管理[M]. 上海：同济大学出版社，2007.

[13] 莫俊文. 工程合同管理理论与实务[M]. 北京：中国建筑工业出版社，2019.

[14] 余群舟. 建设工程合同管理[M]. 北京：北京大学出版社，2016.

[15] 乌云娜. 项目采购与合同管理[M].3 版. 北京：电子工业出版社，2017.

[16] 李祥军. 建设工程合同管理[M]. 北京：中国建筑工业出版社，2019.

[17] 代春泉. 工程合同管理[M]. 北京：清华大学出版社，2016.

[18] 佘立中. 建设工程合同管理[M]. 广州：华南理工大学出版社，2011.

[19] 李启明. 工程项目采购与合同管理[M]. 北京：中国建筑工业出版社，2009.

[20] QUENTIN W F. Project procurement management：contracting，subcontracting，team [M]. Tustin：FMC Press，2003.

[21] ALI D H. Handbook of contract management in construction[M]. Gewerbestrasse：Springer Nature Switzerland AG，2021.